Xinxihua Guanli Renyuan Peixun Tongyong Jiaocheng

信息化管理人员
培训通用教程

中国信息协会质量分会　组织编写

知识产权出版社

全国百佳图书出版单位

图书在版编目（CIP）数据

信息化管理人员培训通用教程/中国信息协会质量分会编. —北京：知识产权出版社，2017.5

ISBN 978-7-5130-4816-3

Ⅰ.①信… Ⅱ.①中… Ⅲ.①管理信息系统—技术培训—教材 Ⅳ.①C931.6

中国版本图书馆 CIP 数据核字（2017）第 055479 号

内容提要

本书从四个章节介绍信息化管理工作：第一章内容为"信息化与信息化管理概述"，主要从信息化管理概念、内容、作用以及发展趋势等方面进行概述；第二章"新一代信息技术"，主要内容为互联网、大数据、物联网和云计算的概念、形成及应用等；第三章内容为"信息与网络安全"；第四章主要内容为"信息化系统工程管理"。附录部分配有详细案例，供读者在阅读时参考。

责任编辑：李丹芷　徐家春

信息化管理人员培训通用教程

中国信息协会质量分会　组织编写

出版发行：知识产权出版社 有限责任公司	网　　址：http://www.ipph.cn
社　　址：北京市海淀区西外太平庄 55 号	邮　　编：100081
责编电话：010-82000860 转 8573	责编邮箱：823236309@qq.com
发行电话：010-82000860 转 8101/8102	发行传真：010-82000893/82005070/82000270
印　　刷：三河市国英印务有限公司	经　　销：各大网上书店、新华书店及相关专业书店
开　　本：787mm×1092mm　1/16	印　　张：20
版　　次：2017 年 5 月第 1 版	印　　次：2017 年 5 月第 1 次印刷
字　　数：468 千字	定　　价：58.00 元
ISBN 978-7-5130-4816-3	

得人者兴失人者
崩念好了人才经
才能事半功倍

习近平在信息化工作
座谈会上的讲话摘录 传忠

题词人：魏传忠

介 绍：魏传忠，全国政协委员，中央国家机关书法家协会副主席，国家质量监督检验检疫总局原副局长。

《信息化管理人员培训通用教程》
编委会

策 划 单 位：中国信息协会质量分会

主　　　编：侯玲林

副 主 编：顾迎建　朱　玉　陈　锐　周　新

编委会成员：芦　瑛　吕晓赞　冯越男　蔡小静

　　　　　　刘　洋　侯　垚　龚娅君　李　莉

　　　　　　韩　丹　殷冬梅　李佩佩　王阳阳

　　　　　　郝　彦

审定委员会主任：何翠芹

审定委员会成员：刘传高　陈伟清　陈　刚

　　　　　　　　陈　鑫　张广兴　李振宇

　　　　　　　　张　萍　徐雪琴

前　言

　　人类社会经历了农业革命、工业革命，当前信息革命正在推动着人类社会从工业社会向信息社会转型。以信息技术为代表的新一轮科技革命方兴未艾，互联网日益成为创新驱动发展的先导力量。信息技术与生物技术、新能源技术、新材料技术等交叉融合，正在引发以绿色、智能、泛在为特征的群体性技术突破。信息、资本、技术、人才在全球范围内加速流动，互联网推动产业变革，构筑经济发展和社会进步的新平台，国际分工新体系正在形成。习近平总书记在中央网络安全和信息化领导小组会议上明确指出"没有网络安全就没有国家安全，没有信息化就没有现代化"。李克强总理也多次强调，要促进工业化和信息化深度融合，充分运用信息化技术加强事中事后监管。

　　中共中央办公厅、国务院办公厅印发的《国家信息化发展战略纲要》（以下简称《纲要》）提出了"全面开展国家工作人员信息化培训和考核，加大信息化工作考核力度，将考核结果作为评价有关领导干部内容"等。去年，国务院印发了《"十三五"国家信息化规划》（以下简称《规划》），进一步强调了"要支持行业协会、培训机构等开展信息素养培养，提升国民素养"的指示。为贯彻落实国家《纲要》和《规划》精神，做好新常态下的信息化管理工作，提高信息化管理水平，中国信息协会质量分会在中国信息协会的大力支持下组织专家编写了《信息化管理人员培训通用教程》，本教程适用于政府机关、科研院所、企事业单位等各行各业从事信息化领导和管理工作的人员，教程分为四个章节，从信息化与信息化管理概述，新一代信息技术，信息与网络安全，信息化系统工程管理等方面，深入浅出地讲解了信息化管理的基本特点、管理要素和管理方法，帮助信息化管理人员完成日常的信息化管理工作，对于提升本单位的信息化管理水平和管理人员的管理能力，具有实际的指导作用。

　　参加编写本教程的专家来自高校、科研院所、政府部门和企业，基本涵盖了本教程所面向的各个领域，教程中所列举的信息化优秀案例也能够给予读者更好的参考和借鉴。我们希望本教程能够成为信息化管理人员的重要参考书，也希望通过本教程在培训中的应用使信息化管理人员不断提高信息化管理能力。

　　本教程内容覆盖面广，编著工作量极大，能够顺利完成是有关方面大力支持和帮助的结果。现借教程出版之际，特向所有参与编写和出版教程的单位表示衷心感谢。其中，特别感谢国家信息化专家咨询委员会专家周德铭、宁家骏、何华康、杜链、欧阳北辰等同志，他们的指导使得教程的质量和水平得到了有效保障。

由于本教程成稿时间仓促，疏漏之处恳请各位读者批评指正。

信息化管理人员培训通用教程编委会

2017 年 2 月 21 日

目 录

第一章　信息化与信息化管理概述

当今世界，信息技术革命日新月异，对国际政治、经济、文化、社会、军事等领域的发展产生了深刻影响。信息化、现代化以及经济全球化三者相互促进，信息化已成为驱动国家现代化、引领经济全球化的重要载体，信息和通信技术已经融入社会生活的方方面面，深刻地改变了人们的生产和生活方式。我国身处大潮之中，已成为名副其实的网络大国。

第一节　信息化的定义与发展进程

一、信息化的定义

信息化（Informatization）的概念起源于 20 世纪 60 年代的日本，首先是由日本学者梅棹忠夫提出，后被译成英文传播到西方，70 年代后期西方社会才开始使用"信息社会"和"信息化"的概念。

关于信息化的表述，中国学术界和政府内部存在较长时间的探讨。有人认为，信息化就是计算机、通信和网络技术的现代化；有人认为，信息化就是从物质生产占主导地位的社会向信息产业占主导地位的社会转变的发展过程；也有人认为，信息化就是从工业社会向信息社会演进的过程，等等。

1997 年召开的中国首届全国信息化工作会议，将信息化和国家信息化定义为："信息化是指培育、发展以智能化工具为代表的新的生产力并使之造福于社会的历史过程。国家信息化就是在国家统一规划和组织下，在农业、工业、科学技术、国防及社会生活各个方面应用现代信息技术，深入开发广泛利用信息资源，加速实现国家现代化进程。"实现国家信息化要构筑和完善由 6 个要素（开发利用信息资源，建设国家信息网络，推进信息技术应用，发展信息技术和产业，培育信息化人才，制定和完善信息化政策）组成的国家信息化体系。❶

信息化构成要素从内容层次看，信息化内容包括：核心层、支撑层、应用层与边缘层等几个层次。从产生的角度看，信息化包括：信息产业化与产业信息化、产品信息化与企业信息化、国民经济信息化、社会信息化。

---

❶　常晋义. 管理信息系统［M］. 北京：清华大学出版社，2014：83.

二、中国信息化发展进程

尽管人类社会信息化的时间较短，世界各国信息化进程不同、路径不一，但信息化的发展已经使人类社会产生了十分迅猛、广泛、深刻的变化。新中国成立初期，我国的工业基础薄弱，技术能力有限，信息化建设困难重重。与西方发达国家相比，我国信息化建设起步较晚，且发展过程缓慢。但是，我们对信息化建设的重要性有着深刻的认识，集中人力、物力着手建设，经过不懈的努力，我国的信息化水平已明显提高，在各方面都取得了可喜的成绩。我们在逐步缩小与世界领先水平的差距，如今在某些方面已实现赶超。

1946 年，以第一台电子数字计算机的发明为标志，当代的信息革命正式开始。面对信息革命的挑战，世界各国纷纷投入到信息化建设的浪潮中来。中国的信息化建设，是结合中国的实际情况，从中国的国情出发，从中国经济社会发展的实际需要以及所面临的问题和困难出发的，因此具有鲜明的中国特征与时代特征。

新中国成立以来的中国信息化进程，大致可以分为五个阶段。第一阶段是创业阶段，从中国《十二年科学规划》的制定至"文化大革命"前夕（1956—1966 年）；第二阶段是缓慢发展阶段，从"文化大革命"开始至改革开放前夕（1966—1978 年）；第三阶段是改革开放新局面阶段，从改革开放至十五届五中全会（1978—2000 年）；第四阶段是高效推进阶段，从中共中央十五届五中全会至十八大（2000—2012 年）；第五阶段是信息化作为新四化之一同步发展阶段，从十八大至今（2012 年至今）。这五个阶段是我国建设信息化的真实记录，也体现了我国信息化建设的特征。

（一）创业阶段

1. 电子计算机在中国的诞生

中国计算机事业起步晚于美国、苏联、英国，与日本、法国、德国较为同步。第一个五年计划（1953—1957 年）的实施，奠定了中国电子工业的初步基础。制定并开始实施《十二年科学发展规划》，使中国的计算机技术和产业发展开始起步。在第二个五年计划和三年国民经济调整时期（1958—1965 年），电子工业缓慢发展。

1952 年，中国科学院近代物理研究所首先着手计算机的研究。1956 年，经党中央和国务院批准后，《十二年科学发展规划》开始执行。为了进一步了解计算机技术，中国派出一批高级科研人员赴苏访问；1957 年，又派出一部分工程技术人员到苏联进行短期的实习。随后，中国着手仿制苏联 M-3 小型电子管计算机和 БЭСМ-II 大型电子管计算机，分别定名为 103 通用数字电子计算机（简称为 103 机）和 104 通用数字电子计算机（简称为 104 机）。1958 年 6 月 1 日，103 机全部装焊完毕，8 月 1 日进行了公开表演运算。1959 年 10 月，104 机试制成功。《人民日报》为此发表消息，正式宣告中国的第一台大型通用电子计算机试制成功。虽然 103 机未能稳定工作，104 机也只是一项科学研究的成果，并不是正式的工业产品，但是，它们的研制成功，是《十二年科学规划》的重要成果，在中国计算机和信息化发展史上都具有里程碑的意义。这两台最早研制成功的计算机，随后都交给国防部门使用，对中国尖端武器的发展起到了促进作用。❶

---

❶ 周宏仁. 中国信息化和电子政务的发展 [J]. 中国信息界，2010，Z1：4-8.

2. 电子计算机产业的雏形

中国在电子数字计算机的研制之初，不仅仅停留在电子计算机技术的研究上，同时着眼批量生产和产业生产。

1957—1958 年，北京、上海、江苏、四川、武汉等地区，以及部队、高等院校纷纷着手筹建电子计算机的研究、生产机构。1962 年 12 月，103 机作为正式的工业产品，投入小批量生产。到 1973 年，四机部直属和归口的企事业单位生产了各类电子数字计算机 250 台，电子模拟计算机 192 台，机床数控设备 69 台，台式计算机 100 余台。拥有计算机生产厂 20 余个，计算机企业的职工总数近 2 万人，其中工程技术人员 6000人，占职工总数的 30% 左右。❶20 世纪 60 年代中期，我国已经成功试制 5 种型号的晶体管计算机并投入小批量生产，这标志着中国进入了计算机工业的第二代。

3. 相关技术与产业的发展

电子计算机的研制和生产，带动了相关技术和产业的发展，首先是半导体和微电子产业的发展。1947 年，贝尔（Bell）实验室的肖克莱（William B. Shockley）等人发明了晶体管。1956 年，国际上以大量使用晶体管和磁芯存储器为主要特征的第二代电子计算机诞生。1957 年 11 月，在王守武、林兰英和武尔祯等人的领导下，我国研制出了第一个锗晶体管；1959 年和 1962 年，成功研制出硅单晶和砷化镓晶体材料；1963 年，硅平面管研制成功；1964 年，突破集成电路中的二氧化硅和 PN 结隔离等关键工艺；1965 年，河北半导体研究所成功研制了我国第一块集成电路——DTL 集成电路。这些新材料、新技术的诞生表明我国已经具备了一定的技术实力，能够对新型计算机的生产制造提供支持。

其次是计算机软件技术和产业的发展。20 世纪 50 年代中期，部分大学开设计算数学专业，为中国早期的软件队伍培养了一批骨干力量。1964 年，南京大学和华东计算技术研究所合作，研制出中国第一个 ALGOL 语言编译系统；同一时期，中国陆续出现了一些早期的管理程序。随着中国电子计算机的应用由科学计算逐渐扩展到数据处理、过程控制等领域，中国依靠自主独立研制的计算机系统软件和应用软件，在自然科学、军事、航天等领域取得了一批应用成果。

电子计算机的发展还促进了数据通信技术的发展。中国的通信业极为落后，党中央和当时政务院非常重视通信工业的发展。1953 年，我国新建了北京有线电厂和成都航空无线电设备厂，引进了十几种短波、超短波无线电台、发射机、接收机、通信终端设备技术等。1958 年，中国开始研制和生产微波通信设备，经过 10 多年的努力，设计试制成功了 17 种微波通信设备和多种数字化散射通信设备。

对于这一阶段的发展，江泽民同志曾经指出，"到 1965 年，我国研制的电子计算机进入第二代，并开始了中小规模集成电路计算机的研制，研制水平仅落后于美苏等少数国家几年的时间。在此期间，为我国军事、研究、教育和一些工业部门提供了一批计算机，为推进我国的国防建设、经济建设和科研工作，做出了贡献。在当时国外对我国进行封锁的情况下，我们发扬自力更生、发奋图强的精神，开创了电子计算机工业。但由

---

❶ 郭平欣. 中国计算机工业概览［M］. 北京：电子工业出版社，1985：164.

于当时历史条件的限制，过于强调一切依靠自己，表现出一定的盲目性，对后来计算机的发展产生了不利影响。"

(二) 缓慢发展阶段

"十年文革"是中国电子计算机和通信技术所经历的曲折的、极为困难的发展阶段。这十年是国际上计算机产业飞速发展时期，计算机的运算速度从每秒几十万次进步到每秒几百万次，出现了微程序、多道程序和并行处理等新技术，操作系统也趋于成熟。同一时期国内的发展不容乐观，知识的作用被否定，正常的科研和生产秩序受到破坏，而且盲目排斥国外先进技术，使信息化发展受到了严重损害。军事的紧迫需要，为计算机及软件、半导体、微电子技术等的发展提供了一定的机会和条件。尽管处境艰难，工程技术人员和干部职工通过不懈努力，仍把中国计算机的研制与生产推进到第三代，并开始了系列机和微型机的研制与开发应用。

1. 电子计算机技术的发展

20 世纪 60 年代中期至 70 年代中期，国际上微电子及电子计算机技术和产业飞速发展。电子计算机向着通用化、系列化和标准化的方向发展，计算机应用向着数据处理、信息管理和实时过程控制方向发展。微电子技术业发展很快。小规模集成电路发展到大规模集成电路，可以在一个芯片上容纳数万个元件。中国的计算机在这样的国际背景下缓慢发展。

中国第三代计算机的研制开始于 1965 年。1968 年，中科院计算所和四机部华北计算技术研究所采用国产集成电路装配了 111 型和 112 型计算机。1971 年，111 型和 112 型计算机试制成功。1973 年，中国完成了较高水平的 150 机和 655 机的试制。将 150 机移交石化部使用，开机率达到 80% 以上，标志着中国集成电路计算机的成功。为了制定中国电子计算机的发展政策，1973 年 1 月在北京召开了"电子计算机首次专业会议"，会议确定了"发展系列机，一机多用，多机通用，各型联用"的方针。会议的正确决策，使得 100、180 小型系列机，200 中大型系列机，台式机和袖珍计算机，以及 050、060 微型计算机成功研制。

据统计，截止到 1978 年，我国的大中小型计算机累计装机 1672 台，其中进口机占 143 台。计算机的应用领域也逐步扩大，到 20 世纪 80 年代末，电子计算机已经在原子能技术、人造卫星、导弹、航空、冶金、化工、机械、石油、水利、电力、交通、气象等 30 多个行业中得到了应用。

2. 相关技术和产业的发展

经过近十年的发展建设，虽然"十年文革"期间，中国计算机事业受到严重影响，但是由于广大工人、技术人员和领导干部的努力，才使得这一时期仍有部分产品问世。软件技术和通信、广播技术也取得了重要的成就。

国际上软件工程萌芽于 20 世纪 60 年代末期，十年后迅速发展。直至 1976 年 10 月粉碎"四人帮"以后，软件工程才逐渐传入中国。在这个时期，我国一方面自行设计软件，比较有代表性的是 013 操作系统、1025 操作系统和 151 操作系统。另一方面走与国外系列机兼容的道路。移植国外的软件，可以充分地利用国外丰富的软件资源，因而收效较快。其中包括：与 NOVA 兼容的 100 系列机、与 PDP 兼容的 180 系列机和借鉴

IBM360 和 370 的 200 系列机。

20 世纪 60 年代中后期，四机部对中国电子产品的标准化、通用化、系列化、主机和元器件的配套，科研、生产和使用的结合，以及战略上追赶国际先进水平采取了很多的措施。1970 年，中国从光纤原材料、元器件、光纤光缆到系统设备，全面开始了光纤通信技术的研究。随后，中功率中短波发射机、接收机的系列化，战术电台的半导体化、小型化，大型发射机，以及大型电子管系列产品等先后定型和批量生产，为国防和国民经济建设做出了贡献。与此同时，我国企业成功地开展了纵横制自动电话交换机的设计和试制工作，并顺利投入生产，供国家电信网络使用。

1970 年，我国开始研究卫星通信技术。1975 年 11 月 26 日，我国成功地发射了第一颗自主设计制造的人造地球卫星，如图 1 - 1 所示。同年 12 月，南京无线电厂、南京电子技术研究所和长江机器制造厂联合设计研制成功我国第一座模拟制 10m 天线卫星通信地球站。1976 年，石家庄通信技术研究所和贵州都匀红旗机械厂又联合研制成功我国第一座数字制 15m 天线卫星通信地球站，为中国卫星通信事业的发展奠定了基础。

图 1 - 1　我国第一颗人造地球卫星——"东方红一号"

(三) 改革开放新局面阶段

从党的十一届三中全会以来，中国的信息技术和产业与国民经济一样，开始由复苏走向振兴。这个时期的主要特征是，党和国家领导人把开展信息革命放在了和发展国民经济密切相关的、极为重要的地位，对我国信息化的发展给予了极大的关注与支持，也倾注了大量的心血。

在改革开放的大环境下，国际上先进的信息技术和应用成果不断传入我国，对我国的科技界产生了巨大的影响，信息化的影响日渐增强；与此同时，改革开放也促使技术引进速度的加快，提高了我国信息技术的应用水平；国家支持大批留学生走向海外，学习世界各国先进的管理和技术，弥补"文化大革命"所造成的科学、技术、教育差距，加快了我国信息化的进程。我国的信息化建设由此开始呈现出一派蓬勃发展的新局面。

1. 信息基础设施与通信技术

从 1978 年改革开放到 20 世纪末，是中国通信技术和产业飞速发展的时期。通信服务的应用需求带动了通信技术和产业的发展。这些发展不仅提高了我国的信息基础设施和通信服务水平，而且带动了我国有完全自主知识产权的电子通信技术和产业的发展，在许多核心技术方面取得了突破，产生了在世界上有重要影响的中兴、华为、大唐等跨国企业，诞生了中国的第三代移动通信国际标准（简称 3G）——时分同步码分多址（Time Division - Synchronous Code Division Multiple Access，TD - SCDMA），是我国电信史上重要的里程碑。

我国固定电话主线每年的增长速度，从 1982 年的不到 5%，增长到 1996 年的 30%以上，大大超过了世界电话发展最快的国家——美国。1998 年，我国公用固定电话网络已经成为仅次于美国的全球第二大通信网络，局用电话交换机容量达到 1.349 亿门，全国电话用户达到 8735 万户，移动电话用户达到 2498 万户，居世界第三位。❶ 1988年，邮电部在全国开始建设"八纵八横"通信干线光纤工程，1998 年建成，光缆总长达 7 万千米。20 世纪 90 年代末，建成并开通了中日、中韩、亚欧等多条国际陆地、海底光缆，为电信服务企业的国际业务传送提供了足够的传输带宽。❷ 显然，没有这些基础设施建设的成就，就没有后来中国互联网的快速发展。

2. 高速通用电子计算机的发展

1978 年 3 月全国科学大会之后，根据邓小平同志的指示精神，中国科学院计算机技术研究所加快了 757 大型计算机的研制，国防科技大学开始了"银河"巨型计算机的研制工作。几年后，这些努力取得了重大成果。1983 年 11 月，中国科学院成功研制了运算速度为每秒 1000 万次的大型向量机——757 大型计算机。同年，这一纪录被国防科技大学研制的银河 - I 亿次巨型计算机打破。银河 - I 亿次巨型计算机是我国高速计算机研制的一个重要里程碑，它标志着我国"十年动乱"时期与国外拉大的距离重新缩小到 7 年左右。1992 年，国防科技大学成功研制出银河 - II 通用并行巨型计算机，如图 1 - 2 所示；1997 年，银河 - III 百亿次并行巨型计算机系统研制成功，峰值性能为每秒 130 亿次浮点运算，系统综合技术达到 20 世纪 90 年代中期的国际先进水平。❸

图 1 - 2　银河 - II 通用并行巨型计算机

❶ 王鸥. 中国电信业的发展与产业政策的演变 [J]. 中国经济史研究，2000 (4)：89 - 103.

❷ 周宏仁. 新中国信息化成就综述 [J]. 电子政务，2009 (10)：7 - 18.

❸ 中国超算挑战每秒百亿亿次运算进军 E 级超算. [EB/OL]. [2016 - 11 - 28] http：//hb. qq. com/a/20160705/014251. htm.

1997 至 1999 年，国家智能计算机中心与曙光公司先后在市场上推出具有机群结构的曙光 1000A、曙光 2000 - I、曙光 2000 - II 超级服务器，峰值计算速度突破了每秒 1000 亿次浮点运算。2000 年，又推出了每秒浮点运算速度为 3000 亿次的曙光 3000 超级服务器。

电子计算机的应用开始从小型、分散、局部，走向大型、集中、系统化，这是我国电子计算机应用和信息化发展的重要转折。1986 年 2 月，国务院确定在"七五"期间，重点建设国家经济信息管理主系统。1984 至 1990 年，国务院先后批准经济、金融、铁道、电力、民航、统计、财税、海关、气象、灾害防御等多个国家级信息系统的建设。

3. "三金工程"启动

1993 年，国务院正式部署了国民经济信息化的起步工程——"三金工程"，并将其列入国家中长期规划，所谓"三金工程"，即金桥工程、金关工程和金卡工程。"三金工程"的目标，是建设中国的"信息准高速国道"。

金桥工程属于信息化的基础设施建设，是中国信息高速公路的主体。金桥网是国家经济信息网，它以光纤、微波、程控、卫星、无线移动等多种方式形成空、地一体的网络结构，建立起国家公用信息平台。其目标是：覆盖全国，与国务院部委专用网相联，并与 31 个省、市、自治区及 500 个中心城市、1.2 万个大中型企业、100 个计划单列的重要企业集团以及国家重点工程联结，最终形成电子信息高速公路大干线，并与全球信息高速公路互联。

金关工程即国家经济贸易信息网络工程，可延伸到用计算机对整个国家的物资市场流动实施高效管理。它还将对外贸企业的信息系统实行联网，推广电子数据交换（Electronic Data Interchange，EDI）业务，通过网络交换信息取代磁介质信息，消除进出口统计不及时、不准确，以及在许可证、产地证、税额、收汇结汇、出口退税等方面存在的弊端，达到减少损失，实现通关自动化，并与国际 EDI 通关业务接轨的目的。

金卡工程即从电子货币工程起步，计划用 10 多年的时间，在城市 3 亿人口中推广普及金融交易卡，实现支付手段的革命性变化，从而跨入电子货币时代，并逐步将信用卡发展成为个人与社会的全面信息凭证，如个人身份、经历、储蓄记录、刑事记录等。新成立的电子工业部把抓好"三金工程"、推进国民经济信息化列为工作重点。经过几年的努力，"三金工程"的实施取得了重大成就。

4. 软件产业的发展

改革开放以后，我国对于软件技术和产业的认识也不断加深，作为一种高新技术产业，软件不仅可以形成庞大的经济规模，对提高国民经济各个领域的数字化、智能化、自动化水平具有不可或缺的重要意义。1990 年初，我国的软件与信息服务业加在一起，产值只有 4.2 亿元，1997 年，这个数字已经改写为 260 亿元，增长了 60 多倍。到 20 世纪 90 年代末期，中国约有软件从业人员 15 万人，相关企业 5000 家。[1] 这些软件企业中开始涌现一批有较高知名度的软件公司，如中软公司、北大方正、青鸟集团、神州数码、希望电脑、四通利方、用友、长城软件、瑞星公司，等等。

---

❶ 黄敏学. 我国软件业展望 [J]. 经济管理，1999 (6)：51 - 52.

5. 汉字信息处理技术

汉字信息处理技术一直是一个技术性的难题，1983 年，采用高倍率信息压缩和高速还原技术，以及高精度激光扫描输出技术的"汉字计算机——激光照相排版系统"试制成功。激光汉字照排系统在世界各国得到了广泛应用，为汉字信息处理技术做出了重要贡献。

1983 年，王永民发明的"王码五笔字型"输入法，突破了汉字数字化的瓶颈，并被迅速推广。1984 年，联想公司成立，半年后，推出了联想汉卡。1985 年，北大方正研制的激光照排 II 型机通过国家鉴定，成为中国第一个实用照排系统。1988 年，金山公司开始了中文字处理系统 WPS 的开发，填补了我国计算机中文字处理软件的空白。汉字信息处理技术的快速发展使电子计算机在我国的应用水平得到进一步提高。

6. 互联网在中国的兴起

1994 年 4 月 20 日，中关村地区教育与科研示范网络工程通过美国 Sprint 公司连入互联网的国际专线开通，实现了与互联网的全功能连接，我国成为国际上第 77 个真正拥有全功能互联网的国家。同年 5 月，中国科学院计算机网络信息中心完成了我国国家顶级域名（CN）服务器的设置，改变了我国的 CN 服务器放在国外的历史。

1997 年 10 月，我国互联网的四大骨干网，即中国公用计算机互联网（Chinanet，CHINANET）、中国科技网（China Science and Technology Network，CSTNET）、中国教育和科研计算机网（China Education and Research Network，CERNET）、中国金桥信息网（China Golden Bridge Network，CHINAGBN）实现了互联互通，为我国互联网的普及应用奠定了基础。❶ 1999 年 1 月 22 日，我国电信和国家经贸委等共同倡议发起"政府上网工程"。截至 1999 年 5 月，我国在 gov. cn 下注册的政府域名多达 1470 个。1999 年 9 月，招商银行率先在国内全面启动"一网通"网上银行服务。这些成果有力地推动了各级政府信息化的建设，在全国引发了一场较大规模的政府信息化普及活动，大大提高了各级政府的信息化意识，为电子政务的全面开展和纵深发展打下了良好的基础。

（四）高效推进阶段

党的十六大以来，中国经济、社会持续、快速发展，对于信息化产生了的强烈需求。在党中央和国务院的领导下，在"信息化是覆盖现代化全局的战略举措"这一战略思想的指引下，国家信息化的发展开始步入快车道。中国信息化进入了一个全方位、高效益、深层次发展的新时代。国家信息化发展的速度远超预期，对中国经济与社会发展的影响也日益显现。

1. "两网一站四库十二金"建设

2002 年，我国重新规划了电子政务建设工作的重点，按照"十五"期间全国电子政务建设指导意见，进一步加快建设政务平台，整合信息资源，统一平台，统一标准，电子政务建设工作主要围绕"两网一站四库十二金"重点展开。"两网"是指政务内网和政务外网。"一站"是指政府门户网站。"四库"即建立人口、法人单位、空间地理和自然资源、宏观经济等四个基础数据库。"十二金"是要重点推进办公业务资源系统

---

❶ 李文正，赵守香. 电子商务 ［M］. 北京：航空工业出版社，2007：20.

等 12 个业务系统；继续完善已取得初步成效的办公业务资源系统、金关、金税和金融监督（含金卡）4 个工程，促进业务协同、资源整合；启动和加快建设宏观经济管理、金财、金盾、金审、社会保障、金农、金质和金水等 8 个业务系统工程建设。业界把这 12 个重要业务系统建设统称为"十二金"工程。

"两网一站四库十二金"覆盖了我国电子政务急需建设的各个方面，涉及信息资源开发、信息基础设施建设与整合、信息技术应用等领域。特点各异，又相互渗透和交融，初步构成我国电子政务建设的基本框架。

2. 微处理器——CPU

2001 年，中国科学院计算所成功研制出我国第一款通用中央处理器（Central Processing Unit CPU）——"龙芯"芯片。2002 年 8 月 10 日，我国成功制造出首枚高性能通用 CPU——龙芯一号。2006 年，中国科学院研发的龙芯处理器、北京大学研发的北大众志 - 863 CPU 系统芯片、大唐微电子公司研发的 COMIP 系统芯片等成果被列为国家"十五"863 计划高端通用芯片的标志性成果。

3. 超级计算机

2003 年，峰值速度每秒百万亿次的数据处理超级服务器——曙光 4000L 通过国家验收，再一次刷新国产超级服务器的历史纪录，使得国产高性能计算机产业再上新台阶。❶ 经过科技工作者几十年孜孜不倦的努力，我国的超级计算机研制水平已经显著提高，成为继美国、日本之后世界上第三个高性能超级计算机的研制和生产国。2010 年，中国深圳国家超算中心的星云超级机排名世界第二；2011 年，中国天河一号超级计算机排名世界第一，超过原处第一位的美国美洲虎系统。

4. 通信技术与产业

我国通信技术和产业体系已基本建立，对国际通信标准化进程的影响逐步扩大，我国主要运营商的综合竞争实力已经跃居世界前列，华为、中兴等通信设备制造商也在国际市场上占有了重要地位。2006 年，我国 40Gb/s SDH 光纤通信系统、80×40Gb/s 密集波分复用系统、大容量超长距离传输系统和光纤到户等高水准通信系统设备研制成功，相关配套器件研究取得突破，光通信研究达到世界先进水平。

5. 微电子技术与产业

2000 年以来，中国集成电路（Integrated Circuit，IC）产业进入快速成长期，在中央和地方政策引导下，国内掀起了一股集成电路投资热，中国 IC 产业取得快速发展。生产线从改革开放之初的 3 英寸（1 英寸 = 0.0254m）发展到 12 英寸。在设备方面，22 纳米等离子刻蚀机和大角度等离子注入机等设备研发成功，并投入生产线使用。在材料方面，已经研发出 8 英寸、12 英寸和 18 英寸硅单晶，硅晶圆和光刻胶的国内生产和供应能力不断增强。❷

6. 互联网技术

2002 年，国内研制成功互联网协议第 4 版（Internet Protocol version 4，IPv4）核心

---

❶ 百万亿数据处理超级服务器通过验收 [EB/OL]. [2016 - 12 - 08] http：//www. cas. cn/xw/cmsm/200303/t20030317_ 2692665. shtml.

❷ 周宏仁. 中国信息化形势分析与预测 [M]. 北京：社会科学文献出版社，2010：88.

路由器, 攻克了核心路由器体系结构设计、大规模软硬件集成复杂系统、高速分组路由处理和软硬件结合的系统级高可靠性和冗余性等技术难题, 成为我国工程科技人员攻克和掌握互联网核心技术的重要里程碑。2004 年, 研制成功互联网协议第 6 版（Internet Protocol version 6, IPv6）核心路由器。2008 年 12 月, 中国已经建成了全球最大的 IPv6 示范网。清华大学等 25 所高校建成的 CNGI - CERNET2 /61X 是目前世界上规模最大的纯 IPv6 大型互联网, 取得了重大创新, 总体上达到世界领先水平。

（五）新四化同步发展阶段

十八大报告提出:"坚持走中国特色新型工业化、信息化、城镇化、农业现代化道路, 推动信息化和工业化深度融合、工业化和城镇化良性互动、城镇化和农业现代化相互协调, 促进工业化、信息化、城镇化、农业现代化同步发展。"该阶段将信息化列入新四化, 即工业化、信息化、城镇化、农业现代化。信息化成为新四化的重要组成部分, 在新时期迎来了更快速的发展。

1. 自主芯片

目前, 在国产 CPU 的队伍中, 除了有自主研发架构的中科院"龙芯", 还有江南计算所的"申威"、上海兆芯自主 X86 处理器, 也有基于 ARM 指令集的中国电子"飞腾" FT - 1500A 系列（天河二号已用）以及苏州中晟宏芯基于 IBM POWER 架构的芯片等。其中, 兆芯国产 X86 通用处理器再取重大进展。2015 年 4 月成功量产 ZX - C 四核处理器, 截至 2016 年 8 月, ZX - C + 四核、ZX - C + 八核处理器以及 ZX - 100S 芯片组进入全面量产阶段, 兆芯国产 X86 通用处理器已经广泛覆盖桌面计算机、各类服务器、嵌入式工控及网络安全设备的设计生产, 这标志着国产 X86 通用处理器的大规模推广应用进入到下一阶段。

2016 年 7 月, 由 27 家高端芯片、基础软件、整机应用等重点骨干企业、著名院校和研究院所, 共同发起成立"中国高端芯片联盟"。该联盟由国家集成电路产业发展领导小组办公室指导, 旨在重点打造"架构 - 芯片 - 软件 - 整机 - 系统 - 信息服务"的产业生态体系, 推进集成电路产业快速发展。另外, 国际半导体协会公布, 2016 年、2017 年全球将新建至少 19 座晶圆厂, 其中 10 座建于我国。在联盟成立和晶圆厂建设的推动下, 芯片、存储等集成电路细分产业将迎来快速发展机遇。

2. 超级计算机

2013 年, 中国天河二号超级计算机正式亮相, 在此后的 3 年里, 天河二号在全球超级计算机榜单上保持"六连冠"。在 2016 年 6 月公布的全球 TOP500 超算排名中, 中国的神威太湖之光凭借每秒 12.54 亿亿次的峰值计算性能获得第一。❶ 中国不仅拥有最强计算机的荣誉, 而且在 TOP500 计算机数量上也实现了新突破, 更关键的是我国用自己研发的处理器实现了超越, 太湖之光超级计算的背后是我国国产处理器的进步, 它使用的是申威 SW26010 处理器, 260 核心, 64 位架构, 该系统的一大特色就是能效非常高, 性能几乎是天河二号的 3 倍, 但总功耗反而更低。

---

❶ 2016 年全球超级计算机 TOP500 排行榜神威登顶 [EB/OL]. [2016 - 11 - 09] http: //www. chinastor. com/a/hpc/0621311192016. html.

3. 通信技术研发

目前，第四代移动通信技术（the 4th Generation mobile communication technology，4G）已取得广泛应用。2014 年 1 月，京津城际高铁作为全国首条实现移动 4G 网络全覆盖的铁路，实现了 300 千米时速高铁场景下的数据业务高速下载，下载一部 2G 大小的电影只需要几分钟。同时，我国第五代移动通信技术（the 5th Generation mobile communication technology，5G）的研发也已取得巨大进展。自 2011 年起，北京的高科技企业便启动了 5G 技术预研，目前已形成了具备大量自主知识产权，领先全球的 5G 核心技术。2013 年 2 月，工业和信息化部、发改委和科技部联合成立了 5G 推进组，对中国 5G 愿景与需求、5G 频谱问题、5G 关键技术、5G 标准化等问题展开研究。2016 年初，中国正式启动 5G 技术研发试验，总体目标是推进 5G 技术研发，验证 5G 技术方案，支撑全球统一 5G 标准制定，并在 9 月份完成第一阶段试验。❶ 2016 年，中兴通讯率先完成了对 5G 高频和低频领域的关键技术验证，并通过中国国家 5G 试验一阶段测试，在 5G 产业化进程方面业界领先。2017 年 2 月 27 日，在 2017 世界移动通信大会，中兴通讯发布 5G 全系列高低频预商用基站产品，并在展会现场真实演示了 5G 高频基站 50Gb/s 峰值速率。❷

4. 下一代互联网建设

2012 年 3 月，《关于下一代互联网"十二五"发展建议的意见》出台，其中明确提出"十二五"期间中国 IPv6 发展的重点目标和任务。2015 年 11 月，《中共中央关于制定国民经济和社会发展第十三个五年规划的建议》（以下简称《建议》）发布，提出拓展网络经济空间。《建议》提出实施"互联网＋"行动计划，发展物联网技术和应用，发展分享经济，促进互联网和经济社会融合发展。完善电信普遍服务机制，开展网络提速降费行动，超前布局下一代互联网，全面向 IPv6 演进升级。在 2016 年 6 月 26 日"中国下一代互联网建设及应用峰会"上提出到 2017 年年底，建设 6 个国家级下一代互联网创新服务平台（包含 IPv4—IPv6 转换平台和六大衍生中心）（A 级），建设若干个下一代互联网创新服务平台（B 级），实现 100 个城市、100 个园区（高新区/经开区）、100 个行业、300 个互联网小镇升级到下一代互联网。❸ 截至 2016 年 6 月，我国 IPv6 地址数量为 20781 块/32❹，半年增长了 0.9 ％。

三、中国信息化取得的成就

新中国成立 60 多年来，特别是改革开放的 30 多年来，可以说，我国的信息化与经济、社会发展一样，取得了举世瞩目的辉煌成就。总体而言，我国的信息化水平已经超

---

❶　屡获国家大奖背后，中兴通讯 5G 核心技术支持"网络强国" ［EB/OL］. ［2017 - 02 - 28］http：//www. c114. net/news/127/a990172. html.

❷　中兴通讯亮相世界移动通信大会 发力 5G 核心技术 ［EB/OL］［2017 - 02 - 28］http：//sc. stock. cnfol. com/ggzixun/20170227/24355733. shtml.

❸　2017 年我国将部署建设 IPv6 互联网演进升级提速规模商用. ［EB/OL］［2016 - 12 - 27］http：//finance. eastmoney. com/news/1360，20170112702403079. html.

❹　IPv6 地址分配表中的/32 是 IPv6 的地址表示方法，对应的地址数量是 $2^{(128-32)} = 2^{96}$ 个。

过了世界的平均水平，基本上达到了世界中等发达国家的水平；在我国的一些经济比较发达的城市和地区，信息化的发展已达到更高水平，信息化发展的各种基础环境较为完善，加速发展的条件已经具备。

信息化发展的过程，是一个新观念和新技术通过文化不断扩散的过程。显然，这个过程不是"一蹴而就"的，而是一个"创新扩散"❶的过程。

特别是改革开放 30 多年来，中国信息化发展过程符合创新扩散的 S－曲线理论，可以从准备度、应用度、影响度三个方面来进行观察和总结。

（一）准备度快速提升

准备度，或者就绪度，是对一个国家信息化发展基本环境条件状况的测度，不仅反映一个国家当前信息化发展的状况，也对未来信息化发展的潜力提供了重要的参考。我国的信息化准备度水平快速提升，特别是在进入新世纪以后，成就骄人。2015 年中国网络就绪度指数❷为 73.31，比 2014 年增长了 12.25。

1. 通信基础设施建设

我国已经建成了覆盖全国的高速传输网。2016 年年底，我国光缆线路长度达到3041 万千米，其中，长途光缆线路达到 99.31 万千米。固定长途电话交换机容量达到681 万路端，局用交换机容量（含接入网设备容量）达到 23234.7 万门，移动电话交换机容量达到 218383.5 万户，基础电信企业互联网宽带接入端口达到 69028.6 万个。❸2016 年年底，中国移动电话用户总数达到 13.2 亿户，居全球第一位。其中 4G 用户数呈爆发式增长，全年新增 3.4 亿户，总数达到 7.7 亿户。❹

2. 计算机拥有量

改革开放以前，我国的电子计算机拥有量十分有限。1970 年，我国计算机装机台数仅约 500 台。改革开放以后，计算机拥有量开始以较快的速度增长。1980 年，大中小型计算机 2900 多台，微机 4000 多台；2000 年达到 2200 万台；2009 年，中国的计算机拥有量达到 2.2 亿台，每百人的拥有率达到 16.7%。2012 年，全国居民家庭计算机拥有量约为 2.5 亿台，比上年增加约 2400 万台。

在计算机总量快速增加的同时，城乡居民家庭的电脑拥有量也快速增加。1998 年年底，中国的计算机普及率约为每千人 0.9 台；家庭电脑拥有量在 268 万台左右，城市

---

❶ 1962 年，美国新墨西哥大学的埃弗雷特·罗杰斯（E. M. Rogers）在《创新扩散》一书中提出"创新扩散曲线"。罗杰斯教授研究了 3000 多个有关创新扩散的案例，他认为，创新的扩散总是一开始比较慢，然后当采用者达到一定数量（即"临界数量"）后，扩散过程突然加快（即起飞阶段），这个过程一直延续，直到系统中有可能采纳创新的人大部分都已采纳创新，到达饱和点，扩散速度又逐渐放慢，采纳创新者的数量随时间而呈现出 S 形的变化轨迹。

❷ 网络就绪指数，是衡量利用信息技术推动经济发展及提高竞争力的最综合、最权威的评估性报告，从三个方面衡量了各国有效利用信息通信技术的成熟度：1. 信息通信技术在整体商业、监管和基础设施方面的环境；2. 三大社会主要群体——个人、企业和政府——使用并获益于信息通信技术的准备就绪程度；3. 实际使用最新信息通信技术的情况。

❸ 2016 年第 4 季度通信业主要通信能力［EB/OL］.［2017－01－29］http：//www. miit. gov. cn/n1146285/n1146352/n3054355/n3057511/n3057518/c5471256/content. html.

❹ 2016 年通信运营业统计公报［EB/OL］.［2017－01－28］http：//www. miit. gov. cn/n1146285/n1146352/n3054355/n3057511/n3057518/c5471292/content. html.

家庭电脑普及率仅为4.2%。21世纪以后，城市和农村的家庭电脑拥有量和城乡居民家庭的电脑拥有量直线上升，在2006年，在中国比较发达的沿海地区，城市家庭居民的电脑拥有量已经超过90%。2012年中国城市居民每百户家庭计算机拥有量达到87台，农村居民百户家庭计算机拥有量达到21.4台，农民对计算机的需求也呈现强劲增长的态势，成为中国信息化发展的下一个战略空间。

3. 互联网接入

2006年以后，中国的互联网发展呈现急剧增长的态势，每年增加的网民数在8000万左右。2008年年底，中国网民数首次超越美国，位居世界第一。截至2016年12月底，中国网民规模达到7.31亿人，其中手机网民约6.95亿人，中国农村网民规模达到2.01亿。互联网普及率为53.2%。2006—2016年中国网民规模和互联网普及率如图1−3所示。中国网民通过台式电脑和笔记本电脑接入互联网的比例分别为60.1%和36.8%；手机上网使用率为95.1%，较2015年年底提高5.0个百分点；平板电脑上网使用率为31.5%；电视上网使用率为25.0%。❶

图1−3　2006—2016年中国网民规模和互联网普及率

据统计数据显示，截至2016年12月，中国国际出口带宽为6640291Mb/s，年增长率为23.1%。中国IPv4地址数量已经达到3.38亿个，居世界第二。中国域名总数为4228万个，其中CN域名2061万个，中国网站数量为482万个。❷自2003年开始，我国的网页规模逐年翻番增长，反映了中国信息资源开发的力度在不断加大。

（二）应用度向纵深发展

应用度是对一个国家在信息化过程中信息技术应用的广度和深度状况的测度，反映了信息化对一个国家经济、政治、社会、文化、军事、科技等各个领域的覆盖程度和应用水平。2000年以后，中国的信息化应用度快速提升，出现了一批高水平的应用成果，为国民经济和社会发展水平的提升做出了不可替代的贡献。目前，各行各业的信息系统或信息化

---

❶ 中国互联网络信息中心. 中国互联网络发展状况统计报告 ［R］. 2016，7.
❷ 中国互联网络信息中心. 中国互联网络发展状况统计报告 ［R］. 2016，7.

工程，已经成为行业赖以生存和发展的战略要素；我国国民经济和社会系统的正常运行，已离不开信息系统的支持。信息系统在我国国民经济和社会中的战略地位已经确立。

1. 传统产业改造

信息化对传统产业的改造，使我国许多传统产业的生产和管理活动已经完全建立在"以计算机技术和微电子技术为基础"之上，成为典型的信息时代的产业部门。其中，令人印象最为深刻的是中国服务业的信息化发展，中国的通信服务业、金融业、民航业等已经成为由信息化派生的新兴产业部门。

中国民用航空业的信息化已经与国际接轨。民航信息化建设的全球分销系统、电子政务、空管信息化系统、航空运行管理系统、机场管理系统、物流信息系统、电子票务系统，已经使旅客可以轻松实现网上订票、网上支付、自助值机、自选座位、里程累计，为旅客带来了极大的方便，同时也提高了航空公司的管理和服务效率。❶

信息化对中国农业和农村发展也产生了巨大的影响。在政府的主导和市场的驱动下，中国农业和农村的信息化加速发展。在经济比较发达的地区和大农业生产基地，先进的农业信息技术和农业信息化装备得到大规模的推广应用。与此同时，信息化迅速在广大农民中普及。2009 年末，我国开通互联网的乡镇比重提高到 99.3%，开通互联网的行政村比重提高到 91.5%。❷ 截至 2014 年年底，全国通宽带乡镇和行政村比例分别达到 100%、93.5%。

在第二产业方面，中国制造业的信息化也取得了可喜的发展。2004 年，中国制造企业每百人拥有计算机 21.83 台，已经接近中等发达国家水平。2015 年 3 月 5 日，在十二届全国人大三次会议上，李克强总理在政府工作报告中首次提出"互联网＋"行动计划，这也为制造业的转型升级指明了方向——工业 4.0：互联网＋制造业。其核心特征是互联，作为"互联网＋"的重要组成部分，互联网技术降低了产销之间的信息不对称，加速两者之间的联系和反馈，因此，催生出消费者驱动的商业模式，而工业 4.0 是实现这一模式的关键环节，代表了"互联网＋制造业"的智能生产方式，互联网的进一步应用将为传统制造业增添更多活力。

2. 电子政务全面推进

自 1973 年计算机首次应用于政府管理开始，40 多年来中国政府信息化的发展从无到有，从小到大，逐步追赶并缩短与世界先进国家的差距，加速了政府经济调节、市场监管、社会管理和公共服务各项能力的提升，大大加快了社会经济发展的步伐，在政府网站、网络基础设施、信息资源、业务系统等方面都取得了令人振奋的成绩。

2009 年，中央部委政府网站和省级政府网站普及率达到 100%，地市级政府网站普及率达到 99.1%，政府门户网站成为政府发布信息的第一平台，沟通政民、汇集民智民意的重要渠道。政府网站的内容保障机制逐步健全，内容不断丰富，功能逐步增强，整体绩效水平显著提高。许多省市的政府门户网站注重面向弱势群体，提供包括公共教育、医疗卫生、劳动就业、社会保障、居民住房、交通出行等方面的服务。政府网站也

---

❶ 周宏仁. 中国信息化和电子政务的发展 [J]. 中国信息界, 2010, Z1：4 - 8.

❷ 周宏仁. 我国应加快七大领域信息化发展 [J]. 信息系统工程, 2010 (9)：8.

非常注重面向企业经营管理的各项服务，如企业登记注册、纳税申报等项目。同时，政府网站在规范政府行为、完善干部选拔培训机制、促进民政沟通等三方面发挥了积极作用，对促进政务公开透明具有重要意义。

《2016 年联合国电子政务调查报告》显示，中国的电子政务发展指数（E-government development index，EGDI）为 0.6071，排名第 63 位，相较于上一次调查上升 7位，❶ 国际排名稳步上升，目前中国电子政务发展水平已处于全球中等偏上，表明我国电子政务取得了较大的发展与进步。我国电子政务排名的提升，是政府不断推进信息化的成果，也与我国政府推动电子政务发展的决心与行动密不可分。

3. 社会信息化发展提速

我国的信息化在社会建设领域也取得了巨大的成就。其中，在教育和科学研究方面信息化发展的成就特别值得关注。中国教育和科研计算机网（China Education and Research Network，CERNET）连接了分布在全国 200 多个城市的高校、教育机构、2000 多个科研单位，超过 2000 万用户，已经成为世界上最大的国家学术互联网。中国教育卫星宽带传输网（China Education Broadband Satellite net，CEBSAT）覆盖全国，是中国广大西部及农村偏远地区主要的教育信息化传输体系，也是世界上最大的公益性卫星远程教育专业服务网。

科学研究方面所取得的成就也是多方面的。2002 年，科技部启动了国家科技基础条件平台建设，包括研究实验基地和大型科学仪器、设备共享平台、自然科技资源共享平台、科学数据共享平台、科技文献共享平台、成果转化公共服务平台、网络科技环境平台等六个方面。同年启动的"科学数据共享工程"，先后在资源环境、农业、人口与健康、基础与前沿、工程技术、区域综合等六大领域共 24 个部门开展了科学数据建设与共享工作。❷

在科学数据和信息的获取上，我国也不断取得进步。2010 年，国务院批准启动实施高分辨率对地观测系统重大专项，该系统将统筹建设基于卫星、平流层飞艇和飞机的高分辨率对地观测系统，完善地面资源，并与其他观测手段结合，具有全天候、全天时、全球覆盖的对地观测能力。❸ 2016 年 3 月 10 日，高分应用综合信息服务共享平台已正式上线运行。该平台实现了高分专项卫星数据资源、应用成果的有效集成与共享，可为国内及国际等各类用户提供在线服务。截至 2016 年年底，已经成功发射高分一号、二号、三号、四号、八号、九号等多颗卫星。

在文化方面，由我国政府为主体建设的全国文化信息资源共享工程，是我国公共文化服务体系的基础工程，是政府提供公共文化服务的重要手段，是实现广大人民群众基本文化权益的主要途径，是改善城乡基层群众文化服务的创新工程。截至 2009 年 5 月，已经初步建成 1 个国家中心，33 个省级分中心，1687 个县级支中心，4797 个乡镇基层服务点，与农村党员干部现代远程教育工作和农村中小学现代远程教育工程合作，共建

---

❶ 联合国经济和社会事务部. 2016 年联合国电子政务调查报告［R］. 纽约：联合国，2016.

❷ 周宏仁. 中国信息化进程［M］. 北京：人民出版社，2009：68.

❸ 我国高分辨率对地观测系统进入全面建设阶段［Z/OL］. http：//tech. sina. com. cn/d/2012-03-15/11186840256. shtml. 2016. 11. 18.

村级基层服务点 75 万个，其中配备文化共享专用设备的有 31.5 万个。2011 年 7 月至 9 月，全国文化共享工程系统首次实施了"春雨工程"。3 个多月时间里，文化共享志愿者共检修调试计算机、打印机等设备 300 台，重装、调试应用系统近百台（套），培训辅导群众上机 300 人次，近万基层群众在活动开展中观看了文化共享工程成果巡回展和爱国主义电影。

(三) 影响度日益显著

影响度是关于一个国家的信息化推进程度对经济社会发展的影响的测度，反映了信息化对一个国家经济、政治、社会、文化、军事、科技等各个领域所产生的变革和社会经济转型的影响。中国信息化蓬勃发展所产生的巨大需求，不仅推动了中国信息产业的快速发展和产业升级，激励了现代信息技术领域自主创新的发展，提升了国民经济各个领域的技术水平，而且大大加快了信息化新兴产业的形成和发展，对中国经济社会的转型和产业结构的调整发挥了极为重要的作用。

1. 信息产业成为国民经济支柱产业

信息产业平稳发展，2016 年 1—11 月，销售额 500 万元规模以上电子信息制造业增加值同比增长 9.6%。通信设备行业生产仍保持两位数增长，生产手机 20 亿部，同比增长 19.9%，生产移动通信基站设备 31898 万信道，同比增长 15.6%。电子元件行业生产平稳增长，1 – 11 月，生产电子元件 33715 亿只，同比增长 7.8%。[1] 2016 年 1 – 12 月，全国软件和信息技术服务业完成软件业务收入 4.9 万亿元，同比增长 14.9%[2]。

2016 年我国软件和信息技术服务业收入保持两位数增长，产业内部结构不断调整优化，中心城市软件业保持领先增长态势。其中 2016 年全年软件产品实现收入 15400 亿元，同比增长 12.8%，增速比 2015 年提高 0.9 个百分点。信息技术服务收入增长较快，信息技术服务实现收入 25114 亿元，同比增长 16%。嵌入式系统软件收入平稳。嵌入式系统软件实现收入 7997 亿元，同比增长 15.5%。[3]

经过多年的发展，我国集成电路市场和产业规模都实现了快速增长。根据中国半导体行业协会统计，2015 年我国集成电路产业销售额为 3609.8 亿元，同比增长 19.7%。2015 年全行业总投资超过 1000 亿元，适应产业规律的投融资环境基本形成，产业资本和金融资本融合发展，取得了初步成效。另外，由于国内市场的拉动和技术进步，集成电路设计业继续领跑 2016 年集成电路产业的发展。据工业和信息化部的统计数据，2016 年 1—11 月，生产集成电路 1191 亿块，同比增长 20.9%，销售增长 16.9%，出口增长 14.6%。[4]

---

[1] 2016 年 1 – 11 月电子信息制造业运行情况 [EB/OL]. [2017 – 02 – 27] http：//www. miit. gov. cn/ n1146312/n1146904/n1648373/c5450498/content. html.

[2] 中国软件行业发展现状 [EB/OL]. [2016 – 09 – 23] http：//bg. qianzhan. com/report/detail/459/160819 – 15212ac8. html.

[3] 2016 年 1 – 12 月软件业经济运行快报 [EB/OL]. [2017 – 02 – 28] http：//www. miit. gov. cn/ n1146312/n1146904/n1648374/c5473893/content. html.

[4] 2016 年 1 – 11 月电子信息制造业运行情况 [EB/OL]. [2017 – 02 – 27] http：//www. miit. gov. cn/ n1146312/n1146904/n1648373/c5450498/content. html.

2. 新兴产业异军突起

伴随着中国信息化的迅猛发展，传统电信业务逐步向现代信息服务业转变。电信服务业加快了数据通信、信息服务等多种新业务的发展，增值电信业务逐渐成为电信业务新的增长点。经初步核算，2016 年电信业务收入完成 11893 亿元，同比增长 5.6%。2016 年，电信业务收入结构继续向互联网接入和移动流量业务倾斜。非话音业务收入占比提高至 75.0%；移动数据及互联网业务收入占电信业务收入的比重提高至 36.4%。移动宽带（3G/4G）用户占比大幅提高，光纤接入成为固定互联网宽带接入的主流。移动宽带用户在移动用户中的渗透率达到 71.2%，比上年提高 15.6 个百分点；8M 以上宽带用户占比达 91.0%，光纤接入用户占宽带用户的比重超过四分之三。融合业务发展渐成规模，截至 12 月末，交互式网络电视（Interactive Personality TV，IPTV）用户达8673 万户。[1]

互联网基础设施建设的不断完善、利好政策的持续出台，以及互联网对于各个行业的渗透，共同促进网民规模持续增长。随着"宽带中国"战略的深化，宽带网络的光纤化改造工作取得快速进展，中国各地光纤网络覆盖家庭数已超过 50%。2016 年 4 月，习近平总书记在网络安全和信息化工作座谈会上提出"要推动我国网信事业发展，让互联网更好造福人民"，未来互联网作为信息社会的基础设施，将进一步对中国政治、经济、文化等领域发展产生深刻影响。

电子商务近年来发展迅猛。截至 2016 年 12 月，网上预订机票、酒店、火车票或旅游度假产品的网民规模达到 2.99 亿，较 2015 年年底增长 3967 万人，增长率为 15.3%。2016 年农村电商渠道下沉，产销升级带动农村扶贫。主要电商平台渠道下沉战略加快实施，京东推出县级以下区域线下加盟合作模式、阿里巴巴进入"农村淘宝 3.0"阶段等，在物流、金融、服务等方面完善农村网购市场，在推动农村电商发展的同时促进地方扶贫脱贫。

在网络休闲娱乐产业方面，用户数量也在不断攀升。截至 2016 年 12 月，我国网络游戏用户规模达到 4.17 亿，占整体网民的 57.0%，较去年增长 2556 万人。手机网络游戏用户规模较去年年底明显提升，达到 3.52 亿。在公共服务类方面，中国在线教育用户规模达 1.38 亿，较 2015 年年底增加 2750 万人，年增长率为 25.0%；在线教育用户使用率为 18.8%，在 2015 年基础上增加 2.7 个百分点。在网络金融类方面，截至 2016年 12 月，我国购买过互联网理财产品的网民规模为 9890 万人，相比 2015 年年底增加用户 863 万人，网民使用率为 13.5%，较 2015 年年底提升 0.4 个百分点。[2]

3. 城乡数字鸿沟逐步缩小

随着中国农业与农村信息化的推进，全国文化共享工程、党员干部现代远程教育工程，以及农村中小学现代远程教育工程的开展，我国城乡的数字鸿沟开始缩小。调查显示，农村数字生活水平快速提升，对缩小城乡数字鸿沟、推动全国信息社会发展起到了

---

[1] 2016 年通信运营业统计公报 [EB/OL]．[2017－02－27] http：//www. miit. gov. cn/n1146312/n1146904/n1648372/c5498087/content. html.

[2] 中国互联网络信息中心. 中国互联网络发展状况统计报告 [R]. 2017.

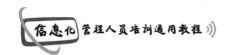

重要作用。农村居民电脑普及率快速提升。2014 年，农村居民电脑普及率达到 9.54%，比上年增长 17.90%，增速超过城镇约 11 个百分点。按照信息技术产品扩散的一般规律，电脑在农村的应用将得到进一步普及。

互联网在农村正在得到快速普及，截至 2016 年 12 月，我国城镇地区互联网普及率为 69.1%，农村地区互联网普及率为 33.1%，我国农村网民在即时通信、网络娱乐等基础互联网应用使用率方面与城镇地区差别较小，即时通信、网络音乐、网络游戏应用上的使用率差异在 4 个百分点左右；但在网购、支付、旅游预订类应用上的使用率差异达到 20 个百分点以上，这一方面说明娱乐、沟通类基础应用依然是拉动农村人口上网的主要应用，另一方面也显示农村网民在互联网消费领域潜力仍有待挖掘。❶

近年来，中国信息化发展受到国家高度重视，成立了最高级别的网络安全与信息化领导小组，出台了强国战略、"互联网 +" 行动计划、大数据战略等一系列政策措施，促进了信息社会全面快速发展。2016 年全球信息社会指数（Information Society Index，ISI）为 0.5601，较上年提升 2.1%，仍处在从工业社会向信息社会过渡的转型期。中国信息社会发展水平快速提升，2016 年中国信息社会指数为 0.4523，较上年增长 4.10%，在全球 126 个国家中排第 84 位，比上年提升 3 位，但中国与最高水平国家和地区相比差距较大，仍有很大的提升空间。

第二节　社会信息化管理

20 世纪 90 年代以来，信息技术不断创新，信息产业持续发展，互联网日益普及，信息化成为全球经济社会发展的显著特征，并逐步向一场全方位的社会变革演进。社会信息化是由社会不同领域、层级、地区、部门等构成的一个社会发展体系，它包括政府信息化、企业信息化、农村信息化、城市信息化、教育信息化、经济信息化等多种具体形态。在社会信息化管理中，电子政务、电子商务、企业信息化最具代表性。电子政务已成为推进政府管理现代化的方向，是带动整个社会信息化的基础；电子商务有助于实现贸易的全球化、实时化、网络化、数字化，促进贸易的增长，改善贸易环境，加快社会信息化的进程；企业信息化及时为企业决策系统提供准确有效的数据信息，对市场做出迅速反应，增强企业的核心竞争力，这三者对社会、经济发展都起到了巨大的推动作用。

一、电子政务

电子政务是指国家机关在政务活动中，全面应用现代信息技术、网络技术以及办公自动化技术等进行办公、管理和为社会提供公共服务的一种全新的管理方式。电子政务实际上就是平常我们所说的政务工作信息化。在中国，电子政务既包括各级行政机关系统的政务工作信息化，也包括执政党以及国家权力机关、司法机关、政协等机构的政务

---

❶ 中国互联网络信息中心. 中国互联网络发展状况统计报告［R］. 2017.

工作信息化。● 从这个意义上说，政务信息化在中国特定的管理体制下，有着更为广泛的含义。

政府信息化是人们在日常工作中经常使用的一个概念，它是相对国民经济信息化、社会信息化、企业信息化等概念而来。从 1999 年开始，联合国经济社会理事会连续两年把通过信息化改造发展中国家的政府组织、重组公共管理、最终实现信息资源的共享作为其工作的重点，并在世界各国积极倡导"信息高速公路"建设的五个领域中，将推动政府信息化、建设电子政府列为第一位。可见政府信息化是指为了适应信息时代的到来，运用信息技术、通信技术、网络技术以及办公自动化技术等现代化信息手段，对传统的政府管理和公共服务进行改造，从而大大提升政府管理的有效性，满足社会以及公众对政府公共管理和公共服务的期望，促进社会经济的发展。● 从人们对政府信息化的认识来看，政府信息化是一个动态发展的概念，在不同的历史发展阶段，有着不同的内涵。20 世纪 80 年代首先提出的办公自动化（Office Automation，OA）的概念实际上是政府信息化的早期表述；80 年代后，管理信息系统（Management Information System，MIS）成为关注的焦点；90 年代后，随着国际互联网技术的迅速发展及其在政府公共管理中的应用，提出了电子政府和电子政务的概念。

电子政务与政府信息化有着密切联系。如果说，政府信息化强调的是一个过程，那么电子政务则是实现政府信息化的具体途径。● 也就是说，通过在政务活动中不断地扩大电子政务的范围，逐步推动政府信息化水平由低向高发展。从这个意义上说，政府信息化的过程就是不断推进政务活动电子化的过程，也可以说，电子政务是实现政府信息化的一种手段。

（一）电子政务网

1. 电子政务内网

电子政务内网是电子政务的核心和基础之一，按中办发〔2002〕17 号文件要求，政务内网平台是副省级以上政府的办公业务网络，主要为领导决策和指挥提供信息支持和技术服务，并承担公文、应急、值班、邮件、会议等办公业务，是涉密网。按照 17 号文件的要求设计或调整各地的网络结构，政务内网与外网之间要物理隔离，政务外网与互联网之间要逻辑隔离。●

国家电子政务内网平台主要用于承载各级政务部门的内部办公、管理、协调、监督和决策等业务信息系统。目前，我国电子政务内网建设发展较快，中央级别的网络平台基本建立。有关部门的业务系统正在连接牵引，有 47 个党政机关部门、党政机关办公厅服务部对接。约三分之二省级以下内网平台也初具条件，还有一系列的省市正在抓紧建设和完善内网，特别是国家对内网建设和管理规划下发以后，各个层次都在大力发展内网，为打造机关的综合管理、办公应用、决策服务效力。●

● 叶常林. 电子政务 ［M］. 合肥：中国科学技术大学出版社，2010：182.
● 王益民. 电子政务规划与设计 ［M］. 北京：国家行政学院出版社，2013：8.
● 侯卫真，赵国俊. 公务员信息化与电子政务读本 ［M］. 北京：中央文献出版社，2003：2.
● 吴爱明. 中国电子政务：技术与应用 ［M］. 北京：人民出版社，2004：24.
● 王益民. 电子政务技术与应用 ［M］. 北京：国家行政学院出版社，2013：22.

电子政务的应用基础是政府内部的办公自动化，即人们常说的无纸化办公。只有在实现了真正意义上的办公自动化之后，才能做好电子政务的各项服务。❶

2. 电子政务外网

电子政务外网是指机关利用互联网通过统一门户对外发布信息，向社会提供信息服务、业务办理和管理监督等政务活动的公共信息网络。预期通过建设覆盖全国各级政务部门的网络平台和服务体系，实现各级政务部门的互联互通、数据交换、信息共享和业务协同。

政务外网作为政府部门的公用行政基础设施，首先满足各级政府部门的非涉及国家秘密信息的业务系统的搭载需求。满足政府内部非涉密类业务和信息传输的需要，为其提供基础的网络承载和支撑服务，其次解决跨部门、跨地区业务在内部办理安全传输、处理与交换的需求。

政务外网承载各级政务部门业务协同、社会管理、公共服务、应急联动等面向社会服务的业务应用系统，主要满足中央和各级地方对口政务部门之间信息纵向传输、汇聚及各级政务部门之间、政务部门与公众、企业之间信息交换与共享的需求，与互联网安全联结，支持各级政务部门面向社会的门户网站。政务外网能支撑多个业务系统的文件、数据、表格、图像、图片等多媒体数据的传输，能够支持视频会议、视频点播、语音等业务。

政务外网具有以下支撑能力：

1）支撑政务部门纵向业务应用：全国政务外网骨干网满足各部门纵向到县的业务应用（IP电话、视频、数据等）。

2）支撑跨部门业务应用：通过政务外网城域网实现跨部门的业务应用。

3）支撑构建部门虚拟专网：采用虚拟专用网（Virtual Private Network，VPN）等技术建立横向或纵向虚拟专网。

4）支撑开展面向公众服务的互联网业务：通过政务外网统一互联网出口，支持政务部门开展业务受理、信息发布、视频点播及网上互动等业务。

5）为已建专网部门提供互联互通网络支撑：已建专网部门间无法互通，若都与政务外网相连，可以使部门间互联互通、业务协同、信息共享。

6）具备公共应用支撑服务：包括域名系统（Domain Name System，DNS）、共享经济数据库和公务员范文库、邮箱和网络传真、即时通信和短信、视频点播系统、文件传输与下载，以及互联网数据中心（Internet Data Center，IDC）托管服务等公共基础应用和服务。

7）安全可靠的备用网络支撑：为已有专网部门实现备份网络功能，提高部门已建网络可靠性和安全性。

8）构建信息交换与共享平台：目录服务、信息交换共享平台，实现跨地区跨部门业务系统互联互动。

---

❶ 中共宜昌市委组织部，宜昌市人事局，宜昌市信息化工作领导小组办公室. 电子政务应用基础［M］. 2005：93.

9）安全防护和应用安全需求的支撑：包括边界安全和终端安全防护、电子商务认证授权机构（Certificate Authority，CA）认证、存储备份、应急响应支持等。

（二）中国电子政务的发展现状

1. 发展背景

面对经济全球化和信息全球化，无论是发达国家还是发展中国家，都在顺应时代发展的潮流，把推进信息化建设作为增强综合国力和国际竞争力的重要举措，并将其提升至国家战略的高度。我国政府也确立了"大力推进信息化，以信息化带动工业化，以工业化促进信息化，走新型工业化道路"的国家战略。20 世纪 80 年代中期，我国就开始在政府部门推行自动化办公系统，以提高政府部门的工作效率，并由此逐步开始了我国政府信息化的建设。从 1993 年开始，一系列以金字打头的信息化工程，"金桥""金关""金卡""金税"等在不同的经济领域内展开。党的十六大明确提出，要"进一步转变政府职能，改进管理方式，推行电子政务"。国家信息化领导小组从我国的实际情况出发，明确提出电子政务要先行，以电子政务建设带动国民经济和社会信息化。

由此，电子政务建设成为推动国家信息化的龙头工程，成为政府深化行政管理体制改革的主要动力和重要内容，也成为政府实现管理现代化的必由之路。信息化建设要从电子政务入手，以政府信息化带动信息化发展，"以信息化带动工业化"，这些都显示着电子政务建设重要的战略地位和意义。❶

发展电子政务是发展经济和全面建设小康社会的需要。在党的"十六大"报告中提出了"以信息化带动工业化""大力加强电子政务建设"的战略方针，党中央以电子政务带动政府管理体制改革的思路，为全面实现小康社会提供了有力保障。

发展电子政务是转变政府职能的需要。电子政务建设不是信息技术在政务领域的简单推广和应用，不能简单地将现有政务职能和业务流程电子化等同，它本质上是政府职能转变的重大创新和改革。

发展电子政务是促进信息产业发展的需要。近几年中国信息产业的发展速度快，在国民经济中所占的比重不断上升，在出口所占的比重也不断上升。从某种意义上讲，信息产业是整个国民经济的一个新的支柱产业。另外，政府通过外包工程，建立比较规范的服务模式，可以扩大内需，拉动经济增长。

发展电子政务是中国提高国家信息化水平的必然要求。目前，中国的国家信息化水平还存在诸多问题。政府网络建设存在"重网络建设，轻内容服务"的现象。同时网站建设规范标准不一，信息资源共享困难。因此，引导电子政务健康发展的客观需要也要求加快推动国家电子政务建设，通过电子政务建设带动其他领域的信息化建设。

2. 信息化和信息安全管理部门

我国信息化和信息安全管理部门，包括中央网信领导小组、网信办、发改委、工信部、各地政府部门、各地经信委、各部委信息化管理部门，信息安全管理部门包括公安部、安全部、国家保密局、总参谋部等，下面具体介绍各个部门在信息化和信息安全管理领域的职责。

---

❶ 方陆明，楼雄伟，徐爱俊. 林业电子政务系统研究与实践［M］. 北京：中国水利水电出版社，2012：13.

中央网信领导小组：2014 年 2 月 27 日，中央网络安全和信息化领导小组宣告成立，中共中央总书记、国家主席、中央军委主席习近平亲自担任组长；李克强、刘云山任副组长。领导小组的职能是发挥集中统一领导作用，统筹协调各个领域的网络安全和信息化重大问题，制定实施国家网络安全和信息化发展战略、宏观规划和重大政策，不断增强安全保障能力。中央网络安全和信息化领导小组办事机构即中央网络安全和信息化领导小组办公室，由国家互联网信息办公室承担具体职责。

发改委：统筹信息化的发展规划与国民经济和社会发展规划、计划的衔接平衡，负责指导工业发展，推进工业化和信息化。

工信部：工业和信息化部负责网络强国建设相关工作，推动实施宽带发展；负责互联网行业管理（含移动互联网）；协调电信网、互联网、专用通信网的建设，促进网络资源共建共享；组织开展新技术新业务安全评估，加强信息通信业准入管理，拟定相关政策并组织实施；指导电信和互联网相关行业自律和相关行业组织发展。负责电信网、互联网网络与信息安全技术平台的建设和使用管理；负责信息通信领域网络与信息安全保障体系建设；拟定电信网、互联网及工业控制系统网络与信息安全规划、政策、标准并组织实施，加强电信网、互联网及工业控制系统网络安全审查；拟定电信网、互联网数据安全管理政策、规范、标准并组织实施；负责网络安全防护、应急管理和处置。加强和改善工业和通信业行业管理，充分发挥市场机制配置资源的决定性作用，强化工业和通信业发展战略规划、政策标准的引导和约束作用。加快推进信息化和工业化融合发展，大力促进电信、广播电视和计算机网络融合，着力推动军民融合深度发展，寓军于民，促进工业由大变强。

各部委信息化管理部门：负责贯彻执行国家有关信息化工作的方针政策和法律、法规；负责本部委信息化规划、管理、项目实施和维护；制定中长期信息化发展规划、年度信息化建设计划并监督落实。

各地政府部门：负责贯彻执行国家、各省有关信息化工作的方针政策和法律、法规；负责拟定本地区信息化建设的规划、计划和制度、规范，并组织实施；承担政府机构有关信息化的建设和管理工作；指导、推进本地区所监管企业的信息化建设工作。

各地经信委：负责调节近期国民经济运行、推进工业和信息化工作。贯彻执行国家、省有关信息化工作的方针政策和法律、法规；组织编制和实施信息化的发展战略、中长期规划和年度计划；组织制定信息化专项规划和行业规范，指导、监督、检查执行情况。牵头协调指导信息化企业发展生产性服务业，研究提出相关政策措施；推进软件业、信息服务业发展；指导信息化企业的市场拓展和合作交流，组织协调信息化重要会展活动；协调、指导信息化招商引资和对外合作交流工作；负责信息化行业管理工作，提出信息化行业规划和相关政策，协调行业发展中的重大问题；推进信息化行业淘汰落后生产能力工作；指导各种经济成分的信息化企业。统筹推进全市信息化工作，组织制定并实施相关的政策，协调全市信息化建设中的重大问题；负责信息化建设的市场监管和服务能力建设；参与政府投资信息化项目建设和运行的全过程管理，对政府投资信息化项目进行指导、检查和督促；推进重大信息化工程的实施和跨部门业务协同；推进电子商务和经济社会各领域的信息化应用。按照规定权限，负责信息安全管理和信息安全保障体系建设，指导监督政府部门、重点行业的重要信息系统与基础信息网络开展安全保障工作，监督管理网络安全技术的应用（除计算机病毒防治外），协调处理网络与信息安全重大事件。

按照规定权限，负责信息网络设施建设，制定并组织实施相关计划；协调促进跨行业、跨部门、面向社会服务的信息系统互联互通和信息资源共享；协调管理信息管线、公用通信网、专用通信网和重大公共信息资源库的运行；组织推进通信网、广播电视网和互联网等"多网"融合发展；指导推进全市政务和社会公共服务信息资源开发利用工作。

公安部：负责公共信息网络的安全监察工作。

安全部：负责维护国家主权和利益的情报机构。

国家保密局：负责计算机网络信息安全管理的保密工作，负责对涉密计算机信息系统的审批和年审，组织实施对通信及办公自动化保密技术检查，负责对涉密计算机网络的设计、施工单位进行资格审查。

总参谋部：中国人民解放军的军事工作机关，是中华人民共和国武装力量军事工作的领导机关，在信息管理方面具有搜集和提供军事情报信息的职能。

3. 国家信息化领导机构发展情况

1993 年 12 月 10 日，国务院批准成立国家经济信息化联席会议，国务院副总理邹家华任主席。国家经济信息化联席会议办公室设在原国家计委（国家信息中心）。

1994 年 5 月，成立国家信息化专家组，作为国家信息化建设的决策参谋机构。

1996 年 4 月 16 日，国务院办公厅发出"关于成立国务院信息化工作领导小组的通知"（国办发〔1996〕15 号），国务院副总理邹家华任领导小组组长，将原国家经济信息化联席会议办公室改为国务院信息化工作领导小组办公室，电子工业部副部长吕新奎任办公室主任。

1998 年 3 月，随着国务院机构的进一步改革，原国务院信息化工作领导小组办公室整建制并入新组建的信息产业部，成立了信息产业部信息化推进司（国家信息化办公室），负责推进国民经济和社会服务信息化的工作。

1999 年 12 月 23 日，国务院办公厅发出"关于成立国家信息化工作领导小组的通知"（国办发〔1999〕103 号），国家信息化工作领导小组成立，国务院副总理吴邦国任组长。信息产业部部长吴基传任副组长，其余成员是来自国家相关部门的领导同志。按照通知要求，国务院信息化工作领导小组不单设办事机构，具体工作由信息产业部承担。并将国家信息化办公室改名为国家信息化推进工作办公室。

2001 年 8 月 23 日，中共中央、国务院决定重新组建国家信息化领导小组，以进一步加强对推进我国信息化建设和维护国家信息安全工作的领导，中央政治局常委、国务院总理朱镕基任组长，同时单设办事机构——国务院信息化工作办公室，由国家发展计划委员会主任、国家信息化领导小组副组长曾培炎兼任国务院信息化工作办公室主任。国家信息化领导小组负责审议国家信息化的发展战略，宏观规划，有关规章、草案和重大的决策，综合协调信息化和信息安全的工作。

2008 年 3 月，国家大部制改革启动。决定不再保留国务院信息化工作办公室，统一纳入新成立的"工业和信息化部"，国家信息化领导小组的具体工作由工业和信息化部承担。

2014年2月27日，中央网络安全和信息化领导小组宣告成立，中共中央总书记、国家主席、中央军委主席习近平亲自担任组长；李克强、刘云山任副组长。中央网络安全和信息化领导小组办事机构即中央网络安全和信息化领导小组办公室，由国家互联网信息办公室承担其具体职责。国家互联网信息办公室主任鲁炜兼任中央网络安全和信息化领导小组办公室主任。2016年6月，徐麟任中央网络安全和信息化领导小组办公室主任、国家互联网信息办公室主任。

4. 中国政府信息化发展历程

1973年，计算机在我国首次应用于政府管理，中国政府信息化开始起步，历经了数据处理、信息管理、电子政务起步、电子政务全面发展和电子政务大数据发展五个阶段。

（1）数据处理阶段（1973—1983年）

这一时期政府信息化的主要内容是"辅助宏观决策的计算机数据处理"应用。1972年，周恩来总理指示"要积极推广电子计算机应用"。1973年3月，为落实周总理的指示，国家计委向国务院报送了筹建国家计委电子计算中心的报告，利用现代信息技术为国民经济计划和统计服务。这不仅是中国政府部门首次应用电子数字计算机，也是中国政府信息化起步的标志。

1975年，国家计委首先开展了全国工业、农业、基建、物资、财贸年报统计汇总的工作；同年，经国务院批准，国家计委决定建设"国家计委电子计算机中心"，在全国28个省、自治区、直辖市设站；在重点城市、重点企业安装具有数据处理能力的终端设备；在各县安装具有输入/输出能力的终端设备。一个覆盖中央、省、地（市）、县四级的政府数据处理系统初具雏形。

1979年，第三次全国人口普查数据处理由国家计委电子计算中心负责，在联合国人口基金的援助下，我国首次完成了总人口达10亿、原始数据量达400亿字符的超大规模数据处理任务。此项大规模数据处理系统工程全过程的实践，受到联合国专家和国际组织的高度赞扬，开创了中国政府部门大规模应用计算机开展业务的先例。

1983年7月，由国家计委牵头编制完成了1981年全国投入产出表（包含26个部门的价值型表和146个部门的实物型表），为经济数学方法在中国经济计划和预测工作中的应用开创了一个成功的先例。❶

（2）信息管理阶段（1984—1992年）

这一阶段政府信息化的主要内容是政府信息管理的早期应用。1983年10月15日，国务院批准组建国家计委经济信息管理办公室，负责制定全国经济信息管理系统的长远建设规划和年度实施计划、信息系统总体技术方案，并展开制定指标体系和统一编码等基础性工作。国务院的这个决定，标志着中国政府信息化的发展开始由数据处理向信息管理升级。

1984年11月，经国务院同意，电子振兴领导小组发布了"中国电子和信息产业发

---

❶ 周宏仁. 中国信息化进程［M］. 北京：人民出版社，2009：607.

展战略"，指出中国电子和信息产业要实现两个转移：第一，把电子和信息产业的服务重点转移到为发展国民经济、为四化建设、为整个社会生活服务的轨道上来。为此，必须把电子和信息产业在社会各个领域的应用放在首位。第二，电子工业的发展要转移到以微电子技术为基础、以计算机和通信装备为主体的轨道上来，并确定集成电路、计算机、通信和软件为发展的重要领域。

1986 年 2 月，国务院确定在"七五"期间，在国家计委计算中心系统工程的基础上进行扩充和延伸，重点建设国家经济信息管理主系统，由中央、省、中心城市和县四级信息中心构成，作为中央和地方各级人民政府及主要综合经济部门进行宏观经济分析、预测、决策服务的主干系统。1990 年年底，国家经济信息系统基本上完成了一期工程的任务，形成了一个由 28 个省、自治区、直辖市（西藏、海南在建），14 个计划单列市，150 个中心城市，以及 700 个县的信息中心构成的主系统基本框架，拥有各类大、中、小型计算机和个人计算机（Personal computer，PC）4000 余台（套），并形成了一支近万人的初步掌握现代信息技术，能够从事数据处理、软件开发、硬件维护以及经济分析和预测工作的专业技术队伍。❶

（3）电子政务起步阶段（1993—2000 年）

这一阶段政府信息化的主要内容是政府业务系统的起步探索。20 世纪 90 年代以来，互联网开始在世界范围内普及应用，一些政府关键业务迫切要求建设信息系统满足业务开展需要，办公自动化系统建设开始起步，政府上网工程兴起。在此期间，中国利用日元贷款进一步建设了国家经济信息系统，国务院首次成立了国家信息化领导小组。

1）核心业务系统先行。为了加速推进中国的信息化进程，适应政府关键业务管理需求不断发展的需要，1993 年年底成立了由国务院副总理邹家华任主席的国家经济信息化联席会议，正式部署了"三金"工程等"金"字头系列的重大系统工程，并列入国家中长期规划。在此期间，"金税"工程也开展了首期的建设工作，建设了增值税专用发票稽核系统，取得了较好的经济效益，为日后"金税"二期、三期的建设奠定了基础。

实践证明，"金"字工程以政府的关键业务流为主线，极大地推动了现代信息技术在中国政府中的应用和中国政府信息化的发展，产生了巨大的经济效益和社会效益，为中国电子政务的起步奠定了坚实的基础。

2）办公自动化。1992 年，国务院办公厅下发了《关于建设全国行政首脑机关办公决策服务系统的通知》。对行政机关办公自动化的建设起到了积极的推动作用，各级政府的办公自动化建设开始加快步伐。1994 年，中共中央办公厅、国务院办公厅实施了旨在实现办公自动化的"金海"工程。在"金海"工程的示范和带动下，全国已经基本建成了以国务院办公厅为枢纽，连接各省、自治区、直辖市政府和国务院各部委、各直属机构的全国政府系统办公自动化网络，绝大多数地区、部门也建立了内部的办公业务网络，有些地区的办公自动化网络延伸到了市（地）、县，有些部门还建立了全系统的办公自动化网络。与政府系统办公自动化建设成就相类似，党委、人大等系统也逐步

---

❶ 周宏仁. 中国信息化形势分析与预测 [M]. 北京：社会科学文献出版社，2010：8.

建设了具有相当规模和水平的办公自动化系统。❶

3）政府上网工程。我国电子政务的展开阶段为 1997 年 7 月至 2000 年 10 月，这一阶段的主要标志是中国政府上网工程的正式启动，又称为"政府上网"阶段。政府上网内容可分为四个部分：政府部门形象上网、组织机构和办事程序上网、相关政策和产业信息上网、政府的专有信息上网。这项工程的主旨是推动各级政府部门建设互联网站，并推出政务公开、领导人电子信箱、电子报税等服务，从而为政府的信息化建设打下坚实的基础。❷

1998 年 4 月，青岛市建立了我国第一个严格意义上的政府网站——"青岛政务信息公众网"。1999 年 1 月，中国电信总局和国家经贸委经济信息中心主办，联合 40 多个部委（办、局）的信息管理部门共同倡议发起了"政府上网工程"。自此，"政府上网工程"的主站点 http：//www. gov. cninfo. net 和门户站点 http：//www. gov. cn 正式开通，称为中国网上政府的导航中心和服务中心。在这一工程的推动下，中国政府信息化建设有了实质性进展。1995 年 5 月，中国互联网信息中心公布的数据显示，在 gov. cn 下注册的政府域名达到 1470 个，www 下政府网站 3200 个。2000 年 1 月，国家经贸委信息中心、中国邮电总局联合发起的"政府上网工程"百家城市政府上网推进交流大会召开。❸ 截至 2002 年年底，在 gov. cn 下注册的政府域名总数达到 7796 个，建成的 www 政府网站多达 6148 个，80% 以上的地市级政府在设立了网上办事窗口。

在这一阶段，政府服务网站日益增多，从中央到地方的工商、海关、国税、地税等部门纷纷推出各种形式的网上办公业务，服务内容不断丰富，功能日益多样化，政府内部通过网络化沟通和信息共享，办公效率得到了极大的提高。在"政府上网工程"的推动下，我国网络建设获得了长足的发展，并为政府信息化建设的顺利开展提供了有利条件。

4）建设国家经济信息系统。国家经济信息系统在原有业务条件基础上，利用第三批日元贷款进一步建设。这一特大信息系统应用工程的内容由 7 个业务系统和一个公共网络平台组成。其业务系统包括宏观经济预测系统、企业和产品信息系统、市场与价格信息系统、世界经济信息系统、经济法规系统、国外贷款项目管理信息系统和政府投资项目管理信息系统。国家经济信息系统建设项目的业主单位是国家信息中心，23 个中央部委和 38 个省、自治区、直辖市和副省级城市及 200 多个地市、厅局项目单位参加了建设。该系统的建设为"金税""金关"等系统的深入建设、为地方信息化全面展开打下了坚实的基础，加速了中国信息化建设的进程，在中国政府部门信息化建设历程中具有先导作用和重大意义。

（4）电子政务全面发展阶段（2001—2013 年）

这一阶段政府信息化的主要内容是加快推进电子政务的发展。2001 年 8 月，中国重新组建了以国务院总理朱镕基为组长的国家信息化领导小组；国家信息化领导小组的常设办事机构——国务院信息化工作办公室，以及国家信息化专家咨询委员会成立。

---

❶ 郭晓来. 公务员电子政务技术实用指南 [M]. 中国时代经济出版社，2004：28.

❷ 孙健，李栗燕，徐华伟. 电子政务概论 [M]. 武汉：华中科技大学出版社，2013.

❸ 吴宏. 政府信息管理与电子政务 [M]. 北京：人民日报出版社，2005：118.

2001 年 12 月，国家信息化领导小组召开了第一次会议，强调中央各部门和各级政府都要高度重视电子政务建设工作。领导干部要加强信息化知识的学习，充分利用信息化手段加强政府的有效管理，促进政府职能的转变，提高政府的办事效率和管理水平，促进政务公开和廉政建设。此次会议还明确了以电子政务带动中国经济、社会信息化发展的基本方针，并将电子政务建设列为国家信息化的首要工作。至此，中国的电子政务建设开始进入全面推进阶段。

2002 年 7 月 3 日，国家信息化领导小组召开第二次会议，审议通过了《国民经济和社会发展第十个五年计划信息化重点专项规划》和《国家信息化领导小组关于中国电子政务建设指导意见》，后者在会后以中办、国办文件形式下发（中办发 2002〔17〕号）。会议明确指出，在实施规划中，要突出重点，抓好先行；着重抓好电子政务、电子商务和企业信息化建设，以此推进国内信息产业的发展，带动整个国民经济和社会信息化进程。17 号文件明确了"十五"期间中国电子政务建设的主要目标、任务和需要采取的措施，成为今后一段时期内指导中国电子政务建设的纲领性文件。文件规定了"两网一站四库十二金"的建设内容。

2002 年 11 月，中国共产党第十六次全国代表大会进一步明确"信息化带动工业化""推行电子政务"的方针。至此，中国电子政务的发展在指导思想和政策上已经从单纯的技术应用和事务处理，迈入了以加强政府有效管理和为民服务为目标的全面发展阶段。

2006 年 1 月 1 日，中国政府网正式开通。作为中国电子政务建设的重要组成部分，中国政府网是政府面向社会的窗口，是公众与政府互动的渠道，对于促进政务公开、推进依法行政、接受公众监督、改进行政管理、全面履行政府职能具有重要意义。

2006 年，国家信息化领导小组正式下发了《国家电子政务总体框架》（国信字 2006〔2〕号），框架简单概括为：服务是宗旨，应用是关键，信息资源开发利用是主线，基础设施是支撑，法律法规、标准化体系、管理体制是保障。国务院副总理曾培炎指出："这是国家电子政务的骨架，有了这个骨架，全国电子政务体系就能竖起来。框架从战略高度明确了电子政务发展的思路、目标和重点，为加快中国电子政务建设打下了重要基础。"❶

2007 年 1 月 17 日，国务院通过《中华人民共和国政府信息公开条例》，自 2008 年 5 月 1 日起施行。政府信息公开是中国政府民主政治理念和行政管理理念的重大变革，是一场深刻的思想政治革命，极大地促进中国电子政务公共服务能力和水平的提升。2007 年 10 月，中国共产党第十七次全国代表大会提出"推进决策科学化、民主化，完善决策信息和智力支持系统"，增强决策透明度和公众参与度，还要"推行电子政务，强化社会管理和公共服务"。这不仅表明民主决策要更多地依靠信息化，更明确了"公共服务"也是电子政务的一个重要职责。

2011 年 3 月，十一届全国人大四次会议通过的《中华人民共和国国民经济和社会发展第十二个五年规划纲要》提出，要大力推进国家电子政务建设。2011 年 12 月，工业和信息化部印发《国家电子政务"十二五"规划》（工信部规〔2011〕567 号），提

---

❶ 孙健，李栗燕，徐华伟. 电子政务概论［M］. 武汉：华中科技大学出版社，2013：63.

出要转变电子政务发展方式，充分发挥电子政务应用成效。

（5）电子政务的大数据发展阶段（2014年至今）

2014年2月27日，中央网络安全和信息化领导小组宣告成立，中共中央总书记、国家主席、中央军委主席习近平亲自担任组长；李克强、刘云山任副组长。中央网络安全和信息化领导小组办事机构即中央网络安全和信息化领导小组办公室，由国家互联网信息办公室承担具体职责。国家互联网信息办公室主任鲁炜兼任中央网络安全和信息化领导小组办公室主任。中央网信领导小组的成立表明国家将电子政务列入中央管理范畴，电子政务迎来大数据发展阶段。

2015年1月，国务院办公厅印发《关于促进电子政务协调发展的指导意见》（国办发〔2014〕66号），明确要求：进一步加强顶层设计、深化应用深度和广度、健全保障措施。2015年9月，国务院印发《促进大数据发展行动纲要》（国发〔2015〕50号），提出：加强电子政务建设，建立健全政府大数据采集制度，全面推行政府信息电子化、系统化管理。

2016年2月17日，中办国办印发《关于全面推进政务公开工作的意见》，明确提出加快推进"互联网＋政务"和政府数据开放，构建基于互联网的一体化政务服务体系。随着我国政府的强力推进和各项任务的实施，我国电子政务将向集约高效、透明创新和智能互联的方向发展，我国电子政务国际地位将继续提升。

2016年10月9日，中共中央总书记习近平在主持中共中央政治局第三十六次集体学习时，明确提出"建设全国一体化的国家大数据中心"的必要性，以推行电子政务、建设新型智慧城市等为抓手，以数据集中和共享为途径，建设全国一体化的国家大数据中心，推进技术融合、业务融合、数据融合，实现跨层级、跨地域、跨系统、跨部门、跨业务的协同管理和服务。

在一系列政策的引导和鼓励下，地方政府也加快了大数据在各项工作中的布局和应用。东莞市在2016年10月26日出台了《东莞市大数据发展实施方案》，提出到2018年，大数据基础设施进一步完善，初步建成大数据发展体制机制，政务云数据中心和政务大数据库建设完成，率先在信用、交通、医疗、卫生、就业、社保、地理、教育、文化、环境、金融、质量、统计、市场、气象等重要领域实现公共数据资源合理适度向社会开放，促进大数据民生服务普惠化；在政务服务、商务服务、社会治理、宏观调控、安全保障等领域，以大数据实现政府治理水平显著提升。

随着移动互联网的普及和新媒体技术的发展，以政务微博、政务微信公众号和移动政务客户端（政务App）三个移动政务新媒体平台为代表的新媒体飞速发展，为实现移动互联网时代的便民为民服务，完善政民互动，加强政务公开，汇集网络人心，促进电子政务发展提供了重要的平台。各级政务微博运营能力逐步成熟，依托于政务微博的服务体系也在不断完善。政府部门利用微博"网上收集网情、网下解决问题"，已然成为舆情应对工作的一种常态。《2016政务指数·微博影响力报告》显示，截至2016年年底我国已开通认证的政务微博164522个。其中，政务机构官方微博有125098个，比上一年增长9%，公务人员微博39424个，比上一年增长5%。2016年政务微博共发博7469万多条，总阅读量超过2605亿次，阅读量超过100万的有1.2万多条。2016年年度政务微博总榜前十名见表 1 – 1。微博依然是国内规模最大的移动政务平台。

表 1 – 1　2016 年年度政务微博总榜前十名

排名	微博	认证信息	传播力	服务力	互动力	总分
1	公安部打四黑除四害	公安部治安管理局坚打四黑除四害专项行动办公室官方微博	94.82	90.86	97.47	95.09
2	共青团中央	共青团中央官方微博	95.12	66.57	99.94	91.34
3	平安北京	北京市公安局官方微博	93.51	93.45	87.65	91.15
4	江宁公安在线	南京市公安局江宁分局新浪微博、社区委员会专家成员	100.00	51.44	100.00	90.29
5	上海发布	上海市政府新闻办公室官方微博	91.63	69.11	83.57	83.90
6	深圳天气	深圳市气象局官方微博	86.64	93.47	74.15	83.01
7	深圳交警	广东省深圳市公安局交警支队官方微博	85.82	61.22	90.80	82.89
8	中国大学生在线	教育部中国大学生在线官方微博、教育官微联盟成员	82.82	87.40	80.25	82.71
9	北京地铁	北京地铁公司官方微博	85.25	100.00	71.38	82.65
10	天津交警	天津市公安交通管理局官方微博	83.02	98.25	74.43	82.63

（三）中国电子政务的主要成就

30 多年来，中国政府信息化发展从无到有、从小到大，逐步追赶并缩短与世界先进国家的差距，加速了政府经济调节、市场监管、社会管理和公共服务各项能力的提升，大大加快了社会经济发展的步伐，在政府网站、网络基础设施、信息资源、业务系统等方面的建设取得了令人振奋的成绩。

调查和统计数据表明，截至目前，中央政府各政府机构几乎全部开设了互联网网站，除中国台湾、中国香港和中国澳门地区之外，全国 31 个省、自治区、直辖市的地方政府也全部开设了门户网站，各省区市政府绝大部分政府机构、地级市和相当一部分区县都已开通了门户网站，并提供了不同程度的信息发布、网上办事等服务。截至 2015 年 11 月，66453 个政府网站正常运行，国务院部门及其内设、垂直管理机构网站 2295 个，地方网站 64158 个。

中国政府网开通以来，面向社会提供政务信息和与政府业务相关的服务，穿插新闻报道内容，逐步实现政府与企业、公民的互动交流，在国内外产生了重要影响。商务部网站网上办事功能突出，将近 70 项在线业务统一纳入网上政务大厅，该网站连续 5 年在全国部委级评比中获得第一名。在评比的带动下，各部委网站的建设水平稳步提高。

政务基础信息资源开发取得较大进展。目前绝大多数中央部委和省级政府部门的核心业务有数据库支撑，核心业务数据库覆盖率在 80% 以上。国家建成了一批重要基础信息库，公安部建成了覆盖 13 亿人口的国家人口数据库，国家工商总局建成了企业法人数据库，民政部和中编办初步建设了社团和事业单位信息库，国家统计局建成了统计信息库，国家发改委牵头的国家自然资源和空间地理基础信息库正在加紧建设。此外，金融、税收、质检、社保、教育等关键领域也都建成了一大批信息库。这些信息库已经

成为我国政府基本信息的重要资源。❶

重要信息系统安全保障能力得到加强。中央和省级各部门信息安全基础设施覆盖率达到100%。据调查，在已建的电子政务重要工程项目中，均建立了等级保护、风险评估、应急预案和应急演练机制，例如海关总署不仅建设了灾备中心，还组织开展了信息安全应急演练。安全系统建设的投入占电子政务总投入的10%左右。《信息安全等级保护管理办法》等相关法规标准在提升信息安全保障能力和水平，维护国家安全、社会稳定和公共利益以及保障信息化建设方面正在发挥明显效应。

电子政务管理体制和政策环境不断完善。2010年，工业和信息化部对中央和地方电子政务发展情况进行了调查统计，结果显示90%以上的中央部委建立了电子政务领导小组，约92.5%的中央部委建有信息中心、计算中心等电子政务支撑机构。2001—2010年这10年间，我国电子政务相关政策法规相继出台，例如国家信息化领导小组先后颁布了《国家信息化领导小组关于我国电子政务建设指导意见》（中办发〔2002〕17号文）、《2006—2020年国家信息化发展战略》（中办发〔2006〕11号）、《国家电子政务总体框架》（国信〔2006〕2号）、《关于促进电子政务协调发展的指导意见》（国办发〔2014〕66号），对我国电子政务建设的整体推进和全面应用发挥了关键性作用；此外，中央还颁布了《电子签名法》《政府信息公开条例》等法律法规，制定了国家电子政务建设项目管理办法，出台了信息安全保障、信息资源开发利用等一系列指导性文件。据调查，100%的中央部门有电子政务和信息化的文件、制度和规范等；50%以上的省级部门出台了信息化条例和专门的管理办法。

（四）中国电子政务存在的问题

1999年，以"国家信息化领导小组"成立和"政府上网工程"启动为标志，中国的电子政务建设受到高度重视。电子政务的内外部环境发生了翻天覆地的变化，各种应用项目、优秀案例层出不穷，政府信息化对整个社会的影响力不断增强。与此同时，困扰我国电子政务进一步发展的深层次问题也逐渐暴露出来。

1）电子政务系统的设计需进一步明确和规范。电子政务是以信息技术手段对政府管理模式和传统业务流程的"重塑"，是一个复杂的系统工程。必然要求对网络、信息、软件、应用等方面作整体、系统的规划设计。我国的信息化建设在这方面比较欠缺，有些环节缺乏合适的规划，导致项目实施过程中协调难度加大，建成以后也难以实现互联互通、信息共享，影响电子政务效益的发挥。

2）电子政务建设统筹不足。20世纪90年代以来，电子政务一直是我国信息化投资热点，中央和地方投入巨大。但由于我国电子政务建设从规划、预算、审批到评估尚未形成一个完整的机制，没有一个部门能够牵头对电子政务项目进行全方位的需求审查、技术审查、建设监督、运营评价；发展改革部门只按传统建设项目对电子政务进行立项审批，导致超需求重金购买贵重设备、不断地报废旧设备上新设备、不愿集中共享

---

❶ 于施洋，王璟璇. 电子政务顶层设计：信息化条件下的政府业务规划 ［M］. 北京：社会科学文献出版社，2014：87.

建设而追求独立体系等现象存在。❶

3）电子政务的法治环境有待于进一步加强。作为信息技术与行政管理的结合，电子政务是一个新兴的领域，许多工作都是具有探索性和创新性的。电子政务的某些应用日趋成熟以后，就需要通过制定法律法规或者标准等手段将现有的模式"固化"下来。一个良好的法治环境是保证电子政务持续、稳定、健康发展的前提。

4）以客户为中心的服务理念导向不明确。对于电子政务系统来说，企业、社会组织和公民在内的社会公众理所当然是各级政府电子政务系统的服务对象，也必然是电子政务活动的服务主体，而评价电子政务活动成效最重要的标准应该是"公众是否需要，公众是否满意"。基于原有政府管理方式和理念的偏差，在进行电子政务建设的过程中，忽视了对公众需求的关注，从而带来了电子政务建设的偏差。

5）电子政务建设中部门间缺乏深度合作。在我国，当前各级政府部门占据着全社会80%的信息资源，这些资源散落在不同的、独立的政府部门。由于缺少有效地开发与管理，政府的信息资源没有得到很好的开发利用、为公众服务。造成这种局面的根本原因在于部门间利益冲突。

6）重电子、轻政务，重建设、轻应用现象比较明显。电子政务核心是政务，电子只是手段，在我国电子政务的建设过程中，由于对信息技术的不了解，或对互联网的盲目乐观，政府部门认为用电子政务系统，就能解决传统政务活动中存在的问题。这造成了一种局面，其实电子政务系统的运用并不能改变网下政务的官僚作风。❷

（五）中国电子政务的展望

随着中国社会经济实力的不断增强，对政务信息化重要性、必要性认识的普遍提高和信息技术的不断完善，以往影响我国电子政务发展的资金、认识、技术等问题将逐渐解决，如何做好顶层设计，使电子政务贯穿政府管理和服务的全流程，真正发挥实效，是我们更需要关注的问题。

我国人民群众生活水平不断提高，政治民主化进程不断加快，社会公众的参政意识、公民意识、民主意识也不断增强。这对电子政务产生的影响首先表现为"网络民意"的兴起。"网络民意"的产生对电子政务的内容、方式提出了新的挑战。公民对政府的要求越来越高，他们希望政府能提高公共服务的质量和效率，希望政府决策更加透明、信息更加公开。"网络民意"的产生，迫使政府在决策时更加谨慎，更加重视形象。一个对人民负责、善于学习的政府，必须善于正确地应对"网络民意"，增加与网民的交流，善于通过网络手段掌握舆情动态。尽早发现问题、化解矛盾。因此，电子政务建设将更加注重公共服务，政府与公众的网上互动将更加频繁，随着《中华人民共和国政府信息公开条例》的颁布实施，政府信息公开将成为常态。

随着电子政务的发展，政府网站的普遍认知度与社会认同感逐年增强，人们对政府网站的参与热情逐步提升。政府网站将契合"智慧政府"的建设要求，充分利用民间力量、调动公众参与热情，使用户不仅是政府网站的受益者，同时成为政府网站的建设

❶　严志业，王榕国. 管理信息系统 ［M］. 北京：中国农业出版社，2013：264.
❷　濮小金，司志刚，濮琼. 电子政务系统建设及应用 ［M］. 北京：机械工业出版社，2009：301.

者，人民逐步发展成为参与政治生活的"智慧导航"与"感知中国"的网络支点。

二、电子商务的发展

根据商务活动使用的技术，早在 1839 年电报出现的时候，人们就开始使用电子技术进行商务活动，这标志着运用电子技术进行商务活动新纪元的开始。到了 20 世纪 40 年代，计算机的发明及其不断的更新换代，使其广泛用于商务活动和各种管理工作，互联网的产生进一步推动了电子商务的发展，成为电子商务发展中的催化剂。上网的政府、企业、银行、个人越来越多，人数的迅猛增加使电子商务面对着有史以来最大的用户群。庞大的用户市场使得人们对电子商务活动的期望越来越高，各地政府和各行各业对电子商务也给予高度的重视，使其成为关注的焦点。

（一）发展历程

中国电子商务的发展有 20 多年的历程，这期间大致经历了四个阶段，分别是萌芽阶段、普及阶段、初步应用阶段和高速发展阶段。

1. 萌芽阶段（1990—1999 年）

20 世纪 90 年代，中国开始开展电子数据交换（Electronic Data Interchange，EDI）的电子商务应用。1990 年开始，国家计委、科委将 EDI 列入"八五"国家科技攻关项目，如外经贸部国家外贸许可证 EDI 系统、中国对外贸易运输总公司中国外运海运、空运管理 EDI 系统、中国化工进出口公司"中化财务、石油、橡胶贸易 EDI 系统"等。1991 年 9 月，由国务院电子信息系统推广应用办公室牵头，会同国家计委、科委、外经贸部、国内贸易部、交通部、邮电部、电子部、国家技术监督局、海关总署等部门发起成立"中国促进 EDI 应用协调小组"，同年 10 月成立"中国 EDIFACT❶委员会"并参加亚洲 EDIEACT 理事会。1994 年 5 月，中国人民银行、电子部、全球信息基础设施委员会共同组织"北京电子商务国际论坛"，来自美、英、法、德、日本、澳大利亚、埃及、加拿大等国共约 700 人参加。1994 年 10 月，"亚太地区电子商务研讨会在京召开"，电子商务概念开始在中国传播。1997 年，国务院信息化领导小组组织有关部门起草编制中国信息化规划。1997 年 4 月，在深圳召开了全国信息化工作会议，各省市地区相继成立信息化领导小组及其办公室，各省开始制定本省包含电子商务在内的信息化建设规划。

1997 年 4 月，中国商品订货系统开始运行。1998 年 3 月，中国第一笔互联网网上交易成功。❷ 1998 年 7 月，中国商品交易市场正式宣告成立，是中国第一家现货电子交易市场，1999 年现货电子市场电子交易额达到 2000 亿人民币。中国银行与电信数据通信局合作在湖南进行中国银行电子商务试点，推出中国第一套基于安全电子交易协议（Security Electronic Transaction，SET）的电子商务系统。1998 年北京、上海等城市启动电子商务工程，开展电子商场、电子商厦及电子商城的试点，开展网上购物与网上交

---

❶ EDIFACT：Electronic Data Interchange For Administration，Commerce and Transport，行政，商务和运输业用电子数据交换。

❷ 张宽海. 电子商务概论［M］. 北京：电子工业出版社，2013：3.

易，建立金融与非金融认证中心和有关标准、法规，为后来开展电子商务打下基础。1999 年兴起政府上网、企业上网、网上教育、远程诊断等广义电子商务，电子商务逐渐进入实际试用阶段。由于基础设施等外部环境和电子商务应用方式的进一步完善，市场对电子商务的需求日渐增加，电子商务软件和解决方案的"本土化"趋势加快，国内企业开始着眼于国内应用软件的开发和解决方案。

2. 普及阶段（2000—2008 年）

这一阶段，电子商务平台服务商继续宣传电子商务知识和理念，完善电子商务应用平台功能，创新电子商务服务模式，在全国范围内推动其应用。电子商务应用环境取得重要进展，国家的鼓励政策和相应文件也陆续出台。在 2000 年，为满足政治经济体制改革对行业协会培育和发展的迫切需要，适应电子商务跨部门、跨行业和国际化，经信息产业部申请，国务院批准，国家民政部核准登记注册，国家电子商务协会成立，从此中国电子商务行业有了自己的组织。2001 年 4 月，在珠海召开了全球化时代的电子商务大会，发表的《珠海宣言》提出，发展电子商务，要尽快确定整体战略和实施措施，建立规范标准，开发研制拥有自主知识产权的技术产品，建立和健全相关的法律法规，建立统一的电子商务平台，要与传统产业紧密结合，走中国电子商务产业化的道路。2003 年 5 月，阿里巴巴集团投资 1 亿人民币成立淘宝网，进军 C2C 领域；随后几年内，逐渐改变国内 C2C（Consumer To Consumer / Customer to Customer，消费者间）市场格局，网购理念与网民网购消费习惯也得到进一步普及。2006 年 3 月，"第一届中小企业电子商务应用发展大会"在北京举行。2008 年，服装 B2C（Business to Consumer，商家对顾客）直销热兴起投资热，以 VANCL、BONO、衣服网、李宁为行业代表的各类服装网购平台兴起，其在线直销模式逐渐引发了传统服装销售渠道的变革。❶

3. 初步应用阶段（2009—2013 年）

在这一时期，电子商务应用环境持续改善，传统企业陆续深入应用电子商务，综合性服务平台的大规模在线签约交易成为可能，佣金制逐步成为平台服务商的主流商业模式，昭示着电子商务应用时代的真正来临。2009 年 9 月，"首届电子商务与快递物流大会"在杭州休博园召开，其宏观背景是，物流快递行业作为电子商务的支撑产业之一，在第三方电子商务平台的带动下得到了快速发展。淘宝网 2011 年 11 月 11 日单日数据显示：淘宝商城支付宝交易额突破 33.6 亿元，是去年同日交易额的 4 倍，淘宝网和淘宝商城总支付宝交易额突破 52 亿元，是香港单日零售总额的 6 倍。与此同时，支付宝成功支付 3369 万笔，同比增长了近 170%，超过全国日刷卡总量的 2 倍。

2012 年，中国网络零售市场交易规模达到 1.3 万亿元，增速约为当年社会消费品零售总额的 4.7 倍。在 2012 年全球社交网站活跃用户排名中，有 9 家中国电子商务企业入围。2013 年中国互联网金融大爆发，成为首先超越美国电商的行业之一。各互联网巨头大动作不断，从早期阿里巴巴试水网络小额贷款开始，苏宁、京东等迅速跟进并推出了自己的产品。❷

---

❶ 纪锋，薛红燕，王迪，刘强. 电子商务［M］. 哈尔滨：哈尔滨工业大学出版社，2014：182.

❷ 纪锋，薛红燕，王迪，刘强. 电子商务［M］. 哈尔滨：哈尔滨工业大学出版社，2014：187.

4. 高速发展阶段（2014 年至今）

2014 年 9 月 19 日，阿里巴巴在美国上市，创美国首次公开募股（Initial Public Offerings，IPO）融资纪录，我国电子商务步入高速发展阶段。2014 年国家统计局对电子商务交易平台（简称电商平台）的电子商务交易活动开展了调查，统计结果显示，2014 年我国全社会电子商务交易额达 16.39 万亿元，同比增长 59.4%。其中，在企业自建的电商平台上实现的交易额为 8.72 万亿元，同比增长 65.9%；在为其他企业或个人提供商品或服务交易的电商平台上实现的交易额为 7.01 万亿元，同比增长 53.8%；在既有第三方又有自营的混营平台上实现的交易额为 0.66 万亿元，同比增长 41.1%。2014 年电子商务交易平台交易额如图 1 - 4 所示。

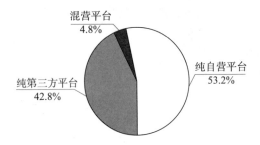

混营平台 4.8%
纯自营平台 53.2%
纯第三方平台 42.8%

图 1 - 4　2014 年电子商务交易平台交易额统计

2015 年 3 月 18 日，依托全球最大小商品批发市场的电子商务"网上营业执照"首发仪式召开，小商品城旗下"义乌购"平台的 10 家网商拿到了该牌照。该执照的发放是国家行政职能部门对电商平台网上经营场所的经营主体进行认证及监管的一项重要举措，将平台的诚信推升至新高度。2015 年中国电子商务市场交易规模 16.4 万亿元，同比增长 22.7%。其中网络购物同比增长 36.2%，成为推动电子商务市场发展的重要力量。另外，在线旅游 39.9%、本地生活服务 O2O38.3% 的同比增长共同推动电商增长。

随着互联网在农村的渗透，城乡信息鸿沟逐渐缩小，农村电子商务的发展步伐不断加快，不但丰富了农民的物质生活，也使当地农产品通过网络销往全国甚至全球。据商务部统计数据，2015 年农村网购市场规模达 3530 亿元，同比增长 96%。2016 年以来，农村网络零售额持续快速增长，增速明显超过城市。一季度农村网络零售额 1480 多亿元，二季度进一步上升到 1680 多亿元，环比增长 13.48%，高出城市网络零售环比增速 4 个百分点以上。

2016 年，在"互联网 + 电子商务"蓬勃发展的带动下，电子商务、快递业快速发展。2016 年一季度电子商务交易额达 5 万多亿元，同比增长 20% 以上。1—4 月全国网上零售额 14140 亿元，同比增长 27.5%。快递业延续了 2015 年以来的快速发展势头，营业收入同比增长 27.4%，营业利润增长 1.5 倍。

（二）发展现状

1. 政策法规不断完善

在电子商务和企业信息化发展的同时，相关的政策法规也在陆续出台，对电子商务的建设起到规范化和推动的作用。2004 年 8 月 28 日，第十届全国人大常委会第十一次会议通过了《中华人民共和国电子签名法》，2005 年 4 月正式实施。《电子签名法》中明确了电子签名与手写签名或者盖章具有同等的法律效力。

2005 年 1 月，国务院办公厅发布了《国务院办公厅关于加快电子商务发展的若干意见》，该意见阐述了电子商务对中国国民经济和社会发展的重要作用，提出了加快电子商务发展的指导思想、基本原则和具体建议措施，是中国发展电子商务的纲领性文件，对电子商务的发展具有十分重要的指导意义。

2006 年 3 月，全国人大通过的《中华人民共和国国民经济和社会发展第十一个五年规划纲要》提出：积极发展电子商务，建立健全电子商务基础设施、法律环境、信用和安全认证体系，建设安全、便捷的在线支付服务平台；发展企业间电子商务，推广面向中小企业、重点行业和区域的第三方电子商务交易与服务。同年 5 月，中共中央办公厅、国务院办公厅印发的《2006—2020 年国家信息化发展战略》提出了中国电子商务发展的"行动计划"营造环境、完善政策，发挥企业主体作用，大力推进电子商务；加快信用、认证、标准、支付和现代物流建设；完善结算清算信息系统；探索多层次、多元化的电子商务发展方式。

2007 年 3 月，商务部发布了《关于网上交易的指导意见（暂行）》。2007 年 3 月，国务院发布了《国务院关于加快发展服务业的若干意见》，提出要积极发展信息服务业，发展增值和互联网业务，推进电子商务，降低社会交易成本，提高资源配置效率。2007 年 6 月，国家发展和改革委员会、国务院信息化工作办公室联合发布了《电子商务发展"十一五"规划》，进一步明确了电子商务的发展方向。2007 年 12 月发布了《关于促进电子商务规范发展的意见》，从电子商务信息传播行为、交易行为、电子支付行为、商品配送行为等 4 个方面提出了电子商务规范发展的意见，为推动网上交易健康发展，逐步规范网上交易行为提供了政策支持。

2015 年 5 月 4 日，国务院发布《国务院关于大力发展电子商务加快培育经济新动力的意见》（国发〔2015〕24 号），6 月 16 日，国务院发布《国务院办公厅关于促进跨境电子商务健康快速发展的指导意见》（国办发〔2015〕46 号），10 月 13 日国务院发布《国务院办公厅关于促进农村电子商务加快发展的指导意见》（国办发〔2015〕78 号），这一系列政策的密集出台表明国家对电子商务发展的重视。2016 年 4 月 6 日，财政部、发展改革委、工业和信息化部等部门联合发布《关于公布跨境电子商务零售进口商品清单的公告》，以营造公平竞争的市场环境，促进跨境电子商务零售进口健康发展。2017 年 2 月 5 日，中共中央、国务院印发了《关于深入推进农业供给侧结构性改革加快培育农业农村发展新动能的若干意见》（2017 年中央 1 号文件），提出推进农村电商发展，指明农村电商的发展方向，为农村电商发展提供了政策支持，并提出促进新型农业经营主体、加工流通企业与电商企业全面对接融合，推动线上线下互动发展。❶

目前，针对规范电子商务行为，我国出台的规范性文件主要有《第三方支付管理办法》《非金融机构支付服务管理办法》《网络商品交易及有关服务行为管理暂行办法》

---

❶ 农村电商政策出台 彩电行业将再掀波澜［EB/OL］.［2017 - 02 - 28］http：//elec. it168. com/a2017/0216/3099/000003099056. shtml.

《计算机信息系统安全保护条例》《网络交易管理办法》《互联网信息服务管理办法》等，这些规范性文件主要对网络服务提供者提供的网络服务进行规制以及对网络平台服务、信息等内容的保护等。

2. 技术标准工作全面开展

2007年，中国国家电子商务标准化总体组在北京成立。作为中国电子商务标准化工作的总体规划和技术协调机构，总体组的成立标志着中国电子商务标准化工作进入新阶段。总体组由来自政府、科研院所、电子商务骨干企业等单位的31名代表组成，其中来自企业的代表超过了50%，总体组重点组织开展国家电子商务标准体系、面向服务的技术体系、电子商务数据与报文、政府采购、信用服务、在线支付、现代物流、安全认证等标准的研究和制定。❶ 经过多年努力，中国已经较完整地建立了EDI标准化体系，并研制出一套标准体系表，包括60多项EDI国家标准和行业标准。国家"十五"科技攻关相关课题也将研究重点放在了电子商务基础性标准化工作上，并在2003年出台了基于XML的电子商务关键技术标准的基础部分；2006年中国基于XML的电子商务关键技术标准体系基本形成，有14项基于XML的电子商务国家标准通过验收；发布了《电子商务术语标准》和《电子商务标准化指南》等。此外，中国对征信、物流、射频识别等与电子商务密切相关的领域也制定了部分标准。

2013年8月26日国家电子商务标准化总体组改组大会在北京召开。改组后的总体组是我国电子商务标准化工作的总体规划和技术协调机构，其目的是为更好地发挥企业和相关领域专家在建立完善国家电子商务标准体系方面的作用，系统协调并科学制定电子商务国家标准。总体组的改组，有力地推进我国电子商务标准化工作的进程，促进骨干企业参加电子商务国家标准的制定工作，强化电子商务标准的应用与实施，进一步支撑了我国电子商务的健康有序发展。❷

中国电子商务协会成立了标准应用推广中心，参与研究制定的《全程优化服务编排规范》《全程优化服务的业务评价规范》《全程优化服务业务协议规范》《全程优化业务服务质量规范》等一系列的国际标准，均通过了国际标准化组织ISO的投票认证。中国电子商务协会标准应用推广中心参与研制了《基于电子商务活动的交易主体企业信用档案规范》《基于电子商务活动的交易主体企业信用评价指标体系与等级表示规范》等行业标准。这些都标志着电子商务行业标准的进一步规范，并且逐渐和国际接轨。

3. 信用环境建设取得突破

党的十七大报告中提出规范发展行业协会，健全社会信用体系的要求。中国电子商务信用体系建设行业协会将发挥重要作用。2007年，全国整顿和规范市场经济秩序领导小组办公室印发《关于加强行业信用评价试点管理工作的通知》明确指出要加快建设社会和行业信用体系。2007年1月，中国电子商务协会经全国整顿和规范市场经济秩序领导小组办公室、国务院国有资产监督管理委员会专家评审通过，在全国整顿和规

❶ 濮小金，司志刚，濮琼. 电子政务系统建设及应用［M］. 北京：机械工业出版社，2009：14.

❷ 国家发改委，商务部，国家标准委. 联合改组电子商务标准化总体组［EB/OL］.［2016－09－26］ht-tp：//www. ce. cn/cysc/tech/07hlw/guonei/201308/27/t20130827_ 1257153. shtml.

范市场经济秩序领导小组办公室印发的〔2007〕3 号《关于加强行业信用评价试点管理工作的通知》中被列为首批行业信用评价试点单位。

2014 年 6 月 14 日国务院印发的《社会信用体系建设规划纲要（2014—2020 年)》中对电子商务领域信用建设做出了规划。规划包括建立健全电子商务企业客户信用管理和交易信用评估制度，加强电子商务企业自身开发和销售信用产品的质量监督。推行电子商务主体身份标识制度，完善网店实名制。加强网店产品质量检查，严厉查处电子商务领域制假售假、传销活动、虚假广告、以次充好、服务违约等欺诈行为。打击内外勾结、伪造流量和商业信誉的行为，对失信主体建立行业限期禁入制度。促进电子商务信用信息与社会其他领域相关信息的交换和共享，推动电子商务与线下交易信用评价。完善电子商务信用服务保障制度，推动信用调查、信用评估、信用担保、信用保险、信用支付、商账管理等第三方信用服务和产品在电子商务中的推广应用。开展电子商务网站可信认证服务工作，推广应用网站可信标识，为电子商务用户识别假冒、钓鱼网站提供手段。

2015 年 5 月，国务院发布《关于大力发展电子商务加快培育经济新动力的意见》，并明确指出，电子商务业已成为中国经济发展新的原动力，不仅创造了新的消费需求，引发了新的投资热潮，开辟了就业增收新渠道，为大众创业、万众创新提供了新空间，而且电子商务还正加速与制造业融合，进而推动制造业和服务业转型升级，催生新兴业态，成为提供公共产品、公共服务的新力量。

2016 年，为进一步加强电子商务的信用体系建设，商务部印发《2016 年电子商务和信息化工作要点》，推进电商立法和电商信用体系建设；2016 年 5 月 1 日起，实施《流通领域商品质量监督管理办法》，将网络销售纳入流通领域商品质量的监管范围。

4. 电子支付发展成效显著

电子支付作为电子商务的一个重要环节，同时也是现代支付体系的重要组成部分，受到了各方的高度重视。中国支付系统等基础设施建设取得新的重要进展。1997 年，招商银行在国内率先推出自己的网上银行——"一网通"。1998 年，"一网通——网上支付"投入运行，成为国内首家在互联网上提供支付服务的银行。2000 年，国内各商业银行相继开通网上支付业务。2002 年年底，国有银行和股份制银行全部建立了网上银行，开展交易型网上银行业务的商业银行达 21 家。2008 年 4 月 28 日，人民银行组织建设的境内外币支付系统成功上线运行，并先后开通了港币、日元、欧元、美元等 8 个币种的支付业务，为境内金融机构提供了安全、高效和低成本的外币清算平台，进一步夯实了中国的金融基础设施。❶

近年来，中国网络经济市场规模发展迅速，为电子支付行业的发展提供了良好的交易环境。2014 年网络经济整体营收规模达到 8706.2 亿元，同比增长 47.0%，2009—2014 年中国整体网民和中国网络支付用户规模均以较高的速度不断增长，网络支付用户渗透率不断提升，为中国电子支付行业的发展奠定了良好的用户基础。商业银行、线上线下的第三方支付机构、通讯运营商是电子支付体系主要的参与主体，其参与者数量和交易规模都在电子支付行业中领先。支付软硬件提供商和收单代理商是电子支付产业

---

❶ 芮廷先，郑燕华. 电子商务概论［M］. 北京：清华大学出版社，2012：114.

中起到辅助作用的主体，整个体系由中国人民银行等监管方进行监督管理，为中国的用户和商户进行服务。2014 年，中国个人网银交易规模为 448.5 万亿，同比增长 70.3%，而企业网银交易规模为 855.9 万亿，同比增长 28.4%。[1] 截至 2016 年 12 月，我国使用网上支付的用户规模达到 4.75 亿，较 2015 年 12 月，网上支付用户增加 5831 万人，年增长率为 14.0%，我国网民使用网上支付的比例从 60.5% 提升至 64.9%。其中，手机支付用户规模增长迅速，达到 4.69 亿，年增长率为 31.2%，网民手机网上支付的使用比例由 57.7% 提升至 67.5%。线上支付领域，各网络支付企业不断深入与各级政府、公共服务机构以及社区的合作，涉及民生类的缴费环节陆续打通，全方位的民生服务网上缴费体系基本搭建，并加速推广。[2]

（三）电子商务发展趋势

1. 基础纵深化

随着我国电子商务基础设施的日臻完善，支撑环境逐步规范，企业和个人参与电子商务的深度得到拓展，制约中国电子商务发展的网络瓶颈有望得到逐步解决，个人对电子商务的应用将从点对点的直线式向多点智能式发展。建成图像通信网、多媒体通信网，三网融合的潮流势不可挡，高速宽带互联网将扮演越来越重要的角色，我国电子商务的发展将具备良好的网络平台和运行环境。

2. 交易便捷化

随着电子商务基础平台（网络技术、环境因素、法律基础、社会人文、支付安全等）的迅速发展，以及网络技术不断发展与速度的不断提高，电子商务趋于更加方便、快捷和可靠。基于 Web 的电子商务洽谈、购物更为方便、轻松和实惠。

3. 需求个性化

电子商务的发展和普及是对传统经济社会组织中人的个性解放，使人们个性的张扬、创造力的发挥、消费者主权的实现有了更有效的技术基础。个性化定制信息需求和个性化商品需求成为发展方向，消费者可以参与到商品设计和制造过程中，对所有面向个人消费者的电子商务活动来说，如何满足消费者的个性化需求是现代企业面临着的一个重要课题，对企业的生产流程提出了严峻的挑战。提供比传统商业企业更具个性化的多样化服务，是电子商务成败的关键因素。

4. 运作国际化

互联网的最大优势之一就是超越时间、空间的限制，能有效地突破国家和地区间各种有形和无形的壁垒，对促进国家和地区对外经济、商务资金、交互信息等的交流起到了巨大的作用。随着国际电子商务环境的规范和完善，我国电子商务企业已逐步走向世界。电子商务的发展将强烈刺激我国的对外贸易，对我国中小企业开拓国际市场、利用国外资源是一个很好的机遇，同时，也面临着世界电子商务强手的挑战。

5. 对象专业化

面向消费者、面向行业的专业电子商务平台发展潜力巨大，电子商务专业化趋势表

---

[1] 艾瑞咨询. 2015 年中国电子支付行业研究报告 [R]. 2015－7－25.
[2] 中国互联网络信息中心. 中国互联网络发展状况统计报告 [R].

现在两个方面：一方面是面向个人消费者的专业化趋势，要满足消费者个性化的要求，提供专业化的产品和服务，我国网络消费人群将以中高收入水平的人群为主，他们购买力强，受教育程度较高，个性化消费倾向比较强，因此，提供一条龙服务的专业网站发展潜力巨大；另一方面是面向企业的专业化趋势，以大行业为依托的专业电子商务网站发展潜力巨大。❶

6. 网站融合

电子商务网站发展到一定程度之后必然走向融合，包括同类兼并、互补性兼并和战略联盟协作等。目前大量的网站定位相同或相近，属于业务内容趋同的重复建设。同类网站间的兼并强存弱汰是大势所趋。那些处于领先地位的电子商务企业在面对国外著名电子商务强手时要继续发展，必然采用互补性收购策略。由于个性化、专业化是电子商务发展的两大趋势，每个网站在资源方面总是有限的，客户的需求又是全方位的，所以不同类型网站以战略联盟的形式进行相互协作势在必行。

三、企业信息化

信息技术的迅速发展加快了传统企业的现代化与信息化进程。电子商务的发展需要建立在企业信息化的基础上，同时电子商务也推动了企业信息化的建设步伐。随着电子商务的发展，人们越来越认识到，企业要想开展电子商务，必须从企业信息化建设入手，首先要解决的就是信息基础设施的建设。要使电子商务信息系统正常工作并高效率运行，实现真正的网上交易，就必须在硬件、软件、数据库、网络、信息系统等方面加大投入，做好系统的规划、分析、设计、实施和维护等工作。企业只有真正实现自身的信息化，才有能力参与到电子商务市场环境中。因此，我们说企业信息化是实现电子商务的基础，发展电子商务一定要与企业自身的信息化水平相结合。

（一）概念与特征

企业信息化是国民经济信息化的基础，是国家信息化的重要组成部分。企业信息化是指企业利用计算机技术、网络技术等一系列现代信息技术，通过对信息资源的深度开发和广泛利用，不断提高生产、经营、管理、决策的效率和水平，从而提高企业经济效益和企业竞争力的过程。❷ 从内容上看，企业信息化主要包括企业产品设计的信息化、企业生产过程的信息化、企业产品销售的信息化、经营管理信息化、决策信息化以及信息化人才队伍的培养等多个方面。

企业信息化具有两个重要的特性：一是整体性。企业信息化建设是一项复杂的系统工程，涉及企业生产、经营和管理的各个环节，其内容既相对独立又密切联系，既相互促进又相互制约，是一个有机的整体，有其内在的规律性。二是社会性。企业信息化建设是一项社会系统工程，不仅仅取决于企业内部信息化建设水平，而且还取决企业外部条件和社会环境条件，例如国家整体的信息网络建设情况，企业所在地区信息网络条件，与企业进行业务往来的合作企业信息化建设情况，商业银行等金融企业信息化进展情况，电

---

❶ 佟勇臣. 电子商务概论［M］. 北京：中国水利水电出版社，2014：7.
❷ 张润彤，石声波. 电子商务管理［M］. 北京：首都经济贸易大学出版社，2009：244.

子商务的推进情况，与企业相关的法律、法规、标准、规范等的法制环境情况等。❶

企业信息化从应用角度可分为 3 个领域：

（1）企业生产过程的自动化、智能化。在现代化的企业生产中，产品的设计、生产控制、监测、处理等环节采用电子信息技术，将生产过程中的生产信息不断地收集、传输、整理和应用，使生产过程自动化、智能化如计算机辅助设计（Computer Aided Design，CAD）、计算机辅助制造（Computer Aided Manufacturing，CAM）等。

（2）企业管理决策的网络化、智能化。企业采用电子信息技术，将物资、财务、计划、销售、库存等管理信息进行自动化、智能化处理，使企业管理科学化和最佳化，如管理信息系统（Management Information System，MIS）、办公自动化系统（Office Automation，OA）、决策支持系统（Decision Support System，DSS）、专家系统（Expert System，ES）、企业资源计划（Enterprise Resource Planning，ERP）、柔性制造系统（Flexible Manufacture System，FMS）以及计算机集成制造系统（Computer Integrated Manufacturing System，CIMS）等。

（3）企业商务活动的网络化。指企业通过管理信息系统（Management Information System，MIS）、电子数据交换（Electronic Data Interchange，EDI）、电子订货系统（Electronic Ordering System，EOS）、商业增值网（Value – Added Network，VAN），以及企业内部网（Intranet）、外部网（Extranet）、因特网（Internet）等，使企业的商业运作实现交易无纸化、直接化。❷

（二）发展历程

我国企业信息化从 20 世纪 70 年代末 80 年代初起步，在 80 年代中期开始蔓延，80 年代末 90 年代初进入控制阶段。经过 21 世纪前十年的发展，现在许多企业已经进入了集成应用阶段，部分信息化发展较好的企业进入了"数据管理"阶段，并将最终达到成熟阶段。

具体来说，我国企业信息化建设开始于 20 世纪 80 年代初的企业产品设计信息化阶段，以计算机辅助设计（Computer Aided Design，CAD）的应用为代表，如图 1 – 5 所示。

20 世纪 80 年代中期，出现了以电子技术改造落后工艺设备及工艺流程为特征的企业生产流程和生产工艺信息化。企业管理信息化从 80 年代中期开始，经历了会计电算化（20 世纪 80 年代中期—1995 年）、财会业务一体化（1995—1997 年）、企业资源规划（1997 年以后）等阶段。此外，我国企业信息化的发展经历了从大企业向中小企业扩散的历史过程，根据推进重点不同分为四个阶段。

第一阶段，从 20 世纪 80 年代中期到世纪之交，是信息技术单项应用和企业网前的准备阶段。国家重点选择了一批条件较好的国有大中型企业进行计算机应用试点，为各类企业在生产经营和管理活动中应用信息技术摸索经验。推进重点是，计算机在办公、财务、人事和部分生产经营环节等方面的单项应用和 CAD/CAM、MIS 等信息技术的初步应用，同时鼓励中小企业应用上述技术。

❶ 高淮成. 多视角下的企业管理学［M］. 北京：北京大学出版社，2014：195.
❷ 兰炜，刘贵生. 新编工业企业管理［M］. 北京：北京理工大学出版社，2013：298.

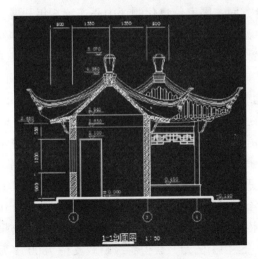

图 1 – 5　CAD 设计示例

第二阶段，从 2000 年"企业信息化工程"到 2007 年，是中小企业信息化尤其是网络化建设与应用的导入阶段。推进重点主要是在各类企业扩大计算机应用和推动企业上网，建立电子邮箱，鼓励中小企业利用信息网络技术开展经营活动和改进管理。

第三阶段，2008—2015 年，是企业信息技术深化普及阶段。主要目标是要在大多数中小企业迈入信息化门槛的基础上，深化集成应用。推进重点主要是，推动企业大规模利用网络信息技术，实现核心业务（如生产控制、人财物管理及网络营销等方面）的信息化，使 CAD/CAM、MIS/OA、ERP 等覆盖率达到 60%～80%，基本实现 ERP 主要功能，推广实施供应链管理（SCM）及客户关系管理（CRM）；推动更多的企业利用互联网开展电子商务；使中小企业信息化综合集成应用水平明显提高。

第四阶段，自 2016 年起，进入以生产智能控制、供应链及客户关系的优化管理及协同商务为标志的高级阶段。推进重点主要是在实现 ERP 的基础上，进一步普及应用企业 SCM、CRM，使 CAD/CAM、ERP、SCM、CRM 的普及率达到 80%～90%。中小企业能够基本实现支付型电子商务与企业 ERP 结合，实现协同与智能化应用。

（三）发展成果

新中国成立以来，在党和国家领导人及政府有关部门的大力支持和推动下，经过数十年的努力，中国企业信息化建设取得了丰硕的成果。

在企业信息化应用方面，中国企业信息化的优秀代表不断赢得世界级大奖和声誉。2003 年，招商银行代表中国企业首次登上了被誉为国际信息技术应用领域奥斯卡的计算机世界荣誉组织（Computer – world Honor Program，CHP）大奖的领奖台。2004 年，中国人财保险有限公司荣获 CHP21 世纪贡献大奖提名奖。2005 年，中远集团成为第一个因为出色的企业信息化成果而入选哈佛管理案例的中国企业。2008 年，武钢集团成为首个因企业信息化而获得"国家科技进步二等奖"的企业。❶

---

❶　周宏仁. 中国信息化进程［M］. 北京：人民出版社，2009：749.

在企业信息化评价方面，国家信息化测评中心连续6年开展"年度中国企业信息化500强"评选活动，发现了一大批信息化与工业化融合、走科学发展道路的优秀企业的代表。同时国家信息化测评中心还分别于2004年和2006年完成了两次"中国企业信息化标杆工程"标杆企业评选活动。2008年，国家信息化测评中心《中小企业信息化绩效评价指标体系》课题顺利通过国信办验收。

中小企业信息化快速发展。2006年9月，中国中小企业信息化推进工程启动，在这10年间，中小企业信息化推进工作依托中小企业信息化推进工程和中小企业两化融合能力提升行动，积极探索进一步推进中小企业信息化的新思路、新方式和新模式，全面提升中小企业信息化服务和应用能力。截至2016年5月，全国共建立了6400多个服务机构，配备了12万名专业服务人员，联合了2700多家专业合作伙伴；参与中小企业信息化推进工作的18家大型电信运营商、信息化服务商和专业服务机构，累计投入服务中小企业信息化的资金约13亿元，获得各级财政支持7800多万元；年内组织开展宣传培训和信息化推广活动3万余场，参加活动的人数达140多万，与地方政府、工业园区等签署了近500份合作协议。中国电信在全国中小企业集聚的工业园区、商务楼宇等区域，集中建设2000多个快捷服务中心，设立400多个中小企业信息化服务站，形成了5万多人的服务队伍，为130多万家中小企业客户、2100多万人提供云服务。百度公司开展的"营销中国行"中小企业网络营销和信息化培训巡讲活动，举办了培训活动2000多场，30多万家中小企业参加培训。工信部利用互联网和信息技术破解制约中小企业发展难题，取得了显著成效。

（四）发展经验与趋势

1. 发展经验

在企业信息化的建设过程中，涉及企业方方面面的因素，需要我们总结成功的经验，在开展信息化建设中供其他企业借鉴。

（1）领导力决定信息化成败

领导力是决定信息化水平的关键因素。信息化领导力平均得分数据分析显示，信息化领导力强的企业信息化水平相对较高，说明信息化领导力是信息化水平的关键影响因素。

（2）以信息化引领企业发展

随着信息化的深入应用，信息化的巨大作用已被一批企业领导者所认识。在这些企业，信息化开始在企业战略中占据重要地位，信息化和企业战略、企业业务高度融合，能够给企业带来巨大的价值，促进企业的高效管理和跨越式发展。

（3）加强信息化执行力

优秀企业信息化经验表明，集团信息化要落在实处，一要抓信息化战略规划，二要抓年度计划，三要落实信息化预算。强大的执行力还来源于机构的完善，建立集团信息化管控体系，提升集团信息化领导力和执行力。由集团总部牵头，形成从上到下的信息化团队和信息化统一管理体系，来提升信息化执行力，确保最终的集团信息化规划贯彻、执行、落地。通过开展企业的信息化治理，从企业的信息化组织、职能、岗位、职责以及绩效的落实，进一步提升信息化领导力和执行力。[1]

（4）牢牢抓住企业管控能力建设，防范企业风险

信息化对加强企业管控能力，防范、规避和化解企业风险，具有重大意义。成功企业注重企业管控能力建设，在信息化总体架构上下功夫，建立企业风险控制机制，把决策、财务、主营业务等方面的管控牢牢抓住，建立相应的制度，明确责任，提高能力，信息化在很多企业中已经成为风险管理必不可少的战略部署、管理手段和基本环节。

（5）在主营业务信息化上把功夫做扎实

企业信息化的本质特征是主营业务信息化、主导流程信息化和人的信息化。[2] 主营业务的信息化是企业竞争力的直接动力之一，企业应该根据自身的基础和发展战略，制定一个切实可行、面向未来的对策。对生产型企业，主要是产品在研制中的计算机辅助技术应用、生产线的自动控制、以网络为基础重构供应链。计算机辅助设计、计算机辅助测试、计算机辅助制造、计算机集成制造系统、制造资源规划系统、企业资源规划等代表了不同发展阶段和不同领域应用的主要成果。对服务型企业，如金融电子化、航空管理和控制系统、铁路调试系统、零售 POS 系统、订票系统等，主要是服务业务的计算机化、数字化、网络化。[3]

（6）要有充分的信息化投入作为保障

根据相关的企业信息化投入产出定量研究，企业信息化建设的经济效益可以看作是企业信息化建设投入的一个函数，它随企业信息化建设投入的大小而变化。当企业信息化建设投入增大时，其经济效益也会增加。企业信息化需要许多诸如网络布线、购买软硬件、人员培训等先期投入，而信息化产出往往要滞后一些。但信息化的效益大多是一种长期效益，经过较长时间的积累，产出会大于信息化的投入，从长远看信息化的产出一定会大于信息化的投入。因此在前期建设时，要有充分的信息化投入。[4]

2. 发展趋势

（1）基于互联网实施企业信息化建设和应用的阶段来临

企业将全面参与全球化和国内跨区域的竞争，基于互联网掌控市场，实现企业资源最佳配置，改进自我协同能力，提升产品和服务品质的需求将显著增加，成为必然的趋势。很多企业，特别是大中型企业在基于互联网的供应链管理、客户关系管理或数字物流等方面的建设和应用将获得重大突破，并可能形成和产生新的商业模式。[5]

（2）跨区域、跨行业的各类高度专业化信息服务平台将成为建设和应用热点

网上信息消费、服务消费和产品交易是电子商务的主要形式。未来几年是电子商务的高速成长期。互联网的交易和服务成为企业形成核心竞争力的关键点。要使企业能够方便、安全、可靠、快速地实现这一目标，可通过跨地区跨行业的各类高度专业化信息平台（如网上支付、信用体系、第三方认证）实施。

[1] 刘红军. 信息管理概论 [M]. 北京：科学出版社，2008：299.
[2] 刘荣坤. 基于认知的企业信息化绩效评价模型研究 [M]. 北京：经济管理出版社，2014：12.
[3] 季辉，冯开红. 管理学原理 [M]. 北京：中国林业出版社，2007：83.
[4] 刘树森. 现代制造企业信息化 [M]. 北京：科学出版社，2005：315.
[5] 兰炜，刘贵生. 新编工业企业管理 [M]. 北京：北京理工大学出版社，2013：301.

（3）企业决策支持信息系统的建设和应用将得到普及，企业信息资源的开发利用将得到长足的发展

决策支持信息系统的建设和应用将成为企业信息化支撑企业规避风险的重要武器。各类决策支持模型将在企业得到广泛应用，形成企业决策支持信息系统，行业性（如水、电、气、电信、金融、外贸、旅游等）数据库的建设水平与数量将得到提升和增加。政府方面也将通过搭建公共信息服务平台，促进制定技术标准等相关工作引导企业信息资源的开发利用。

（4）企业自身主导信息化建设能力增强

目前企业信息化建设和应用程度还不平衡，企业依托 IT 厂商主导实现信息化的情况比较普遍。但在未来，首席信息官（Chief Information Officer, CIO）制度将得到普遍执行，企业信息化规划、测评、招标、监理、培训等服务将普遍为企业接受并得到广泛应用，以企业为主导，IT 厂商为辅助，建设适合企业发展的信息系统。

（5）企业信息化管理系统与电子政务系统及社会信息化的其他系统互联互通，成为衡量企业信息化建设和应用能力的标志

电子政务已成为我国各级政府高度重视并取得重大进展的领域，金税、金关、金财、金盾等电子政务系统有效地带动了企业信息化建设和发展。企业信息化系统与工商、税务、社保、医保和金融等系统的互联互通成为不可逆转的趋势，同时也是衡量企业信息化建设和应用能力的重要标志。这种互联互通将为政府对企业实施有效监管和企业接受优质服务打下坚实的基础。❶

第三节　信息化管理概述

一、信息化管理的概念

（一）信息化管理的观点

目前，关于企业信息化管理概念的阐述较多，也有阐述其他领域信息化管理概念的，如档案信息化管理、医院信息化管理、高校信息化管理、政府信息化管理。关于信息化管理的概念常见的理解有三种。

1. 将信息化管理等同于管理信息化

将信息化管理理解为管理信息化的人较多。有学者认为，企业信息化管理是指企业利用计算机技术、通信技术等一系列现代技术，通过科学的方法利用、配置和优化企业内外部资源，使企业的运作和管理规范化、系统化和科学化的过程，实现信息资源共享，提高沟通交流的效率，进而改变工作方式、管理方式和组织架构，提高企业的竞争能力。有学者认为，企业信息化管理是指在企业管理的各个环节中，充分利用现代信息技术建立信息网络系统，使企业的信息流、资金流、物流、工作流集成和整合，不断提高企业管理的效率和水平，实现资源的优化配置，进而提高企业经济效益和竞争能力的

---

❶　刘宇. 管理信息系统［M］. 北京：北京大学出版社，2009：72.

过程。还有学者认为，信息化管理是以信息化带动工业化，实现企业管理现代化的过程，是将现代信息技术与先进的管理理念相融合，转变企业生产方式、经营方式、业务流程、传统管理方式和组织方式，重新整合企业内外部资源，提高企业效率和效益、增强企业竞争力的过程。

2. 将信息化管理等同于信息化

将信息化管理等同于信息化的人也为数不少。在有关档案信息化管理和图书馆信息化管理的论文中，将档案信息化管理理解为利用信息技术对档案信息进行管理，将图书馆信息化管理理解为利用信息技术对图书馆的文献信息资源进行管理。也有学者认为，信息化管理是使用计算机等智能化工具获取、分析、加工、存储、传播与使用信息，并通过对信息的分析和掌握进行有效的管理。

3. 将信息化管理理解为对信息化过程的管理

将信息化管理理解为对信息化过程的管理的人为数不多。有学者认为，企业信息化管理是对信息化这一过程进行全面的管理和控制。也有学者认为，一个组织的信息化管理与运作通常包括信息化规划、信息化组织、信息化实施和信息化评价等环节和相应管理任务。还有学者认为，政府信息化管理是一个广义的概念，它不仅包括政府自身在信息技术需求和应用过程中产生的项目规划、设计、建设和资源整合等管理行为，还包括国民经济和社会发展过程中对信息产业、电子政务、信息化普及、基础设施建设、信息安全、信息化发展环境的管理和调控。

（二）信息化管理的概念

信息化管理是指对于信息化的战略规划、组织实施、工程监理、应用调控及基于信息化的管理创新和绩效评价的过程。信息化管理包括信息化建设管理和信息化应用管理两大领域。❶

信息化建设管理就是对信息化建设的全过程进行管理，即对是否进行信息化建设，信息化建设达到什么目标，如何高效地进行信息化建设等实施规划、组织、监督和调控。

信息化应用管理包括对信息化应用过程的管理和应用信息化建设成果进行管理。即在信息化项目开展过程中或信息化项目建设完成投入使用后，对信息化项目或系统应用全过程进行管理，以保证信息化建设成果得到广泛、有效和安全的应用。

信息化建设管理与信息化应用管理相辅相成，缺一不可。信息化建设管理是信息化应用管理的基础和前提，信息化应用管理是信息化建设管理的延续和深化。

二、信息化管理的内容

信息化管理内容广泛。从信息化管理的对象来看，有信息基础设施建设与应用管理、信息系统建设与应用管理、信息资源建设与应用管理、信息化保障体系建设与运行管理。从信息化管理的范围来看，有国家信息化管理、地区信息化管理、行业信息化管理、社会组织信息化管理。从信息化管理的职能来看，有信息化战略规划、信息化组织

---

❶ 娄策群，桂学文，赵云合. 信息化管理理论与实践［M］. 北京：清华大学出版社，2010：36.

实施、信息化工程监理、信息化应用调控、信息化管理创新、信息化绩效评价等。从信息化管理的手段来看，有行政手段（如信息化管理体制、信息化政策与制度）、法律手段（如信息化法规、标准）、经济手段（如信息化建设财政拨款、资金融通、税收调节）、技术手段（如信息系统开发与应用）。下面从信息化管理的职能角度阐述信息化管理的内容体系。❶

（一）信息化战略规划

信息化战略规划是在分析一定范围内发展战略或一个组织经营管理战略的基础上，采用科学的信息化战略规划方法，对区域信息化、行业信息化或组织信息化建设与应用的愿景、使命、目标、战略、原则、架构和进程等进行的筹划与设计。信息化战略规划方案是信息化建设的基本纲领和总体指向，是信息系统设计和实施的前提与依据。信息化建设与应用是一项相当艰巨复杂的系统工程，能否制定好的信息化战略规划方案，往往决定着信息化的成败。因此，信息化战略规划是信息化管理的首要环节。而制定好的信息化战略规划方案，既需要有懂信息技术又熟悉业务的复合型信息化管理人才，也需要有科学的规划方法，更需要组织决策层的领导和支持。

（二）信息化组织实施

信息化组织实施是组织信息化项目或信息系统的实施。具体地说，信息化组织实施就是在信息化战略规划的指导下，组织人力、物力和财力，对信息化项目过程的启动、实施、收尾等各个环节进行指导和监控，具体完成各类信息化建设任务。信息化组织实施不是从技术角度进行信息系统的设计和实现，而是从管理角度对信息系统的设计和实现进行管理。其具体内容包括信息化项目的需求分析、可行性分析及立项管理，选择信息系统开发方式并实施信息系统开发外包管理，选择合适的信息系统开发方法并对信息系统设计进行管理，对信息技术设备采购、招标和验收进行管理，对信息系统进行测试、评价和验收。信息化组织实施涉及面广，时间跨度较大，是信息化管理的中心环节。

（三）信息化工程监理

信息化工程监理是在信息化项目实施（或称信息化工程）过程中，聘请具备相应资质的第三方监理机构，对信息化项目进行监督与管理，从而保障信息化项目顺利进行。信息化工程监理活动的主要内容是：信息化工程质量监理，信息化工程进度监理，信息化工程投资监理，信息化工程合同监理，协调信息化项目实施过程中有关单位和人员之间的工作关系。信息化工程监理是信息化项目实施管理的另一种形式。信息化建设单位利用外部力量协助自己进行信息化项目实施管理，可以弥补自己在专业管理水平、经验、方法、技术力量上的不足，降低自己在信息化项目管理上的难度，减轻信息化项目管理的工作量，协调处理相关争议，分担部分项目实施和管理的风险。

（四）信息化应用调控

信息化应用调控是指信息系统建成投入使用后，为保证信息系统和信息资源的充

---

❶ 娄策群，桂学文，赵云合. 信息化管理理论与实践［M］. 北京：清华大学出版社，2010：37.

分、有效和安全利用，对信息系统的使用进行调节和控制。信息化应用调控包括信息系统的启用与推广管理、信息系统与信息资源使用制度建设与人员培训、信息系统的运行与维护管理、信息系统安全管理等具体内容。信息化的最终目的不是信息系统和信息资源的建设，而是信息系统和信息资源的应用。因此，信息化应用调控是信息化管理的重要环节，是信息化应用管理的核心内容。信息系统的应用是一个较长期的过程，所以，信息化应用调控也是一项长期的管理工作。

（五）信息化管理创新

信息化管理创新是借助于信息化实现管理创新，即通过信息技术和信息系统的应用实现管理理念创新、管理手段创新、组织结构创新和业务流程的创新。信息化应用与管理创新的关系体现在两个方面：首先，管理创新是信息化应用的结果，即信息技术、信息系统的应用使管理理念、管理方法、管理体制、组织结构、业务流程等发生了改变；第二，管理创新是信息化有效应用的要求，即要使信息化应用充分发挥作用并产生最佳效果，要求管理理念、管理方法、管理体制、组织结构、业务流程等发生变化。在某些情况下，管理创新是由于信息化应用直接引起的，即信息化应用既是管理创新的动力，也是管理创新的条件，在有些情况下，信息化应用只对管理创新起了促进作用，管理创新的动力来自于其他方面。

（六）信息化绩效评价

信息化绩效评价是指采用一定的方法对信息化建设与应用的成绩和所产生的效果进行评价。信息化绩效评价是信息化管理的一个必不可少的一项重要职能，不仅要对信息化建设水平和信息化应用状况进行评价，也要对信息化应用所产生的效果和效益进行评价。信息化绩效评价具有层次性，既包括宏观层次的信息化绩效评价，如国家、区域、行业信息化绩效评价，也包括微观层次的信息化绩效评价，如企业信息化绩效评价、政府部门信息化绩效评价等。信息化绩效评价是一种多准则的系统评价，需要建立客观可行的评价指标体系和科学的评价方法，并有完善的评价制度作保障。

三、信息化管理的作用

（一）信息化管理是管理系统各要素和各层次间互相沟通、联系的纽带和桥梁

管理活动是在与他人的联系和沟通中生存和发展的，人们的联系和沟通就是通过信息的桥梁来进行的。从整体上看，行政组织职能的实现与信息管理的联系并不明显，但是稍作分析就会发现，信息具有凝聚、协调、序化的作用，只有依靠信息在组织内的传播，才能把组织的各个部分联系、协调起来，使组织的活动从无序到有序，富有成效，成为实现组织目标的统一行为。

（二）信息化管理是保证科学计划和科学决策的首要前提

计划和决策都是管理的基本职能，科学的计划和决策必须以全面了解情况和掌握信息为依据。这是对决策者和计划人员的基本要求，是计划切实可行的必要保证，也是做出正确决策和判断的基本前提。如果不对管理活动的信息进行全面收集和整理，就会导致决策和计划的主观性和盲目性。没有足够的信息，就没有科学的预测，也就没有科学

的决策和计划。信息处理上的偏差，将直接导致预测的偏差，进而造成决策和计划的失误。

（三）信息化管理是管理系统控制的主要依据

控制是管理的一个重要职能。任何有效的系统控制都必须先掌握管理的任务和目标，随后依靠决策和计划的要求，确定系统运行的正确轨迹，使其始终指向所确定的目标。如果没有管理任务和目标的信息，没有决策、计划的信息，任何管理活动都无法控制。在实际管理过程中，正是根据反复不断的信息输入、输出和反馈，才使得活动得到及时的调整，始终按照预定的轨道顺利发展。

（四）信息化管理是管理系统监督的必要条件

行政监督的种类很多，有一般监督、立法监督、司法监督、政党监督、社团监督、公民监督、舆论监督，等等。不论是哪一种监督，都有一个调查程序，都要在立案之后实施调查、收集证据，并进行分析审理，判断是否违反行政纪律。这实际上就是信息采集、信息加工的过程。❶

四、信息化管理的发展趋势

（一）进一步优化结构，减少投资浪费

目前，我国信息化投入结构不合理，造成了较大的浪费。信息化建设中"重硬件、轻软件""重网络、轻数据"的现象比较严重。有些地区和单位把信息化简单地理解为计算机化加网络化，把硬件设备投入的多少作为信息化建设程度的衡量标准，对硬件设备的配置出手大方，片面追求国内一流甚至国际一流水平，却不愿购置正版软件和投资软件开发，致使耗费巨资建设的计算机系统和网络因为缺乏实际内容而没有起到应有的作用。

加强信息化管理，通过合理的信息化战略规划，科学的信息化组织实施及有力的信息化工程监理，可以在提高人们对信息化认识的基础上，根据国家、区域、行业或社会组织的信息化需求，合理安排信息化投资，正确使用信息化建设资金，减少信息化建设与应用过程中的资金浪费，保证信息化建设与应用的经济性。

（二）促进流程重组，推动管理创新

信息化建设和发展不仅是信息和网络技术的应用问题，更重要的是管理理念的转变、管理方式的创新和业务流程的重组问题。我国现行的管理理念、组织结构和业务流程难以充分发挥信息化的作用和效果。例如，组织体系存在着机构臃肿、横向沟通困难、信息传递失真、对外界变化反应迟钝等弊端；片面强调提高工作效率，简单地把手工流程复制到计算机上，忽视了业务流程再造过程，其结果是高技术与低效率并存。

信息化应用与管理创新相辅相成，要真正发挥信息化的作用，必须把信息系统和信息技术作为改进管理方式方法的前提和基础。加强信息化管理，可引发和促进信息资源理念、开放共享理念等现代管理理念的形成，真正实现业务流程和管理流程的重组。

---

❶ 陈兆丰，郭伟达，顾水根. 机关事务管理基础知识 ［M］. 上海：上海人民出版社，2005：146.

(三)加强协调共享，消除"信息孤岛"

部门之间的信息系统设计、实施缺少总体规划，一些行业缺乏统一的信息化技术标准和服务规范，形成了区域之间、行业之间的宏观"信息孤岛"，数据难以统一协调，地区之间、行业之间难以实现信息资源共享。一些社会组织的信息系统是在现有的管理模式上建立起来的，是一些分散的业务处理系统，这些系统面向具体部门和业务，数据库根据人工报表建立，数据流程模仿手工业务流程，信息编码也没有按照统一标准，形成了内部的"信息孤岛"，无法实现信息资源共享。

加强信息化管理，建立和健全信息化管理体制，制定和执行宏观、中观和微观各个层次协调的信息化战略规划，拟定和执行统一的信息建设标准和政策法规，可以减少甚至避免或消除信息化建设过程中的"信息孤岛"，实现社会组织内部各部门之间、地区之间、行业之间的信息资源共享。

第二章　新一代信息技术

第一节　互联网

一、互联网的概念

（一）计算机网络

计算机网络是计算机技术与通信技术相结合而形成的一种新的通信形式。它把处于不同地理位置，具有独立功能的多台计算机、终端及附属设备，用通信线路连接起来，并配备相应的网络软件，来构建以资源共享为目标的通信系统。计算机网络的本质是计算机之间的相互通信，因此，计算机通信成为计算机网络最重要的功能。正是由于计算机网络的出现，才使得数字通信变为一种广泛应用的通信手段。

1. 计算机网络功能

计算机网络有很多用处，其中最重要的三个功能是：数据通信、资源共享、分布处理。❶

（1）数据通信

数据通信是计算机网络最基本的功能。它用来快速传送计算机与终端、计算机与计算机之间的各种信息。

（2）资源共享

"资源"指的是网络中所有的软件、硬件和数据资源。"共享"指的是网络中的用户都能够部分或全部地享受这些资源。

（3）分布处理

当某台计算机负担过重时或该计算机正在处理某项工作时，网络可将新任务转交给空闲的计算机来完成，这样处理能均衡各计算机的负载，提高处理问题的实时性。对大型综合性问题，可将问题各部分交给不同的计算机分头处理，充分利用网络资源，扩大计算机的处理能力，即增强实用性。

---

❶ 骆耀祖，马焕坚，许丽娟. 大学计算机基础项目式教程 WINDOWS 7 + OFFICE 2010［M］. 第 2 版. 北京：北京邮电大学出版社，2015：14.

2. 计算机网络参考模型

通过网络连接的计算机系统在通信中必须遵守事先制定的、并以标准的形式固定下来的约定和规程，以保证彼此间能够相互连接和正确交换信息。而这些约定和规程就是网络通信协议。通信双方只要遵循同一种协议，就可以实现信息交换和资源共享。

1979 年，国际标准化组织（International Organization for Standardization，ISO）推出了"开放系统互联参考模型"（Open System Interconnection/Reference Model，OSI/RM）。作为计算机网络通信的基本协议，其目的是解决不同计算机系统间的互联问题。任何计算机系统只要遵循这一国际标准进行构造，就能够与世界上所有遵循这一标准的其他系统互联和互通。

OSI/RM 是一种基于功能分层概念而开发的结构模型，共分七层，从低到高分别为：物理层、数据链路层、网络层、传输层、会话层、表示层和应用层。❶

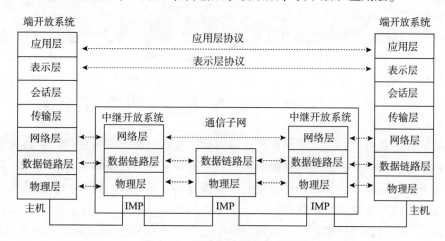

图 2-1 开放系统互联参考模型

3. 计算机网络组成

一般来说，计算机网络由两大部分构成，即网络硬件和网络软件。

（1）网络硬件

网络硬件包括计算机硬件和通信硬件，应当包括以下几个部分：

网络工作站：每一台联到网络上的用户终端计算机，都称为网络工作站。在网络中，它是一台能完全独立的计算机。

网络服务器：它是网络服务的中心，可能包括一台或数台规模较大的计算机，具有较丰富的硬件资源，并安装网络操作系统。服务器在网络操作系统的作用下，可为整个网络计算机提供较多可共享的资源。

网络适配器：俗称网卡。在每一台上网的服务器和工作站上都应当装上一块网卡，它是插在工作站或服务器扩展槽内的扩展卡，是计算机与网络相连的接口设备。

网络传输介质：是网络中信息传递的载体，传输方式有有线和无线两种。有线传输

---

❶ 邓世昆. 计算机网络［M］. 昆明：云南大学出版社，2015：63.

方式采用的传输介质有同轴电缆、双绞线和光纤，无线传输方式采用的传输介质包括红外线、微波等，它们的特点是利用在空间传播的电磁波来传送信息。

网络连接部件：有集线器、中继器、网桥、路由器、网关及交换设备等。

调制解调器：是终端用户借助于电话线路来进行网络访问的一种联网接口设备。其作用就是当计算机发送信息时，将计算机内部使用的数字信号转换成可以用电话线传输的模拟信号，通过电话线发送出去。在接收信息时，把电话线上传来的模拟信号转换成数字信号传送给计算机，供其接收和处理。

（2）网络软件

计算机软件是介于用户和计算机硬件之间的界面，没有软件支持的计算机叫作裸机。裸机本身几乎不能进行任何操作，只有配备了一定的软件，才能发挥其强大的功能。网络软件包括网络操作系统、通信软件、网络软件、网络软件开发工具等。离开了这些软件的支持，计算机网络是无法发挥作用的。

网络操作系统的主要功能是对服务器和通信进行管理。此外，它还包括一般多用户、多任务操作系统所具有的功能。目前，在计算机网络中绝大部分采用的是客户机/服务器系统，因此基于客户机/服务器系统的计算机操作系统已成为主流。对于客户机/服务器系统来说，其操作系统实际上是分为两个部分，一部分安装在客户机上，另一部分安装在服务器上。

系统软件是负责管理、控制和维护计算机软、硬件资源的一种软件，它为应用软件提供运行平台，为用户开发应用系统提供工具。操作系统是最基本也是最重要的系统软件，主要是为了让各类软件和硬件资源充分发挥作用，提高使用效率，方便操作，提高响应速度和为用户提供良好的界面。

下面介绍几种常用的微型计算机操作系统，它们是 DOS、Windows、Unix 和 Mac。

1）DOS 系统。Disk Operating System（DOS）是一种磁盘操作系统，对硬件平台的要求很低。它提供了丰富的外部命令、内部命令以及众多的功能调用，帮助用户建立和管理程序与数据，以及计算机系统的设备。DOS 是单用户、单任务、字符界面的 16 位操作系统。常用的 DOS 有三种不同的品牌，它们是 Microsoft 公司的 MS – DOS、IBM 公司的 PC – DOS 以及 Novell 公司的 DR – DOS。

2）Windows 系统。Windows 系统是 Microsoft 公司在 1985 年 11 月发布的第一代窗口视觉界面，它使 PC 机进入了所谓的图形用户界面（Graphical User Interface，GUI）阶段。Windows 95 之前的操作系统都是由 DOS 引导的，也就是说它们还不是一个完全独立的系统。而从 Windows 95 起系统已完全独立，并在很多方面做了改进，还集成了网络功能和即插即用功能，成为一个全新的 32 位操作系统。

3）Unix 系统。Unix 系统是 1959 年问世的，最初是在中小型计算机上运用。Microsoft 公司最早把 Unix 系统移植到 80286 微型计算机上，称为 Xenix 系统。Xenix 系统的特点是短小精悍、系统开销小、运算速度快。Unix 系统是一个多用户系统，一般要求配有 8MB 以上的内存和较大容量的硬盘。

4）Mac 系统。Mac 系统是一套由苹果公司开发、并运行于苹果 Macintosh 系列计算机上的操作系统，也是首个在商用领域拥有成功的图形用户界面的操作系统。主要设计人包括：比尔·阿特金森（Bill Atkinson）、杰夫·拉斯金（Jef Raskin）和安迪·赫茨菲尔德（Andy Hertzfeld）。Mac OS 基于 Unix 内核，架构与 PC 不同，一般情况下在普通 PC 上无法安装。由于 Mac 用户比较少，所以很少受到病毒的袭击。目前系统版本已经更新至 OS 10，代号为 MAC OS X。

通信软件是远程的、使用通信线路的计算机终端之间收发信息所使用的程序的总称。通信软件具有收发数据、控制通信硬件和控制用户接口等三个功能。

计算机网络数据库是一种基于客户机/服务器体系结构的新型数据库管理系统，它将数据库系统的功能合理地分配到客户机和服务器上，以适应分布式计算环境和数据库应用发展的新需求。

语言处理程序是为了完成某项特定任务，用计算机语言编写的一组指令序列。由人来编写程序和由计算机来执行程序，是目前利用计算机解决问题的主要方法和手段。

计算机语言（程序设计语言）发展趋向于功能不断完善、描述问题方法愈加贴近人类思维规律和思维过程。从计算机诞生至今，计算机语言已经发展到了第四代。第一代计算机语言是机器语言，它是由 0、1 代码组成的指令集合；第二代计算机语言是汇编语言，它采用一定的助记符来代替机器语言中的指令和数据，又称为符号语言；第三代计算机语言是高级语言，它与人们日常熟悉的自然语言和数学语言更加接近，用高级语言编写的程序易学、易读、易修改，通用性好，不依赖于机器，[1] 如面向过程的 FORTRAN、PASCAL、C 等，面向对象的 C＋＋、Java 等；第四代计算机语言是面向问题的语言，它是一种非过程化的语言。使用这种语言设计程序时，用户不必给出解题过程的描述，仅需要向计算机提出所要解决的问题即可，如 FOXBASE、FOXPRO、VISUAL FOXPRO、ORACLE 等数据库语言。

通用办公软件是指俗话说的"打字软件"或"排版软件"。通用办公软件包括文字处理、电子表格处理、商务图表、演示软件等。为了方便用户维护大量的数据，办公软件包还提供了小型的数据库管理系统，如 Microsoft Office 的 Access。目前，在我国较具代表性的通用办公软件有：微软公司的 Office、金山公司的 WPS、IBM 旗下 Lotus 公司的 Smartsuite。

4. 计算机网络分类

下面从不同的角度来对计算机网络进行不同的分类。

（1）按传输介质分类可分为有线网、光纤网和无线网[2]

有线网采用同轴电缆和双绞线来连接计算机。同轴电缆比较经济，安装又较为便利，但其传输率和抗干扰能力一般，传输距离较短。双绞线网是目前最常见的联网方式，它价格便宜，安装方便，但易受干扰，传输率较低，传输距离比同轴电缆要短。目前，采用双绞线联网是局域网网络互联的主要形式。

光纤网也是有线网的一种。光纤传输距离长，传输速率高，可达数千兆比特/s，抗干扰性强，不会受到电子监听设备的监听，是高安全性网络的理想选择。光纤已成为远距离网络互联的主要介质。

---

❶ 邢振祥，彭慧卿. 大学计算机基础［M］. 北京：清华大学出版社，2009：329.

❷ 黄德修. 信息科学导论［M］. 北京：中国电力出版社，2001：256.

无线网是用电磁波作为载体来传输数据的。目前无线网联网费用较高，但普及程度不高。但由于其联网方式灵活方便，受物理环境的限制较小，是一种很有前途的联网方式。

（2）按服务方式分类可分为客户/服务器（Client/Server）网络和对等网（Peer to Peer）

客户/服务器网络是客户机向服务器发出请求并获得服务的一种网络系统。在客户机/服务器网络中，把提供服务的设备称为服务器，而把请求服务的设备称作客户机。在网络环境下进行分散处理的客户机/服务器方式已成为计算机使用的主要方式。

对等网无专用服务器，网上的各种设备互为客户机和服务器，都处于平等地位。如各联网机器都安装 Windows 98，该网络就可以看做是对等网。对等网的重要目的是实现各机器间的资源共享。

（3）按通信距离分类，即按网络的地理位置分类，可分为局域网、城域网和广域网

局域网（Local Area Network，LAN）是把同一区域或同一建筑物中的计算机连在一起的计算机网络，如图 2 - 2 所示。这种网络一般限定在较小的区域内，小于 10km 的范围，通常采用有线的方式进行连接。它可以通过数据通信网或专用数据电路，与远方的局域网、数据库或处理中心相连接，构成一个大范围的信息处理系统，可以实现文件管理、应用软件共享、打印机共享、工作组内的日程安排、电子邮件和传真通信服务等功能。局域网的基本架构如图 2 - 2 所示。

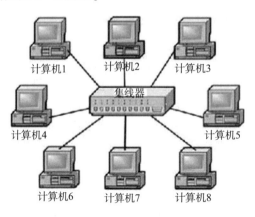

图 2 - 2 局域网基本架构

城域网（Metropolitan Area Network，LAN）是把一个城市的计算机相互连接起来的计算机网络。其规模局限在一座城市的范围内，十到几十 km 的区域。

广域网（Wide Area Network，LAN）跨越国界、洲界，甚至达到全球范围，其通信距离从几十 km 到几千 km，最有名的就是众人皆知的因特网（Internet）。

（二）通信系统

1. 通信系统构成

通信指信息的传输与交换，信息可以是语音、文字、符号、音乐、图像等。任何一

个通信系统，都是从一个称为信息源的时空点向另一个称为信宿的目的点传送信息。

通信系统种类繁多，其具体设备和功能各不相同，但概括起来包括信息源、发转换器、信道、收转换器和信宿五部分。

信息源的作用是产生信息。通常，由信息源产生的信息是非电量的，发转换器的作用是将信息变换为一个适于在信道中传输的电信号。信道是指信号传输的介质，信号经它传送到收转换器。收转换器的主要任务是从来自信道的带有干扰的发送信号中提取出原始信息。信号经过收转换器转换后，便可直接传给信息的接收者，即信宿。

2. 通信系统分类

通信系统的分类方法很多，下面从通信系统模型的角度来讨论其分类。

（1）按信息的物理特征分类

根据信息的物理特征的不同，通信系统可分为电报通信系统、电话通信系统、数据通信系统、多媒体通信系统等。

（2）按调制方式分类

根据是否采用调制，可将通信系统分为基带传输系统和频带传输系统。基带传输指将未调制的信号直接传送，如音频市内电话；频带传输指对各种信号调制后进行传输。

（3）按信号的特征分类

按信道中传输的是模拟信号还是数字信号，可以相应地把通信系统分为模拟通信系统与数字通信系统。

（4）按信号的复用方式分类

按信号的复用方式可分为频分多路复用和时分多路复用通信系统。

（5）按通信方式分类

对于点到点的通信，按信息传送的方向与时间的关系，通信方式可分为单工通信、半双工通信和全双工通信系统。

（6）按传输媒介分类

按传输媒介的不同，通信系统可分为有线通信系统（包括电缆、光缆）和无线通信系统（包括微波、卫星）。❶

3. 无线通信网

（1）无线通信网的概念

无线通信网是采用无线通信技术实现的网络，是由一系列无线通信设备、信道和标准组成的有机整体。无线网络既包括允许用户建立远距离无线连接的全球语音和数据网络，也包括为近距离无线连接进行优化的红外线技术及射频技术，与有线网络的用途十分类似，最大的不同在于传输媒介的不同，利用无线电技术取代网线，可以和有线网络互为备份。

依据构成的无线网络是否依赖固定网，可以将无线网络分为两类：一类是网络节点之间的连接全部采用无线方式，不依赖于任何固定网基础设施；另一类是部分网络节点位置基本固定，彼此之间通过固定网连接，而与其他的网络节点之间采用无线通信方式

---

❶ 张建超，李斯伟，邓毅华. 数字通信［M］. 北京：清华大学出版社，2012：2.

进行通信。

（2）无线通信网的特点

对于无线通信网，其节点之间是否具有通过无线接口实现的无线连接方式是无线通信网与固定有线网的主要区别，也使得无线网具有鲜明的特色。

1）无线网络需要一个连接基站和用户的无线接口，特别是无线信道的恶劣环境和随机性特点，其无线接口是相对不稳定的。

2）无线网络提供给用户的带宽受到射频带宽资源的限制。

3）对于无线网中的蜂窝网络，由于用户的位置总是在变化的，无线网络必须在很短的时间就要为其用户重新配置一次，以保证用户移动时能实现漫游和越区切换。用户的位置变化使得无线网络各个环节都需要更多的信息，从而增加了无线网络的复杂性。

现代无线通信的一个重要标志就是实现了网络化。现代无线通信网被分成核心网和接入网，接入网是无线的，而核心网可以是有线的也可以是无线的，如卫星通信系统。无线与有线通信系统的结合构成了现代无线通信网。在现代无线通信网中，无线网络主要起接入作用，提供用户在移动过程中通信的可能性。❶

4. 光纤通信网

光纤通信，就是利用光纤来传输携带信息的光波以达到通信的目的。1966年，被誉为"光纤之父"的华裔科学家高锟先生提出使用光纤作为媒介传输信息，但因无低损耗光纤而无法实现光纤通信的商业化。1970年低损耗光纤研制成功，标志着光纤通信技术向实用化阶段迈进。经过40多年的发展，光纤通信已经从最初的单一传输系统进入了光纤通信网阶段，并形成了规模巨大的光纤通信产业，涵盖了光纤制造、器件模块、网络系统和通信运营等领域。光纤通信网是由一定数量的节点（包括终端设备和交换设备）和连接节点的传输链路相互有机地组合在一起，以实现多个规定点间信息传物的光纤通信体系。它是由相互依存、相互制约的多个光纤通信要素构成的有机体，用以完成规定的光纤通信功能。2009年，高锟先生因"在纤维中传送光以达成光学通信的开拓成就"而获得诺贝尔物理学奖。❷

光纤通信网从不同的角度可以分为不同的类型，主要有：

1）按传输信号的不同，可分为光纤数字通信网和光纤模拟通信网。

2）按服务范围的不同，可分为本地光纤通信网、长途光纤通信网和国际光纤通信网。

3）按运营方式的不同，可分为公用光纤通信网和专用光纤通信网。

4）按业务种类的不同，可分为光纤广播电视网、光纤数据通信网等。

为了使光纤通信网能快速、有效且可靠地传输信息，充分发挥其作用，对其传输质量的要求一般有如下3个：

1）接通的任意性与快速性。接通的任意性与快速性是对光纤通信网的最基本要求，即光纤网内的一个用户应快速地接通该网内任意一个其他用户。影响因素主要包括通信

❶ 李斯伟，贾璐，杨艳. 移动通信技术 [M]. 北京：清华大学出版社，2008：16.

❷ 张伟刚. 光纤光学原理及应用 [M]. 北京：清华大学出版社，2012：124.

网的拓扑结构是否合理、通信网络资源是否充足、通信网的可靠性等。

2）信号的透明性与一致性。透明性是指在规定的业务范围内，信号均可在光纤通信网内传输，且对用户不加任何限制；一致性是指网内任何两个用户在通信时，应具有相同或相仿的传输质量，且与用户之间的距离无关。影响因素主要在于制定信号传输质量标准以及如何进行合理分配，使网中的各部分均满足传输质量指标的要求。

3）网络的可靠性与经济性。可靠性对于光纤通信网至关重要，但绝对可靠的通信网是不存在的，可靠性是指在概率意义上，平均故障率间隔时间（两个相邻故障之间的时间平均值）达到设计要求。经济性是指在相同或相近的投资条件下，尽量提高光纤通信网的性价比。事实上，可靠性必须与经济性合理结合，并且应根据实际需要平衡二者之间的关系，以期达到平衡或折中。

以上是对光纤通信网的基本要求，此外人们还提出了诸如接续质量、传输质量和稳定质量等方面的要求，目的是保障光纤通信网达到设计指标并且满足实际通信需求。❶

5．卫星通信网

卫星通信是指利用人造地球卫星作为中继站转发或反射无线电波，在两个或多个地球站之间进行的通信。由于作为中继站的卫星处于外层空间，因此卫星通信方式不同于其他地面无线电通信方式，而属于宇宙无线电通信的范畴。通信卫星按其结构可分为无源卫星和有源卫星，后者可按其运转轨道分为运动卫星（非同步卫星）和静止卫星（同步卫星）。静止卫星就是发射到赤道上空 35800km 附近圆形轨道上的卫星，它运行的方向与地球自转的方向相同，绕地球一周的时间，即公转周期恰好是 24h，和地球的自转周期相等，从地球上看去，如同静止一般。目前，在通信中应用最广泛的是有源静止卫星。由静止卫星作中继站组成的通信系统称为静止卫星通信系统或称同步卫星通信系统。❷

卫星通信是现代通信技术的重要成果，它是在地面微波通信和空间技术的基础上发展起来的。与电缆通信、微波中继通信、光纤通信、移动通信等通信方式相比，卫星通信具有下列的特点：

1）卫星通信覆盖区较大，通信距离远。因为卫星距离地面很远，一颗地球同步卫星便可覆盖地球表面的1/3，因此，利用 3 颗适当分布的地球同步卫星即可实现除两极以外的全球通信。卫星通信是目前远距离越洋电话和电视广播的主要手段。

2）卫星通信具有多址连接功能。卫星所覆盖区域内的所有地球站都能利用同一卫星进行相互间的通信，即多址连接。

3）卫星通信频段宽，容量大。卫星通信采用微波频段，每个卫星上可设置多个转发器，因此通信容量很大。

4）卫星通信机动灵活。地球站的建立不受地理条件的限制，可建在边远地区、岛屿、汽车、飞机和舰艇上。

5）卫星通信质量好，可靠性高。卫星通信的电波主要在自由空间传播，噪声小，

---

❶ 张伟刚. 光波学原理与技术应用［M］. 北京：清华大学出版社，2013：362.
❷ 姚军，毛昕容. 现代通信网［M］. 北京：人民邮电出版社，2010：240.

通信质量好。就可靠性而言，卫星通信的正常运转率达 99.8% 以上。

6）卫星通信的成本与距离无关。地面微波中继系统或电缆载波系统的建设投资和维护费用都随距离的增加而增加，而卫星通信的地球站至卫星转发器之间并不需要线路投资，因此其成本并不会随之增长。

但卫星通信也有不足之处，主要表现在：

1）传输时延大。在地球同步卫星通信系统中，通信站到同步卫星的距离最大可达40000km，电磁波以光速传输，这样，路经地球站 – 卫星 – 地球站（称为一个单跳）的传播时间约为 0.27s。如果利用卫星通信打电话，由于两个站的用户都要经过卫星，因此打电话者要听到对方的回答必须额外等待 0.54s。

2）回声效应。在卫星通信中，由于电波来回转播需 0.54s，因此产生了讲话之后的"回声效应"，为了消除这一干扰，卫星电话通信系统中增加了一些设备，专门用于消除或抑制回声干扰。

3）存在通信盲区。把地球同步卫星作为通信卫星时，由于地球两极附近区域"看不见"卫星，因此不能利用地球同步卫星实现对地球两极的通信。

4）存在日凌中断、星蚀和雨衰现象。

作为三大通信网之一的卫星通信网，传送的信号可以是声音、数据或图像，可以广泛地应用于国际国内通信、广播电视、定位系统等领域。❶

（三）互联网的形成

互联网，又称网际网路，根据音译也被叫做因特网、英特网，是网络与网络之间所串连成的庞大网络，这些网络以一组通用的协议相连，形成逻辑上的单一且巨大的全球化网络，在这个网络中有交换机、路由器等网络设备、各种不同的连接线路、种类繁多的服务器和数不尽的计算机、终端。使用互联网可以将信息瞬间发送到千里之外的人手中，它是信息社会的基础。

互联网始于 1969 年的美国。它是美军在美国国防部高级研究计划署（Advanced Research Projects Agency，ARPA）制定的协定下，首先用于军事连接，后将美国西南部的加利福尼亚大学洛杉矶分校、斯坦福大学研究学院、加利福尼亚大学和犹他州大学的四台主要的计算机连接起来。这个协定由剑桥大学的 BBN 和 MA 执行，在 1969 年 12 月开始联机。

另一个推动互联网发展的广域网是 NSF 网（The National Science Foundation Network，NSFNet），它最初由美国国家科学基金会资助建设，目的是连接全美的 5 个超级计算机中心，供 100 多所美国大学共享它们的资源。NSF 网也采用传输控制协议/因特网互联协议（Transmission Control Protocol/Internet Protocol，TCP/IP）协议，且与互联网相连。

ARPA 网和 NSF 网最初都是为科研服务的，其主要目的是共享大型主机的宝贵资源。随着接入主机数量的增加，越来越多的人把互联网作为通信和交流的工具。一些公司还陆续在互联网上开展了商业活动。随着互联网的商业化，其在通信、信息检索、客

---

❶ 闫茂德、王秋才、罗向龙. 计算机网络与通信 [M]. 北京：清华大学出版社，2009：188.

户服务等方面的巨大潜力被挖掘出来，使互联网有了质的飞跃，并最终走向全球。

互联网的应用广泛，每天数以亿计的人使用互联网联络、学习、工作，它改变了人们的生活方式，世界被互联网连通。

二、互联网的基本原理

互联网是由广域网、局域网及单机按照一定的通信协议所构成的国际计算机网络。互联网可以分为内联网（Intranet）和因特网。其中，内联网是指一个相互合作的网络，一个内联网在一个组织内运作，以满足内部需求，存在方式可以是一个独立的、自包容的互联网，也可以具有连接到因特网的链路。

互联网中的每个成员网络都能支持与该网络相连的设备之间的通信，这些设备被称为端系统或主机。网络和网络之间通过被称为"中间系统"的设备相连接。中间系统提供了通信路径，并执行必要的中继和路由选择功能，从而使连接到互联网上的不同网络上的设备之间能够交换数据。常用的中间系统包括网桥和路由器。

首先，互联网采用互联网协议（Internet Protocol，IP 协议）通过编址为全世界的计算机都分配一个 IP 地址，IP 地址中包含了该计算机所在区域号以及在该区域内的详细地址，即主机地址（Host Address）。

其次，用户要发送的消息被分解成许多数据包（又称网包，Packet），送给的第一个路由器叫网关（也称默认网关，Default Gateway）。路由器先本地保存这份数据，然后等待机会发送到下一跳的路由器上。

信息的下一个路由器需要 IP 网络的路由系统（Routing System）来确定。路由系统确定了从 A 点到 B 点路由过程中的传输路径，它是通过在每个路由器上维护一张路由表来实现，每个路由器独立维护自己的路由表。每个路由器都会主动向邻居路由器通报自己的路由表信息，根据相邻的路由器的路由表来更新自己的路由表。

当一个网包到达之后，通过查找路由表信息，就可以将这份数据传送到下一个路由器上，最终到达目的计算机上，在目的计算机上进行数据重组，呈现给用户。这样就完成了信息从 A 点计算机转移到 B 点计算机的过程。❶

（一）IP 地址与域名

1. IP 地址

在互联网中，想要实现计算机之间的正常通信，就必须为网络中的每一台计算机配备一个地址，且该地址必须唯一。在进行数据传输时。通信协议需要在传输的数据中添加发送信息的计算机地址（源地址）和接收信息的计算机地址（目标地址）。在互联网中，为每个计算机分配的这个唯一的识别地址称为 IP 地址。

目前使用的 IPv4 规定 IP 地址的长度为 32 位，若将比特换算成字节，则为 4 个字节。例如，一个采用二进制形式的 IP 地址是"00001010000000000000000000000001"。显然，采用这种记述方式并不方便，因此 IP 地址经常被写成十进制的形式，并使用符号"."区分不同的字节，即点分十进制表示法。采用这种方式，上面的 IP 地址可以表

---

❶ 陈震. 互联网安全原理与实践［M］. 北京：清华大学出版社，2014：19.

示为"10. 0. 0. 1"。

现有的互联网是在 IPv4 协议的基础上运行的。IPv6 是下一版本的互联网协议，它的提出是由于出现了 IP 地址不够用的现象，一方面是因为 IP 地址被大量分配，另一方面是许多地址分配给申请者但没有得到充分的利用。为了扩大地址空间，IPv6 采用 128 位地址长度，几乎可以不受限制地提供地址。据估算，若采用 IPv6，地球每平方米可分配 1000 多个地址。

2. 域名

IP 地址是一种数字型网络和主机标识，这种数字型标识不便记忆，因此提出了字符型的域名标识。域名（Domain Name）是由一串用点分隔的名字组成的互联网上某一台计算机或计算机组的名称，用于在数据传输时标识计算机的电子方位，目前域名已经成为互联网的品牌、网上商标保护必备的产品之一。

一台计算机根据需要可以有多个域名，但只能有一个 IP 地址，因为一台计算机从一个地方移到另一个地方，当它属于不同的网络时，其 IP 地址必须更换，但是域名可以保留。域名采用层次结构，每一层构成一个子域名，子域名之间用圆点隔开，自左至右分别为计算机名、网络名、机构名、最高域名。例如，www. bupt. edu. cn，其中 cn 为第一级域名，表示中国（除美国外，其他国家一般采用国家代码作为第一级域名）；edu 表示教育科研单位；bupt 表示北京邮电大学。

3. 地址解析

IP 地址不能直接用来通信。因为 IP 地址只是主机在抽象的网络层中的地址，不能直接在链路层寻址。若要将网络层中传送的 IP 数据包交给目的主机，需要传送到数据链路层转换后才能发送到实际的网络上，将 IP 地址转换为物理地址（Medium Access Control Address，也称 MAC 地址）的过程称为地址解析。当数据链路层为以太网时，因特网采用的地址解析协议是 ARP 协议（Address Resolution Protocol）。

4. 域名解析

主机域名到 IP 地址的转换过程称为域名解析。实现域名解析的软件称为域名系统（Domain Name System，DNS）。DNS 的功能类似电话号码簿，已知一个域名就可以查找到一个 IP 地址，完整的域名系统可以双向查找，即可以完成域名和 IP 地址的双向映射，装有域名系统的主机叫做域名服务器。❶

（二）IP 网络的基本原理

1. IP 服务的特点

IP 网络提供的服务主要具有以下特点：

1）不可靠性：在 IP 网络中，无法保证投递，分组可能丢失、重复、延迟或不按顺序到达，传递过程中不检测分组是否正确投递，也不提醒收、发双方。

2）无连接：每个分组独立选路。

3）尽力而为：分组被尽力投递，当且仅当资源用尽或底层网络出现故障时才放弃分组。

———————————

❶ 岳欣. 现代通信系统导论［M］. 北京：北京邮电大学出版社，2012：133.

2. IP 数据包的发送

根据源节点和目的节点的不同，IP 数据包在发送过程中可能被直接投递或间接投递。

直接投递是指数据包可以从一台计算机上直接传送到另一台计算机，只有当两台计算机处于同一底层物理传输系统时才能进行直接投递。

间接投递是指必须通过路由器才能把数据包从一台计算机传送到另一台计算机的投递方式。在路由表中，主要包括两项基本内容：目的网络地址和下一跳地址，路由器根据目的网络地址来确定下一跳路由器。IP 选路软件首先查找是否符合目的地址的特定主机路由（对特定的目的主机指明的路由）。如果没有，则在选路表中查找目的网络，若表中没有匹配的路由项，则把数据包发送到一个默认路由器上。若没有默认路由器，则路由器向这个数据包的源节点返回错误报告。

3. IP 数据包的封装与传输

由于路由器往往需要连接异构物理网络，为了克服异构物理网络帧格式的不同，IP 协议定义了一种独立于底层硬件的通用的、虚拟的数据包，该包可以无损地在底层硬件中传输。

当主机或路由器处理一个数据包时，IP 软件首先选择数据包发往的下一站；然后将 IP 数据包封装入物理网络帧的数据区内，收、发双方在帧的类型域中的值达成一致，以标识该帧的数据区为一个 IP 数据包；最后，将下一站的 IP 地址解析成物理地址，填入帧头的目的地址域。在接收端，路由器或主机从帧中取出数据包，同时丢弃帧头，若仍需路由器转发，按照上述步骤重新封装。❶

（三）因特网

因特网是典型的互联网，前身是美网的 ARPANET，是在全球范围内由采用 TCP/IP 协议组的众多计算机网相互连接而成的开放式的计算机网络。接入因特网，即将主机连接到因特网边缘路由器的方式大致可以分为三类：拨号接入、以太网接入和无线接入。

1. 拨号接入

拨号接入是指通过拨号的方式将主机与因特网相连，通常用于家庭上网。拨号技术主要有：电话线上网、综合业务数字网（Integrated Services Digital Network，ISDN）上网、非对称数字用户环路（Asymmetric Digital Subscriber Line，ADSL）上网和 Cable Modem 上网。

1）电话线上网：是指借助普通电话调制解调器（Modem）和电话线接入因特网的方式，是早期接入方式的一种，速率较低，一般为 56 kbit/s。

2）ISDN 上网：ISDN 是一个数字电话网络国际标准，是一种典型的电路交换网络系统。ISDN 上网虽然也是拨号上网，但与电话线上网存在本质的区别。ISDN 上网需要专用的终端，并需要专用的数据线。上网号码（ISDN 号码）在申请时由电信局提供，ISDN 能够提供端到端的全数字化连接，可以实现语音、传真、可视图文等多种综合通信服务。

3）ADSL 上网：ADSL 是一种上行和下行带宽不对称的异步传输方式。

2. 以太网接入技术

以太网接入方式充分利用了以太网简单、低成本、可扩展性强、与 IP 网络和业务融合性好的特点。但是，由于以太网本质上是一种局域网技术，用于公共电信网的接入领域时，在认证计费和用户管理、用户和网络安全、服务质量控制、网络管理等方面需要发展和完善。

3. 无线接入技术

无线接入是继有线接入之后发展起来的另一种互联网的接入。借助无线接入技术，无论在何时何地，人们都可以轻松地接入互联网。

（四）万维网

万维网（World Wide Web，WWW，简称 Web），并非某种特殊的计算机网络，而是一种特殊的结构框架，是一个大规模的、联机式的信息储藏所。

Web 最初由欧洲核子物理研究中心的物理学家 Tim Berners – Lee 于 1989 年 3 月提出，是近年来因特网取得的最为激动人心的成就之一。Web 最主要的两项功能是读取超文本文件和访问因特网资源。Web 试图将因特网的一切资源组织成超文本文件，然后通过链接让用户方便地访问。

1. 读取超文本文件

Web 将全球信息资源通过关键字方式建立链接，使信息不仅可以按照线性方式搜索，而且可以按照交叉方式访问。在一个文档中选中某关健字，即可进入与该关键字链接的另一个文档，它可能与前一个文档在同一台计算机上，也可能在因特网的其他主机上。

在超文本文件中，可以用超媒体一词来指非文本类型的数据文件，如声音、图像等。Web 是一个交互式媒体系统，它由以链接方式相互连接的多媒体文件组成。用户只要选中一个链接，就可以访问相关的多媒体文件。

2. 访问因特网资源

Web 可以连接任何一种因特网资源、启动远程登录、浏览主页等，在访问时，用户无须知道资源究竟存放在因特网的什么地方，Web 可以自动获取这些资源。

三、互联网的现状、应用和发展趋势

（一）互联网的现状

我国互联网产业在引领经济发展、推动社会进步、促进创新等方面发挥了巨大作用，互联网用户和市场规模庞大，互联网科技成果惠及百姓民生，互联网与传统产业加速融合，国际交流合作日益深化，互联网企业竞争力和影响力持续提升。

1. 中国网民互联网普及率过半，4G 用户持续爆发式增长

据中国互联网络信息中心统计，截至 2016 年 6 月，中国网民规模为 7.1 亿，互联网普及率达到 51.7%，网民数量继续稳居全球首位。移动电话 4G 用户达到 7.14 亿，比去年同期增长 3.86 亿，增幅达到 118%，占移动电话用户的比重达到 54.1%，仍旧

保持高速增长。网民数量的平稳增长与移动互联网用户的快速增加，为各类互联网应用的创新成果惠及百姓民生提供了有力支撑。

2. "宽带中国"战略进入优化升级阶段，光网城市成为发展热点

伴随着"宽带中国"战略的推进和提速降费措施的落实，宽带提速效果日益显著。电信普遍服务试点的实施，支持全国 27 个省（区、市）的 10 万个行政村开展网络光纤到村建设和升级改造，截至 2017 年，目前已解决 3.1 万个建档立卡贫困村网络覆盖建设问题，为网络扶贫、缩小城乡"数字鸿沟"提供了重要手段，为网络强国建设提供了有力支撑。据工业和信息化部数据显示，截至 2017 年，8Mb/s 及以上接入速率的宽带用户总数达到 2.59 亿户，20Mb/s 及以上宽带用户总数 2.11 亿户，光纤接入 FTTH/0 用户总数达到 2.15 亿户，比去年同期分别增长 121%、262% 和 95%，占宽带用户总数的比重分别达 88.1%、71.7% 和 73%。随着网络带宽的不断提升，建设光网城市成为了城市下一步发展方向，并为智慧城市的落地夯实了基础。

3. 移动网络进入"4G+"时代，5G 技术试验全面启动

三大运营商全面推进 4G 移动网络升级，以载波聚合技术为代表的"4G+"网络加速和以 VoLTE 为代表的"4G+"高清语音开始大规模使用，更大的带宽、更高的数据速率可以显著改善用户上网体验。同时，工信部组织成立的 IMT－2020（5G）推进组启动了 5G 的技术研发试验，并已完成关键技术验证阶段。

4. 新技术不断涌现，成为互联网产业的重要技术载体和推动力

以大数据、智能化、移动互联网、云计算为代表的新一代信息通信技术与经济社会各领域全面深度融合，构成了互联网产业的主要技术体系，促进了生产方式、商业模式创新，为整个产业链条的技术支撑和全流程服务提供了理论依据和实践基础，催生了很多新产品、新业务、新模式，在整个产业链中的优势不断放大。

人工智能成为各互联网巨头的必争之地，以 BAT 为代表的互联网企业把更多的人工智能技术应用到产品中，并组建专门的研究机构进一步加速技术的研发，通过发展人机交互、深度学习、自然语言理解、机器人等核心技术，全方位布局人工智能产业。

虚拟现实进入快速成长期。虚拟现实的发展具有划时代的意义，让用户可以在普通电子设备上接收三维动态信息，进而深刻地改变认知世界的方式，提供场景重现的解决方案。通过提升内容体验与交互方式，扩大资本支持与市场推广，虚拟现实技术正在向游戏、视频、零售、教育、医疗、旅游等领域延伸。

5. 网络安全产业高速发展，产品种类不断丰富

在国家法律政策和行业需求的大力推动下，网络安全产业进入高速发展时期，网络安全产品种类不断丰富，数据传输安全、网络安全、数据安全、应用安全、计算机安全及云安全等产品持续更新。信息安全企业的竞争力进一步增强，防火墙、防病毒、入侵检测和漏洞扫描等传统安全产品逐步具备替代能力。从安全芯片、网络与边界安全产品到安全服务的信息安全产业链不断完善。

6. 互联网领域法治化不断推进，网络安全责任主体得以明确

我国网络领域的基础性法律《中华人民共和国网络安全法》正式通过，立法明确了网络空间主权的原则、网络产品和服务提供者的安全义务、网络运营者的安全义务，

完善个人信息保护规则，建立关键信息基础设施安全保护制度，确立关键信息基础设施重要数据跨境传输的规则。

此外，《互联网信息搜索服务管理规定》《互联网直播服务管理规定》《网络预约出租汽车经营服务管理暂行办法》等规定的出台，有效推进互联网领域法治化进行，及时回应社会公众，有效引导和督促企业履行义务。❶

(二) 互联网应用

1. 制造业与互联网加速融合

制造业与互联网的融合发展，成为新一轮科技革命和产业变革的重大趋势和主要特征。2016 年 5 月，国务院印发《关于深化制造业与互联网融合发展的指导意见》，协同推进"中国制造 2025"和"互联网 +"行动，加快制造强国建设。通过互联网与制造业的全面融合和深度应用，消除各环节的信息不对称，在研发、生产、交易、流通、融资等各个环节进行网络渗透，有利于提升生产效率，节约能源，降低生产成本，扩大市场份额，打通融资渠道。

《中国制造 2025》由文件发布进入全面实施新阶段。基于互联网的"双创"平台快速成长，智能控制与感知、工业核心软件、工业互联网、工业云和工业大数据平台等新型基础设施快速发展，网络化协同制造、个性化定制、服务型制造新模式不断涌现。工业和信息化部通过出台促进智能硬件、大数据、人工智能等产业发展的政策和行动计划，协同研发、服务型制造、智能网联汽车、工业设计等新业态新模式快速发展。一批重大标志性项目推进实施，高端装备发展取得系列重大突破，一连串发展瓶颈问题得以解决。

2. 互联网构建新型农业生产经营体系

2016 年的中央一号文件《关于落实发展新理念加快农业现代化 实现全面小康目标的若干意见》强调大力推进"互联网 +"现代农业，应用物联网、云计算、大数据、移动互联等现代信息技术，推动农业全产业链改造升级。农业与互联网融合走上快速发展轨道，通过运用互联网技术打造智能农业信息监控系统、建立质量安全追溯体系、开展智能化精确饲喂等，实现自动化、精准化生产，高效利用各种农业资源，降低农业能耗及成本，促进智慧农业发展。

2016 年，全国农产品电子商务持续呈现快速增长态势。中央和地方政府纷纷出台扶持政策，电商企业积极布局，为传统农产品营销注入现代元素，在减少农产品流通环节、促进产销衔接和公平交易、增加农民收入等方面优势明显。全国农产品电商平台已逾 3000 家，农产品生产、加工、流通等各类市场主体都看好网络销售，农产品网上交易量迅猛增长，并通过实践积累了很多经验。

3. 互联网应用服务产业繁荣发展

（1）打通线上线下，实体商店与互联网电商平台紧密联合

除了传统的"双 11"电商狂欢节，互联网电商平台也开始寻找实体商户合作。

---

❶ 中国互联网协会. 2016 年中国互联网产业综述与 2017 年发展趋势［R］. 中国互联网协会第七届中国互联网产业年会，北京，2017 – 1 – 6.

2016年12月12日（"双12"），互联网电商平台累计联合200多个城市的30多万线下商家——覆盖超市、便利店、机场、美容美发、电影院等生活场——共吸引超过上亿消费者共同参与实体店消费。越来越多的线下零售店、服务提供商通过与互联网公司合作提升经营业绩。网络支付广泛普及，移动支付比例进一步提升。

（2）"互联网＋"医疗发挥鲇鱼效应

支付宝、微信等互联网企业产品进入医疗领域，全国700家大中型医院加入"未来医院"，通过手机实现挂号、缴费、查报告等全流程移动就诊服务，平均节省患者就诊时间50%，提升就医体验，改善门诊秩序。同时，互联网企业与医院联合创新，推出了"先诊疗后付费"的信用诊疗模式、"电子社保卡＋医保移动支付"模式、反欺诈防黄牛服务等。

（3）网络教育积极探索新的市场空间

在政策允许的范围内，互联网企业积极发展新型的教育服务模式，在职业技能教育、资格考试培训等领域提供个性化教育服务。互联网企业与教育机构合作，发展在线开放课程，探索建立网络学习、扩大优质教育资源的新途径。与此同时，传统教育机构也在探索利用互联网手段改善教学方式、提升教学质量、探索公共教育新方式，如整合数字教育资源、探索网络化教育新模式、对接线上线下教育资源。如在雾霾红色预警期间，北京各个学校利用互联网、4G、视频、微信等技术方式实现"停课不停学"。

（4）分享经济影响广泛，新模式新业态不断涌现

分享经济充分利用社会闲置资源和资金、劳动力、知识等生产要素，重构了原有的生产关系。平台拥有者与使用者享受分成收益而非原有的雇佣关系，给人们带来了多元化的"身份"。

2016年我国分享经济快速发展，在交通出行、房屋租赁、家政服务、办公、酒店、餐饮、旅游等领域，涌现出摩拜单车、小猪短租、爱大厨、纳什空间、途家等一批有影响力的本土企业。以网约车为例，截至2016年7月，合并后的"滴滴打车""快的打车"平台日订单突破1400万，平台服务了近3亿用户和1500万司机。按照相关的就业标准，在该平台上面实现个人直接就业的司机超过了100万，带动相关就业产业的机会数百万。

（5）互联网创新政务服务

随着2016年9月29日国务院发布《关于加快推进"互联网＋政务服务"工作的指导意见》，各地加快推进"互联网＋政务服务"工作，切实提高政务服务质量与实效。互联网企业和大型传统基础服务部门纷纷推出网络应用程序，提供城市政务服务，涉及政务办事、车主服务、医疗服务、充值缴费、交通出行、气象环保中的一个或多个版块。典型应用有阿里支付宝、腾讯微信、中国移动和国家电网e充电。

基于实名制的认证推广，城市居民可以在手机上办理生活缴费、查询公积金账单、车辆违章查询、交罚单、出入境进度查询、法律咨询、图书馆服务等多项线上便民服务。据统计，300多个城市推出互联网政务服务，服务用户过亿人，给居民的生活带来了极大的便利。

4. 互联网发展趋势

（1）新一代信息基础设施成为网络强国战略的关键支撑

在电信普遍服务试点等项目的支持下，加强农村网络基础设施建设，提升农村宽带网络覆盖水平，将让广大农民分享宽带红利。光网城市建设受到重视。随着宽带中国战略的推进，"光进铜退"成为地方光网城市的重要手段。光网城市的建设将大幅度提高城市的服务能力，一系列试点城市将会陆续出现，发挥示范引领作用。

4G 网络覆盖进一步扩大，5G 研发试验和商用进一步推进，5G 频谱规划工作取得进展，5G 产业链企业的研发、运营能力进一步提升，下一代互联网商用部署加快实施。物联网成为 5G 主要应用场景之一，将大大拓展物联网的应用，促进物联网和移动互联网深度融合，开始进入企业为主体的应用时代。技术先进、高速畅通、安全可靠、覆盖城乡、服务便捷的宽带网络基础设施体系进一步完善。

（2）互联网技术成为创新发展的强劲动力

1）数字化、智能化服务技术蓬勃发展。人工智能将在未来发挥越来越大的作用，使一些长期以来需要人力劳动的任务实现自动化，变革现有的经济体系。2017 年，包括第 5 代移动通信网络、物联网、云计算、信息安全等面向消费者和企业服务的数字化应用场景进一步拓展，并且与人工智能、深度学习、大数据、嵌入式系统等技术深入融合，赋予物理设备（机器人、汽车、飞行器、消费电子产品）以及应用和服务类产品的智能功能，从而产生新一类的智能应用和物件，以及可广泛应用的嵌入式智能。

2）增强信用与安全的技术将进一步丰富。如区块链等在不可信环境中增加信任的技术将进一步丰富，应用范围与应用场景都将进一步扩大，涵盖被动式数据记录到动态预置行为等领域。该类技术将提升重要数据和事件不可更改的记录，例如货币交易、财产登记或其他有价资产等。此外，自适应安全架构技术将进一步加强，包括持续分析用户和实体行为等领域。

3）企业信息化与云端迁移技术将释放更大影响力。促进企业信息化与云端迁移的技术将进一步提升，云平台的优势将获得企业界更广泛的关注，进而加速应用和服务的开发和部署，减少业务缺陷和资源浪费。云交付模式的最大优势在于它们能够为企业提供最出色基础设施环境，推动企业开展自己的技术创新和数字化转型。

4）物理和数字世界互动技术应用范围进一步扩大。交互类技术进一步发展，在更大范围内推动沉浸式消费、商业内容和应用程序的格局巨变。虚拟现实和增强现实功能将进一步与数字网络融合，相关设备的成本进一步降低，技术生态更加完善，应用服务范围进一步扩大。互动技术将与移动网络、可穿戴设备和物联网一起实现大范围的应用服务协同，构建跨越物理世界与数字世界之间的信息流。

5）制造技术与信息网络技术融合塑造新的生产模式。提升速度和效率的支持类信息网络技术将进一步发展，尤其在制造业领域。以物联网、工业数据分析、人机协作为代表的支持类技术将获得更深应用，进而塑造新的生产模式，如通过改变机器、人员和业务流程之间的信息流，来提高工厂之间的连接灵活性。工厂流程将更多的依赖数据搜集与分析，人机交互性能也将大幅提升，生产过程的敏捷性、智能性、灵活性将大大提高。

（3）产业融合成为振兴实体经济的重要体现

2016 年 12 月举行的中央经济工作会议强调，以推进供给侧结构性改革为主线，着力振兴实体经济。互联网与传统产业的融合，将在培育壮大新动能、提振产业发展方面发挥不可替代的作用。

智能制造成为产业转型升级的关键领域。《智能制造发展规划（2016—2020 年）》指出，加快发展智能制造，是培育我国经济增长新动能的必由之路，是抢占未来经济和科技发展制高点的战略选择，对于推动我国制造业供给侧结构性改革，打造我国制造业竞争新优势，实现制造强国具有重要战略意义。制造业与互联网的融合，将更多的瞄准制造业发展重大需求，依托现有制造业的产业基础，从供给侧改革入手，集聚创新要素、激活创新元素、转化创新成果，为效率提升和价值创造带来新的机遇。

农业供给侧结构性改革将进一步深化。现代信息技术在农业生产、经营、管理、服务各环节和农村经济社会各领域深度融合，农产品需求结构升级与有效供给不足的结构性矛盾将得到缓解，互联网与农业生产经营管理服务进一步融合，引领驱动农业现代化加快发展，改造传统农业的基础设施、技术装备、经营模式、组织形态与产业生态。

（4）应用与服务成为惠及民生的创新举措

一是国内分享经济领域将继续拓展，在营销策划、餐饮住宿、物流快递、交通出行、生活服务等领域进一步渗透。同时，教育和医疗可能成为分享经济发展的新领域，通过分享经济突破传统资源约束，开展供需对接，较低成本地解决就医难、教育不公平等问题。平台企业的数量将不断上升，有望形成一批初具规模、各具特色、有一定竞争力的代表性企业。同时，诸多领域的分享经济都处于探索阶段和发展初期，其服务和产品的安全性、质量保障体系、用户数据保护等方面将引起重视。

二是互联网与政府公共服务体系的深度融合将加快。大数据等现代信息技术的运用，有助于推动公共数据资源开放，促进公共服务创新供给和服务资源整合，构建面向公众的一体化在线公共服务体系，提升公共服务整体效能。政府信息公开方面，重点领域（如食品药品安全类、环境保护类、安全生产类等）政府信息公开的力度将加大；政府网站在线办事方面，将会在服务深度、服务质量和服务水平上加强；政府在线服务方面，互动交流水平持续提升，并建立较完善的政务咨询、调查征集类互动渠道等。

三是随着"互联网＋"行动计划的深入，智慧城市建设快速推进，互联网将作为创新要素对智慧城市发展产生全局性影响，公私合营模式（Public‑Private Partnership，PPP）将成为社会资本参与智慧城市建设的主流模式。产业园区建设开始转向智慧型，提供更多功能，服务更加人性，理念更加先进，模式更加开放。

四、移动互联网的概念和应用

（一）移动互联网的概念

移动互联网指互联网的技术、平台、商业模式和应用与移动通信技术结合并实践的活动的总称。这是互联网与移动通信各自独立发展后互相融合的产物，目前呈现出互联网产品移动化强于移动产品互联网化的趋势。从技术层面来讲，是以宽带 IP 为技术核心，可以同时提供语音、数据和多媒体业务的开放式基础电信网络；从终端来看，则是用户使用手机、上网本、笔记本电脑、平板电脑等移动终端，通过移动网络获取移动通信网络服务和互联网服务。

移动互联网的核心是互联网，因此一般认为移动互联网是桌面互联网的补充和延伸，应用和内容仍是移动互联网的根本。

（二）移动互联网的特点

虽然移动互联网与桌面互联网共享着互联网的核心理念和价值观，但移动互联网有实时性、隐私性、便携性、准确性、可定位的特点，日益丰富智能的移动装置是移动互联网的重要特征之一。从客户需求来看，移动互联网以运动场景为主，碎片时间、随时随地，业务应用相对短小精悍。

移动互联网的特点可以概括为以下几点：

1）终端移动性：移动互联网业务使得用户可以在移动状态下接入和使用互联网服务，移动的终端便于用户随身携带和随时使用。

2）业务使用的私密性：在使用移动互联网业务时，所使用的内容和服务更私密，如手机支付业务等。

3）终端和网络的局限性：移动互联网业务在便携的同时，也受到了来自网络能力和终端能力的限制，如在网络能力方面，受到无线网络传输环境、技术能力等因素限制；在终端能力方面，受到终端大小、处理能力、电池容量等的限制，无线资源的稀缺性决定了移动互联网必须遵循按流量计费的商业模式。

4）业务与终端、网络的强关联性：由于移动互联网业务受到了网络及终端能力的限制，因此其业务内容和形式也需要适合特定的网络技术规格和终端类型。

（三）移动互联网的应用

1. 移动社交业务

移动社交业务是移动互联网中最重要、最受瞩目、发展最快的业务之一。移动社交网络产品对于用户具有巨大的号召力，并且能够通过各项增值服务促进其他移动互联网服务收入。全球主流的移动社交网（Social Network Site，SNS）形式是以 Facebook 和 Twitter 为代表的泛社交网络，这些主流移动 SNS 服务业务提供商积极与开放平台、终端厂商、电信运营商、互联网服务提供商开展合作，构建出用户关系、应用、通信服务和终端合一的新型业务模式，在提升用户体验的同时，进一步扩展用户范围。伴随着移动 SNS 市场的快速发展，一些垂直领域的细分社交网络不断涌现，成为当前市场的新兴热点。❶

2. 移动支付业务

无线技术发展和应用模式创新催生了新的支付形式，移动支付成为最方便、最快捷的支付手段，用户只需要一个手机就可以实现各种支付需求，用户体验日渐提高，安全性逐渐加强，使得用户对移动支付的需求大大提升，也带动了移动支付手机应用的发展。

此外，移动支付与社交、位置等服务融合，产生新型应用生态，支付和商业是自然的社会化交易，移动支付和社交服务相融合，是自然的社交互动的延伸。基于位置的服

---

❶ 宋明艳. 移动互联网应用及其发展分析［J］. 电脑与电信，2012（10）：35－37.

务提供与用户情境相吻合，与社交服务相结合，成为促进移动支付的重要因素。

3. 移动应用程序商店

随着苹果的应用商店的成功，独立开发厂商的第三方应用程序商店发展模式日益成为主流。应用程序商店发展迅猛，市场趋于饱和，开发者和用户争夺升级。电信运营商的应用商店则逐渐从完全自主经营向开放能力、合作经营、店中店、代收费等方向拓展。从全球范围来看，苹果 App Store 优势明显，与其他厂商的差距正在缩小，而且免费"App +"应用内付费成为主导模式。

4. 移动广告

移动广告指通过移动媒体传播的付费信息，旨在通过这些商业信息影响受传播者的态度、意图和行为。❶ 近年来，伴随着移动互联网市场的快速发展，移动广告业务发展快速，广告类别日益丰富，目前主要的广告形式包括移动搜索广告、网页广告、应用商店广告和下载流媒体式广告。在商业模式方面，平台商和开发商将广告通过自身渠道提供给用户，基于点击计费或每千次展示计费的方式，将广告的投放效果列为清晰可量化的清单，继而向广告商收取费用。相比传统广告，移动广告的优势在于通过个人用户的手机平台为用户提供随时随地的个性化广告，并支持和用户间展开即时互动。对于广告商而言，移动广告平台可帮助其挖掘新的客户，同时，通过对用户行为的反馈进行分析，有助于其更好地理解用户的实际需求；对于用户而言，移动平台的个性化广告服务可帮助用户根据自身需求收看自己感兴趣的定制广告，满足用户的切身利益。

5. 新型即时通信业务

新型移动即时通信业务是指利用安装并运行在移动智能终端的应用软件，借助用户通信录和用户位置信息，通过通信网络以消息（包括文字、图片）、文件、音视频形式向用户提供实时或非实时通信功能的信息服务业务。新型移动即时通信业务是信息服务的社交化、多媒体化趋势的典型，对移动通信业务和移动信息服务市场发展有重大影响。

全球新型即时通信业务国际上主要有 KIK Messenger、Whats App、Pingchat 等，国内主要是小米科技开发的米聊、盛大的 KIKI、遨游的遨信和腾讯的微信。此外苹果 iMessage、Kik Messenger、Whats App 等业务在国内也有较多用户。国内电信运营商方面，"飞聊""翼聊"和"沃友"也均突破了百万。从用户数看，微信在该市场占据主导地位。

6. 云计算与 HTML5 的运用

云计算与 HTML5 的兴起，为构建信息应用层、信息服务层和信息基础设施层等更加开放的新型生态系统奠定了技术基础。云计算模式将应用的计算从终端转移到服务器端，复杂的运算交由云端（服务器端）处理，从而弱化了对移动终端设备的处理需求，使得终端转而主要承担与用户交互的功能。传统的 Web 技术实现了互联网内容的跨终端平台访问，下一代 Web 标准——HTML5 正促使 Web 由内容平台向统一的应用平台转变。高效率跨平台的移动 Web 运行环境未来很可能将取代操作系统成为移动互联网时

---

❶ 王明会. 移动互联网技术及应用热点浅析［J］. 信息通信技术, 2010 (4): 14 – 19.

代竞争新的制高点，业务模式也将继移动梦网、应用商店之后发生新一轮重大变革。

此外以富通信套件（Rich Communcation Suite，RCS）为代表的开放模式近年来成为发展的亮点。电信业通过标准化的软件客户端和通信协议，在全球范围内支持不同运营商 RCS 业务之间的互通，增强电信服务对用户的粘性，以应对 MSN 等互联网即时通信平台业务、社交网络等的竞争。

五、"互联网＋"的概念和应用

（一）"互联网＋"的概念

2015 年 3 月 5 日上午十二届全国人大第三次会议上，李克强总理在政府工作报告中首次提出"互联网＋"行动计划。李克强在政府工作报告中提出，制定"互联网＋"行动计划，推动移动互联网、云计算、大数据、物联网等与现代制造业结合，促进电子商务、工业互联网和互联网金融（IT Finance Business Partner，ITFIN）健康发展，引导互联网企业拓展国际市场。

"互联网＋"是把互联网的创新成果与经济社会各领域深度融合，推动技术进步、效率提升和组织变革，提升实体经济创新力和生产力，形成更广泛的以互联网为基础设施和创新要素的经济社会发展新形态。"互联网＋"是互联网思维的进一步实践成果，推动经济形态不断地发生演变，从而带动社会经济实体的生命力，为改革、创新、发展提供广阔的网络平台。通俗地说，"互联网＋"就是"互联网＋各个传统行业"，但这并不是简单的两者相加，而是利用信息通信技术及互联网平台，让互联网与传统行业进行深度融合，创造新的发展生态。

（二）"互联网＋"的特征

1）跨界融合。"＋"就是跨界，就是变革，就是开放，就是重塑融合。敢于跨界，创新的基础就更坚实；融合协同了，群体智能才会实现，从研发到产业化的路径才会更垂直。融合本身也指代身份的融合，如客户消费转化为投资、伙伴参与创新等，不一而足。

2）创新驱动。中国粗放的资源驱动型增长方式难以为继，必须转变到创新驱动发展这条正确的道路上来。这正是互联网的特质，用互联网思维来求变、自我革命，也更能发挥创新的力量。

3）重塑结构。信息革命、全球化、互联网业已打破了原有的社会结构、经济结构、地缘结构、文化结构。权力、议事规则、话语权不断在发生变化。"互联网＋"社会治理、虚拟社会治理会是很大的不同。

4）尊重人性。人性的光辉是推动科技进步、经济增长、社会进步、文化繁荣的最根本的力量，互联网的力量之强大最根本地也来源于对人性的最大限度的尊重、对人体验的敬畏、对人的创造性发挥的重视，例如卷入式营销、分享经济等。

5）开放生态。关于"互联网＋"，生态是非常重要的特征，而生态的本身就是开放的。我们推进"互联网＋"，其中一个重要的方向就是要把过去制约创新的环节化解掉，把孤岛式创新连接起来，让研发由人性决定的市场驱动，让创业者有机会实现价值。

6）连接一切。连接是有层次的，可连接性是有差异的，连接的价值相差很大，但是连接一切是"互联网＋"的目标。

（三）"互联网＋"的应用

2015 年 7 月 4 日，国务院印发《国务院关于积极推进"互联网＋"行动的指导意见》，对"互联网＋"的重点应用领域进行了说明和部署。

1. "互联网＋"创业创新

充分发挥互联网的创新驱动作用，以促进创业创新为重点，推动各类要素资源聚集、开放和共享，大力发展众创空间、开放式创新等，引导和推动全社会形成大众创业、万众创新的浓厚氛围，打造经济发展新引擎。

2. "互联网＋"协同制造

推动互联网与制造业融合，提升制造业数字化、网络化、智能化水平，加强产业链协作，发展基于互联网的协同制造新模式。在重点领域推进智能制造、大规模个性化定制、网络化协同制造和服务型制造，打造一批网络化协同制造公共服务平台，加快形成制造业网络化产业生态体系。

3. "互联网＋"现代农业

利用互联网提升农业生产、经营、管理和服务水平，培育一批网络化、智能化、精细化的现代"种养加"生态农业新模式，形成示范带动效应，加快完善新型农业生产经营体系，培育多样化农业互联网管理服务模式，逐步建立农副产品、农资质量安全追溯体系，促进农业现代化水平明显提升。

4. "互联网＋"智慧能源

通过互联网促进能源系统扁平化，推进能源生产与消费模式革命，提高能源利用效率，推动节能减排。加强分布式能源网络建设，提高可再生能源占比，促进能源利用结构优化。加快发电设施、用电设施和电网智能化改造，提高电力系统的安全性、稳定性和可靠性。

5. "互联网＋"普惠金融

促进互联网金融健康发展，全面提升互联网金融服务能力和普惠水平，鼓励互联网与银行、证券、保险、基金的融合创新，为大众提供丰富、安全、便捷的金融产品和服务，更好满足不同层次实体经济的投融资需求，培育一批具有行业影响力的互联网金融创新型企业。

6. "互联网＋"益民服务

充分发挥互联网的高效、便捷优势，提高资源利用效率，降低服务消费成本。大力发展以互联网为载体、线上线下互动的新兴消费，加快发展基于互联网的医疗、健康、养老、教育、旅游、社会保障等新兴服务，创新政府服务模式，提升政府科学决策能力和管理水平。

7. "互联网＋"高效物流

加快建设跨行业、跨区域的物流信息服务平台，提高物流供需信息对接和使用效率。鼓励大数据、云计算在物流领域的应用，建设智能仓储体系，优化物流运作流程，提升物流仓储的自动化、智能化水平和运转效率，降低物流成本。

8. "互联网 +" 电子商务

巩固和增强我国电子商务发展领先优势，大力发展农村电商、行业电商和跨境电商，进一步扩大电子商务发展空间。电子商务与其他产业的融合不断深化，网络化生产、流通、消费更加普及，标准规范、公共服务等支撑环境基本完善。

9. "互联网 +" 便捷交通

加快互联网与交通运输领域的深度融合，通过基础设施、运输工具、运行信息等互联网化，推进基于互联网平台的便捷化交通运输服务发展，显著提高交通运输资源利用效率和管理精细化水平，全面提升交通运输行业服务品质和科学治理能力。

10. "互联网 +" 绿色生态

推动互联网与生态文明建设深度融合，完善污染物监测及信息发布系统，形成覆盖主要生态要素的资源环境承载能力动态监测网络，实现生态环境数据互联互通和开放共享。充分发挥互联网在逆向物流回收体系中的平台作用，促进再生资源交易利用便捷化、互动化、透明化，促进生产生活方式绿色化。

11. "互联网 +" 人工智能

依托互联网平台提供人工智能公共创新服务，加快人工智能核心技术突破，促进人工智能在智能家居、智能终端、智能汽车、机器人等领域的推广应用，培育若干引领全球人工智能发展的骨干企业和创新团队，形成创新活跃、开放合作、协同发展的产业生态。

第二节　大数据

信息技术的急速发展，在方便了人类日常生活工作的同时，也催生了大量的非结构化和半结构化数据，大数据的概念应运而生，传统的数据存储、数据分析等技术面临着新的挑战。如何对大数据进行分析处理和有效管理，并构建大数据服务，获取其潜在的巨大价值，是目前各国政府、商界以及学术界广泛关注的话题。大数据引发了各国政府的广泛关注和大力支持；各大高校和科研机构在大数据处理的理论架构和算法上做出了巨大贡献；以谷歌、亚马逊和阿里巴巴为代表的互联网公司纷纷尝试开发适合自己的大数据存储和分析平台，大数据为信息技术的发展带来了巨大的变革。

一、数据的采集、处理和存储

大数据管理，就是从数据挖掘与采集到数据应用的管理流程。大数据的管理流程包括大数据采集、大数据预处理、大数据存储及管理、大数据分析及挖掘、大数据展现和应用。❶

（一）大数据采集

大数据采集，是指从各种公共平台的运行或检测数据中，快速获得数据并得出有价

---

❶ 涂新莉，刘波，林伟伟. 大数据研究综述 ［J］. 计算机应用研究，2014，31（6）：1612－1616.

值的信息。

目前，大数据的获取主要有三个渠道❶：

1）方便可靠的终端采集。对大数据的采集，技术手段无法完全解决电子化终端在数据采集中真实可信的问题，更多的是利用电子化手段强化设备、采集者以及业务流程的监控。即对合规的数据采集者，使用合规的数据采集设备，利用合规的数据采集软件，在一个受控的流程中进行数据采集工作。此外，还应积极开发可以直接导入企业数据的数据转换工具。

2）智能分流的语音采集。语音采集构建于两项大数据实时处理技术之上：声纹识别与语义识别。当面临突发性大面积海量对象或高频次反复调查时，可以通过互动式语音应答（Interactive Voice Response，IVR）自动呼出，调查结果识别的方法，将大部分重复性定量调查工作由机器代替人工完成。人工可以着重进行无法识别的份额，以及成果抽检等管理性工作。

3）穿透灵活的电子数据源采集。在面向互联网电子化大数据源采集的体系中，首先要构建由大量轻量级主机构建的并发采集平台，其次对于海量低价值密度的互联网电子化数据，采用高性价比、高可拓展性的分布式数据库进行存储。此外，还要满足：对于互联网数据源，进行自动化处理；对于防止外链或定期自动更换数据源地址的对象，进行数据来源的跟踪；对于数据文件中的有价值数据，根据语义模型进行内容的分析。

（二）大数据预处理

大数据预处理主要指对已接收数据的辨析、抽取、清洗等操作。

数据辨析是指通过对数据的初步识别和判断来选择自己所需的数据。对已完成数据的抽取是指因获取的数据可能具有多种结构和类型，数据抽取过程可将这些复杂的数据转化为单一的或者便于处理的构型，以达到快速分析处理的目的。数据清洗是指通过过滤"去噪"那些不完全有价值的、无关的或错误的干扰项，从而提取出有效数据。

（三）大数据存储

大数据时代，数据呈爆炸式增长。存储服务的快速发展对数据存储量的需求越来越大，同时也对数据的有效管理提出了更高的要求。大数据对存储设备的容量、读写性能、可靠性、扩展性等都提出了更高的要求，需要充分考虑功能集成度、数据安全性、数据稳定性、系统可扩展性以及成本等各方面因素。❷

1. 大数据存储的特点分析

"大数据"是由数量巨大、结构复杂、类型众多的数据构成的数据集合，是基于云计算的数据处理与应用模式，通过数据的整合共享，交叉复用形成智力资源和知识服务能力。❸

（1）大数据的存储规模庞大，同时更加要求传输及处理的响应速度快

相对于以往规模较小的数据处理，在数据中心处理大规模数据时，需要服务集群有

---

❶ 马建堂. 大数据在政府统计中的探索与应用 [M]. 北京：中国统计出版社，2013，10：165.

❷ 徐振宇. 海量数据存储定义与方式 [J]. 新闻窗，2013（5）：93 – 94.

❸ 曹刚. 大数据存储管理系统面临挑战的探讨 [J]. 软件产业与工程，2013（6）：34 – 38.

很高的吞吐量才能够让巨量的数据在应用开发人员"可接受"的时间内完成任务。这不仅是对于各种应用层面的计算性能要求，更加是对大数据存储管理系统的读写吞吐量的要求。例如：用户在网站选购自己感兴趣的商品，网站根据用户的购买或者浏览网页行为进行相关产品的推荐，这需要应用的实时反馈；电子商务网站的数据分析师根据购物者搜索时提供的搜索关键词分析当季的热门关键词，为商家提供推荐的商品关键字，每日上亿的访问记录要求机器学习算法在几天内给出较为准确的推荐，否则就丢失了其时效性；出租车行驶在城市的道路上，根据 GPS 反馈的信息及监控设备提供的实时路况信息，大数据处理系统需要不断地给出较为便捷的路径信息，这要求大数据的应用层以最快的速度、最高的带宽从存储介质中获取海量的数据。另外，海量数据存储管理系统与传统的数据库管理系统、基于磁带的备份系统之间也在发生数据交换。虽然这种交换实时性不高，可以离线完成，但由于数据规模的庞大，较低的数据传输带宽也会降低数据传输的效率，造成数据迁移瓶颈。因此大数据的存储与处理的速度或带宽是其性能上的重要指标。

（2）由于来源各异，大数据具有存储数据多样性的特点

所谓多样性，一是指数据结构化程度，二是指存储格式，三是存储介质多样性。对于传统的数据库，其存储的数据都是结构化数据，格式规整；相反，大数据来源于日志、历史数据、用户行为记录等，有的是结构化数据，而更多的是半结构化或者非结构化数据，这也是传统数据库存储技术无法适应大数据存储的重要原因之一。存储格式多样性，是由于其数据来源不同，应用算法繁多，数据结构化程度不同，其格式也多种多样，包括文本文件格式、网页文件以及被序列化后的比特流文件等。存储介质多样性是指硬件的兼容，大数据应用需要满足不同的响应速度需求，因此其数据管理提倡分层管理机制。例如较为实时或者流数据的响应可以直接从内存或者固态硬盘硬盘（Solid State Drives，SSD）中存取，而离线的批处理可以建立在带有多块磁盘的存储服务器上，有的可以存放在传统的存储网络（Storage Area Network，SAN）或者网络存储设备（Network Attached Storage，NAS）上，而备份数据甚至可以存放在磁带机上。因而大数据的存储或者处理系统必须对多种数据及软硬件平台有较好的兼容性，从而适应各种应用算法或者数据提取转换与加载（Extraction – Transformation – Loading，ETL）。

2. 大数据存储管理❶

随着全球数据量的爆发式增长，传统的文件存储系统已不能满足需求，大数据计算需要有特定的文件系统以满足海量文件的存储管理、海量大文件的分块存储等功能。大数据存储技术是大数据计算技术的基础，有了可靠高效的大数据存储平台，不断增加的数据才能被高效地组织，从而进行数据分析等操作。

大数据的结构复杂多样使得数据仓库要采集的源数据种类比传统的数据种类更加多样化，因此新的存储架构也要改变目前以结构化为主体的单一存储方案的现状，针对每种数据的存储特点选择最合适的解决方案。对非结构化数据采用分布式文件系统进行存储，对结构松散无模式的半结构化数据采用面向文档的分布式 Key/Value 存储引擎，对

---

❶ 吴朝晖，陈华钧，杨建华. 空间大数据信息基础设施 ［M］. 杭州：浙江大学出版社，2013.01：27.

海量的结构化数据采用分布式并行数据库系统存储。

3. 大数据的三种典型存储技术路线

第一种是采用大规模并行处理系统（MPP 架构）MPP 架构的新型数据库集群，重点面向行业大数据，采用 Shared Nothing 架构，通过列存储、粗粒度索引等多项大数据处理技术，再结合 MPP 架构高效的分布式计算模式，完成对分析类应用的支撑，运行环境多为低成本 PC Server，具有高性能和高扩展性的特点，在企业分析类应用领域获得极其广泛的应用。

这类 MPP 产品可以有效支撑 PB 级别的结构化数据分析，这是传统数据库技术无法胜任的。对于企业新一代的数据仓库和结构化数据分析，目前最佳选择是 MPP 数据库。

第二种是基于 Hadoop 的技术扩展和封装，围绕 Hadoop 衍生出相关的大数据技术，应对传统关系型数据库较难处理的数据和场景。例如针对非结构化数据的存储和计算等，充分利用 Hadoop 开源的优势，伴随相关技术的不断进步，其应用场景也将逐步扩大，目前最为典型的应用场景就是通过扩展和封装 Hadoop 来实现对互联网大数据存储、分析的支撑。

第三种是大数据一体机，这是一种专为大数据的分析处理而设计的软硬件结合的产品，由一组集成的服务器、存储设备、操作系统、数据库管理系统以及为数据查询、处理、分析用途而特别预先安装及优化的软件组成，高性能大数据一体机具有良好的稳定性和纵向扩展性。

二、文件系统、数据库系统和数据仓库

（一）文件系统

1. 文件系统概念与功能

在任何一个计算机的操作系统中，文件系统的建立是必不可少的。文件系统是指完成文件管理的软件和被管理的文件（包括目录和子目录等）的总和。从系统角度来看，文件系统对文件存储空间进行组织、分配，并对文件的存储进行保护和检查。具体来说，就是为用户建立文件；对文件的读写、删除操作提供存取权限和控制。

文件系统是以根目录为顶的倒挂树的层次结构。用户只需用目录或子目录形成的路径名便可对文件进行操作。对于 Linux 系统，要完成对文件系统的管理，用户和系统管理人员应从下面几个方面进行考虑：

1）了解一个磁盘的物理结构；

2）磁盘分区的目的及方法；

3）检查及改变磁盘分区的大小；

4）文件的类型；

5）系统文件的组成；

6）使用 newfs 建立一个新文件系统；

7）使用 fsck 检查一个文件系统；

8）加载和卸掉一个文件系统；

9）增删磁盘交换区。

文件系统与磁盘分区是一一对应的。例如，系统盘上分区 a 存放包含所有系统文件和目录的根文件系统。一个文件系统不能跨越两个磁盘分区。也就是说，一个文件系统必须存在于一个磁盘分区上，不能存在于两个磁盘分区上。一个已经存在的文件系统必须安装后才可以使用。安装和卸载文件系统使用 mount/umount 命令。❶

有了文件系统，用户就可以用统一的文件观点去对待和处理各种存储介质中的信息，并通过文件系统去使用各种存储器。因此文件系统可以视为用户和文件存储器之间的接口，用户无须考虑存储器的信息组织，也无须记住信息在存储器上的存放和分布情况，借助文件名便可方面、灵活地对信息进行存取，所有访问事宜均由文件系统自动完成。由于磁盘所保存的信息不易丢失，而且磁盘文件系统的技术也很成熟，目前，绝大多数计算机系统均采用磁盘作为主要的文件存储器。❷

大部分 UNIX 文件系统种类具有类似的通用结构，即使细节有些变化。其中核心概念是超级块（Superblocki）、节点（Inode）、数据块（Data Block）、目录块（Directory Block）和间接块（Indirection Block）。超级块包括文件系统的总体信息，比如大小（其准确信息依赖文件系统）。节点包括除了名字外的一个文件的所有信息，名字与 i 节点数目一起存在目录中，目录条目包括文件名和文件的 i 节点数目。i 节点包括几个数据块的数目，用于存储文件的数据。i 节点中只有少量数据块数的空间，如果需要更多，会动态分配指向数据块的指针空间。这些动态分配的块是间接块。为了找到数据块，名字指出它必须先找到间接块的号码。

UNIX 文件系统通常允许在文件中产生孔，意思是文件系统假装文件中有一个特殊的位置只有 0 字节，但没有为文件的这个位置保留实际的磁盘空间。这对小的二进制文件经常发生，Linux 共享一些数据库和其他一些特殊情况。

文件系统的功能包括管理和调度文件的存储空间、提供文件的逻辑结构物理结构和存储方法、实现文件从标识到实际地址的映射、实现文件的控制操作和存取操作、实现文件信息的共享并提供可靠的文件保密和保护措施、提供文件的安全措施。

文件的逻辑结构是依照文件的内容的逻辑关系组织文件结构。文件的逻辑结构可以分为流式文件和记录式文件。流式文件中的数据是一串字符流，没有结构。记录文件由若干逻辑记录组成，每条记录又由相同的数据项组成，数据项的长度可以是确定的，也可以是不确定的。记录文件的主要缺陷是数据关联差以及数据不一致冗余性。

2. 文件系统分类

文件系统一般可以分为下面 3 种。

1）基于磁盘的文件系统（Disk – based File System）是在非易失介质上存储文档的经典方法，用以在多次会话之间保持文件的内容。实际上，大多数文件系统都由此演变而来。比如，一些众所周知的文件系统，包括 Ext2/3、Reiserfs、FAT 和 iso9660。所有这些文件系统都使用面向块的介质，必须解决以下问题：如何将文件内容和结构信息存储在目录层次结构上。在这里我们对与底层设备通信的方法不感兴趣，内核中对应的驱

---

❶ 孙建华，等. 网络系统管理——Linux 篇 [M]. 北京：人民邮电出版社，2002. 02.

❷ 杨学军，王磊，蒋艳凰. 并行内存文件系统 [M]. 北京：国防科技大学出版社，2005. 6.

动程序对此提供了统一的接口。从文件系统的角度来看，底层设备无非是存储块的一个列表，文件系统相当于对该列表实施一个适当的组织方案。

2）虚拟文件系统（Virtual File System，VFS）在内核中生成，是一种使用户应用程序与用户通信的方法。proc 文件系统是这一类的最佳实例。它不需要在任何种类的硬件设备上分配存储空间。相反，内核建立了一个层次化的文件结构，其中的项包含了与系统特定部分相关的信息。举例来说，文件/proc/version 在用 ls 命令查看时，标称长度为 0 字节。

3）网络文件系统（Network File System，NFS）是基于磁盘的文件系统和虚拟文件系统之间的折中。这种文件系统允许访问另一台计算机上的数据，该计算机通过网络连接到本地计算机。在这种情况下，数据实际上存储在一个不同系统的硬件设备上。这意味着内核无须关注文件存取、数据组织和硬件通信的细节，这些由远程计算机的内核处理。对此类文件系统中文件的操作都通过网络连接进行。在写数据时，数据使用特定的协议（由具体的网络文件系统决定）发送到远程计算机。接下来远程计算机复制存储传输的数据并通知发送者数据已经到达。

尽管如此，即使在内核处理网络文件系统时，仍然需要文件长度、文件在目录层次中的位置以及文件的其他重要信息。它必须也提供函数，使得用户进程能够执行通常的文件相关操作，如打开、读、删除等。由于 VFS 抽象层的存在，用户空间进程不会看到本地文件系统与网络文件系统之间的区别。

（二）数据库系统

数据库是信息管理的基础技术。由于数据库具有数据结构化、最低冗余度、高数据独立性、易于扩充、易于编程等特点，一般的信息管理系统都是建立在数据库之上的。

1. 数据库的基本概念

数据（Data）：是描述事物（包括数字、字符、声音、图像等）以及能输入到计算机中并能被计算机程序加工处理的信号的集合，是数据库存储的基本对象。

数据库（Database，DB）：是按一定组织方式存储在计算机中、相互关联的数据集合。数据库概念的两个主要目标是使数据冗余最小，并达到数据独立性。数据冗余是数据的重复，即同一数据存储在多个文件中；数据独立性指数据结构与处理数据的程序相互独立。

数据库管理系统（Database Management System，DBMS）：是用户与操作系统之间的一层数据管理软件，它为用户和应用程序提供访问数据库的方法，包括数据属性的定义、数据存取和修改以及数据库的建立、管理和维护等。除了功能方面的要求之外，数据库管理系统在性能方面也要达到一定的标准，其中之一就是能够及时准确地满足多个用户的并发存取操作，同时还要能够保证数据的完整性和一致性等。

数据库系统（Database System，DBS）：是一个复杂的系统，通常所说的数据库系统并不单指数据库和数据库管理系统本身，而是将它们与计算机系统作为一个总体而构成的系统看作数据库系统。数据库系统通常由硬件、操作系统、数据库管理系统、数据库及应用系统组成。❶

---

❶ 陈振. 大学计算机基础［M］. 第 2 版. 北京：中国水利水电出版社，2009：189.

2. 数据模型

数据模型是实现模型化数据的工具。数据库中的数据高度结构化，数据库不仅要考虑记录内的数据间的联系，还要考虑记录间的联系。数据模型主要是指描述这种联系的数据结构形式。不同的数据模型具有不同的数据结构形式，在数据库发展史上最有影响的数据模型有层次模型、网状模型和关系模型。

层次模型：由于现实世界中很多事物都按层次关系组织，层次数据模型模拟了现实世界的层次组织，按照层次存取数据。

网状模型：将记录作为数据的基本存储单位，一个记录可以包含若干数据项。这些数据项可以是多值的或者复合的数据。在网状数据模型中，数据间的联系用系表示。网状数据库是系的集合，其存储结构归结为系的实现方法。

关系模型：是以集合论中的关系概念为基础发展起来的。在实际的关系数据库中，关系也称为表，一个关系数据库由若干张二维表格组成。一个二维表是指同一类记录的集合，它以文件的方式存储在磁盘上。二维表的列称为属性（字段），行称为元组（记录）。一行表示一条记录。

关系数据库采用了最简单的规范化的数据结构，其操作灵活方便、简单、规范，易于用户理解和使用；关系数据库的存取路径对用户是透明的，因此它具有更高的数据独立性，更强的安全保密性，也简化了程序开发工作和数据库建立工作。

3. 结构化查询语言

数据库的主要功能是通过数据库支持的数据语言来实现的。结构化查询语言（Structured Query Language，SQL）是面向关系模型的关系数据库，并集数据定义语言（Data Definition Language，DDL）、数据操纵语言（Data Manipulation Language，DML）、数据控制语言（Data Control Language，DCL）的功能为一体。其功能包括定义关系模型、建立数据库、录入数据、查询、更新、维护、数据库安全控制等，它只要求用户指出做什么而无须指出怎么做。SQL现已成为关系数据库语言的国际标准。

4. 目前流行的数据库管理系统

目前有多种关系数据库管理系统可供选择，根据具体的应用环境要求和数据量的大小可以做出选择。一般来说，小型数据库系统或单机应用环境可以选择 Visual Fox Pro 或 Microsoft Access 数据库；中等规模的数据库系统可以选择 Microsoft SQL Server 或 Sysbase、Mysql 等；对于大型数据库系统，Oracle 数据库为首选。

在选择数据库管理系统时还要考虑操作系统的支持，如在 Microsoft Windows 环境下 Visual Fox Pro、Microsoft Access、SQL Server 等可以运行得很好，在 Unix 操作系统下一般选用 Oracle 数据库，在 Linux 免费操作系统下可选择性能很好的数据库管理系统 Mysql。

（三）数据仓库❶

数据仓库是近年来信息领域中迅速发展起来的数据库新技术。这一概念于20世纪90年代初期被提出，90年代中期已形成潮流，成为继 Internet 技术之后的又一个技术热点。

---

❶ 李云峰，李婷. 数据库技术及应用开发学习辅导［M］. 北京：中国水利水电出版社，2015.

1. 数据仓库的概念与特征

SQL Server、Oracle 等企业级关系数据库管理软件，最初设计用来集中保存大公司或政府部门的日常事务所产生的数据。在过去的几十年中，这些数据库已经发展成为记录执行企业日常操作所需数据的高效系统。然而，随着信息技术的高速发展，数据量在急剧增长，数据库应用的规模、范围和深度不断扩大，一般的事务处理已不能满足应用的需求。企业界迫切要求能够迅速地从大量的、复杂的业务数据中获取所需的决策信息，以作出有效的判断和抉择。于是，数据仓库（Data Warehousing，DW）技术便应运而生。

数据仓库概念的形成以 Prism Solution 公司副总裁，数据仓库之父 W. H. Inmon 出版的 Building the Data Warehouse 一书为标志。他在该书中对数据仓库的描述是："数据仓库是一个面向主题的、集成的、相对稳定的、反映历史变化的数据集合，用于支持管理决策"。这一概念定义，成为了数据仓库的基本特征。

（1）面向主题（Subject Oriented）

基于传统关系数据库建成的各个应用系统是面向应用进行数据组织的，而数据仓库中的数据是面向主题进行组织的。主题是指一个分析领域，是在较高层次上对企业信息系统中的数据综合、归类并进行利用的抽象。所谓较高层次是相对面向应用而言的，其含义是指按照主题进行数据组织的方式具有更高的数据抽象级别。例如，保险公司建立数据仓库，所选主题可能是顾客、保险金、索赔等，而按照应用组织的数据库则可能是汽车保险、生命保险、财产保险等。面向主题的数据组织方式就是在较高层次上对分析对象的数据的一个完整、一致的描述，能完整、统一地刻画各个分析对象所涉及的各项数据以及数据之间的联系。

（2）集成（Integrated）

面向事务处理的操作型数据库通常与某些特定的应用相关，数据库之间相互独立，并且往往是异构的。而数据仓库中的数据不是简单地将来自外部信息源的信息原封不动地接收，而是对原有分散的数据库数据进行抽取、清理，在此基础上对数据进行系统加工、汇总和整理得到的。这一操作消除了源数据中的不一致性，保证数据仓库内的信息是关于整个企业的一致性全局信息。

（3）相对稳定（Non – Volatile）

数据仓库中的数据主要是供决策支持系统之用，所涉及的数据操作主要是数据查询，一般情况下不进行修改操作。数据仓库的数据反映的是一段相对较长的时间内的历史数据的内容，是不同时间的数据库快照的集合，以及基于这些快照进行统计、综合和重组的导出数据，而不是联机处理的数据。由于数据仓库一般需要大量的查询操作，而修改和删除操作却很少，通常只需要定期的加载、刷新。因此，数据仓库的信息具有稳定性。

（4）反映历史变化（Time Variant）

由于数据仓库中的数据是稳定的，系统记录了企业从过去某一时刻（如开始应用数据仓库的时刻）到目前为止各个阶段的信息，即反映了一段时间内的历史数据。因此，用户可以对这些数据进行趋势分析和预测，以获得决策支持。

由此看出，数据仓库是数据库技术发展和应用深化的产物，它建立在已有的数据库技术之上，是对已有数据的重新组织和集成。同时，数据仓库是一种数据存储和组织技术，是决策分析的基础。传统的支持系统主要是以模型库系统为主体，通过定量分析进行辅助决策。数据仓库则是一种管理技术，它将分布在企业网络中不同站点的商业数据集成到一起，为决策者提供各种类型的、有效的数据分析，起到决策支持作用。数据仓库为决策支持系统开辟了一种新的途径。随着数据库的广泛应用，基于数据仓库的决策支持系统应运而生。虽然数据仓库技术产生不到 20 年时间，但其发展迅速，各数据库厂商纷纷推出了自己的数据仓库软件。

2. 数据仓库的体系结构

一个完整的数据仓库系统至少由三部分构成：数据源、数据仓库和数据分析工具，其结构如图 2 - 3 所示。

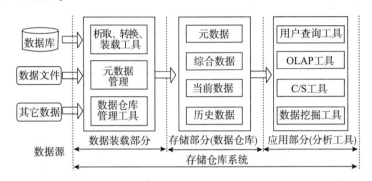

图 2 - 3　数据仓库的体系结构

1）数据源：数据源是数据仓库的基础。同一数据仓库可以有多种不同的数据源，一种是正在运行的数据库系统中的数据，这些信息既可以是关系的，也可以是非关系的；另一种是脱机或档案数据，这种数据对趋势分析有巨大的历史价值；还有一种是来自外部系统的人工数据，如市场研究部门提交的竞争分析简报等。

2）数据准备区：数据准备区也称为数据装载器，负责数据的获取和装入。它从不同的外部数据源获取数据并进行分析、综合、归并，转换成数据仓库使用的格式，然后将数据装入数据仓库。同时它还负责监视数据源的数据变化，随时对新的或变化的信息进行分析、过滤，并将结果追加到数据仓库。

3）数据存储和管理：数据存储和管理部分负责数据仓库内部数据的维护和管理，包括数据的组织、数据的管理和元数据的管理，这些工作需要利用已有的 DBMS 的功能来完成。

数据仓库中保存的数据量相对传统的数据库来说要大得多，如何有效地组织这些数据是数据仓库中最为关键、最为核心的技术。

4）数据访问和分析：数据访问部分为数据仓库的前端，面向不同的最终用户。在这部分主要包括两种类型的分析技术：联机分析处理技术和数据挖掘技术。它们分别用于实现决策支持系统的不同需要。

许多数据仓库系统（Data Warehouse System，DWS）在数据仓库和前端工具之间还有数据集市（Data Mark）。数据集市是按不同分类组织的，是部门级的数据仓库。如按照业务的不同组织财务、销售、市场等多个数据集市，每个数据集市包含了有关的特定业务领域的信息，这样结构简单而又易于管理。

从数据仓库系统结构可以看出，实际上数据仓库系统主要由三大技术构成，即数据仓库技术（解决数据的组织和存储）、联机分析处理技术（解决复杂的信息查询）和数据挖掘技术（提供趋势预测）。

三、大数据的基本原理

大数据本身是一个比较抽象的概念，从字面理解，它表示数据规模的庞大。到目前为止，大数据尚未有公认的定义，不同学者和研究组织对大数据的理解和定义不同。

维克托·迈尔－舍恩伯格（Viktor Mayer－Schonberger）及肯尼斯·库克耶（Kenneth Cukier）在《大数据时代》中定义大数据：指不用随机分析法（抽样调查），对所有数据进行分析处理。

研究机构 Gartner 的定义：大数据是指需要新处理模式才能具有更强的决策力、洞察发现力和流程优化能力的海量、高增长率和多样化的信息资产。❶

维基百科对大数据的定义：在信息技术中，"大数据"是指一些使用目前现有数据库管理工具或传统数据处理应用很难处理的大型而复杂的数据集。其挑战包括采集、管理、存储、搜索、共享、分析和可视化。

麦肯锡发布《大数据：创新、竞争和生产力的下一个前沿》报告（Big data：The next frontier for innovation, competition, and productivity），定义大数据为大小超过常规数据库工具获取、存储、管理和分析能力的数据集，同时，并不是一定要超过特定 TB 规模的数据集才能算是大数据。这一报告的发布正式标志着大数据时代的到来。

虽然大数据尚未有统一的具体概念，但目前社会各界都认可的是大数据的"4V"特征。

（一）数据体量巨大（Volume）

目前人类社会的数据集合规模已经从 GB 到 TB 再到 PB，甚至到了以 EB 和 ZB 来进行计算的程度（$1EB = 2^{10}PB$，$1ZB = 2^{10}EB$）。这些规模庞大的数据来源于各运营系统的数据库、Web 2.0 兴起后的海量用户生产内容（User－generated Content, UGC），未来可能更多地来源于物联网中各种传感器自动生成的数据。专家们普遍认为 PB 级的数据为大数据的起点，尽管这仍然是一个变化中的指标。当前，典型个人计算机硬盘的容量为 TB 量级，而一些大企业的数据量已经接近 EB 量级。❷

（二）数据种类繁多（Variety）

随着传感器种类的增多以及智能设备、社交网络的流行，数据类型也变得更加复杂，不仅包括传统的关系数据类型，也包括以网页、视频、音频、E－mail、文档等形

---

❶ 赵勇. 大数据——时代变革的核心驱动力 [J]. 网络新媒体技术, 2015, 4 (3)：1－7.
❷ 马建堂. 大数据在政府统计中的探索与应用 [M]. 北京：中国统计出版社, 2013：15.

式存在的未经加工的、半结构化的和非结构化的数据。❶

（三）流动速度快（Velocity）

速度是有关数据的变化率，以及其必须如何快速地被使用，以创造真正的价值。这是大数据区别于传统数据挖掘最显著的特征。大数据往往以数据流的形式实时快速地产生。其价值的高低随着时空的变化而发生变化。以往的数据库技术在对这些实时动态的数据进行分析时力有不逮。大数据的这一特点也决定了其应用价值的高低在很大程度上取决于互联网数据分析技术的发展。在这里，传统技术尤其不适合用于高速数据储存和使用。对大数据的处理需要采用非传统的技术手段，即对大数据的信息化支持需要引入新的基础架构，消除传统计算和存储的局限。❷

（四）价值密度低（Value）

大数据在经过精确分析后的确具有巨大的价值。大数据对民众消费、企业经营、政府决策、医疗卫生和教育等都具有应用价值和支撑作用。但是，由于目前技术的发展和相关信息的缺乏，现阶段大数据中有价值的部分占比很低。大数据价值密度的高低与数据总量的大小成反比。以视频为例，一部一小时的视频，在连续不间断的监控过程中，可能有用的数据仅仅一两秒。应用和处理大数据就是要通过强大的机器算法更迅速地完成数据的价值"提纯"。❸

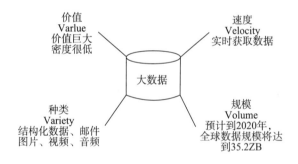

图 2-4 大数据的"4V"特征

大数据的"4V"特征（图2-4）表明其不仅数据量大，分析方法将更复杂、更追求速度、更注重实效。❹被誉为"大数据时代预言家"的维克托·迈尔-舍恩伯格认为："大数据开启了一次重大的时代转型"，指出大数据将带来巨大的变革，改变我们的生活、工作和思维方式以及商业模式，影响到经济、政治、科技等各个层面。大数据的战略意义不在于掌握庞大的数据信息，而在于对这些含有意义的数据进行专业化处理。❺很显然，挖掘大数据价值、提供服务的能力，是大数据时代的核心竞争力。

❶ 刘洋. 信息存储技术原理分析［M］. 北京：经济管理出版社，2014：5.

❷ 马建堂. 大数据在政府统计中的探索与应用［M］. 北京：中国统计出版社，2013：16.

❸ 马建堂. 大数据在政府统计中的探索与应用［M］. 北京：中国统计出版社，2013：16.

❹ 吕本富，陈健. 大数据预测研究及相关问题［J］. 科技促进发展，2014（1）：60-65.

❺ 郑杰. 关于将大数据上升到国家战略，构建"数据中国"的建议［J］. 中国建设信息，2013（6）：40-41.

四、大数据的现状

（一）大数据发展历程

大数据的发展历程大致可划分为三个重要阶段：萌芽期、成熟期和大规模应用期（表2－1）。

表2－1　大数据发展的三阶段 [1]

阶段	时间	内容
萌芽期	20世纪90年代至21世纪	随着数据挖掘理论和数据库技术的逐步成熟，一批商业智能工具和知识管理技术开始被应用，如数据库、专家系统、知识管理系统等
成熟期	21世纪前10年	Web 2.0应用迅猛发展，非结构化数据大量产生，传统处理方法难以应对，带动了大数据技术的快速发展，大数据解决方案逐步走向成熟。形成了并行计算与分布式系统两大核心技术，谷歌的GFS和Map Reduce等大数据技术受到追捧，Hadoop平台开始大行其道
大规模应用期	2010年后	大数据应用开始渗透各行各业，数据驱动决策，信息社会智能化程度大幅度提升

（二）国外大数据发展的主要事件 [2]

1980年，著名未来学家阿尔文·托夫勒在《第三次浪潮》中将大数据热情地赞颂为"第三次浪潮的华彩乐章"。

1997年10月，迈克尔·考克斯和大卫·艾尔斯沃思在第八届美国电气与电子工程师协会（IEEE）关于可视化的会议论文集中，发表了《为外存模型可视化而应用控制程序请求页面调度》，这是美国计算机学会的数字图书馆中的第一篇使用"大数据"这一学术术语的文章。

1999年10月，美国电气与电子工程师协会（IEEE）关于可视化的年会设置了名为"自动化或者交互：什么更适合大数据？"的专题讨论小组，探讨关于大数据的问题。

2001年2月，麦塔集团分析员道格·莱尼指出数据增长的挑战和机遇有三个方向：量（Volume）、速（Velocity）与多变（Variety），现在这已经被认为是大数据的三个特性。

2005年9月，蒂姆·奥莱利发表了《什么是Web 2.0》一文，并在文中指出"数据将是下一项技术核心"。

2008年，*Nature*杂志推出大数据专刊；业界组织计算社区联盟（Computing Community Consortium）发表了一份有影响力的白皮书《大数据计算：在商务、科学和社会领域创建革命性突破》，并指出：大数据真正重要的是新用途和新见解，而非数据本身。此组织可以说是最早提出大数据概念的机构。

2009年，美国政府通过启动Data. gov网站的方式进一步开放了数据的大门，这

---

❶ 林子雨. 大数据技术原理与应用、概念、存储、处理、分析与应用 [M]. 北京：人民邮电出版社，2015.
❷ 陈颖. 大数据发展历程综述 [J]. 当代经济，2015 (8)：13－15.

个网站向公众提供各种各样的政府数据。该网站有超过 4.45 万量数据集被用于跟踪航班、产品召回以及了解特定区域内失业率的信息，激发了其他政府相继推出类似举措。

2010 年 2 月，肯尼斯·库克尔在《经济学人》上发表了长达 14 页的大数据专题报告——《数据，无所不在的数据》。报告中提到："世界上有着无法想象的巨量数字信息，并以极快的速度增长。从经济界到科学界，从政府部门到艺术领域，均感受到了巨量信息的影响。科学家和计算机工程师已经为这个现象创造了一个新词汇：'大数据'"。库克尔也因此成为最早洞见大数据时代趋势的数据科学家之一。

2011 年 2 月，IBM 的沃森超级计算机每秒可扫描并分析 4TB（约 2 亿页文字量）的数据量，并在美国著名智力竞赛电视节目《危险边缘》"Jeopardy"上击败两名人类选手而夺冠。后来纽约时报认为这一刻为一个"大数据计算的胜利。"

2011 年 5 月，全球知名咨询公司麦肯锡全球研究院（The McKinsey Global Institute, MGI）发布了一份报告——《大数据：创新、竞争和生产力的下一个新领域》，大数据开始备受关注，这也是专业机构第一次全方面地介绍和展望大数据。报告指出，大数据已经渗透到当今每一个行业和业务职能领域，成为重要的生产因素。人们对于海量数据的挖掘和运用，预示着新一波生产率增长和消费者盈余浪潮的到来。

2012 年 1 月份，瑞士达沃斯召开的世界经济论坛将大数据列为主题之一，会上发布的报告《大数据，大影响》（Big Data, Big Impact）宣称，数据已经成为一种新的经济资产类别，就像货币或黄金一样。

2012 年 3 月，美国奥巴马政府在白宫网站发布了《大数据研究和发展倡议》，这一倡议标志着大数据已经成为重要的时代特征。2012 年 3 月 22 日，奥巴马政府宣布 2 亿美元投资大数据领域，是大数据技术从商业行为上升到国家科技战略的分水岭，在次日的电话会议中，政府定义数据为"未来的新石油"，并指出大数据技术领域的竞争，事关未来国家安全。并且，政府表示，国家层面的竞争力将部分体现为一国拥有数据的规模、活性以及解释、运用的能力；国家数字主权体现对数据的占有和控制。数字主权将是继边防、海防、空防之后，另一个大国博弈的空间。

2012 年 4 月 19 日，美国软件公司 Splunk 在纳斯达克成功上市，成为第一家上市的大数据处理公司。鉴于美国经济持续低靡、股市持续震荡的大背景，Splunk 首日的突出交易表现令人们印象深刻。Splunk 成立于 2003 年，是一家领先的提供大数据监测和分析服务的软件提供商。Splunk 成功上市促进了资本市场对大数据的关注，同时也促使 IT 厂商加快大数据布局。

2012 年 7 月，联合国在纽约发布了一份关于大数据政务的白皮书，总结了各国政府如何利用大数据更好地服务和保护人民。这份白皮书举例说明在一个数据生态系统中，个人、公共部门和私人企业各自的角色、动机和需求，例如：通过对价格关注和更好服务的渴望，个人提供数据和众包信息，并对隐私和退出权力提出需求；公共部门出于改善服务、提升效益的目的，提供了诸如统计数据、设备信息、健康指标及税务和消费信息等，并对隐私和退出权力提出需求；私人部门出于提升客户认知和预测趋势目的，提供汇总数据、消费和使用信息，并对敏感数据所有权和商业模式更加关注。

2014 年 4 月，世界经济论坛以"大数据的回报与风险"主题发布了《全球信息技术报告（第 13 版）》。报告认为，在未来几年中针对各种信息通信技术的政策会显得更加重要。接下来将对数据保密和网络管制等议题展开积极讨论。随着全球大数据产业的日趋活跃，技术演进和应用创新的加速发展，各国政府逐渐认识到大数据在推动经济发展、改善公共服务，增进人民福祉，乃至保障国家安全方面的重大意义。

2014 年 5 月，美国白宫发布了 2014 年全球"大数据"白皮书的研究报告《大数据：抓住机遇、守护价值》。报告鼓励使用数据推动社会进步，特别是在市场与现有的机构尚未通过其他方式来支持社会进步的领域；同时，也需要相应的框架、结构与研究，来帮助保护美国公民对于保护个人隐私、确保公平或是防止歧视的坚定信仰。

2015 年 2 月，美国白宫发布的一份关于《大数据创造的机会和危机》的报告总结道："虽然当今技术为大数据的发展和改变提供了无法估量的潜力，但是仍然有很多与隐私和数据保护相关的问题亟待解决"。

2015 年 12 月，欧洲在政府和公司应该如何对待个人数据方面迈出了重要一步。《通用数据保护条例》（*General Data Protection Regulation*，GDPR）草案通过，在接下来的三年中进一步讨论和研究。该法案将对如何使用个人数据设置更为严厉的规则。

（三）中国大数据发展的主要事件

2011 年以来，中国计算机学会、中国通信学会先后成立了大数据委员会，研究大数据中的科学与工程问题。

2011 年 12 月，工信部发布的《物联网"十二五"发展规划》中，信息处理技术作为 4 项关键技术创新工程之一被提出，包括海量数据存储、数据挖掘、图像视频智能分析，这些技术都是大数据的重要组成部分。

2012 年 7 月，为挖掘大数据的价值，阿里巴巴集团在管理层设立"首席数据官"一职，负责全面推进"数据分享平台"战略，并推出大型的数据分享平台——"聚石塔"，为天猫、淘宝平台上的电商及电商服务商等提供数据云服务。随后，阿里巴巴董事局主席马云在 2012 年网商大会上发表演讲，称从 2013 年 1 月 1 日起将转型重塑平台、金融和数据三大业务。此举是国内企业最早把大数据提升到企业管理层高度的里程碑。阿里巴巴也是最早提出通过数据进行企业数据化运营的企业。

2012 年 12 月，广东省启动了《广东省实施大数据战略工作方案》；北京成立"中关村大数据产业联盟"（表 2 - 2）。同期，国家发改委将数据分析、软件开发和服务列入专项指南。

2013 年，科技部将大数据列入 973 基础研究计划；管理学部、信息学部和数理学部将大数据列入国家自然基金指南中。

2013 年，管理学部、信息学部和数理学部将大数据列入其中。此外，中国科学院、复旦大学、北京航空航天大学等相继成立了近十个从事数据科学研究的专门机构。

2014 年 5 月，工业和信息化部电信研究院发布《大数据白皮书》，追溯了大数据的起源，探讨了大数据的概念，并对大数据关键技术、应用、产业和政策环境等核心要素进行了分析。

表 2 - 2　国内部分地区大数据项目情况❶

地区	时间	项目计划	主要内容
广东	2012.12	启动大数据项目	2012 年 12 月，广东省宣布在全国率先启动大数据战略，相关部门起草了一份《广东省实施大数据战略工作方案》，提交省政府批准。广东省政府准备在财政、环保、招投标等领域率先开展数据公开试点，通过互联网等形式开放数据
上海	2013.7.12	《上海推进大数据研究与发展三年行动计划》	上海市科委历时一年，编制完成并对外公布《上海推进大数据研究与发展三年行动计划》
北京	2013.7.21	北京市政府数据资源网开通	北京市经济和信息化委员会对外宣布，作为"大数据"惠民的一项重要搜索，北京市政府数据资源网预计 2013 年年底之前正式开通，为政府信息资源的社会化开发利用提供数据支撑

2014 年，贵州全面着手布局大数据产业，目标明确，就是要一步一步建成"中国数谷"。贵州在大数据产业上的突破得到国家层面的认可。2015 年 6 月 17 日，习近平总书记在考察贵阳大数据应用展示中心后表示："贵州发展大数据确实有道理。"

2015 年 7 月，国务院办公厅印发《关于运用大数据加强对市场主体服务和监管的若干意见》，要求在政府层面推动大数据应用。

2015 年 8 月，国务院常务会议通过《关于促进大数据发展的行动纲要》，明确指出推动政府大数据开放、共享和安全的重要性，将大数据产业上升至国家战略，明确提出要在贵州建设大数据综合试验区。该纲要涉及三个关键词"共享""开放""安全"。

2015 年 9 月，国务院发布《促进大数据发展行动纲要》，明确指出 5 ~ 10 年后大数据发展和应用需要实现的目标，其中包括 2018 年年底前建成国家政府数据统一开放平台。

(四) 中国大数据发展的现状

在全球经济、技术一体化的今天，国外大数据的热潮也带动了国内各级政府，以及学术界和产业界对大数据的支持。

数据价值链和产业链初显端倪。百度、阿里巴巴、大智慧等数据资源型和研发应用型企业初步涌现，并引领着数据产业的发展。2010 年 4 月，淘宝推出"数据魔方"应用，开展基于淘宝网交易数据的分析和挖掘。2012 年，华为公司推出了大数据解决方案和大数据存储产品。

数据产业园区建设逐步展开（表 2 - 3）。上海智慧岛数据产业园、秦皇岛开发区数据产业基地、北京国家地理信息科技产业园、中国国际电子商务中心重庆数据产业园等一批数据产业园区，在有关各方的大力支持下正展开基础建设和招商工作。❷

❶ 连玉明，武建忠. 中国国情报行 2013 - 2014 [M]. 北京：当代中国出版社，2014：236.
❷ 连玉明，武建忠. 中国国情报行 2013 - 2014 [M]. 北京：当代中国出版社，2014：236.

表 2 - 3 国内部分地区大数据产业联盟分布情况❶

地区	时间	项目计划	主要内容
北京	2012.12.13	中关村大数据产业与创新联盟	宽带资本、百度在线、中国联通、亿赞普、联想集团、北京大学等企业、高校共同发起成立中关村大数据产业与创新联盟
山东	2013.5.17	山东省大数据产业技术创新战略联盟	由山东财经大学和山东信息通信技术研究院共同牵头,山东省信息中心、山东省计算中心、山东浪潮、山东中创、山东省城市商业银行合作联盟和山东联通等 25 家企业、大学、科研机构联合发起成立山东省大数据产业技术创新战略联盟
上海	2013.7.12	上海市大数据产业技术创新战略联盟	万达信息技术股份有限公司和上海产业技术研究院等 18 家单位共同发起成立上海大数据产业技术创新战略联盟

总体上,我国的大数据产业具备良好基础,发展前景广阔。一是一批世界级的互联网公司在大数据应用上不断推陈出新,智能搜索、广告、电商、社交等借助大数据技术持续进化,互联网金融、O2O(Online to Online)等应用借助大数据向线下延伸。二是大数据技术紧跟国际先进水平,具备建设和运营世界最大规模大数据平台的能力,单集群规模达 5000 ~ 10000 台服务器,数据管理规模达到 EB 级别,在机器学习等方面也有所突破。三是当前和未来一段时间,我国面临着经济结构转型升级、政府和公共服务改进提升等紧迫任务,这些方面大数据都有广阔的应用前景。但是我国大数据发展仍然处于初级阶段,大数据发展远没有形成产业化,大小企业利用各自的资源和优势走自己的大数据发展之路,资源共享、数据互通的情况较少。大数据发展的市场化、产业化、社会化还有很长的路要走。

五、大数据的应用和发展趋势

(一) 大数据的应用

金融、汽车、互联网、餐饮、电信、能源、政务、医疗、体育、娱乐等社会各行各业都已经融入了大数据的印迹。大数据在各个领域的应用情况见表 2 - 4。

表 2 - 4 大数据在各个领域的应用一览❷

领域	大数据应用
金融行业	大数据在高频交易、社交情绪分析和信贷风险分析三大金融创新领域发挥重要作用
汽车行业	利用大数据和物联网技术的无人驾驶汽车,在不远的未来将走入我们的日常生活
互联网行业	借助于大数据技术,可以分析客户行为,进行商品推荐和有针对性广告投放
餐饮行业	利用大数据实现餐饮 O2O 模式,彻底改变传统餐饮经营方式
电信行业	利用大数据技术实现客户离网分析,及时掌握客户离网倾向,出台客户挽留措施
能源行业	随着智能电网的发展,电力公司可以掌握海量的用户用电信息,利用大数据技术分析用户用电模式,可以改进电网运行,合理地设计电力需求响应系统,确保电网运行安全

❶ 连玉明,武建忠. 中国国情报行 [M]. 北京:当代中国出版社,2014:236.
❷ 林子雨. 大数据技术原理与应用、概念、存储、处理、分析与应用 [M]. 北京:人民邮电出版社,2015.

领域	大数据应用
物流行业	利用大数据优化物流网络，提高运输效率，降低物流成本
城市管理	可以利用大数据实现智能交通环保检测、城市规划和智能安防
生物医学	数据可以帮助我们实现流行病预测、智慧医疗、健康管理，同时还可以帮助我们解读 DNA，了解更多的生命奥秘
体育娱乐	大数据可以帮助我们训练球队，决定投拍何种类型的影视作品，以及预测比赛结果
安全领域	政府可以利用大数据建构起强大的国家安全保障体系，企业可以利用大数据抵御网络攻击，警察可以利用大数据来预防犯罪
个人生活	大数据可以应用于个人生活，利用与个人相关的"个人大数据"，分析个人生活行为习惯，为其提供更加周到的个性化服务

1. 企业内部大数据应用

目前，企业内部是大数据的主要来源和应用场所，商业智能（Business Intelligence，BI）和联机分析处理（On - Line Analytical Processing，OLAP）可以说是大数据应用的前辈。企业内部大数据的应用，可以在多个方面提升企业的生产效率和竞争力。例如，在市场方面，利用大数据关联分析，更准确地了解消费者的使用行为，挖掘新的商业模式；在销售规划方面，通过数据对比，优化商品价格；运营方面，准确预测人员配置要求，优化劳动力投入，提高运营效率和运营满意度，避免产能过剩，降低人员成本；供应链方面，优化库存、优化物流、供应商协同等工作、缓和供需之间的矛盾、控制预算开支，从而提升服务质量。❶

在金融领域，企业内部大数据的应用发展迅速。例如，招商银行通过数据分析识别出招行信用卡客户经常出现在星巴克、冰雪皇后、麦当劳等场所后，通过"多倍积分"等活动吸引优质客户；通过构建客户流失预警模型，对流失率等级前20%的客户发售高收益理财产品予以挽留，使得金卡和金葵花卡客户流失率分别降低15 和7 个百分点；通过对客户交易记录进行分析，有效识别出潜在的小微企业客户，并利用远程银行和云转介平台实施交叉销售，取得了良好成效。

最典型的应用还是在电子商务领域，每天有数以万计的交易在淘宝上进行。交易时间、商品价格、购买数量等信息可以与买方和卖方的年龄、性别、地址甚至兴趣爱好等个人信息相匹配。

2. 在线社交网络大数据应用

在线社交网络是一种在信息网络上由社会个体集合及个体之间的连接关系构成的社会性结构。在线社交网络大数据主要来自即时消息、在线社交、微博和共享空间4 类应用。由于在线社交网络的数据往往代表了人类的各种活动，因此此类数据的分析得到了更多关注，在线社交网络大数据分析是从网络结构、群体互动和信息传播三个维度，基于数学、信息学、社会学、管理学等多个学科的融合理论和方法，为理解人类社会中存

---

❶ 张引，陈敏，廖小飞. 大数据应用的现状与展望［J］. 计算机研究与发展，2013，S2：216 - 233.

在的各种关系提供的一种可计算的分析方法。目前，在线社交网络大数据的应用包括网络舆情分析、网络情报搜集与分析、社会化营销、政府决策支持、在线教育等。圣克鲁斯警察局是美国警界最早应用大数据进行预测分析的试点，通过分析社交网络，发现犯罪趋势和犯罪模式，甚至可以对重点区域的犯罪概率进行预测。

2013 年 4 月，美国计算搜索引擎 Wolfram Alpha，通过对 Facebook 中 100 多万美国用户社交数据进行分析，试图研究用户的社会行为规律。分析发现，大部分 Facebook 用户大约在 20 岁开始恋爱，27 岁订婚，30 岁结婚，在 30 ~ 60 岁，婚姻关系变化缓慢。这个研究结果与美国人口普查数据几乎完全一致。

总的说来，在线社交网络大数据应用可以从以下三个方面帮助我们了解人的行为，掌握社会和经济活动的变化规律。

1）前期警告：通过检测用户使用电子设备及服务中出现的异常，在出现危机时可以更快速地应对。

2）实时监控：通过对用户当前行为、情感和意愿等方面的监控，可以为政策和方案的制定提供准确的信息。

3）实时反馈：在实时监控的基础上，可以针对某些社会活动获得群体的反馈信息。

3. 医疗健康大数据应用

医疗健康数据是持续、高增长的复杂数据，蕴涵的信息价值很高。对其进行有效的存储、处理、查询、分析和应用，可以开发出潜在价值，对改善人类健康状况意义重大。

2009 年，谷歌比美国疾病控制与预防中心提前 1 ~ 2 周预测到了甲型 H1N1 流感爆发，此事件震惊了医学界和计算机领域的科学家。谷歌正是借助大数据技术从用户的相关搜索中预测到流感爆发。随后百度公司也上线了"百度疾病预测"，借助用户搜索预测疾病爆发。借助大数据预测流感爆发分为主动收集和被动收集，被动收集利用用户周期提交的数据分析流感的当前状况和趋势，而主动收集则是利用用户在微博的推文、搜索引擎的记录进行分析预测。

西奈山医疗中心（Mount Sinai Medical Center）是美国最大最古老的教学医院，也是重要的医学教育和生物医药研究中心，该医疗中心使用来自大数据创业公司 Ayasdi 技术分析大脑杆菌的全部基因序列（包括超过 100 万个 DNA 变体），了解菌株对抗生素产生抗药性的原因。Ayasdi 技术使用了一种全新的数学研究方法，即通过拓扑数据分析（Topological data analysis）了解数据的特征。

微软的 Health Vault 也是一个出色的医学大数据的应用实例。它的目标是希望管理医疗设备中的个人健康信息。通过移动智能设备，实现录入、上传健康信息，通过第三方机构导入个人病历记录，通过提供软件开发工具包（Software Development Kit，SDK）以及开放的接口，支持与第三方应用的集成。

中国政府也十分重视医疗健康大数据的发展。2016 年 6 月，国务院办公厅印发《关于促进和规范健康医疗大数据应用发展的指导意见》（以下简称《意见》），部署通过"互联网＋健康医疗"探索服务新模式、培育发展新业态，努力建设人民满意的医疗卫生事业，为打造健康中国提供有力支撑。《意见》指出，要坚持以人为本、创新驱动、规范有序、安全可控、开放融合、共建共享的原则，以保障全体人民健康为出发点，大力推动政府健康医疗信息系统和公众健康医疗数据互联融合、开放共享，积极营造促进健康医疗大数据安全规范、创新应用的发展环境。

4. 互联网金融

互联网金融是传统金融行业与互联网精神相结合的新兴领域，是指借助于互联网技术、移动通信技术实现资金融通、支付和信息中介等业务的新兴金融模式，既不同于商业银行间接融资，也不同于资本市场直接融资的融资模式。互联网金融包括三种基本的企业组织形式：网络小贷公司、第三方支付公司以及金融中介公司。当前商业银行普遍推广的电子银行、网上银行、手机银行等也属于此类范畴。

近年来，以第三方支付、网络信贷机构、人人贷平台为代表的互联网金融模式越发引起人们的高度关注，互联网金融以其独特的经营模式和价值创造方式，对商业银行传统业务形成直接冲击甚至具有替代作用。

目前在全球范围内，互联网金融已经出现了三个重要的发展趋势：

1）移动支付替代传统支付业务：随着移动通讯设备的渗透率超过正规金融机构的网点或自助设备，以及移动通信、互联网和金融的结合，2011 年全球移动支付交易总金额为 1059 亿美元，之后 5 年以年均 42% 的速度增长，2016 年达到 6169 亿美元。在肯尼亚，手机支付系统 M－Pesa 的汇款业务已超过其国内所有金融机构的总和，而且延伸到存贷款等基本金融服务，而且不是由商业银行运营。

2）人人贷替代传统存贷款业务：金融机构一直未能有效解决中小企业融资难问题，而现代信息技术大幅降低了信息不对称和交易成本，使人人贷在商业上具有可行性。例如，2007 年美国成立 Lending Club 公司，2012 年已促成会员间贷款 6.9 亿美元，利息收入约 0.6 亿美元。

3）众筹融资替代传统证券业务：众筹是指集中大家的资金、能力和渠道，为小企业或个人进行某项活动等提供必要的资金援助，是近两年国外最热门的创业方向之一。以 Kickstarter 网站为例，虽然它不是最早以众筹概念出现的网站，但曾被时代周刊评为最佳发明和最佳网站，进而成为“众筹”模式的代名词。2012 年 4 月，美国通过《创业企业扶助法》（*Jumpstart Our Business Startups Act*，JOBS），允许小企业通过众筹融资获得股权资本，使众筹融资替代部分传统证券业务成为可能。

国内互联网金融发展最为典型的案例是阿里巴巴的小额信贷业务，即阿里金融。和传统的信贷模式不同，阿里金融通过互联网数据化运营模式，为阿里巴巴、淘宝网、天猫网等电子商务平台上的小微企业、个人创业者提供可持续性、普惠制的电子商务金融服务。互联网和大数据是阿里金融所开发的新型微贷技术的核心。

阿里金融利用阿里巴巴 B2B（Business to Business）、淘宝、支付宝等电子商务平台上积累的客户信用数据及行为数据，引入网络数据模型和在线视频资信调查模式，通过交叉检验技术辅以第三方验证确认客户信息的真实性，将客户在电子商务网络平台上的行为数据映射为企业和个人的信用评价，向这些无法在传统金融渠道获得贷款的弱势群体批量发放“金额小、期限短、随借随还”的小额贷款。同时，阿里金融微贷十分重视网络技术。其中，小微企业大量数据的运算依赖互联网的云计算技术，不仅保证其安全、高效，也降低了阿里金融的运营成本；另外，对于网络的利用，简化了小微企业融资的环节，向小微企业提供全天候金融服务，实现同时向大批量的小微企业提供金融服务，这也符合国内小微企业数量庞大、融资需求旺盛的特点。阿里金融已经开发出订单贷款、信用贷款等微贷产品，其微贷产品的运作方式带有强烈的互联网特征。客户从申请贷款到贷款审批、获贷、支用以及还贷，整个环节完全在线上完成，零人工参与。

（二）大数据的发展趋势

1. 数据的资源化

数据的资源化是指大数据成为社会和企业关注的重要战略资源，并成为大家争相抢夺的新焦点。因而，提前制定大数据营销战略计划，抢占市场先机，意义重大。

2. 与云计算的深度结合

大数据离不开云计算，云计算为大数据提供了可拓展的基础设备，是产生大数据的平台之一。大数据技术和云计算技术紧密结合，预计未来两者关系将更为密切。除此之外，物联网、移动互联网等新兴计算形态，也将助力大数据革命，让大数据营销发挥出更大的影响力。❶

3. 科学理论的突破

随着大数据的快速发展，大数据很有可能成为继计算机和互联网之后，新一轮的技术革命。随之兴起的数据挖掘、机器学习和人工智能等相关技术，可能会改变数据世界里的很多算法和基础理论，实现科学技术上的突破。

4. 数据科学和数据联盟的成立

数据科学成为一门学科。各大高校将设立数据科学类专业，也会催生一批与之相关的新的就业岗位。与此同时，基于数据这个基础平台，将建立起跨领域的数据共享平台，数据共享将扩展到企业层面，并且成为未来产业的核心竞争力。

5. 大数据应用推动各行业发展

大数据作为一种重要的战略资产，已渗透到各个领域，其深度应用不仅有助于企业经营活动，还有利于推动国民经济发展。大数据应用对于推动信息产业创新、大数据存储管理挑战、改变经济管理面貌等方面也意义重大。

通过数据驱动经营和营销，各零售企业可以会员为核心进行优化管理，通过数据驱动，实现决策优化及精准营销。行业将探索越来越多的大数据营销新模式，零售企业将积极尝试新机会，寻找消费者偏好的新潮流。同时不断丰富外部数据源，提高线下数据采集能力，快速提升营销的精准度。

6. 大数据隐私问题

哈佛大学教授斯威尼的研究显示，只要知道年龄、性别和邮编，并与公开的数据库交叉对比，便可识别出 87% 的人的身份。这意味着人们隐私权的最后一道防线同样脆弱得不堪一击。"大数据"时代下，人们在享受大数据带来便捷的同时，数据泄露事件、数据安全、公民的隐私权保护问题成为大数据时代的最大隐忧。如何保护用户的隐私成了大数据时代发展过程中不可回避的问题。

---

❶ 胡雄伟，张宝林，李抵飞. 大数据研究与应用综述（下）[J]. 标准科学，2013（11）：29－33.

六、大数据的相关技术和工具

（一）大数据平台架构

大数据系统呈层状结构，可划分成基础设施层、计算层和应用层，如图 2-5 所示。

基础设施层包括信息通信技术（Information Communications Technology，ICT）资源，它可以通过云计算和虚拟化技术实现。在该层中，资源必须合理分配以满足大数据的需求，同时实现资源利用效率最大化，既要有节能意识也需要简化操作。

计算层是中间层，用来运行原始的 ICT 资源和封装各种数据，包括数据集成、数据管理和编程模型。数据集成将数据源不同的数据和数据集整合成统一的形式，提供必要的数据预处理操作。数据管理是指提供持久的数据存储和高效的管理，如分布式文件系统 SQL 和 NoSQL 等数据存储工具。编程模型则利用抽象的应用程序逻辑便于数据分析。MapReduce、Dryad、Pregel 和 Dremel 就是常见的编程工具。

应用层利用计算层提供的编程模型来实现各种数据分析功能，包括查询、统计、分析。大数据已经在政府公共管理、医疗服务、零售业、制造业以及涉及个人的位置服务等领域得到了广泛应用，并产生了巨大的社会价值和产业空间。对于大多数企业而言，运营领域的应用是大数据最核心的应用，之前企业主要使用来自生产经营中的各种报表数据，但随着大数据时代的到来，来自于互联网、物联网、各种传感器的海量数据海量增长。❶ 于是，一些企业开始挖掘和利用这些数据，提高运营效率。

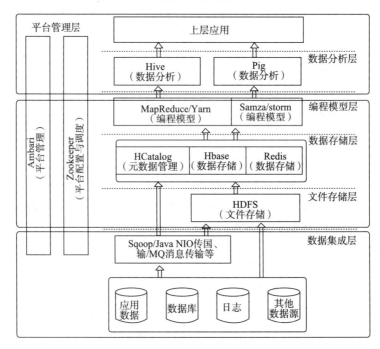

图 2-5　大数据中心架构

---

❶　吴勇毅. 互联网与大数据成为新核心竞争力［N］. 中国商报，2014-04-11P09.

（二）　大数据处理中心架构

1. Hadoop 体系架构

Hadoop 是一个分布式的基础架构，能够让用户方便高效地利用运算资源和处理海量数据，目前已在很多大型互联网企业得到了广泛应用，如亚马逊、Facebook 和 Yahoo等。Hadoop 是一个开放式的架构，架构成员也在不断扩充完善中，通常架构如图 2 - 6 所示。

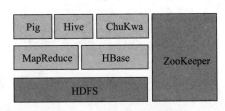

图 2 - 6　Hadoop 体系架构

1）Hadoop 最底层是一个分布式文件系统（Hadoop Distributed File System，HDFS），存储在 HDFS 中的文件先被分成块，然后这些块被复制到多个主机中（DataNode，数据节点）。

2）Hadoop 的核心是映射和化简编程模型（MapReduce）引擎，Map 意为将单个任务分解为多个，而 Reduce 则意为将分解后的多任务结果汇总，该引擎由工作追踪、对应命名节点（JobTrackers）和任务追踪、对应数据节点（TaskTrackers）组成。当处理大数据查询时，MapReduce 会将任务分解在多个节点处理，从而提高数据处理效率，避免单机性能瓶颈限制。❶

3）HBase 是一个分布式的、面向列的开源数据库，该技术来源于 Fay Chang 所撰写的谷歌论文《Bigtable：一个结构化数据的分布式存储系统》。就像 Bigtable 利用了谷歌文件系统（Google File System）所提供的分布式数据存储一样，HBase 在 Hadoop 之上提供了类似于 Bigtable 的能力。HBase 是 Apache 的 Hadoop 项目的子项目。HBase 不同于一般的关系数据库，它是一个适合于非结构化数据存储的数据库。另一个不同的是HBase 基于列的而不是基于行的模式。其运行流程如图 2 - 7 所示。

①Client：使用 HBase RPC 机制与 HMaster 和 HRegionServer 进行通信。

②Zookeeper：协同服务管理，HMaster 通过 Zookeepe 可以随时感知各个 HRegion-Server 的健康状况。

③HMaster：管理用户对表的增删改查操作。

④HRegionServer：HBase 中最核心的模块，主要负责响应用户 I/O 请求，向 HDFS 文件系统中读写数据。

⑤HRegion：HBase 中分布式存储的最小单元，可以理解成一个 Table。

⑥HStore：HBase 存储的核心，由 MemStore 和 StoreFile 组成。

⑦HLog：每次用户操作写入 Memstore 的同时，也会写一份数据到 HLog 文件。

❶　张岩. 云计算平台：基于 Hadoop 的研究［J］. 中国信息化，2014（13）：71 - 72.

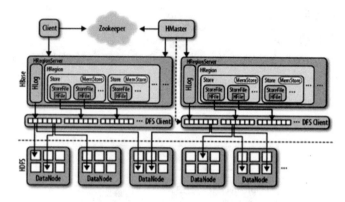

图 2 - 7 HBase 系统流程

4）Hive 是 Hadoop 架构中的数据仓库，主要用于静态的结构以及需要经常分析的工作。HBase 主要作为面向列的数据库运行在 HDFS 上，可存储 PB 级的数据。HBase 利用 MapReduce 来处理内部的海量数据，并能在海量数据中定位所需的数据并且访问它。❶

5）Pig 是一种探索大规模数据集的脚本语言。Pig 的强大之处就是只要几行 Pig Latin 代码就能处理 TB 级别的数据。Pig 提供了多个命令用于检查和处理程序中的数据结构，因此它能很好地支持程序员写查询。它支持在输入数据中有代表性的一个小的数据集上试运行。

6）ChuKwa 是一个开源的、用于监控大型分布式系统的数据收集系统。ChuKwa 构建在 Hadoop 的 HDFS 和 MapReduce 框架之上，继承了 Hadoop 的可伸缩性和鲁棒性。ChuKwa 还包含了一个强大和灵活的工具集，可用于展示、监控和分析已收集的数据。

7）ZooKeeper 是 Hadoop 的分布式协调服务，ZooKeeper 是 Hadoop 生态系统的一部分，但又远不止如此，它能支持更多类似的分布式平台和系统，如 Jubatus、Cassender，等等。其核心是一个精简的文件系统；其原语是一组丰富的"构件"，可用于实现很多数据结构和协议，如分布式队列、分布式锁、同一级中的领导者选举；能避免单点故障，具有高可用性；松耦合交互方式；各进程间不必相互了解、同步等；是一个资源库，对通用协议提供一个开源的共享存储库。

2. Spark 体系架构

Spark 由加州大学伯克利分校 AMP 实验室（Algorithms Machines and People Lab）开发，可用来构建大型且低延迟的数据分析应用程序。Spark 是一种与 Hadoop 相似的开源集群计算环境，基于 MapReduce 算法实现的分布式计算，拥有 Hadoop、MapReduce 所具有的优点，但是两者之间还存在一些不同之处，这些有用的不同之处使 Spark 在某些工作负载方面表现得更加优越，换句话说，Spark 启用了内存分布数据集，除了能够提供交互式查询外，它还可以优化迭代工作负载。

Spark 是在 Scala 语言中实现的，它将 Scala 用作其应用程序框架。与 Hadoop 不同，Spark 和 Scala 能够紧密集成，其中的 Scala 可以像操作本地集合对象一样轻松地操作分

❶ 刘军. Hadoop 大数据处理 [M]. 北京：人民邮电出版社，2013.

布式数据集。

　　尽管创建 Spark 是为了支持分布式数据集上的迭代作业，但是实际上它是对 Hadoop 的补充，可以在 Hadoop 文件系统中并行运行。通过名为 Mesos 的第三方集群框架可以支持此行为。Spark 的发展历程如下：

　　2009 年：Spark 诞生于 AMPLab。

　　2010 年：开源。

　　2013 年 6 月：Apache 孵化器项目。

　　2014 年 2 月：Apache 顶级项目。

　　2014 年 2 月：大数据公司 Cloudera 宣称加大 Spark 框架的投入来取代 MapReduce。

　　2014 年 4 月：大数据公司 MapR 投入 Spark 阵营，Apache Mahout 放弃 MapReduce，将使用 Spark 作为计算引擎。

　　2014 年 5 月：Pivotal Hadoop 集成 Spark 全栈。

　　2014 年 5 月 30 日：Spark 1.0.0 发布。

　　2014 年 6 月：Spark 2014 峰会在旧金山召开。

　　2014 年 7 月：Hive on Spark 项目启动。

　　目前 AMP 实验室和 Databricks 负责整个项目的开发维护，很多公司，如 Yahoo!、Intel 等均参与到 Spark 的开发中，同时很多开源爱好者积极参与 Spark 的更新与维护。

　　AMP 实验室开发以 Spark 为核的伯克利的数据分析软件（The Berkeley Data Analytics Stack，BDAS）时提出的目标是：one stack to rule them all，即在一套软件栈内完成各种大数据分析任务。相对于 MapReduce 上的批量计算、迭代型计算以及基于 Hive 的 SQL 查询，Spark 可以带来上百倍的性能提升。目前 Spark 的生态系统日趋完善，Spark SQL 的发布、Hive on Spark 项目的启动以及大量大数据公司对 Spark 全栈的支持，让 Spark 的数据分析范式更加丰富。

　　Spark 的架构如图 2 - 8 所示❶。

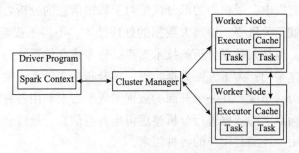

图 2 - 8　Spark 体系架构

　　1）Application：Spark Application 的概念和 Hadoop MapReduce 中的类似，指的是用户编写的 Spark 应用程序，包含了一个 Driver 功能的代码和分布在集群中多个节点上运

　　❶　Spark：一个高效的分布式计算系统［EB/OL］.［2016 - 11 - 10］http：//soft. chinabyte. com/database/431/12914931. shtml.

行的 Executor 代码。

2）Driver：Spark 中的 Driver 即运行上述 Application 的主函数并且创建 Spark Context，其中创建 Spark Context 是为了准备 Spark 应用程序的运行环境。在 Spark 中由 Spark Context 负责和 Cluster Manager 通信，进行资源的申请、任务的分配和监控等；当 Executor 部分运行完毕后，Driver 负责将 Spark Context 关闭。通常用 Spark Context 代表 Drive。

3）Executor：Application 是运行在 Worker 节点上的一个进程，该进程负责运行 Task，并且负责将数据存在内存或者磁盘上。每个 Application 都有各自独立的一批 Executor。在 Spark on Yarn 模式下，其进程名称为 Coarse Grained Executor Back end，类似于 Hadoop MapReduce 中的 Yarn Child。一个 Coarse Grained Executor Back End 进程有且仅有一个 Executor 对象，它负责将 Task 包装成 Task Runner，并从线程池中抽取出一个空闲线程运行 Task。每个 Coarse Grained Executor Back End 能并行运行 Task 的数量取决于分配给它的 CPU 的数量。

4）Cluster Manager：指在集群上获取资源的外部服务，目前有：

①Worker：集群中任何可以运行 Application 代码的节点，类似于 YARN 中的 Node Manager 节点。在 Standalone 模式中指的就是通过 Slave 文件配置的 Worker 节点，在 Spark on Yarn 模式中指的就是 Node Manager 节点。

②Task：被送到某个 Executor 上的工作任务。

③Cache：高速缓冲存储器，一种特殊的存储器子系统，复制了频繁使用的数据以利于快速访问。存储器的高速缓冲存储器存储了频繁访问的 RAM 位置的内容及这些数据项的存储地址。当处理器引用存储器中的某地址时，高速缓冲存储器便检查是否存有该地址。如果存有该地址，则将数据返回处理器；如果没有保存该地址，则进行常规的存储器访问。

（三）大数据的处理技术

在大数据处理流程中，最核心的部分就是对于数据信息的分析处理，所以其中所运用到的处理技术也就至关重要。提起大数据的处理技术，不得不提起"云计算"，这是大数据处理的基础，也是大数据分析的技术支撑。分布式文件系统为整个大数据提供了底层的数据储存支撑架构；为了方便数据管理，在分布式文件系统的基础上建立分布式数据库，提高数据访问速度；在一个开源的数据实现平台上利用各种大数据分析技术可以对不同种类、不同需求的数据进行分析整理得出有益信息，最终利用各种可视化技术形象地展示给数据用户，满足用户的各种需求。

1. 云计算

云计算是大数据分析处理技术的基础与关键。2006 年，谷歌最早提出云计算的概念，即"云计算是一种大规模的分布式模型，通过网络将抽象的、可伸缩的、便于管理的数据能源、服务、存储方式等传递给终端用户"。云计算平台可以划分为 3 类：以数据存储为主的存储型云平台、以数据处理为主的计算型云平台以及计算和数据存储处理兼顾的综合云计算平台。

关于云计算的特征与应用，本章第四节将会详细展开。

2. 分布式文件系统

分布式文件系统（Distributed File System，DFS）指文件系统管理的物理存储资源不一定直接连接在本地节点上，而是通过计算机网络与节点相连。分布式文件系统的设计基于服务器模式。[1] 一个典型的网络可能包括多个供多用户访问的服务器。另外，对等特性允许一些系统扮演客户机和服务器的双重角色。例如，用户可以"发布"一个允许其他客户机访问的目录，一旦被访问，这个目录对客户机来说就像使用本地驱动器一样。

计算机通过文件系统管理、存储数据，而信息爆炸时代中人们可以获取的数据呈指数性增长，单纯通过增加硬盘个数来扩展计算机文件系统的存储容量的方式，在容量大小、容量增长速度、数据备份、数据安全等方面的表现都不尽如人意。分布式文件系统可以有效解决数据的存储和管理难题：将固定于某个地点的某个文件系统，扩展到任意多个地点、多个文件系统，众多的节点组成一个文件系统网络。节点可以分布在不同的地点，通过网络进行节点间的通信和数据传输。人们在使用分布式文件系统时，无须关心数据是存储在哪个节点上或者是从哪个节点从获取的，只需要像使用本地文件系统一样管理和存储文件系统中的数据。

3. 分布式数据库

分布式数据库（Distributed Database，DDB）指数据分存在计算机网络中的各台计算机上的数据库。分布式数据库系统通常使用较小的计算机系统，每台计算机可单独放在一个地方，每台计算机中都有 DBMS 的一份完整拷贝副本，并具有自己局部的数据库，位于不同地点的许多计算机通过网络互相连接，共同组成一个完整的、全局的大型数据库。[2]

这种组织数据库的方法克服了物理中心数据库组织的弱点。首先，降低了数据传送代价，因为大多数对数据库的访问操作都是针对局部数据库的，而不是对其他位置的数据库访问；其次，系统的可靠性大大提高，因为当网络出现故障时，仍然允许对局部数据库的操作，而且一个位置的故障不影响其他位置的处理工作，只有当访问出现故障位置的数据时，在某种程度上才受影响；第三，便于系统的扩充，增加一个新的局部数据库，或在某个位置扩充一台适当的小型计算机，都很容易实现。然而有些功能要付出更高的代价。例如，为了调配在几个位置上的活动，事务管理的性能比在中心数据库时花费更高，甚至抵消许多其他的优点。[3]

4. MapReduce

MapReduce 技术于 2004 年由谷歌公司提出，作为一种典型的数据批处理技术被广泛地应用于数据挖掘、数据分析、机器学习等领域。MapReduce 技术因其并行式数据处理的方式而成为大数据技术处理的关键技术。MapReduce 系统主要由两大部分组成（图2-9）：Map 和 Reduce。MapReduce 的核心思想在于"分而治之"，首先将数据分为若干个组成部分，每个部分对应一个初始值，并分配给不同 Map 的任务区处理，这时的

[1] 王裕. 基于云平台的大数据处理流程的关键技术研究 [J]. 信息技术, 2014 (9)：143-146, 151.

[2] 郑振楣. 分布式数据库 [M]. 北京：科学出版社, 1998.

[3] 庞惠, 翟正利. 论分布式数据库 [J]. 电脑知识与技术, 2011, 07 (1X)：271-273.

Map 对初始值进行处理，产生一系列的中间结果，MapReduce 的中间过程 Shuffle 将所有具有相同值组成一个集合传递给 Reduce 环节，Reduce 接收这些中间结果，并将相同的值合并，并形成最终的较小的值合并。

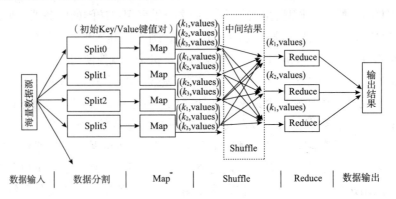

图 2－9　MapReduce 的数据处理流程

MapReduce 的提出简化了数据的计算过程，避免了数据传输过程中大量的通信开销，使得 MapReduce 可以运用到许多实际问题的解决方案里，它问世之后获得了极大的关注，在各个领域均有广泛的应用。

第三节　物联网[1]

物联网的概念最早在 1999 年被提出，随着科学技术的不断发展，物联网的应用也越来越多。有专家预测，物联网将是继计算机互联网之后的又一次信息产业的浪潮；也有研究机构预测，未来十年内，物联网将会得到广泛应用，而且物联网所带来的产业价值将比互联网大 30 倍，进而成为下一个万亿元级别的信息产业业务。

一、物联网的基本理论

（一）物联网的概念

物联网的英文名为"The Internet of Things"，顾名思义，物联网就是"物物相连的互联网"。这有两层意思：第一，物联网的核心和基础仍然是互联网，是在互联网基础上延伸和扩展的网络；第二，其用户端延伸和扩展到了任何物品与物品之间，进行信息交换和通信。严格地说，物联网的定义是：通过射频识别（Radio Frequency Identification，RFID）、红外感应器、全球定位系统、激光扫描器等信息传感设备，按照约定的协议，把任何物品与互联网连接起来，进行信息交换和通信，以实现智能化识别、定位、跟踪、监控和管理的一种网络。

这里的"物"要满足以下条件才能够被纳入"物联网"的范围：有相应信息的接收器；有数据传输通路；有一定的存储功能；有 CPU；有操作系统；有专门的应用程

❶　唐敬仙，陈静，陈亮，等. 计算机基础［M］. 北京：中国轻工业出版社，2015：199.

序；有数据发送器；遵循物联网的通信协议；在世界网络中有可被识别的唯一编号。

物联网具有以下基本特征：

1）全面感知——利用 RFID、传感器、二维码及其他各种的感知设备随时随地地采集各种动态对象，全面感知世界。

2）可靠传送——利用以太网、无线网、移动网将感知的信息进行实时、准确的传送。

3）智能控制——对物体实现智能化的控制和管理，真正达到人与物的沟通。

（二）物联网的基本原理

1. 物联网的关键技术

物联网产业涉及的关键技术主要包括感知技术、网络和通信技术、信息智能处理技术及公共技术。

1）感知技术：通过多种传感器、RFID、二维码、定位、地理识别系统、多媒体信息等数据采集技术，实现外部世界信息的感知和识别。

2）网络和通信技术：通过广泛的互联功能，实现感知信息高可靠性、高安全性传送，包括各种有线和无线传输技术、交换技术、组网技术、网关技术等。

3）信息智能处理技术：通过应用中间件提供跨行业、跨应用、跨系统之间的信息协同及共享和互通的功能，包括数据存储、并行计算、数据挖掘、平台服务、信息呈现、服务体系架构、软件和算法技术、云计算、大数据等。

2. 物联网的体系架构

物联网的体系结构公认有 3 个层次：底层是感知层，即以二维码、RFID、传感器为主，实现对"物"的识别；第二层是网络层，即通过现有的互联网、广电网络、通信网络等实现数据的传输与计算；最上层是与行业需求相结合的应用层，即输入/输出控制终端。物联网体系架构如图 2－10 所示。

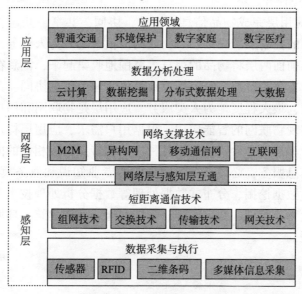

图 2－10 物联网体系架构

1）感知层。感知层主要解决人类世界和物理世界的数据获取问题，主要用于采集物理世界中发生的物理事件和数据，包括各类物理量、身份标识、位置信息、音频、视频数据等。物联网的数据采集涉及传感器、RFID、二维条码等技术。感知层又分为数据采集与执行、短距离无线通信两个部分。数据采集与执行运用智能传感器技术、身份识别以及其他信息采集技术，对物品进行基础信息采集，同时接收上层网络送来的控制信息，完成相应执行动作。这相当于给物品赋予了嘴巴、耳朵和手，既能向网络表达自己的各种信息，又能接收网络的控制命令，完成相应动作。短距离无线通信能完成小范围内的多个物品的信息集中与互通功能，相当于物品的脚。

对于目前关注和应用较多的 RFID 网络来说，附着在设备上的 RFID 标签和用来识RFID 信息的扫描仪、感应器都属于物联网的感知层。在这一类物联网中被检测的信息就是 RFID 标签的内容，现在的电子（不停车）收费系统（Electronic Toll Collection，ETC）、超市仓储管理系统、飞机场的行李自动分类系统等都属于这一类结构的物联网应用。

2）网络层。网络层由各种网络，包括互联网、广电网、网络管理系统和云计算平台等组成，其作用相当于人的神经中枢和大脑，负责传递和处理感知层获取的信息。网络层完成大范围的信息沟通，主要借助于已有的广域网通信系统（如公共交换电话网络（Public Switched Telephone Network，PSTN）、移动通信网络、互联网等），把感知层感知到的信息快速、可靠、安全地传送到地球的各个地方，使物品能够进行远距离、大范围的通信，以实现在全球范围内的通信。当然，现有的公众网络是针对人的应用而设计的，当物联网大规模发展之后，能否完全满足物联网数据通信的要求还有待验证。即便如此，在物联网的初期，借助已有公众网络进行广域网通信也是必然的选择，如同 20 世纪 90 年代中期在非对称数字用户环路（Asymmetric Digital Subscriber Line，ADSL）与小区宽带发展起来之前，用电话线进行拨号上网一样，它也发挥了巨大的作用，完成了其应有的阶段性历史任务。

3）应用层。应用层完成物品信息的汇总、协同、共享、互通、分析、决策等功能，相当于物联网的控制层、决策层。物联网的根本还是为人服务，应用层完成物品与人的最终交互，前面两层将物品的信息大范围地收集起来，汇总在应用层进行统一分析、决策，用于支撑跨行业、跨应用、跨系统之间的信息协同、共享、互通，提高信息的综合利用度，最大程度地为人类服务。应用层是物联网和用户的接口，它与行业需求相结合，实现物联网的智能应用。根据用户需求，应用层构建面向各类行业实际应用的管理平台和运行平台，并根据各种应用的特点集成相关的内容服务。为了更好地提供准确的信息服务，必须结合不同行业的专业知识和业务模型，通过大数据、云计算、海计算、数据挖掘、分布式数据处理等数据分析处理技术支持，完成诸如食品安全控制、现代物流管理、数字医疗、智能交通、智能建筑、环境保护、数字家庭等智能化信息管理。

二、物联网的现状、应用和发展趋势

(一) 物联网的发展现状 ❶

物联网形式多样、技术复杂、涉及面广，所涉及的内容横跨多个学科。目前，物联网的开发和应用尚处于探索和局部应用阶段。在应用和研发方面，美、欧、日、韩等少数发达国家起步较早，总体实力较强，而我国仍处于起步阶段。

1. 国外物联网发展现状

美国：美国的很多大学在无线传感网方面已开展了大量工作，如加州大学洛杉矶分校的嵌入式网络感知中心实验室、无线集成网络传感器实验室、网络嵌入系统实验室等。国外的各大知名企业也都先后开展了无线传感网的研究。IBM 提出的"智慧地球"概念已上升至美国的国家战略。

欧盟：2009 年，欧盟委员会向欧盟议会、欧盟理事会、欧洲经济和社会委员会及地区委员会递交了《欧盟物联网行动计划》，以确保欧洲在构建物联网的过程中起主导作用。2010 年 3 月欧盟委员会公布了"2020 战略"，欧盟认为，为加强创新潜力，应尽可能地以最好的方式使用资源，这些创新资源就是数据，开放数据将成为新的就业和经济增长的重要工具。2010 年 11 月，欧盟通信委员会向欧洲议会提交了《开放数据：创新、增长和透明治理的引擎》的报告，报告以开放数据为核心，制定了应对大数据挑战的战略。2012 年 9 月，欧委会通过公布了"释放欧洲云计算服务潜力"战略；2012 年 10 月，欧委会正式向欧盟理事会和欧盟议会提交了"云计算发展战略及三大关键行动"建议。

日本：自 20 世纪 90 年代中期以来，日本政府相继制定了"e. Japan""u – Japan""i – Japan"等多项国家信息技术发展战略，从大规模开展信息基础设施建设入手，稳步推进，不断拓展和深化信息技术的应用，以此带动本国社会、经济发展。其中，日本的"u – Japan""i – Japan"战略与当前提出的物联网概念有许多共同之处。

韩国：韩国是目前全球宽带普及率最高的国家，它的移动通信、信息家电、数字内容等居世界前列。面对全球信息产业新一轮"u"化战略的政策动向，韩国制定了"u – Korea"战略。在具体实施过程中，韩国通信部推出了 IT839 战略以具体呼应"u – Korea"。

2. 中国物联网发展现状

在物联网这个全新产业中，我国的技术研发和产业化水平处于世界前列，正在形成政府主导、产学研相结合共同推动发展的良好态势。

无锡传感网中心是国内目前研究物联网的核心单位。物联网在中国高校的研究，当前的聚焦点在北京邮电大学和南京邮电大学。作为"感知中国"的中心，无锡市在 2009 年 9 月与北京邮电大学就无线传感网技术研究和产业发展签署合作协议，标志中国"物联网"进入实际建设阶段。2009 年 12 月，在国家 7 项战略方向部署中，物联网被列在第 3 项信息产业中。2010 年，中国传感器网络标准化工作组参加传感器网络国际标准工作组的第一次工作会议，带去的两份标准草案，一个是创新网络协同信息处理的标准草案，一个是创新网络总体架构的标准草案。2013 年初，《国务院关于推进物联

---

❶ 杨埙，罗勇，刘昕露，等. 物联网技术概论 [M]. 西安：西安电子科技大学出版社，2015.

网有序健康发展的指导意见》印发，提出要实现物联网在经济社会各领域的广泛应用，掌握物联网关键核心技术，基本形成安全可控、具有国际竞争力的物联网产业体系，使物联网成为推动经济社会智能化和可持续发展的重要力量，并发布了顶层设计、技术研发、标准研制、产业支撑、商业模式、法律法规、信息安全等 10 项行动计划。

（二）物联网的应用

物联网的应用涉及国民经济和人类社会生活的方方面面，因此，"物联网"被称为是继计算机和互联网之后的第三次信息技术革命。物联网的具体应用体现在以下几个方面：

1）定位导航：物联网与卫星定位技术、全球移动通信系统（Global System for Mobile Communication，GSM）、通用分组无线服务技术（General Packet Radio Service，GPRS）、码多分址（Code Division Multiple Access，CDMA）移动通讯技术和地理信息系统（Geographic Information System，GIS）相结合，能够在互联网和移动通信网络覆盖范围内使用 GPS 技术，使用和维护成本大大降低，并能实现端到端的多向互动。

2）防入侵系统：通过成千上万个覆盖地面、栅栏和低空探测的传感节点，防止入侵者的翻越、偷渡、恐怖袭击等攻击性入侵。上海机场和上海世界博览会已成功采用了该技术。

3）食品安全控制：食品安全是国计民生的重中之重。通过标签识别和物联网技术，可以随时随地对食品生产过程进行实时监控，对食品质量进行联动跟踪，对食品安全事故进行有效预防，极大地提高食品安全的管理水平。

4）零售：RFID 取代零售业的传统条码系统（Barcode），使物品识别的穿透性（主要指穿透金属和液体）、远距离以及商品的防盗和跟踪有了极大改进。

5）现代物流管理：通过在物流商品中植入传感芯片（节点），供应链上的购买、生产制造、包装、装卸、堆栈、运输、配送、分销、出售、服务等每个环节都能准确无误地被感知和掌握。

6）数字医疗：以 RFID 为代表的自动识别技术可以帮助医院实现对病人不间断的监控、会诊和共享医疗记录以及对医疗器械的追踪等，而物联网将这种服务扩展至全世界范围。RFID 技术与医院信息系统（Hospital Information System，HIS）及药品物流系统的融合，是医疗信息化的必然趋势。

7）城市管理：

①智能交通（公路、桥梁、公交、停车场等）：物联网技术可以自动检测并报告公路、桥梁的"健康状况"，还可以避免超载的车辆经过桥梁，也能够根据光线强度对路灯进行自动开关控制。在公交方面，物联网技术构建的智能公交系统通过综合运用网络通信、GIS 地理信息、GPS 定位及电子控制等手段，集智能运营调度、电子站牌发布、IC 卡收费、快速公交系统（Bus Rapid Transit，BRT）管理等于一体。停车难的问题在现代城市中已经引发社会各界的热烈关注。通过应用物联网技术可以帮助人们更好地找到车位。智能化的停车场通过采用超声波传感器、摄像感应、地感性传感器、太阳能供电等技术，第一时间感应到车辆停入，然后立即反馈到公共停车智能管理平台，显示当前的停车位数量。

②智能建筑（绿色照明、安全检测等）：通过感应技术，建筑物内照明灯能自动调节灯光亮度，实现节能环保，建筑物的运作状况也能通过物联网及时发送给管理者。同时，建筑物与 GPS 系统实时相连，能够在电子地图上准确、及时反映出建筑物空间地理位置、安全状况等信息。

③文物保护和数字博物馆：数字博物馆采用物联网技术，通过对文物保存环境的温度、湿度、光照、降尘和有害气体等进行长期监测和控制，建立长期的藏品环境参数数据库，研究文物藏品与环境影响因素之间的关系，创造最佳的文物保存环境，实现对文物蜕变损坏的有效控制。

④古迹、古树实时监测：通过物联网采集古迹、古树的年龄、气候、损毁等状态信息，及时做出数据分析和保护措施。在古迹保护上实时监测能有选择地将有代表性的景点图像传递到互联网上，让景区对全世界做现场直播，达到扩大知名度和广泛吸引游客的目的。另外，还可以实时建立景区内部的电子导游系统。

⑤数字图书馆和数字档案馆：使用 RFID 设备的图书馆、档案馆，从文献的采访、分编、加工到流通、典藏和读者证卡，RFID 标签和阅读器已经完全取代了原有的条码、磁条等传统设备。将 RFID 技术与图书馆数字化系统相结合，实现架位标识、文献定位导航、智能分拣等。应用物联网技术的自助图书馆，借书和还书都是自助的。借书时只要把身份证或借书卡插进读卡器里，再把要借的书在扫描器上放一下就可以了。还书时只需把书投进还书口，传送设备就自动把书送到书库。同样通过扫描装置，工作人员也能迅速知道书的类别和位置以进行分拣。

8）数字家庭：如果简单地将家庭里的消费电子产品连接起来，那么只是一个多功能遥控器控制所有终端，仅仅实现了电视与电脑、手机的连接，这不是发展数字家庭产业的初衷。只有在连接家庭设备的同时，通过物联网与外部的服务连接起来，才能真正实现服务与设备互动。有了物联网，就可以在办公室指挥家庭电器的操作运行，在下班回家的途中，家里的饭菜已经煮熟，洗澡的热水已经烧好，个性化电视节目将会准点播放，家庭设施能够自动报修。

9）环境保护：物联网与环保设备的融合能够实现对生活环境中各种污染源及污染治理各环节关键指标的实时监控。通过在重点排污企业排污区域安装无线传感设备，可以实时监测企业排污数据，及时发现污染源，防止突发性环境污染事故的发生。

（三）物联网的发展趋势

思科最新报告称，未来 10 年，物联网将带来一个价值 14.4 万亿美元的巨大市场，未来 1/3 的物联网市场机会在美国，30% 在欧洲，而中国和日本将分别占据 12% 和 5%。物联网将是下一个推动世界高速发展的"重要生产力"，是继通信网之后的另一个万亿级市场。

物联网的发展趋势可归纳为以下 6 个方面：

1. M2M 车联网市场是最具内生动力的领域

M2M（Machine To Machine）将保持持续高速的增长。根据国际上的预测，到 2020 年通过蜂窝移动通信连接的 M2M 的终端将达到 21 亿，未来整体的 M2M 连接市场非常多，我国的 M2M 市场也将保持快速增长。另外，车联网应用在逐步提速的过程中，汽

车数量以每年20%的速度在增长，车联网的市场也在迅速扩大。根据预测，汽车有可能是下一个应用大规模爆发的终端产品，未来汽车的应用将会越来越广泛。

2. 物联网在工业方面的应用，将推动工业转型升级、促进新产业革命的发展

物联网与工业的融合将带来全新的增长机遇，新的产业组织方式，新的企业与用户关系，新的服务模式和业态，物联网发挥了非常重要的作用，有很多新的制造，是基于用户定制的制造，将会对整个工业产生革命性的影响。另外，工业物联网统一标准将成为大势所趋，整体来看，国际上的一些巨头为了在工业物联网领域获得领先地位，纷纷确定相关标准，加入整个IT标准的制定工作。另外，物联网推动化融合继续走向深入。

3. 物联网与移动互联网融合将最具市场潜力，创新空间最大

传统的物联网应用是面向行业的应用，未来和移动互联网的融合，将激发更多的创新能力。首先是移动智能终端及其传感器形成人机交互技术，这种集成能够支撑更多的融合类的应用。另外，物联网借鉴移动互联网的方式，开始从行业领域向个人领域渗透，应用是基于最终对物体实际信息的采集，是融合的应用，而非传统的移动互联网的应用。物联网和移动互联网融合，将形成非常融合的生态系统，也通过大的移动互联网企业对整个开放平台的构建，使得未来有很大的市场潜力。

4. 行业应用仍将持续稳步发展，蕴含巨大空间

物联网和移动互联网融合是巨大的发展方向，行业应用仍然是它发展的重要领域。物联网的深度应用将进一步催生行业的变革，这种变革在行业的很多领域已经开始发生，尤其他是对管理层面的一种革命，整个行业也向着更加公平、开放的方向发展。

5. 对物联网和大数据的融合判断

物联网产生大数据，大数据将带动物联网价值的提升，物联网是大数据产生的源泉，越来越多的终端采集数据，也为大数据的平台提供进一步的分析内容。物联网和大数据的结合，将推动两者整体价值的提升。物联网的数据特性和其他数据的特性不同，因为物联网面向的终端类型多样。因此，这种多样的特性也对大数据提出了新的挑战。

6. 物联网在智慧城市建设中的推广和应用将更加深化

智慧城市本身为物联网的应用提供了巨大的载体，在这种载体中，物联网可以集成一些应用，在城市的信息化管理、民生等方面都可以发挥融合应用的效果，真正发挥物联网的平台作用，然后产生更为深远的影响。

第四节　云计算

近年来，云计算是讨论最热烈、发展最迅速的技术之一。2000年，谷歌公司已开始从事云计算应用程序。2010年，我国国务院发布的《国务院关于加快培养和发展战略性新兴产业的决定》明确提出"加快促进物联网、云计算的研发和示范应用"。❶ 自此之后，云计算逐渐受到广泛关注，至今已成为业界备受瞩目的发展技术，并渗透到不

---

❶ 国务院办公厅. 国务院关于加快培育和发展战略性新兴产业的决定 [EB/OL]. [2010 - 10 - 10]. www. gov. cn.

同行业的各个领域。

随着云计算技术的发展与成熟，我们也可以选择搭建自己的云平台，来使用业界成熟的、流行的产品（或免费的开源软件）。J2EE 为我们提供了一列强大的应用程序编程接口（Application Programming Interface，API），从而减少开发时间，降低复杂性，并且提高了性能。图 2 – 11 展示了如何以 J2EE 为主来搭建自己的云平台，不过在决定自己搭建之前，必须要充分考虑搭建云计算平台的开发和维护成本。云平台的搭建要包括 Web 层（包括 HTTP 服务器、应用服务器）、业务层（即企业的业务服务层）和数据库层。另外，云服务客户通过浏览器来访问这些云服务。在浏览器上，可以基于 JavaScript 等技术提供动态的网页。

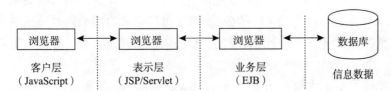

图 2 – 11　云服务的多层结构

图 2 – 12 展示了加入服务后的各层及其关系。

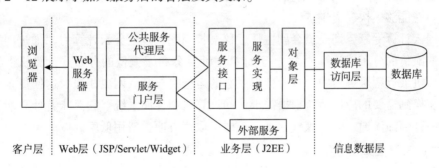

图 2 – 12　服务层次图

数据库访问层：也叫信息集成层，用于屏蔽所有的数据库操作。该层完成对象在数据库服务器上的保存、更新、查询和删除操作。我们可以通过 Java 持久化 API 等技术实现这个层次。

对象层：提供了一套 API，在细粒度上描述各个对象。一般而言，一个对象对应着一个数据库的表。服务层只是调用对象层来进行相关操作。

服务接口/实现层：提供了服务的接口和具体实现，可以使用 EJB（Enterprise JavaBeans）来实现。

Web 层（公共服务代理层和门户层）：用户通过门户层访问云服务，可以使用 JSP/Servlet 和 portal 来实现。

客户层：使用 Web 2.0 技术提供动态交互功能。

为了促进与扶持云计算产业的发展，我国政府出台了一系列相关政策，如 2015 年国务院出台了《国务院关于促进云计算创新发展培育信息产业新业态的意见》，就如何

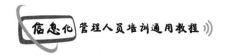

促进云计算创新发展，发展培育信息产业新业态给出了政策指导。❶

一、云计算的概念

（一）云计算的定义

云计算（Cloud Computing）是一种基于因特网的、大众参与的超级计算模式，在远程数据中心，成千上万台计算机和服务器连接成一片计算机云。2006 年 8 月，谷歌首席执行官埃里克·施密特（Eric Schmidt）在搜索引擎大会（SES San Jose 2006）首次提出"云计算"的概念。

云计算自提出以来，许多机构和学者都尝试对其作出定义，但目前尚未有公认的标准定义。如 IBM 的技术白皮书 *Cloud Computing* 将其定义为用来同时描述一个系统平台或者一种类型的应用程序，一个云计算的平台按需进行动态部署、配置、重新配置以及取消服务等。

美国国家标准与技术研究所（National Institute of Standards and Technology，NIST）给出的定义广为学术界普遍接受：云计算是一种按使用量付费的模式，这种模式提供可用、便捷且按需的网络访问，进入可配置的计算资源共享池（资源包括网络、服务器、存储、应用软件、服务），只需投入很少的管理工作，或与服务供应商进行很少的交互，这些资源就能够被快速提供。❷

中国云计算专家咨询委员会副主任、秘书长刘鹏教授定义云计算为"通过网络提供可伸缩的廉价的分布式计算能力"。云计算中计算分布于大量的分布式计算机上，而非本地计算机或远程服务器中，企业数据中心的运行将与互联网更相似。这使得企业能够将资源切换到需要的应用上，根据需求访问计算机和存储系统。它意味着计算能力也可以作为一种商品流通，就像煤气、水电一样，取用方便，费用低廉。

（二）云计算与传统计算

与云计算密切相关且容易混淆的计算技术有并行计算、分布式计算与网格计算。❸

并行计算指在并行机上将一个应用分解成多个子任务，分配给不同的处理器，各个处理器之间相互协同，并行地执行子任务，从而达到加速求解速度或提高求解问题规模的目的。云计算萌芽于并行计算，但并行计算只用于特定的科学领域和专业用户，云计算的用户群则非常广泛，对用户的专业需求也比较低；另外，并行计算追求的是高速度，而云计算时代，云计算中心的计算能力和存储能力可根据需要逐步增加，人们将不再追求使用昂贵的服务器。

分布式计算是利用互联网上的计算机的闲置处理能力来解决大型计算问题的计算科学，它研究如何把一个需要非常巨大的计算能力才能解决的问题分成许多小的部分，然

---

❶ 国务院办公厅. 国务院关于促进云计算创新发展培育信息产业新业态的意见 [EB/OL]. [2015 – 01 – 06]. www. gov. cn.

❷ 美国国家标准与技术研究所. The NIST Definition of Cloud Computing [EB/OL]. http：//csrc. nist. gov/publications/nistpubs/800 – 145/SP800 – 145. pdf.

❸ 张水平，张凤琴，等. 云计算原理及应用技术 [M]. 北京：清华大学出版社，北京交通大学出版社，2013.

后把这些部分合理分配给许多计算机进行处理，最后把这些计算结果综合起来得到最终效果。云计算借鉴了分布式计算的思想，并基于分布式计算发展而成，但二者在以下几个方面相互区别：

1）目的和应用范围不同。分布式计算的目的是利用互联网上闲置的计算能力来解决复杂的计算问题，一般主要用于科研或学术领域的一些公益性项目；而云计算的目的是提高服务器、存储和网络等资源的利用率，应用范围更加广泛。

2）利用的资源不同。分布式主要利用网络上各个分布式计算项目的志愿者（志愿者指自愿参与某个分布式计算项目，愿意该项目免费使用自己的计算机的个人和组织）的计算和存储资源；而云计算一般是云服务提供者使用自己的资源或者租用更高层次云提供商的资源。

3）计算方式不同。分布式计算一般需要将复杂的计算问题划分为若干子问题，并交给不同的节点计算；而云计算中，各种计算问题是在云计算中心完成计算和存储的。

4）使用方式不同。分布式计算是通过各个分布式计算项目确定问题、划分问题，将子问题发送到志愿者的机器上来完成计算任务的，普通用户是分布式计算资源的提供者；而在云计算中，云计算提供商负责提供云服务，用户是云服务的使用者，并为之付费。

网格计算是 20 世纪 90 年代中期发展起来的互联网核心技术，其开创者 Ian Foster 将其定义为：支持在动态变化的分布式虚拟组织间共享资源，协同解决问题的系统，这里的虚拟组织指一些个人、组织或资源的动态组合。网格计算和云计算都采用了分布式计算的思想，且二者组织形式类似，都是将各种资源构造成一个资源池，并以服务的形式提交给用户，用户可以按需购买。但是，二者的运行模式不同，云计算采用的是"生产者 – 消费者"模式，云服务提供商将各种资源组织成服务，用户通过互联网访问各种云服务；网格计算采用的是资源共享模式，资源提供者同时也可以是资源消费者。另外，资源调度模式不同。云计算采用集群来存储和管理数据资源，运行的任务以数据为中心，即调度计算任务到数据存储节点上来运行。网格计算则以计算为中心，计算资源和存储资源分布在网络的各个角落，不强调任务所需的计算和资源同处一地。因此，受网络带宽限制，网络计算中的数据传输时间占运行时间的比例很高。

总之，云计算是并行计算、分布式计算和网格计算的发展，是这些概念的商业实现。

（三）云计算与虚拟化

虚拟化技术伴随着计算机技术的产生而出现，并一直在计算机技术的发展过程中占据着重要的地位。

通常虚拟化是指计算机组建在虚拟的基础上而不是真实的基础上运行。例如 CPU 的虚拟化技术可以使单 CPU 模拟多 CPU 运行，允许一个平台同时运行多个操作系统.。物理内存的虚拟化使得应用程序认为其自身拥有连续可用的地址空间。而实际上，应用程序的代码和数据在内存中可被分隔成多个不连续页或段，甚至被交换到磁盘、闪存等外部存储器上，即使物理内存不足，应用程序也能顺利执行。

虚拟化技术可从以下几点来理解：首先，虚拟化的对象是各种各样的环境，可以是各种硬件资源，也可以是各种软件环境；其次，经过虚拟化的逻辑资源对用户隐藏了不必要的细节；最后，用户可以在虚拟环境中实现其在真实环境中的部分或全部功能。

虚拟化技术是云计算得以实现的核心技术之一，是支撑云计算的重要技术基石。首先，虚拟化技术是云计算的一项关键技术。在云计算中，计算、存储、应用和服务都变成了资源，存储在"云端"，云计算要求能统一管理这些资源。但各种硬件设备间的差异使它们之间的兼容性很差，而虚拟化技术可以将物理资源等底层架构进行抽象，使得设备的差异和兼容性对上层是透明的，从而解决了千差万别的资源统一管理问题。同时，虚拟化简化了编程工程，使开发人员不需要考虑底层资源的供给与调度，有更多的精力关注业务逻辑处理。最后虚拟机的易创建性使应用和服务可以拥有更多的虚拟机来实现容错和灾难恢复，这对于云计算这样的超大规模系统来说非常重要，也大大提高了云计算的可靠性和可用性。

其次，云计算使虚拟化技术更受重视。云计算是目前最热门的 IT 话题。作为云计算最关键、最核心的技术原动力，虚拟化技术的应用普遍受到高度重视。在硬件设备设计阶段，越来越多的设备支持虚拟化技术；在应用程序开发过程中，程序员会考虑资源对硬件依赖的弊端，采用虚拟化技术解除耦合；在桌面管理、数据存储等场景，虚拟化技术也被广泛应用。总之，虚拟化技术促使 IT 行业发生着各种各样的改变。随着云计算的应用与推广，桌面虚拟化技术、服务器虚拟化技术等将得到进一步的推动。

虚拟化技术与云计算的发展相辅相成。一方面，虚拟化技术的发展为云计算发展提供技术支持，另一方面，云计算快速崛起，促使更多的人投身到云计算的研究中，而作为云计算最核心的技术支持，虚拟化技术必定将得到更多的关注，而更多的人研究虚拟化技术将促进其发展。❶

（四）云计算的分类

1. 按云端架构划分

按照云端架构的纵向划分，云计算可分为基础设施即服务（Infrastructure as a Service，IaaS）、平台即服务（Platform as a Service，PaaS）、软件即服务（Software as a Service，SaaS）、数据即服务（Data as a Service，DaaS）四种，见表 2-5，分别对应 IT 应用环境的基础设施层、平台软件层、应用软件层和数据信息层。

表 2-5 云计算服务（按云端架构划分）

		IaaS	PaaS	SaaS	DaaS
数据信息层	数据信息	租户自己管理	租户自己管理	租户自己管理	全部由云端公司管理，租户直接询问结果
应用软件层	应用软件				
平台软件层	中间件 & 运行库		云端公司管理	云端公司管理	
	数据库				
	操作系统				
基础设施层	服务器 | 虚拟机	云端公司管理			
	磁盘柜				
	计算机网络				
	机房基础设施				

❶ 游小明，罗光春. 云计算原理与实践 [M]. 北京：机械工业出版社，2013.

（1）IaaS

IaaS 以服务的形式提供服务器、存储和网络硬件以及相关软件。它是云端架构的最底层。该层运用虚拟技术构建在大规模的廉价服务器集群之上，将基础设备集成起来提供给用户使用。但对用户而言，他们是透明的。

对租户而言，IaaS 型计算设备的最大优点是灵活，由租户决定安装何种操作系统、是否需要数据库、安装数据库类型、安装应用软件类型等。也就是说，拥有一台 IaaS 型电脑，要不要用、何时用及如何使用全由租户自己决定。但 IaaS 型设备存在管理难度大且计算资源浪费严重的缺点，因为操作系统、数据库和中间件本身要消耗大量的计算资源（包括 CPU、内存和磁盘空间）。

中国银联的云资源管理平台就是提供 IaaS 服务的一个典型案例。由于电子支付行业日益发展，大量的业务处理需求、数据量、业务增长迅速等特点对后台业务处理系统提出了严格的要求，对计算资源和存储资源使用、应用系统和服务器运行管理等的要求也不断提高。为应对上述挑战，银联提出了基于云计算的电子支付和电子商务综合服务平台建设的宏伟蓝图，并成为国家云示范工程之一，云计算资源管理平台作为该平台的重要组成部分，为用户提供基础设施层的云计算服务。

（2）PaaS

PaaS 以服务的方式提供软件开发和部署平台，即将应用运行所需的 IT 资源和基础设施作为一种服务提供给用户。在这种服务模式下，用户不需要购买和管理软硬件设施，只需要利用该服务平台，就能够创建、测试和部署应用及服务。

PaaS 的优势就是解决应用软件依赖的运行环境，如中间件、数据库、运行库等，依赖的软件全由云端公司安装。不过，在此背景下，云端公司需做的事情就相应增多，且相对于 IaaS 和 PaaS 租户而言灵活性有所降低，租户不能自己安装平台软件，只能在有限的范围内选择，但从另一方面，租户能从高深繁琐的 IT 技术中解放出来，专注于应用和业务。

典型的 PaaS 平台有华为基于 Primeton PaaS 平台的新一代电信业务交付平台（Service Delivery Platform，SDP）。华为 SDP 是针对电信增值业务运营的 All–in–One 解决方案，SDP 提供了一个端到端的商业解决方案，支持电信、多媒体和互联网业务部署和运营，实现在移动宽带和跨行业应用等领域新的价值增长。该方案可以有效降低业务上线成本，缩短业务上市时间，加速运营商业务转型。该平台以云计算技术为核心，实现计算资源虚拟化（IaaS）、应用开发/测试/部署/运维虚拟化（PaaS），以满足电信运营商以外的第三方开发者或者内容提供商开发 SaaS 软件的需要，从而实现不同类型应用间资源共享和横向伸缩能力，实现业务隔离保证了业务的可靠性，以适应电信领域的相关需求。

（3）SaaS

SaaS 以服务的方式将应用程序提供给互联网终端用户。这是一种获取软件服务的新方式，厂商将软件部署在自己的服务器上，用户可以按照某种服务协议根据自己的需求从专门的提供商获取所需的应用软件服务。云端公司需要搭建和管理基础设施层、平台软件层和应用软件层，最后直接把应用软件出租出去。云端公司选择若干使用面广且有利可图的应用软件，如企业资源计划（Enterprise Resources Planning，ERP）、客户关系管理（Customer Relationship Management，CRM）、商业智能（Business Intelligent，BI）等，并精心安装和运维，让租户用得放心、安心。

适合做 SaaS 的应用软件有以下特点：①复杂、软件庞大，安装、使用、运维复杂，单独购买价格昂贵；②主要面向企业用户；③模块化结构，按功能划分模块，租户按功能需求租用模块；④多租户，能适合多个企业多个用户同时操作；⑤多币种多语言多时区支持。

典型代表如 Salesforce 公司提供的 CRM 服务、Zoho Office、Webex、Email 等。

（4）DaaS

DaaS 是继 IaaS、PaaS、SaaS 之后又一个新的服务模式。此时，云端公司成了数据处理公司，他们在内部搭建一个全功能的 IT 应用环境，包括基础设施层、平台软件层、应用软件层和数据信息层。云端公司一方面收集有用的基础数据，另一方面就是对这些基础数据做分析，最后销售分析结果或算法的编程接口。

SaaS 租户需要自己操作，输入日常数据并作相应的处理，在规定的时间输出结果，因此，租户须掌握操作相应软件的技能。目前，谷歌和百度就提供了 DaaS 型云计算服务，输入关键字，它们就返回我们需要的答案。数据库服务也属于 DaaS 范畴，我们通过 SQL 语句查询需要的结果。

2. 按所有权划分

从云端的所有权来看，云计算可分为私有云、公共云和混合云。

1）私有云：是指终端用户自己出资建设云端，并拥有全部的所有权和使用权。私有云又可分为家庭私有云和企事业单位私有云，前者是家庭组建和使用的云端，后者是单位组建和使用的云端。云端所在的位置没有要求，比如企事业单位的云端可能在单位内部，也可能在外部机房。另外，云端的管理也没有严格限制，可以自己维护，也可以外包给他人维护。

2）公共云：是指终端用户只租用云端计算资源而对云端没有所有权，云端公司负责组建和管理云端并对外出租。典型的例子有深圳的超算中心、亚马逊的 EC2、微软的 Azure 等。公共云的管理比私有云的管理要复杂得多，涉及了租户管理、结算管理、更高要求的安全管理等。

3）混合云：是融合了公有云和私有云，组织提供和管理一些内部资源，其他组织提供外部资源的云计算环境。云服务供应商利用第三方提供完整或部分的服务，从而增加了计算的灵活性。这种模式利用了公共云更便宜的优势，同时确保了高度敏感信息的安全。企业信息大多存储在自己的服务器上，他们不愿为公共云的安全问题承担风险，因此，混合云是一种能为企业节省空间和成本的好方法。使用混合云为企业内部网络的存储提供机会，通过网络访问可以从任何地点访问公共云，且能保证数据受到保护。

（五）云计算的特征

云计算已逐步融入到人们的日常生活中，使大多数人从中获益。云计算对人们的生活产生深刻、持久的影响。

作为一种新的商业模式，云计算具有以下特点：

1）一切皆服务。在云计算环境中，硬件、软件、存储、计算、网络等资源均以服务的形式提供和访问。

2）网络化访问。云计算环境采用分布式架构，用户可使用各种终端设备，如移动电话、台式机、笔记本、工作站等，通过网络访问云服务。

3）按需自助服务。用户可根据需求，通过人机交互自助请求和获取云服务，不需要和云服务提供商进行交互。因此，云用户只需具有基本的 IT 常识，经过简单的业务培训就可使用各种云服务，包括服务的申请、使用、管理、注销等，无须经过专业的 IT 培训。

4）多人共享资源池。云服务提供商将各种物理资源和虚拟资源组织成资源池，根据用户需求动态地为多个用户分配资源，提供服务。资源池中的任何物理资源对云服务来说都是抽象的、可替换的，同一资源能够被不同的客户或服务共享。

5）快速部署。云计算中心可根据用户需求，自动、弹性地提供和释放各种资源。对云用户来说，可以在任何时间获得需要的资源或服务，并在使用结束之后将其释放。

6）弹性扩展。服务使用的资源规模可随业务量动态扩展，且能保证在动态扩展过程中服务不会中断，服务质量不会下降，且这种扩展对服务使用者和提供者是透明的。

7）提供开放的服务访问和管理接口。云计算提供标准化的接口供其他服务调用，方便开发者利用开放接口开发和构建新服务，大大减少了二次开发的工作量。

8）持续的服务更新。云计算提供的各种服务能力可随使用者需求的变化不断演化和更新，同时这种改变可做到向下兼容，即保证原有使用者的持续使用。

9）自动化管理与快速交付。云计算能有效降低服务的运维成本，平均每百台服务器所需要的运维人员数量应该小于 1 人，且能够对云用户的服务申请进行快速响应，响应时间在分钟级。

10）服务可度量。在云计算环境中，资源和服务的使用可监测和控制，且该过程对用户和云提供商透明。云提供商可通过计量去判断每个服务的实际资源耗费，用于成本核算或计费，用户需要向云提供商缴纳一定的费用。

二、云计算的基本原理

一个软件在执行的时候，如果用到的输入/输出设备被计算机网络分隔开来，那么这样的软件执行过程就叫云计算。"输入/输出设备被计算机网络分隔开来"也可以理解为"计算机网络把输入/输出设备和计算设备连接在一起"。这一点与传统计算机采用主板连接输入/输出设备、计算设备完全不同，其原理如图 2 – 13 所示。

云计算的基本原理有以下几点需要理解：

1）执行软件就是把软件从硬盘读到内存，并由 CPU 按照软件里面定义好的步骤一步一步地执行。

2）双方都拥有唯一的计算机网络地址，且通过收发数据包的形式（类似邮局寄信）进行通信。输入/输出设备和计算设备在地理上可能很近，也可能相隔千山万水，比如输入/输出设备在中国的广州，计算设备却总在美国的纽约。

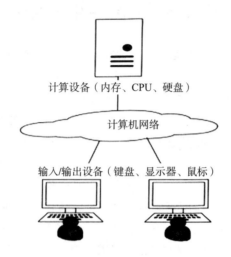

计算设备（内存、CPU、硬盘）

计算机网络

输入/输出设备（键盘、显示器、鼠标）

图 2-13　云计算原理

3）云计算也可简述为输入/输出设备和计算设备分离的软件执行过程，体现动态性，因此云计算也可称为云执行。

4）云计算是针对软件执行而言的，跟计算机的具体结构无关，也和软件本身关系不大。在我们传统计算机上执行一个软件，也可能是云计算，只是它使用的输入/输出设备不是本机的，而是位于计算机网络上的输入/输出设备。同样一个软件可以被执行多次，有时执行过程是云计算，有时又可能是非云计算。

5）输入和输出设备不一定位于同一个地方，比如键盘、鼠标在中国，计算设备在英国，而输出设备在美国。典型的例子：英国的科学家通过中国的云端控制远在美国的一个智能机械手臂。

总而言之，云计算的基本原理是使计算分布在大量的分布式计算机上，而非本地计算机或远程服务器中，企业数据中心的运行将与互联网更相似。这使得企业能够将资源切换到需要的应用上，根据需求访问计算机和存储系统。从这个角度而言，用户是云计算的真正拥有者。云计算的应用旨在把力量联合起来，给每一个成员使用。从最根本的意义来说，云计算就是利用互联网上的软件和数据的能力。

"云计算"带来的就是这样一种变革——由谷歌、IBM 等专业网络公司来搭建计算机存储、运算中心，用户通过一根网线借助浏览器就可以很方便的访问，把"云"作为资料存储以及应用服务的中心。目前，云计算发展有云安全和云存储两大领域。

三、云计算的现状、应用和发展趋势

（一）云计算的现状[1]

随着近年来云计算相关技术与应用的不断发展，以及用户对云计算认知的不断增强，"云"逐渐从曾经虚无缥缈的概念变为实际的应用，国内外部分大型企业及政府机构已通过云计算的应用，取得了明显的社会和经济效益。

---

[1]　沐连顺. 云计算在大型企业中的应用 [M]. 北京：中国电力出版社，2014.

当前世界各国都十分重视本国云计算的发展，力争在未来信息技术的制高点占据一席之地。2009 年 9 月，美国总统奥巴马宣布将执行云计算政策，希望借助应用虚拟化来压缩美国政府的经济支出；韩国政府计划向云计算领域投资 6146 亿韩元（约合人民币 36 亿元），使韩国云计算市场的规模扩大为目前的 4 倍；日本内务部和通信监管机构计划建立大规模云计算基础设施，以支持所有政府运作所需的资讯科技系统，提高政府运营效率并降低成本。亚马逊于 2006 年推出了云计算服务，谷歌于 2007 年面向全球宣布了云计划，lBM 于 2007 年推出了"蓝云"计算平台，微软于 2008 年推出了 Windows Azure 操作系统并于 2010 年公布了 Windows Azure 云计算平台蓝图。

在中国，云计算已被列为国家战略性新兴产业。2010 年工信部与发改委联合印发了《关于做好云计算服务创新发展试点示范工作的通知》，将北京、上海、深圳、杭州、无锡五个城市作为先行试点示范城市；2011 年国务院办公厅印发了《关于加快发展高技术服务业的指导意见》将云计算产业明确为未来高技术服务业的主角；2012 年"中国云"产业发展规划获得国务院批准，多个部委、省市政府也相继出台了推动云计算发展的相关政策；中国的企业级云服务也正在金融、电信、能源、电力、医药等行业的大型企业中推广开来。例如，各大金融企业已开展内部私有云项目的尝试，三大电信运营商均开展了基于云计算技术的内部信息化系统改造，中国移动、中国电信、中国联通分别推出了"大云""星云"和"互联云"，中国石油天然气集团公司、中国石油化工股份有限公司重点围绕"云计算"提出了企业信息化建设，多个大型企业集团规划并开展了多地多个云计算数据中心的建设。

在国家政策和企业内部需求的推动下，云计算将向技术创新驱动、行业应用牵引、产业协同发展方向演进，企业云服务将成为未来的总体发展趋势。据埃森哲 HPIT 研究报告显示，全球使用云计算的公用事业用户数量出现快速增长的趋势。

在技术形态方面，公有云在欧美市场发展地如火如荼，且已有像亚马逊、IBM、Joyent、Rackspaces 等具备多年云计算业务经验的厂商。国内存在大量对安全性、可靠性及 IT 可监控性要求高的组织，例如金融机构、政府机关、大型企业等，这些都是私有云的潜在使用者。他们已经拥有规模庞大的 IT 基础设施，只需进行一定的投资，将自己的 IT 系统升级，就可拥有云计算带来的各种便捷，同时避免使用公有云可能带来的负面影响。因此，在中国国内市场，企业私有云将会成为云计算未来的主要发展趋势。

在服务类型方面，经过这几年 IaaS 的发展，"资源池"已成为一个概念有共识、涵盖范围较为清晰、能够在企业私有云中落地实现的领域之一，未来会有越来越多的企业将构建基础设施资源池作为云计算建设的第一步；PaaS 目前处于普遍研究中，预计在统一开发平台、分布式存储、分布式计算等领域会有所突破；SaaS 牵涉到业务模式创新，很难找到共性规律，期望通过企业的业务创新看到更多的成功案例。

近年来，各类云服务之间已开始呈现出整合趋势，越来越多的云应用服务商选择购买云基础设施服务而非独立建设。例如，在云存储服务领域，美国乔治亚州的 Jungle Disk 公司基于 Amazon S3 的云计算资源，通过友好的软件界面，为用户提供在线存储和备份服务；在数据库领域，Oracle 公司利用亚马逊的基础设施提供 Oracle 数据库软件服务以及数据库备份服务；而 Fathom DB 为用户提供基于 MySQL 的在线关系数据库系统服务，允许用户选择底层使用 Ec2 或 Rackspace 基础设施服务等。根据其他领域（如制造业领域）的全球化经验，云计算将带动 IT 领域的产业细分：云服务商通过购买服务的方式减少对非核心业务的投入，强化核心领域的竞争优势。最终，各种类型的云服务商之间形成强强联合、协作共生关系，推动信息技术领域加速发展，最终形成全球性的"云"。

云计算将形成一个以云基础设施为核心、涵盖云基础软件与平台服务、云应用服务等多个层次的巨型全球化 IT 服务化网络。如果以人体作为比喻，处于核心层的云基础设施平台将是未来信息世界的神经中枢，其数量虽然有限但规模庞大，具有互联网级的强大分析处理能力；云基础软件与平台服务层提供基础性、通用性服务，例如，云操作系统、云数据管理、云搜索、云开发平台等，是人的骨骼与内脏；而外层云应用服务则包括与人们日常工作与生活相关的大量各类应用，例如，电子邮件服务、云地图服务、云电子商务服务、云文档服务等，这些丰富的应用构成网络的血肉发肤。各个层次的服务之间彼此独立且相互依存，形成一个动态稳定结构。越靠近体系核心的服务，其在整个体系中的权重也越大。因此，未来谁掌握了云计算的核心技术主动权以及核心云服务的控制权，谁就将在信息技术领域全球化竞争格局中处于优势地位。

（二）云计算应用

云计算已经在许多地方得到应用，如家庭私有云、园区云、电子政务云、人工智能云等。本部分将介绍云计算为我们的学习、工作、生活带来的便利，以及云计算对教育、金融、制造业等领域的促进。

1. 家庭私有云

现代生活中，一个家庭同时拥有多个手机、多个平板、多台计算机、多台电视等多台电子设备。人们的学习、工作、生活更加便利的同时，产生了数据共享的问题，如微信上的视频不能很快切换到电视上，计算机上的照片不能快速地通过手机微信分享，笔记本上编译过的程序无法灵活地在台式机上运行等。各种设备之间相互独立，设备间的数据无法共享，计算资源共享更无从谈起。

家庭私有云是解决资源共享问题最好的办法，如图 2-14 所示。建立一个微型云

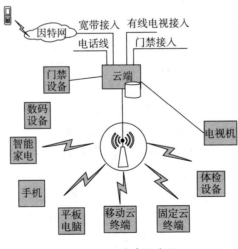

图 2-14 家庭私有云

端，其他设备都转换为云终端，通过一台无线路由器连接两"端"，软件和数据都在云端，从而轻松实现远程控制——在办公室里便能通过手机遥控家里的设备，如开空调、电饭煲等。

通常云端处于不关机状态，家中无人的时候可以安排录制电视节目，人外出时可以控制家电，因此理想的云端应采用嵌入式硬件、功耗低、静音运行、可靠稳定，且消耗的功耗与使用人数成正比，当没人使用的时候进入自动睡眠状态。有了家庭微型云端之后便可以进一步建立家庭电子图书馆、影视库等，还可以引入温湿度、室内空气检测以及监控设备，构造全方位舒适安全的家居环境。

2. 企业私有办公云

与传统的计算机为主的办公环境相比，私有办公云具备更多的优势，如建设成本和私用成本低；易于维护；云终端是纯硬件产品，可靠稳定且折旧周期长；由于数据集中存放在云端，企业的知识资产更易保全；能实现移动办公，员工能在任何一台云终端上使用自己的账号登录系统。

举例来说，对一个员工数少于100人的小企业来说，采用两台服务器做云端，办公软件安装在服务器上，数据资料也存放在服务器上。通过有线或无线网络连接到办公终端，每个员工分配一个账号即可。员工在任一终端都可以用自己的账号登录云端办公。而在外出差的员工，可以通过 VPN 登录到公司内部的云端。其工作原理如图 2 – 15 所示。

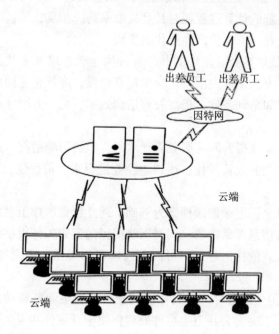

图 2 –15 企业私有办公云

3. 园区云

园区内的企业经营的产品具有竞争关系或者上下游关系，企业的市场营销和经营管理具有很大的共性，且企业相对集中，所以在园区内部最适合构建云计算平台。由园区管委会主导并运营云端，通过光纤接入区内各家企业，企业内部配备云终端。云端应

"漂浮"这么几朵云：

1）企业应用云。ERP、CRM、供应链管理（Supply Chain Management，SCM）等企业应用软件是现代企业必备的软件，代表着企业研发、采购、生产、销售和管理的流程化和现代化。如果园区内每家企业单独购买这些软件，价格昂贵、实施困难、运维复杂、二次开发难度大，但如果利用云计算将软件部署于云端，企业按需租用，价格低廉，许多问题迎刃而解。

2）电子商务云。为了覆盖尽量长的产业链条，引入电子商务云，一方面对内可以打通上下游企业的信息通路，整合产业链条上的相关资源，降低交易成本；另一方面对外形成统一的门户和宣传口径，避免内部恶意竞争，增强凝聚力，对于建设网络，强化市场开拓，塑造园区品牌形象具有重大的意义。

3）移动办公云。在园区内部署移动办公云，使得园区内企业以低廉的价格便可达到如下目的：使用正版软件、保全企业知识资产、随时随地办公、企业IT投入大幅下降、应用部署快速、摆脱繁重的IT运维、专注于自己的核心业务。

4）数据存储云。如果关键数据丢失，80%企业要倒闭，这已经是业界的共识。在园区部署数据存储云，通过数据块或文件的形式存储企业的重要业务数据，并建立数据回溯机制，避免企业数据因存储设备毁坏、电脑被盗、灾害自然、误删数据等发生丢失或泄密。

5）高性能计算云。新产品开发、场景模拟、工艺改进等往往涉及模拟实验、数学建模等子项目，单台电脑的计算过程耗时长且失败率高。相反，园区统一引入高性能计算云，出租给需要的企业，可加快产品迭代的步伐。

6）教育培训云。抽取各企业培训的共性部分构建教育培训公共云平台，实现现场和远程培训的结合，一方面能最大限度地减少重复建设，降低企业的培训投入，加强校企合作，集中优良师资和培训条件，提高教育培训效率；另一方面能通过网络快速实现"送教下乡"。

构建园区云能够大幅度提升园区服务管理水平，积极影响潜在入园企业，提高入园企业满意度，促进孵化企业成长步伐，达到"企业进得来、留得住、发展快"的效果。

4. 医疗云

医疗云的核心是以全民电子健康档案为基础，建立覆盖医疗卫生体系的信息共享平台，打破各个医疗机构信息孤岛现象，同时围绕居民的健康关怀提供统一的健康业务部署，建立远程医疗系统。依托医疗云，可以在人口密集居住区增设各种自助体检终端。建立医疗云意义重大：

1）对于国家公共卫生服务管理部门：有利于公共卫生业务联动工作；有利于疾病预防与控制管理；有利于突发公共卫生事件处理；便于开展公共卫生服务；有利于资源整合、减少重复投资，甚至可以把检查检验功能独立开来，专门成立第三方机构；便于实现跨业务跨系统的数据共享。

2）对于医疗卫生服务机构：有利于提高医疗服务的质量；有利于节省患者支出，缓解群众看病贵的问题；便于争抢绿色生命通道的"黄金时间"；有利于医疗资源的共享。

3）对于社区卫生服务站：有利于开展"六位一体"（六位指工期、质量、环境、投资、安全、创新等项目管理要素）业务；有利于开展健康干预跟踪服务。

4）对于个人：能减少重复的检查检验开支；便于"移动"（转院、跨地区等）治病；通过远程医疗系统便于享受优质的医疗服务；医疗云结合大数据能预测个人的疾病，预防重大疾病的发生。

5. 公民档案云

我国基于纸质档案和户口的管理体系极其落后，档案调动或户口迁移程序繁琐，造成极大的社会成本消耗。由中央政府牵头建立和运营全国性的公民档案云可以有效解决这个问题：将纸质材料电子化后集中存放于云中，再辅以公民的指纹数据，并给每个公民发放一堆独一无二的公/私钥，同时还可以将此纳入公民和企业的诚信信息、学历资料等。如此，个人和企事业单位通过安装 App 后就能查阅授权的资料。有了这个公民档案云后，以下的事情将变得异常简单：

1）人口普查。通过简单查询就可以按各种口径统计人口信息。

2）档案调动。

3）户口迁移。

4）诚信信息检索。

5）户口注册和注销。

6）简历查阅。

7）公共决策。通过大数据分析，可以为许多公共决策提供依据。

8）电子材料数字签名。利用自己的私钥签名，接收方利用公钥验证，无人能冒充。

9）血型、器官移植匹配。

6. 卫生保健云

不同于医疗云，卫生保健云侧重于家族、家庭、个人的卫生、保健、饮食、作息等信息的咨询、收集、存储、加工以及预测等，重在关怀国民的身体状况，覆盖从出生到死亡全过程。由中央政府牵头建立的国家层面的民生项目，鼓励企业开发各种体检和检验终端设备，如智能手环、家庭简易体检仪、小区自助体检亭、老人和小孩定位器、监护仪等。体检终端设备发放到千家万户，实时收集身体状况数据，云端程序 7x24 小时监测这些数据，并及时把分析结果发送到云终端设备上。当沉淀了大量保健数据后，就可以采用大数据来做各种定性分析，比如疾病预测、饮食建议、流行病预测控制等。卫生保健云可与医疗云、公民档案云建立联动。

7. 教育云

云计算可以利用大数据技术，构建共享教育资源库、数字化图书馆、教研科研环境、网络协同办公等，一方面能够彻底弥补传统教育模式中教学资源的共享效率低、资源严重浪费、系统伸缩性差等缺陷；另一方面，有助于促进教育公平，具有降低教育成本、改变教学方法、提高教育服务能力、创新教育模式等优势，对教与学均有巨大的影响。

构建教育云是一个庞大的系统工程，教育云是由国家层面的公共教育云和成千上万的学校私有教育云组成，私有教育云建设要先行启动，教育管理部门制定标准，由各个学校自己主导建设。公共教育云应由中央政府牵头完成，承载共性教育资源和标杆教育资源，作为连接各个私有教育云的纽带。各个学校的私有教育云承载各种的特色资源，履行"教"与"学"的具体任务。每个学校运营自己的私有云端，云终端发放到每个老师和学生的手上，形态上可以是固定云终端（放置在老师办公室、机房、多媒体教室、图书馆的多媒体阅览室等）、移动云终端、移动固定两用云终端以及多屏云终端。云端和终端通过校园高速光纤互联在一起。

新生注册时为每人分配一个云端账号和一台手持终端，一个账号对应一个虚拟云桌面，学生毕业后回收其云端资源。在机房、宿舍、图书馆等场所，只要手持设备插入固定云终端，就可以使用大键盘和大屏幕。手持设备也可以单独接入云端。与传统的非教育云相比，学校采用私有教育云有如下优势：

1）移动教学。不管师生在哪里，都能登录自己的云端桌面。

2）延续实验。由于同学都有自己独有的虚拟机，跨节次的实验不会被中断。

3）远程教学。教师能选择云端的任何学生的云桌面并展示课件。

4）规范学生用机行为。能限制学生可以安装和使用的软件，杜绝学生沉迷游戏。

5）便于资源共享。

6）便于学生积累学习笔记和素材。

7）便于计算机专业学生进行云中开发。

8）轻松实现高性能计算。如科学研究、动漫渲染、游戏开发、虚拟现实模拟等。

9）便于因材施教。在掌握一定的基础知识后因材施教，最大限度地发挥每个学生的特长，是最理想的教育方法。利用虚拟现实技术产生学生喜爱的"老师"，利用大数据分析为每个学生制定教学计划，然后给每个学生分配一个"老师"，按照制定的计划来一对一教学。

在私有教育云的基础上再抽取共性资源，形成全国性的公共教育云，同时引入虚拟现实技术，实现远程教育，可在一定程度上缓解农村的教育问题。

8. 交通云

交通云作为行业云，它的发展轨迹应经历一个在技术上从易到难、业务上从边缘到核心的过程。针对智能交通目前发展状况及云计算平台的应用成熟程度，从数据中心的云存储化开始，逐渐向外扩展应用服务，交通云应该是为交通管理单位、交通运营企业和广大市民服务。因此，未来的交通云应该具有混合云的特点，对保密性安全要求高，处理速度快，弹性发展力度强的对内应用（交通管理单位），可以用私有云的模式实现，而信息发布（大众出行、物流企业、交通信息服务企业等）、出行指导等对外应用可以用公共云的模式实现。

结合公共云与私有云的特点，交通云可以分四步实施：

1）初期：考虑数据中心基础架构实现云计算化，同时梳理业务系统中等级低、边缘化的应用向基础设施迁移。

2）发展期：建设公共信息服务平台向交通云上迁移。通过标准接口对外提供基础交通数据。同时，提供基于交通的地理信息系统（GIS - T）服务，运营商和增值服务。开发商可以通过 GIS - T 和公共信息服务平台提供的开放接口进行二次开发，向公众提供丰富的交通出行服务和诱导服务。

3）成熟期：以优化提升为主，建立常用交通应用系统向交通云迁移，持续梳理及扩展交通云基础设施的规模，提供丰富的接口服务，使得交通云平台进入提供常用服务期，并针对整个交通云平台的全面应用继续深化业务层面的实践。

4）全面应用期：交通服务（边缘服务、常用服务、核心服务等）全面向交通云迁移，通过前三个阶段的分布实施和实践，积累了足够的经验，为交通云全面服务打下了坚实的基础。本阶段就是将交通业务和云计算全面合二为一，完成大交通在交通云上运营的构想。❶

9. 出行云

出行云涵盖天气信息、交通信息、景点资讯、人文风俗习惯、酒店信息等，覆盖人们的旅游、度假、出差、探亲等活动。出行云是 DaaS 公共云，通过安装 App 呈现到人们的云终端设备上。出行云重在对出行在外的人施以关怀，覆盖行前、行中、行后三个阶段，在积累一定量的数据之后可运用大数据分析人们的喜好和行为习惯，在合理的时间向其推送建议。

如某旅行推荐类 App，通过远程获取云端的数据资源，可随时向用户提供出行信息和推荐内容，包含国内的景点攻略，对于知名景点，可提供新颖的景点攻略和最新报价；对于尚未开发的小众景点，有完整的行程推荐和注意事项；对于户外探险，会提供路线攻略和紧急的求救办法。App 包含景点的概况简介、游玩方式、注意事项以及细致的小贴士，还有直观的景点虚拟现实（Virtual Reality，VR）全景展示和精致的景点视频介绍，为用户带来不一样的出行体验。

10. 购物云

购物的过程和目的都是体验，最理想的体验就是在正确的时间以合理的价格买到称心如意的商品。一次完整购物消费过程包括 8 个阶段：产生需求→形成心理价位→选择商品→付钱购买→接收商品→使用商品→售后服务→用完回收。每个阶段都是一个选择、分享和评价的过程。购物云必须完全覆盖这 8 个阶段，且在每个阶段灵活引入相应的关怀和分享机制，比如：

1）购物云咨询（如公民档案云、卫生保健云等），科学预测用户的需求，并在合理的时间提醒用户需要购买商品的种类。

2）咨询其他云后，合理计算出用户购物的心理价位区间。

3）选择商品时用户只需采用自然语言说出需求信息，购物云就会返回满足需求的商品列表，并且通过虚拟现实技术给用户建模，让他"进入"云中体验商品，比如试穿衣服、触摸家具等。现实中的人们和我能够观看云中的"我"试用商品的情景，我也可以观看云中的其他人试用商品的情景，并且可以分享各自的观点，这比实体店购物体验更好。

4）购物界面上始终呈现一个虚拟的购物顾问，它其实就是一个无所不知的购物机器人（类似微软的小冰），用户可以咨询它任何问题。

---

❶ 李旭芳，夏志杰. 现代城市公共交通智能化管理概论［M］. 上海：同济大学出版社，2013：43.

5）付钱购买直接在购物云中完成，无须登录网上银行。

6）开辟高档商品俱乐部，线上线下形成圈子，分享各自的商品使用体验。

7）每一个注册的网购用户都有一名虚拟的咨询顾问，对于购买的任何商品，顾问都会给予用户无微不至的关怀（如提醒保养），用户也可以随时咨询顾问。

基于阿里云计算，淘宝已推出全新购物方式"Buy＋"。"Buy＋"使用VR技术，利用计算机图形系统和辅助传感器，生成可交互的三维购物环境。"Buy＋"将突破时间和空间的限制，实现进出各地商场，试用各类商品。"Buy＋"通过VR技术可以100%还原真实场景，使用"Buy＋"，身在广州的家中，戴上VR眼镜，进入VR版淘宝，可以选择去逛纽约第五大道，也可以选择英国复古集市，让你身临其境的购物。

将VR技术应用于购物领域，最大的挑战是如何快速的把淘宝10亿商品在虚拟环境中1:1复原。为了解决这个问题，阿里推出了造物神计划。商品1:1复原技术如图2-16所示。丰富的VR商品库可以直接降低网络购物的退货率，提高实体店购物的购买效率。

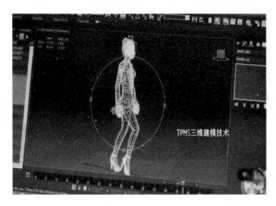

图2-16　商品1:1复原技术

"Buy＋"利用三维动作捕捉（Three-dimensional Motion Capture，TMC）技术捕捉消费者的动作并触发虚拟环境的反馈，最终实现虚拟现实中的互动。简单来说，你可以直接与虚拟世界中的人和物进行交互。甚至将现实生活中的场景虚拟化，成为一个可以互动的商品。比如，利用带有动作捕捉的VR设备，你眼前的香蕉，书籍在"Buy＋"中可以化身为架子鼓，利用这种互动形式，让你在购买商品的过程中拥有更多体验。

总之，与传统的网店相比，购物云具备更好的智能，提供比线下购物更佳的用户体验。

11. 电子政务云

电子政务云是云计算在电子政务领域的应用，结合了云计算技术的特点，对政府管理和服务职能进行精简、优化、整合，并通过信息化手段在政务上实现各种业务流程办理和职能服务，为政府各级部门提供可靠的基础IT服务平台。

电子政务云的应用价值主要包括几个部分[1]：

---

❶　张博文. 电子政务云的发展与展望［J］. 黑龙江国土资源，2015（9）：49.

1）云政务的建设大幅节约建设成本，降低政府财政支出。从总体上看，建设电子化政府云计算平台将极大地降低政府财政支出。将政府各部门、各地区的电子政务的采购支出集中起来统一用于建设云计算平台，费用会比分散建设减少许多。根据谷歌和微软两大巨头的经验，云计算使数据中心计算成本降低到1/30。此外，采用云计算的虚拟化技术还可以提高硬件使用效率，动态调整资源，节约硬件投入。

2）以 IaaS 为核心的云计算中心将为政务门户网站运营、政务信息资源开发以及政务系统应用提供有力的后台保障。目前，政务门户网站用户数量快速增长，内容日趋多媒体化，政务信息公开包含大量的图片和视频信息，政务网站需要处理海量数据，这就需要以 IaaS 应用为核心的云计算中心作为有效支撑。同时，随着政务信息资源开发利用的深入，大数据集中并且信息交换要求很高的计算能力。传统政务数据中心建设和运行的成本在不断上升，需要利用云计算模式来提高政府数据中心的运行效率，降低政府数据中心的建设成本。

3）以 PaaS 为核心的云服务平台将助力"服务型政府体系"建设。电子政务各类系统的建立使政府工作人员及时地了解到老百姓的需求与关注点，使政府部门制定出的政策法规具有更明确的目的性，政府办事效率进一步提高，政府与百姓之间的距离拉近。为实现这些目标，需要借鉴国外成熟的电子政府云服务模式，建立"一站式""一网式"的云服务平台，提高行政服务效能和管理水平，加快政府府职能转变，促进服务型政府建设。

4）基于云计算的交换平台将实现政府部门间信息联动与政务工作协同。云计算模式的"信息集成、资源共享"特性将在电子政务信息交换平台中发挥巨大作用，通过交换平台的应用，在政府部门之间、政府部门与社会服务部门之间建立"信息桥梁"，将各单位的电子政务系统接入到云平台之中，通过云平台内部信息驱动引擎，实现不同电子政务系统间的信息整合、交换、共享和政务工作协同，将大大地提高各级政府机关的整体工作效率。

12. 农村农业云

城乡巨大的数字鸿沟已经引起中国政府的高度重视。信息不通畅必定导致物流不流畅，物流不流畅的必然结果就是阻碍市场交换，影响人们的日常生活。如这几年出现"农民有菜卖不出、市民吃菜买不起"现象就是信息不对称或者信息不通畅的反映。客观条件限制了农民对互联网的需求：知识匮乏、供应商售后服务缺位、环境恶劣等。

云计算是解决这些问题进而推进农业信息化建设的最佳手段——软件置于云端，并将云终端引入农村家庭，从而降低使用难度、减少故障发生率。建设农村农业云，可概括为"三化"：软件云化、终端固化、操作简化。一个典型的云计算模型是在县级或者市级建设一个云中心，通过光缆链接到各行政村，再通过有线或者无线方式接到云终端。

农村农业云端放置于县或市级政府里，由专业技术人员管理，云端上装有常用的软件，存放了各种涉农教育音视频资料，并为每个用户开辟了存储空间。

13. 高性能计算云

把云端成千上万台服务器联合起来，组成高性能计算集群，承载中型、大型、特大

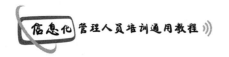

型计算任务：

1）科学计算：解决科学研究和工程技术中所遇到的大规模数字计算问题，可广泛应用于数学、物理、天文、气象、物理、化学、材料、生物、流体力学等学科领域。

2）建模与仿真：包括自然界的生物建模和仿真、社会群体建模和仿真、金华建模和仿真等。

3）工程模拟：如核爆炸模式、风洞模拟、碰撞模拟等。

4）图形渲染：应用领域有 3D 游戏、电影电视特效、动画制作、建筑设计、室内装潢等可视化设计。

14. 人工智能云

以其他云为基础，诞生的人工智能云可以算是人类追求的终极目标，它具备丰富的知识，具备人的智慧、人的情感和超强的运算速度，它能学习、能推理、能和人类进行语言互动，同时，它能监视每个人的身心健康、饮食习惯，并能做出疾病预测。人工智能云是全球性的公有云，在它的笼罩下，地球真正变成了一个村子，人们交流无障碍。

其他云成了人工智能云的数据来源，人工智能云成为了人们唯一的交互平台，比如它能够为人们实现云上购物、安全出行、自动驾驶等功能，也能够实现与人类的交流沟通、娱乐游戏，甚至是传授知识等功能。家庭机器人就是人工智能云的云终端，机器人本身是执行部件并做一些常规的判断，复杂的推理交给云来完成，计算能力超强的智能云能瞬间做出判断并给机器人反馈结果，这样机器人表现极其聪明，反应敏捷。

15. 制造领域的云应用

制造领域中的云计算——即云制造，指把制造资源和制造能力在网上作为服务提供给所需要的用户。具体来讲，"云制造"是一种面向服务的、高效低耗和基于知识的网络化敏捷制造新模式，是现有云计算和现有制造业信息化中的网络化制造、ASP 平台、制造网格等概念和技术的延伸和拓展。云制造融合了现有的信息化制造技术及云计算、物联网、面向服务、高性能计算、智能科学等热点或新兴信息技术，将各类制造资源和制造能力虚拟化、服务化，构成制造资源和制造能力云池，并进行统一的、集中的智能化管理和经营，支持智能化、多方共赢、普适化和高效的共享和协同，达到通过网络和云制造服务平台为用户在产品全生命周期活动中提供可随时获取、按需使用、安全可靠且优质廉价的制造资源与能力服务。

云制造"服务"具有以下特点：

1）按需动态架构：按照用户需求随时随地提供制造服务；

2）互操作：支持制造资源间与制造能力之间的互操作；

3）协同：面向制造多用户协同、大规模复杂制造任务的协同；

4）异构集成：支持分布异构的制造资源、能力的集成；

5）超强快速响应能力：可快速、灵活组成各类服务以响应需求；

6）全生命周期智慧制造：服务于制造全生命周期，利用智能信息制造技术实现跨阶段的全程智慧制造。

16. 金融领域的云应用●

在金融领域，云计算提供了一种新的经营方式，并为银行带来新的机遇，金融界发生了巨大的变化。它提供一种十分便捷灵活的业务模式，以客户为中心，不需银行业务人员具备专业 IT 领域的知识，使得技术与业务细节分离。因此，银行可以利用 IT 技术进行管理，而中小型金融企业更能得益于云计算的搭建。与经济实力雄厚的大型金融企业比起来，成本的控制对中小型金融企业显得相对重要。除去重复建立各种应用系统，打破传统的自运营模式，各种结算业务提供应用环境，所有的软硬件设备和技术问题都交付给云计算服务商完成，而企业只需定期付费便可获得云计算服务。这无疑解决了专业技术上的问题，节约了人力物力和运营成本，中小型金融企业由此获益颇丰。

总的来看，云计算在金融领域的应用有以下优点：

1）云计算可以构建方便灵活，便于管理的金融系统。云计算提供了服务部署的信访室，使银行能够从业务需求出发，按需快速配置所需资源。同时，云计算服务也大量应用于基于第三方平台的资金结算体系中，实现实时、快捷的支付结算业务。

2）以人性化设计提升客户体验。云计算能够提供给 24h 不间断的银行服务，除了普通的网上银行功能，它可以让领域专家连接到任何分支机构，作为顾问回答任何关于产品和服务的问题。这样能帮助银行了解客户喜好，从而留住客户并吸引新的消费者。

3）提高数据分析能力和处理能力。目前大多数商业银行仍然不能熟练运用银行客户的数据分析工具，在共享、整合和存储大量分析数据方面也存在问题。而云计算则有可能大大提升这些方面的处理能力，成为新的发展趋势。

4）节约支出。云计算的应用能大幅降低成本开销，包括人力资源及各种设备支出的成本。前端银行办事处连接到后端基于云平台的分析和运算，也有助于节省大量的能源、空间和成本。

5）加速产品创新。利用云计算平台服务的便捷性和速度来驱动产品服务创新。平台云如 Azure、App Engine 和 Force. com 的优势几乎体现于各个部门的 IT 应用。

(三) 移动云计算的应用

1. 移动云计算的概念与特征

随着智能终端，尤其是智能手机和平板电脑的兴起与发展，人们逐步摆脱了单纯依靠计算机查询信息的方式，促使了移动互联网的兴起，而移动云计算的提出使移动互联网技术的发展进入了崭新阶段。

移动云计算（Mobile Cloud Computing, MCC）的工作原理是在有限的设备资源和基于云的互联网之间进行应用程序和数据的转移和切换。也就是说，在移动云计算中，数据处理可以在移动设备之外进行，移动设备作为客户端从云端获得计算、存储网络、安全等服务，从而突破移动设备的性能、电量瓶颈，极大地扩展其使用范围。❷ 移动云计算有许多技术优势，包括智能移动终端不再受硬件及操作系统限制、数据存取更加便

● 才华. 云计算在金融支付领域应用的设想［J］. 软件产业与工程，2015（2）：43 – 46.
❷ 李鹏伟，傅建明，李拴保，等. 弹性移动云计算的研究进展与安全性分析［J］. 计算机研究与发展，2015，52（6）：1362 – 1377.

捷、智能均衡负载、数据安全性有一定保障、管理成本降低等。❶

国内有学者指出，移动云计算的本质是满足ICT应用和业务员的网络实现。移动云计算的服务模式主要包括端、管和云三个层面："端"指移动终端设备；"管"指通信网络；"云"指业务模式。也就是说，云计算的业务模式有三个层次，其中底层为基云、中层为平云、顶层为软云。❷

基云的用户可以是个人，也可以是行政事业单位或企业，并以IT的基础设施作为业务平台。因此，基云也被称为基础设施即服务。亚马逊就是最早实施基云的运营商，通过基云的IT服务将原始IT数据出租给用户，使得用户可以在应用软件的操作中，实现对IT资源的有效使用。

平云以开发环境作为平台，并将应用开发的接口和工具作为用户创造新应用的平台。因此，平云也被称为平台即服务。谷歌是在"平云"服务方面是佼佼者，它通过AppEngine环境，为应用开发者提供了良好的平台业务。

软云就是基于平云或基云下的软件。相比于其他套装软件，软云具有特殊性。首先，软云业务的实现依托于互联网应用，且运营商自身或其他的基云和平云都可以利用；其次，软云应用最早也最成功的当属"salefores. com"。salefores. com为企业ERP应用服务。另外，软件还避免了传统套装软件安装、升级及维护，有效提高了用户的使用效率。

移动云计算可以说是顺时代应运而生，但是在享受移动云计算带来的便利的同时，我们需清楚，移动设备的移动性、开放性、不稳定性等使得移动云计算的安全问题比传统云计算更复杂，在移动设备上使用相关服务时应更应注意安全问题。

2. 移动云计算的应用

移动云计算兼具了移动计算和云计算的优势，可以为移动用户提供最佳的服务。移动云应用将计算能力和数据存储从移动手机迁移到云，拓展了云服务的涵盖范围，包括了移动学习、移动商务、移动医疗等诸多领域。

（1）计算卸载

在苹果应用商店和谷歌安卓市场以及一些第三方软件提供平台中，新一代的移动应用程序更加注重真实世界与计算机虚拟世界的互动。这些移动应用程序需要复杂的计算能力，如语音识别、自然语言处理、计算机视觉、机器学习和人工智能等，但移动设备本地资源却具有天然的局限性。而云平台，则拥有一个几乎无限的计算资源池。因此，将计算卸载到云端，以降低移动设备的能源消耗和弥补本地资源不足，是移动云计算最主要的目的和应用。

（2）提高可靠性

由于云中的数据和应用程序存储和备份在一组分布式计算机上，所以在云端存储数据或运行应用程序时可以获得额外的冗余，降低了数据和应用发生丢失的概率，从而有效地

---

❶ 翟玲，沈思，张红英，等. 基于移动云计算的高校图书馆移动阅读研究［J］. 网络安全技术与应用，2015（6）：96－96.

❷ 吴国旸，詹东东，姚晓津，等. 基于移动云计算的分析及应用探析［J］. 信息与电脑：理论版，2015（5）.

提高了可靠性。此外，云计算可以用于数字内容的版权保护（如影视、音乐），以防止滥用和未经授权的开发；可以为移动用户提供远程的安全服务，例如病毒扫描、恶意代码检测等。同时，基于云的安全服务可以通过收集不同用户的记录来不断自我改进。

（3）移动商务

移动商务是移动云计算的重要应用之一，因其潜在用户规模巨大、易于推广和技术创新而受到业内关注。服务商借助云服务的强大资源，可以轻易建立丰富灵活的一站式购物平台，同时由于移动通信的实时性，用户可以在第一时间准确地与对象进行沟通，与商务信息数据中心进行交互，提高用户的使用效率和体验。

目前，国内几大知名电商均已推出基于 MCC 的移动商务平台，如手机淘宝、支付宝钱包、大众点评等。移动商务具有不受时空限制、易于确认身份等优势，同时，提供位置相关服务是移动商务的特有价值，如根据位置提供旅游景点信息、查找最近的加油站等。这些都是传统的电子商务所无法比拟的。

（4）移动医疗

通过移动云来提供医疗服务和信息，可以有效减少传统医学治疗的局限性。新医改启动以来，我国医疗卫生行业信息化的需求十分巨大，优质医疗资源整体稀缺和区域间分布不均衡问题普遍存在。不断加剧的老龄化现象和持续上升的人力成本也对传统的医疗方式提出了新的要求，移动医疗提供的远程实时监控、移动护理和网络呼叫等功能，很好地缓解了这些难题。通过移动服务，用户可以很方便快捷地获取帮助和信息资源，如医疗建议和健康记录以及注意事项。此外，病人可以通过移动技术，优化整个医疗过程。通过对医院原有的信息系统的高度共享，使系统具有移动性，从而简化医疗流程，提高医疗效率。

移动医疗的另一个重要作用是减少医疗差错。据美国权威机构的调查显示，美国医院内每年有超过 1500 万例的药品误用事故发生。通过移动医疗对医疗过程进行实时监控，及时确认医疗信息，可以保证医疗的准确。

（5）移动游戏

移动游戏又称手游，对服务提供商来说是一个极具潜力的市场。手机游戏通过将需要大量计算资源（如图形渲染）的游戏引擎卸载到云中的服务器，玩家只是与设备的显示界面进行互动，这为移动设备节约了电力，从而增加了游戏时间。

3. 移动云应用面临的挑战

移动云应用，与其他的商业智能云应用程序不同，需要克服无线网络带来的挑战，包括有限的带宽和对用户体验的影响。此外，大量的应用需要占用大量的网络带宽，因此带宽花费也会影响用户对移动云服务的使用。

（1）云服务的成本和可扩展性

使用云服务的一个主要优点就是降低资源消耗，同时依赖于云计算的弹性和按需供应、计量付费的模式，满足不同规模的需求。然而，云应用在带宽消耗方面也面临着挑战，需要严格控制使用和经营成本。

（2）移动网络的成本和可扩展性

移动云计算的基础是移动网络，因此，移动云应用对无线网络带宽有很高的要求，特别是在高峰时段，网络延迟、丢包和中断都会降低移动云应用的性能，从而影响用户的体验。此外，较高的无线带宽要求会提高移动用户的流量费用，降低移动云应用的实用性。

（3）可用性

高可用性永远是服务的重要指标。相对于有线网络下的云计算，移动用户可能由于网络拥塞或通信故障而无法连接到服务。因此，服务的可用性是影响移动云计算最为重要的因素。

（4）异构性

移动云计算在无线网络环境下将面临高度异构的网络。不同的移动节点将使用不同的无线接入技术来访问云，如 WCDMA、CDMA2000、GPRS 和 WLAN 等。因此，满足异构网络间服务的无缝交互，是一个重要挑战。

（5）移动用户的安全和隐私

信息时代安全和隐私问题日益受到关注，用户在使用移动设备时会面临更高的隐私和安全风险。因此，服务商应该对用户的信息和隐私提供安全性的保障，以建立二者之间的信任。同时，应该建立相关的行业标准和法律法规，保护移动用户的安全和隐私。

（6）服务标准化

在网络接入、电源使用、显示方式和信息处理方面，不同服务商间可能存在差异。在服务商之间转移数据和应用对服务的标准化提出了要求。移动云计算服务标准化的进程中应该考虑用户界面、操作流程和数据同步等问题。❶

（四）云计算应用案例——以电子政务领域为例

1. 济南政府云政务应用❷

长期以来，济南市政府各部门应用系统软硬件采购都是单列预算、独立建设、自我使用，不能有效实现资源共享，特别是人口、空间地理等基础信息资源共建共享的长效机制尚未形成，造成了数据重复采集、无法协同办公的问题。据不完全统计，从"十一五"到 2012 年，济南市公用信息平台托管的部门服务器、网络、存储、安全设备近 1000 台，很多部门服务器 CPU 利用率仅为 5% ~ 10%。

为有效解决系统重复建设、信息分散等问题，济南市与浪潮集团合作启动了济南政务云计算中心建设和应用工作，采用电子政务集约化建设和整体服务外包模式，实现了全市非涉密电子政务平台的集约化应用。2014 年，济南市 52 个政府部门、300 多项业务应用采用云服务。基于政务云模式，济南市政府信息化资源的共享率远远高于过去。过去的 CPU 利用率基本上低于 10%，在政务云平台里，CPU 的利用率在 60% ~ 80% 之间。与之前买整体化信息化设备相比，政务云节约了 15% ~ 20% 的建设成本。目前，非涉密电子政务系统在政务云中心建设和运行的比率达 80% 以上，市级部门主要业务信息化支撑程度达 85% 以上，主要业务信息共享率达到 70% 以上。

---

❶ 廖智博. 移动云计算的应用与挑战 [J]. 山西科技，2015 (2)：108 – 110.
❷ 中国电子信息产业发展研究院，工业和信息化部赛迪智库. 云计算发展白皮书（2015 版）[EB/OL].
[2015 – 10 – 20]. www.chinacloud.cn.

2. 美国联邦政府凭云保其霸主地位❶

2012 年，为应对 IT 应用资源利用率低、资源需求分裂、信息系统重复建设等问题，美国联邦政府对云计算模式进行研究和规划，发布了《美国联邦政府云计算战略白皮书》（Federal Cloud Computing Strategy），大幅提高了对云计算模式的关注、研究、管理和应用的力度。

为了切实利用、实现云计算的优势，联邦政府提出"云优先原则"（Cloud First Policy），要求联邦政府各个机构在进行新 IT 项目投资前，需要将云计算模式作为方案之一，从安全性、可靠性等方面进行评估和衡量，达到要求即优先选用；并且要求各个机构重新评估各自信息系统资源获取策略，将云计算解决应用方案纳入考察和评估范围，作为预算制定程序的一部分进行研究和论证。

另外，美国联邦政府对信息技术方面的投资预算为 800 亿美元，其中 25% 用于政府机构采用云计算解决方案。根据测算，2010 年联邦政府 IT 领域将 30% 的投资用于建设数据中心基础设施，但这部分投资不产生生产力。使用云计算模式提供 IT 服务可节省开支。

据不完全统计，目前美国联邦政府各机构使用云计算的情况如下：

美国国防部军队体验中心放弃继续使用、升级更新旧有客户关系管理系统，选用基于云计算 SaaS 的服务，将费用由升级旧系统所需的超过 100 万美元降低到 5.4 万美元；

美国国防部空军个人信息中心进行信息系统基于云计算方式改造，将信息查询时间从 20 分钟降低到 2 分钟，每年节省 400 万美元费用；

美国总务管理局将邮件系统向云计算迁移，全球范围内减少 17 个冗余数据中心，节省 1500 万美元；

美国农业部将邮件系统向云计算迁移，整合 21 个割裂的邮件系统，节省 2700 万美元。

3. 美国洛杉矶市政府依靠云宣传绿色节能理念

洛杉矶市政府方面，由于目前使用的传统邮件系统提供的邮箱容量小，不支持移动设备且系统维护成本高等原因，对旧邮件系统产生不满，将其系统切换到 Google Apps 提供的云计算服务，由谷歌为其 3.4 万名雇员提供 5 年邮件服务。

此项基于云计算技术的服务，能够为洛杉矶市政府提供针对即时邮件和视频会议的强化协同功能，使得其雇员不必在同一地点就能够高效开展工作；文档共享功能使文档在联合编写和编辑方面效率更高，任何计算机或移动设备均可轻松访问邮件系统，增强可用性，大幅扩充存储空间，雇员邮箱容量是旧系统提供容量的 25 倍，节省 IT 资源。

使用新的邮件系统服务，预计洛杉矶市政府可节省 550 万美元费用，根据投资回报率计算，可节省 2000 万美元的投资。预计 65% ~ 80% 的雇员通过使用 Google Apps 服务能够满足全部办公软件服务的需求。节省的近 100 台服务器相当于每年节省 15 万美元的电费。

此次应用云计算服务方式建设其邮件系统，除了实现优化资源配置，降低财政支出

---

❶　佚名. 云计算服务应用案例介绍和分析 ［J］. 物联网技术，2012（2）：20 - 24.

目标之外，具有更大的推动 IT 资源使用的合理化、环保化的象征意义和宣传意义。一方面以身作则，切实履行减排义务；另一方面树立榜样，带动更多企业充分认识和了解云计算绿色环保特点和降低费用的优势。

（五）云计算的发展前景

云计算之所以得到广大用户和 ICT 企业的青睐，除了大家经常提到的提高服务器利用率、降低信息化成本和能耗、实现业务应用的快速部署等优点外，还有一些特色尚未被社会和产业广泛认知，包括端到端生态环境、普惠计算、专业化个性化服务、大数据计算和通用计算账户等。这些特点将成为未来云计算技术和产业大发展的重要趋势，构成云计算的核心竞争力。

1. 端到端生态环境

云计算的集中服务特征意味着第三方云服务提供商是责任人和控制者，必须整合各种资源满足用户体验需求。成功的云服务提供商往往把这个责任变成自己最大的机会，在整合资源过程中针对该服务特定的用户体验需求做端到端设计（End‑to‑End Design），即考虑从服务器端到客户端，从某个技术层（端）到用户体验层（端）的统一集中的设计。苹果公司实践的"乔布斯法则"是这种趋势的一个特例。这种端到端的生态系统已经影响了信息产业的整体产业分工，正在形成 30 年一次的新一代生态环境。

2. 普惠计算

云计算是推动普惠计算的强大杠杆，将颠覆计算机发展史中的滴漏（Trickle Down）效应传统做法，即新技术从科学计算和企业计算等机构开始，然后再滴漏到消费者，未来的普惠计算将以广大民众为起点，以民众的计算需求为第一负载，变自上而下为自下而上。普惠计算首先是 e‑People，而不是 e‑Business、e‑Science、e‑Government。云计算与移动互联网、物联网有着密切联系，云网端的有机配合将使计算从赛博空间（Cyberspace）进入人机物三元世界（The Ternary Human‑cyber‑physical Universe）。一个计算过程不再局限于使用计算机与网络硬件、软件和服务，而是综合利用物理世界、赛博空间、人类社会的资源，通过人、机、物融合合作完成计算任务。

3. 专业化个性化服务

信息领域面临一种被称为"昆虫纲悖论"的矛盾：一方面，海量用户和终端应该带来巨大的市场。另一方面，用户的需求是个性化的，物联网领域也缺乏可复制的应用，而且人们也想象不可能复制上亿份的批量应用，这是一个悖论。按传统的技术模式，没有批量就没有低成本，而在云计算和物联网时代，人们会找到破解"昆虫纲悖论"的模式，实现低成本的专业化个性化服务。集中服务往往意味着专业化服务，在专业化分工下形成新的产业生态。目前，每个云计算系统一般只提供为多个租户的一种或数种专业化云计算服务，基本没有提供无所不包的传统企业信息系统的云计算产品。这是云计算与传统 IT 外包的主要区别。

4. 大数据计算

目前的云计算产业中以互联网服务做得最好，他们的竞争力就是尽量利用大数据计算，包括 PB 级数据挖掘、亿维稀疏矩阵机器学习、万亿记录的在线分析等，提升云服务的含金量和品质。比如，百度公司需要每天挖掘几十 PB 数据，以提升搜索质量。反过来，云计算的集中服务特征也有利于大数据计算。PC 模式中数据分散在上亿台机器上，大数据计算很难有效。

5. 通用计算账户

Web 技术的成功有一个重要因素，就是通用统一的资源（Resource）概念。一个 Web 资源可以通过其独特的 URL 被上亿用户使用。未来的云计算可做到调用网上各种资源为每个公民提供个性化服务，每个用户都会有一个通用计算账户（Universal Compute Account，UCA）。通用的含义是该用户使用其独特的 UCA 可获取其有权使用的所有资源，而不被某个厂商绑定。目前网络上有各种互不兼容的所谓"公有云"，将来各种云之间一定会实现互操作。

四、云计算相关技术和支持软件

云计算是网格计算、分布式计算、并行计算、效用计算、网络存储、虚拟化、负载均衡（Load Balance）等计算机技术和网格技术发展融合的产物，如图 2 - 17 所示。

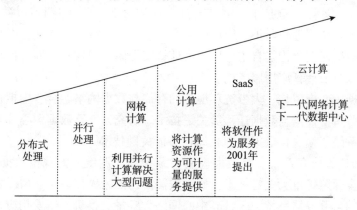

图 2 - 17　云计算技术演进过程

云计算旨在通过网络把多个成本相对较低的计算实体整合成一个具有强大计算能力的系统，并通过对 SaaS、PaaS、IaaS 等技术进行混合演进，减少用户终端的处理负担，最终使用户终端简化成一个单纯的输入/输出设备，并能按需享受"云"的强大处理能力。因此，云计算被视为科技界的最新革命，将带来工作方式和商业模式的根本性改变。

云计算领域的几个关键性的技术如下：

1）虚拟化技术。包括服务器虚拟化、存储虚拟化和网络虚拟化。无论是小型机还是 PC 服务器、无论是交换机还是路由器，各自厂家的管理均只能管理自己的硬件，很难管理其他厂家的硬件设备。因此目前虚拟化技术均为"分割"服务器的方案，不能"聚合"。聚合方案在基础架构层无法完成。这是当前需要重点攻克的难题。网络设备的虚拟化，需要对传统的路由器、交换机进行进一步增强，使其能够支持大量的可扩展的应用，同一个网络设备可以运行多个虚拟的网络。

2）分布式存储技术。改变传统的集中存储模式为分布式存储，其技术特点是：高可用性，采用冗余存储的方式来保证存储数据的可靠性，具有高吞吐率和高传输率的特点；分布式大规模数据管理，构建了弱一致性要求的大规模数据库系统，能够高效地管理大数据集，能对海量的数据进行存储、读取以及高效分析；分布式编程和运行环境，保证后台复杂的并行执行和任务调度对用户和编程人员开放，适用于编写松耦合、高度并行化的程序。

3）认证和授权技术。通过资源的集中和共享后，便于构建统一的用户身份认证和授权，解决多用户组织访问和管理的需求，并能根据使用情况进行灵活、个性化的计费。

《中国云科技发展"十二五"专项规划》中指出，我国未来几年在云计算技术方面需要重点解决的问题有以下几个方面：

1）研究和建立云计算技术体系和标准体系。研究云计算系统核心软件、硬件设备、应用服务示范平台及云计算数据中心的评测方法，制定云服务评测指标体系规范，研制配套的评测工具，建立测试环境和平台，并开展评测服务。

2）突破云计算共性关键技术。突破支持万级并发任务的云服务器节点技术，支持十万量级节点有效交互的数据中心互联网络结构与通信栈技术，支持身份认证、加密与隔离的硬件安全技术，大规模分布式数据共享与管理技术，资源调度及弹性计算技术，服务器虚拟化等云计算关键技术。突破云计算应用服务开发和运行环境、用户信息管理、运行管控、安全管理与防护、应用服务交互、云计算智库等共性支撑技术。开展云计算安全体系架构研究，构建自主可控的云计算安全体系架构。掌握云计算环境下用户身份管理技术以及云计算应用服务的安全防护和风险评估技术。研究云计算网络技术，突破云计算数据中心虚拟化、大带宽环境下的存储与数据网络融合、虚拟机接入、多用户数据隔离、跨集群通信与数据迁移等关键技术。研究云计算数据中心（包括新型制冷系统、供配电系统、模块化数据中心）绿色节能关键技术。

3）研制云计算成套系统。突破大规模资源管理与调度、大规模数据管理与处理、运行监控与安全保障等重大关键技术，研制按需简约的云操作系统、EB 级云存储系统、支持亿级并发的云服务器系统、云计算中心网络大容量交换机，研发相应安全防护产品与软件，形成云计算技术产品体系，构建云计算公共服务与管理平台。

第五节　人工智能

人工智能（Artificial Intelligence，AI）是一种在计算机上模拟人类行为和认知过程，能够对新的情景或不可预测的场景进行感知、学习并且调整自身行为以更好地适应新环境达到预期目标的技术。20 世纪 70 年代以来，人工智能被称为世界三大尖端技术之一（空间技术、能源技术、人工智能），也被认为是 21 世纪三大尖端技术之一（基因工程、纳米科学、人工智能）。近些年来，人工智能发展迅速，在很多学科领域都得到了广泛应用，并取得了丰硕的成果，如文字识别、图形识别、景物分析以及语言理解等方面。人工智能已逐步成为一个独立的分支，无论在理论上还是在实践上都已自成体系。

一、人工智能的发展过程

（一）人工智能的形成时期

1956 年，由美国数学家、计算机科学家和人工智能早期研究者约翰·麦卡锡（John

McCarthy）等人倡导，在美国达特茅斯大学（Dartmouth College）举行了人类历史上第一次人工智能研讨会，历时两个月，在这次会议上，经麦卡锡提议，正式采用了"人工智能"这一专业术语，这次会议标志着人工智能学科的诞生。

1957 年，塞缪尔（Samuel）和西蒙（Simon）等人的心理学小组编制出一个称为逻辑理论机（The Logic Theory Machine）的数学定理证明程序，当时该程序证明了罗素（Russell）和怀特赫德（Whitehead）的《数学原理》一书第二章中的 38 个定理（1963 年修订的程序在大机器上终于证完了该章中全部 52 个定理）。这一活动被认为是人工智能的真正开端。❶

1958 年，美籍华人数理逻辑学家王浩在 IBM – 704 计算机上证明了《数学原理》中有关命题演算的全部 220 条定理，并且证明了谓词演算中 150 条定理的 85 条。

1959 年，塞尔夫里奇（Cerf Rich）推出了一个模式识别程序。

1960 年，香农（Shannon）等人研制了通用问题求解程序（General Problem Solver, GPS），可以用来求解 11 种不同类型的问题。他们发现人们求解问题时的思维活动分为三个步骤，并首次提出了启发式搜索的概念。麦卡锡研制出人工智能语言 LISP，该语言至今仍然是建造人工智能系统的重要工具。

1965 年鲁滨孙（Robinson）提出了归结原理，为定理的机器证明做出了很大的贡献，同年，美国斯拍福大学的费根鲍姆（E. A. Feigenbaum）开始了对专家系统 DEN-DRAL 的研究，1968 年该系统完成并投入使用，该专家系统能根据质谱仪的实验，通过分析推理决定化合物分子结构，其分析能力已接近于、甚至超过有关化学专家的水平，并在美、英两国得到了实际应用。该专家系统的研制成功不仅为人们提供了一个实用的智能系统，而且对于知识的表示、存储、获取、推理以及利用是一次非常有益的探索，为以后专家系统的建造树立了榜样，对人工智能的发展产生了深刻的影响。

1969 年国际人工智能联合会议（International Joint Conference on Artificial Intelligence, IJCAI）成立，这是人工智能发展史上一个重要的里程碑，标志着人工智能学科已经取得了世界的肯定和公认。

(二) 人工智能的发展时期

1970 年之后，人工智能的发展并不顺利，当科学家们向更高的山峰攀登时，困难也接踵而来。例如，在塞缪尔的下棋程序中，计算机程序同世界冠军对弈时，五局败了四局，同时，机器翻译的研究也遭受失败。尽管遭遇挫折，科学家仍然没有放弃，他们一方面加强基础理论研究，大量地掌握各方面的知识，另一方面扎实地进行研究工作，最终涌现出大量的研究成果。

1970 年，斯坦福大学计算机科学系费根鲍姆（Feigenbaum）和化学家杰拉西（C. D jerassi）以及里德伯格（J. Leberberg）等人研制出世界上第一个专家系统。该系统具有非常丰富的化学知识，可以根据质谱数据帮助化学家推断分子结构，被广泛地应用于世界各地的大学及工业界的化学实验室。

1972 年，伍兹（W. Woods）研制成功了基于知识的自然语言理解系统 LUNAR。该

---

❶ 金聪，郭京蕾. 人工智能原理与应用 [M]. 北京：清华大学出版社，2009：10.

系统可用于查询月球地质数据，协助地质学家查询分析阿波罗 11 号在月球采集的岩石标本的成分，并能够回答用户的问题。该系统的数据库中有 13000 条化学分析规则和 10000 条文献论题索引，是第一个采用扩充转移网络（Augmented transition network, ATN）和过程讲义学的思想，也是第一个用普通英语与机器对话的人机接口。❶

1973 年（R. C. Schamk）提出概念从属理论，1974 年明斯基（Minsky）提出表示知识的另一种方法框架理论，又称画面理论。框架理论能较好地描述范围较大的问题，所以提出后就得到了广泛的应用。1976 年纽威尔（Newell）和西蒙（Simon）提出了物理符号系统假设，认为物理符号系统是表现智能行为的充分必要条件。因此，可以把信息加工系统看成是一个具体的物理系统，如人的神经系统、计算机的构造系统等。

20 世纪 70 年代出现的专家系统让人类了解计算机对于人类专家的代替作用，由于计算机硬件性能的提高，人工智能得以进行一系列重要的活动，如统计分析数据、参与医疗诊断等。在理论研究方面，计算机开始有了简单的思维和视觉功能。当时，另一个人工智能语言 Prolog 语言诞生了，它和 LISP 一起，几乎成为人工智能工作者不可缺少的工具。1977 年，费根鲍姆在第五届国际人工智能联合会议上提出了"知识工程"的概念，对以知识为基础的智能系统的研究和构建起了重要作用。

从 20 世纪 80 年代中期开始，有关人工神经元网络的研究取得了突破性的进展。1982 年生物物理学家霍普菲尔德（Hopfield）提出了一种新的全互联的神经元网络模型，被称为 Hopfield 模型。该模型的能量单调下降特性，可用于求解优化问题的近似计算。1985 年霍普菲尔德利用这种模型成功地求解了"旅行商"问题。1986 年鲁姆哈特（Rumelhart）提出了反向传播（Back Propagation, BP）学习算法，解决了多层人工神经元网络的学习问题，成为广泛应用的神经元网络学习算法。从此，掀起了新的人工神经元网络的研究热潮，提出了很多新的神经元网络模型，并被广泛地应用于模式识别、故障诊断、预测和智能控制等多个领域。

20 世纪 90 年代，计算机发展趋势为小型化、并行化、网络化和智能化。人工智能技术逐渐与数据库、多媒体等主流技术相结合，使计算机更聪明、更有效、与人更接近。1992 年，日本政府结束了为期十年的"知识信息处理系统"第五代计算机系统研究开发计划，并开始了为期十年的实况计算计划。1997 年 5 月，IBM 公司研制的"深蓝"计算机，以 3.5 比 2.5 的比分，首次在正式比赛中战胜了人类国际象棋的世界冠军卡斯帕罗夫，在世界范围内引起了轰动，如图 2 - 18 所示。这标志着在某些领域，人工智能系统可以达到人类的最高水平。

这一时期学术交流的发展对人工智能的研究有很大的推动作用。1969 年国际人工智能联合会成立，并举行了第一次学术会议（International Joint Conference on Artificial Intelligence, UCAI - 69），随后每两年召开一次。随着人工智能研究的发展，1974 年又成立了欧洲人工智能学会，并召开第一次会议（European Conference on Artificial Intelligence, ECAI），随后每两年召开一次。

❶ 刘白林. 人工智能与专家系统 [M]. 西安：西安交通大学出版社，2012：4.

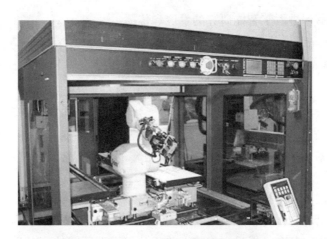

图 2-18　IBM 超级计算机"深蓝"与国际象棋选手卡斯帕罗夫对战

　　此外，许多国家也成立了人工智能学术团体。1970 年创办了国际性期刊 Artificial Intelligence，爱丁堡大学还不定期出版 Machine Intelligence 杂志，还有 UCAI 会议文集、ECAI 会议文集等。此外，美国计算机学会（Association for Computing Machinery，ACM），美国联邦信息处理学会（American Federation of Information Processing Societies，AFIPS）和电气与电子工程师协会（Institute of Electrical and Electronics Engineers，IEEE）等也出版了与人工智能相关的论著。机器学习、计算智能、人工神经网络等和行为主义的研究深入开展，形成高潮。

　　现在许多国家已经开始了人工智能的研究，继美国、英国之后，日本和西欧一些专家也加入了研究的行列。人工智能技术在美国、欧洲和日本飞速发展。IBM 公司为加利福尼亚州劳伦斯·利佛摩尔国家实验室制造的 ASCI White 电脑，号称具有人脑的千分之一的智力能力，而正在开发的更为强大的新超级电脑——"蓝色牛仔"（Blue Jean），预计其智力水平将大致与人脑相当。麻省理工学院的 AI 实验室进行一个代号为 cog 的项目，cog 计划意图赋予机器人以人类的行为。该实验的一个项目是让机器人捕捉眼睛的移动和面部表情，另一个项目是让机器人抓住从它眼前经过的物体，还有一个项目则是让机器人学会聆听音乐的节奏并将其演奏出来。

　　人工智能已经成为未来科技最重要的一个发展方向，其发展前景及其巨大的发展市场已经被各国看好。除了 IBM 等公司继续在人工智能技术上大量投入，保证其领先地位外，其他公司在人工智能的分支研究方面也保持着一定的投入。2016 年，微软和剑桥建立了一个能够编写并解决简单数学问题的代码的算法——DeepCoder，并获得了极高知名度。2017 年，微软宣布收购 Maluuba 公司。Maluuba 公司是一家加拿大的人工智能公司，Maluuba 的人工智能技术专注于使用深度学习和强化学习技术来提高计算机系统的熟练程度和有效性。微软表示，收购这家公司可以加速微软"研发出让电脑能自然地读、写、交谈的技术"。2016 年 12 月，苹果发布了第一份关于人工智能的学术文件，描述了一种新兴的技术，它被用于改进算法的训练能力，即通过计算机生成图像而非真实图像进行来训练算法的图像识别能力。苹果这次公开了其第一份人工智能报告意味着该公司迈出了重要的一步，有利于苹果公司在整个科技行业推广自家更高级的人工智能

软件，同时也能够促进人工智能研究的发展和传播。

（三）人工智能在我国的发展情况

我国的人工智能研究起步较晚。1978 年，智能模拟研究被纳入国家"863"计划；1981 年起，中国 AI 学会等学术团体相继成立；1984 年，召开了智能计算机及其系统的全国学术讨论会；1986 年，智能计算机系统、智能机器人和智能信息处理（含模式识别）等重大项目被列入国家高技术研究计划；1993 年，智能控制和智能自动化等项目被列入国家科技攀登计划。进入 21 世纪后，更多的人工智能与智能系统研究获得各种基金计划支持。❶

近年来，我国的人工智能研究已经从学习国外技术进入自主研究时期，形成了自主研究重大科学前沿和转化科技成果的新局面，在人工智能领域取得了许多具有国际领先水平的创造性成果。其中，以吴文俊院士关于几何定理证明的"吴氏方法"最为突出，与袁隆平院士的"杂交水稻"一起荣获 2001 年国家科学技术最高奖。在人工智能的理论方法研究方面，提出了广义智能信息系统论、信息－知识－智能转换理论、人面仿生模式识别方法、知识表达的情感适应模型、高维几何与神经网络、知识发现的机理、网络化智能、人工情感和拟人系统、全信息论、泛逻辑学、可拓学等其有创新特色的理论和方法，为人工智能理论的发展提供了新的理论体系。目前，我国许多高校和研究机构，都在开展人工智能的研究和教学工作，已在专家系统、模式识别、汉语理解、定理证明、辅助设计、辅助教学、智能控制、智能管理、机器人、办公室自动化等方面，取得了许多研究成果。❷

21 世纪以来，我国科技工作者在人工智能领域的研究取得了突破进展。例如，在 2004 年全球超级计算机 500 强排行榜上，我国的曙光 4000A 位居前十。2008 年 9 月 16 日上午，我国首台超百万亿次超级计算机曙光 5000A 在天津下线。曙光 5000A 运算速度峰值达每秒 230 万亿次。2008 年 12 月 4 日，联想集团正式对外宣布，国内第一个实际性能突破每秒百万亿次的异构机群系统——联想"深腾 7000"在京研制成功，其运算能力达到每秒 106.5 万亿次。2009 年 10 月 29 日，由国防科技大学研究的"天河一号"千万亿次计算机获得圆满成功，使中国成为继美国之后第二个能够研制千万亿次超级计算机的国家。哈尔滨工业大学洪炳熔教授推出的机器人足球竞赛系统连年在大型国际比赛中夺冠。在人工智能的技术开发方面，开发了中医专家系统、农业专家系统、汉字识别系统、汉英识别系统、汉英机译系统等具有中国特色的人工智能应用技术和产品。

目前，我国开发的人工智能产品包括：①智能家居（智能家居中心、智能家电产品、智能视听产品、智能玩具产品、智能游戏等）；②智能装置与智能系统（智能仪表与智能传感器、智能检测系统、智能设备、智能开发系统、智能制造系统（图 2－19）、智能控制单元与系统、仿生与识别装置、仿真设计与制造、智能教学设备、智能温室技术与产品等）；③智能机器人（专用型机器人、通用型机器人、教学型机器人、游艺型机器

---

❶ 敖志刚. 人工智能及专家系统［M］. 北京：机械工业出版社，2010：19.
❷ 敖志刚. 人工智能及专家系统［M］. 北京：机械工业出版社，2010：19.

人以及各类机器人开发系统等）；④智能建筑集成（智能场馆、专用技防仪器仪表、数字化小区以及其他与智能建筑集成配套的技术和设备等）；⑤智能交通（智能化交通设备与系统、智能化定位与导航系统、智能化高速路收费系统、车辆智能识别装置，以及其他与交通管理、指挥、运行相关的智能化产品、技术、软件、系统等）；⑥智能网络（智能软件、智能商务、智能诊断、目标判断与分级系统、智能管理系统、智能决策软件、智能网络与终端、网络会议系统、网络教学系统、网络监视与控制系统以及其他智能网络的平台、系统等）；⑦智能通信（智能通信终端设备、智能通信技术、智能通信系统等）；⑧其他各类智能产品、系统。

图 2 - 19　工业 4.0 智能制造系统

（四）人工智能的主要学派

人工智能发展的 50 多年，经历了符号主义学派、行为主义学派和联结主义学派。三大学派各有特点，从各自不同的角度研究人工智能，为人工智能的发展做出了卓越的贡献。

1. 符号主义学派

符号主义学派，又称为逻辑主义、计算机学派或心理学派。符号主义学派理论基础是物理符号系统假设和有限合理性原理，他们认为人类的认知基元是符号，认知的过程是对符号的计算与推理的过程。人与计算机均可以看作物理符号系统，因此人们可以使用计算机来模拟人的行为。符号主义学派认为人的认知基元可以通过计算机上的数学逻辑方法表示，然后通过计算机自身的逻辑运算方法模拟人类所具备的认知系统的机能和功能，进而实现人工智能。

符号主义学派无视了认知基元的本质，对于所有的认知基元均使用数学逻辑方法表示。符号主义学派重点研究认知基元的逻辑表示以及计算机的推理技术，早期对于众多人工智能的研究都是在这一思想的推动下进行的。符号主义学派在归结推理、翻译、数学问题证明以及专家系统和知识工程做出了十分巨大的贡献，为后期的人工智能研究打下了基础。专家系统的出现更是将人工智能的研究推上了顶峰，其为矿业探究、医疗诊查、教育推广、工业设计的应用带来了巨大的社会效益。

2. 行为主义学派

行为主义又被称作进化主义或控制论学派。行为主义学派认为智能取决于感知和行动，不需要像符号主义学派的逻辑知识以及推理。行为主义学派认为人的本质能力是行为能力、感知能力和维持生命及自我繁殖的能力，智能行为是人与现实世界环境的交互作用体现出来的。人工智能应像人类智能一样通过逐步进化而实现，而与知识的表示和知识的推理无关。行为主义学派与传统人工智能截然不同的观点吸引了众多的科学家。该学派重点研究人类的控制行为，目前已有的机器昆虫证明了行为主义学派的理论正确性。虽然大部分人认为机器昆虫不能导致高级行为，但是行为主义学派的崛起标志着控制论在人工智能领域有着独树一帜的作用。

3. 联结主义学派

联结主义学派是近年来最热门的一个学派，又被称为仿生学派或心理学派，建立于网络联结基础之上模仿人类大脑的结构和工作模式。联结主义学派主要研究非程序的、可适应环境变化的、类似人类大脑风格的信息处理方法的本质和能力，是基于神经网络及网络间的连接机制和学习算法的人工智能学派。持该观点的学者认为，认知的基本元素不是符号是神经细胞（神经元），认知过程是大量神经元的联接，大脑是一切智能活动的基础，因而从大脑神经元及其连接机制出发进行研究，理解大脑的结构以及它进行信息处理的过程和机理，就有望揭示人类智能的奥秘，从而真正实现人类智能在机器上的模拟。

联结主义学派通过模拟人类神经网络模仿人类的认知行为，由此进行人工智能的学习记忆、模式识别。联结主义学派构建了大量的神经网络模型，方便在不同的情景模式下选择相应的模型，进而快速的得出答案。联结主义学派采用分布式存储数据，对数据进行并行处理，这样使人工智能在处理问题时的速度有了明显的提升，由此联结主义学派在人工智能领域中占有一席之地。

三大学派在人工智能的发展史上有着举足轻重的作用，每一个学派的兴起都代表人工智能的一个新高峰。三大学派各有优缺点，在人工智能领域三者相辅相成，人工智能学科在三大学派的带领下茁壮成长。

二、人工智能的发展特点、热点与问题

（一）人工智能的发展特点

当前人工智能的发展，呈现出如下特点：

1）传统的符号处理与神经计算各取所长，联合作战。由于两种方法各有所长，相互补充。所以，将两种方法相结合，是可取的策略和方向。

2）一批新思想、新理论、新技术不断涌现，如模糊技术、模糊神经网络、遗传算法、进化程序设计、混沌理论、人工生命等，它们又构成了所谓的软计算技术、计算智能、符号智能、粗糙集理论、数据开采与知识发现技术、面向对象技术、现场人工智能等。这些理论和技术又互相渗透、互相融合。

3）基于计算机网络，以研究和开发群体智能为主要特征的分布式 AI 正异军突起，蓬勃发展。

4）应用研究愈加深入而广泛。当今的人工智能研究与实际应用的结合越来越紧密，受应用的驱动越来越明显。

5）从追求自主的系统发展为人机结合的系统。计算机的定量与人的定性信息处理相结合，取长补短。传统的人工智能研究的是基于逻辑的，深思熟虑的智能。现代的人工智能研究的是直觉、顿悟、形象思维的智能，与模式识别的研究有密不可分的联系。

6）从整体上把握人工智能的趋势越来越明显。人工智能的研究目标是认识与模拟人类智能行为。传统人工智能研究往往将研究重点集中于对人类单个智能品质，如计算能力、推理能力、记忆能力、搜索能力、直觉能力等的研究与模拟，无法充分刻画或恰当模拟人类的智能行为。把人看成多种智能品质构成的有机整体——智能体，综合考察智能体的各种智能行为与特征，是当前人工智能研究者共同的愿望。近来，从整体把握人工智能的 agent 的研究课题已成为人工智能的热点。有关 agent 的理论与技术已被成功地应用于机器人、Internet 及各类其他生产实际问题中。❶

（二）人工智能的研究热点❷

1. 问题求解

问题求解一般包括两种，一种是解决管理活动中由意外引起的非预期效应或与预期效应之间的偏差，关于这一方面的研究正在逐渐发展成为搜索和问题归纳这类人工智能的基本技术；另一种是问题的求解程序，即把各种数学公式符号汇编在一起，这种技术的性能已达到非常高的水平，并正在被许多工程师和科学家应用，甚至有些程序能够用经验来改善。❸

2. 机器学习

机器学习就是指机器自动获取知识的过程，是人工智能研究的核心课题之一。机器学习是机器获取知识的根本途径，也是机器智能的重要标志。目前计算机的机器学习主要研究如何让计算机模拟或实现人类的学习能力。今后机器学习的主要研究内容是人脑思维的过程、人类学习的机理等。

3. 模式识别

计算机通过实现模式（文字、声音、人物、物体等）的自动识别，弥补其对外部世界感知能力低下的缺陷，使其能够通过感官接收外界信息，识别和理解周围环境，这是人工智能技术今后研究的重要方向。因为模式识别能为人类认识自身智能提供线索，也是开发智能机器的关键突破口。目前计算机模式识别系统的研究热点主要为三维景物、活动目标的识别和分析，而在人脸识别和虹膜识别方面的技术较为成熟。❹

1）人脸识别技术。人脸识别是基于人的脸部特征进行身份识别的一种识别技术。系统根据人脸各部分，如眼睛、鼻子、唇部、下颚等器官的相互位置，以及它们的形状和尺寸提取特征从而实现基于人脸特征的身份识别。与基于生理特征的人体生物识别技

❶ 孙珩. 浅谈人工智能的发展趋势 [J]. 科技广场，2002（3）：37-39.
❷ 张清华. 人工智能技术及应用 [M]，北京：中国石化出版社，2012.
❸ 杨宪泽. 人工智能与机器翻译 [M]. 成都：西南交通大学出版社，2006：11.
❹ 杨焱. 人工智能技术的发展趋势研究 [J]. 信息与电脑（理论版），2012（8）：151-152.

术相比，人脸识别是一种更直接、更方便、更友好、更容易被人们接受的识别方法。随着高速高性能计算机的出现，人脸识别方法有了重大突破，进入了真正的机器自动识别阶段。[1] 人脸识别方法主要有：多模板相关方法、模板匹配法、基于侧面人脸几何特征的方法、正面人脸特征方法、正面人脸特征和侧面人脸特征的混合法、主元分析法、等密度线图法、基于神经网络的模板匹配法等。[2] 人脸识别技术具有广泛的应用前景：在国家安全、军事安全和公共安全领域，智能门禁、智能视频监控、公安布控、海关身份验证、司机驾照验证等是典型的应用；在民事和经济领域，各类银行卡、金融卡、信用卡、储蓄卡持卡人的身份验证、社会保险人的身份验证等具有重要的应用价值。

2）虹膜识别技术。眼结构由巩膜、虹膜、瞳孔部分构成，而虹膜是位于黑色瞳孔和白色巩膜之间的圆环状部分，其包含有很多相互交错的类似于斑点、细丝、冠状、条纹、隐窝等的细节特征，这些特征可唯一地标识一个人的身份。虹膜识别技术是精确度最高的生物识别技术，两个不同的虹膜信息有75%匹配信息的可能性是1:106，而两个不同的虹膜产生相同虹膜代码的可能性是1:1052。虹膜的定位可在1s内完成，产生虹膜代码的时间也仅需1s，数据库的检索时间也相当快。虹膜识别技术被广泛认为是21世纪最具有发展前途的生物认证技术，可应用于安防、国防、电子商务等多个领域。[3] 1993年，剑桥大学的Daugman提出了基于2D Gabor变换的虹膜识别方法，目前国外的商业虹膜识别产品的核心软件大多是基于Daugman的算法。我国该领域的部分研究成果已经达到了国际领先水平，中科学院自动化研究所的模式识别国家重点实验室是国内最早从事虹膜识别研究的单位之一，从1998年至今已经开发了多代虹膜识别系统，包括虹膜采集装置、图像预处理、特征抽取和匹配等基本模块，从硬件到软件都实现了自主知识产权的目标。[4]

4. 专家系统

专家系统是根据某领域中一个或多个专家提供的知识或经验，进行推理和判断，模拟人类专家的决策过程，以解决需要人类专家处理的复杂问题的智能软件，它是一个具有大量的专门知识与经验的程序系统。目前专家系统已遍布各个专业领域，因此专家系统是人工智能应用研究最广泛和最活跃的应用领域之一。

5. 人工神经网络

人工神经网络，常被简称为神经网络或类神经网络，是未来人工智能应用的新领域。人工神经网络是由大量处理单元（神经元）互联而成的网络。人工神经网络具有很强的自学习能力，主要擅长处理复杂的多维的非线性问题，不但可以解决定量的问题，还可以解决定性的问题，同时人工神经网络还具有大规模并行处理和分布的信息存储能力。

[1] 赵小川. MATLAB图像处理：能力提高与应用案例［M］. 北京：北京航空航天大学出版社，2014：300.
[2] 王立君，徐中宇，孙秋成. 人体虹膜图像信息处理与识别技术［M］. 北京：中国水利水电出版社，2014：112.
[3] 李梅，范东琦. 物联网科技导论［M］. 北京：北京邮电大学出版社，2015：46.
[4] 陈泽茂，朱婷婷，严博，等. 信息系统安全［M］. 武汉：武汉大学出版社，2014：35.

6. 智能认证技术

集成电路卡（Integrated Circuit Card，IC）是一种较为传统的认证技术。它是把具有存储、运算等功能的集成电路芯片压制在塑料片上，使其成为能存储、转载、传递、处理数据的载体。IC 卡由于其固有的信息安全、便于携带、比较完善的标准化等优点，在身份认证、银行、电信、公共交通、车场管理等领域得到较为广泛的应用。例如，二代身份证、银行的电子钱包、电信的手机 SIM 卡、公共交通的公交卡、地铁卡，用于收取停车费的停车卡等，在人们日常生活中扮演着重要角色。❶

认证中心（Certification Authority，CA），是基于互联网平台建立的一个公正的、有权威性的、独立的、受信赖的组织机构，主要负责数字证书的发行、管理以及认证等服务，以保证网上业务安全可靠地进行。例如，目前网络支付结算，在社会上就建立有绝对权威性的认证中心，由电子商务的参与方客户、商家、银行、政府机构等实体上网注册加入已有的认证中心，认证中心能确保所有网络支付与结算过程以及各方的安全性，保证安全的网络支付。CA 的技术基础是公钥基础设施（Public Key Infrastructure，PKI）体系，是一种遵循既定标准的密钥管理平台，能为所有网络应用服务提供加密和数字签名等密码服务及其必需的密钥和证书管理体系。❷

（三）人工智能发展研究中存在的问题

人工智能的研究仍存在一些问题，主要表现在以下几个方面：

1）宏观与微观隔离。一方面是哲学、认知科学、思维科学和心理学等学科研究的智能层次太高、太抽象；另一方面是人工智能逻辑符号、神经网络和行为主义研究的智能层次太低。这两方面之间相距甚远，中间还有许多层次未予研究，无法把宏观与微观有机地结合与渗透。

2）全局与局部割裂。人类智能是脑系统的整体效应，有着丰富的层次和多个侧面。但是，符号主义只抓住人脑的抽象思维特性；连接主义只模仿人的形象思维特性；行为主义则着眼于人类智能行为特性及其进化过程。它们存在明显的局限性，必须从多层次、多因素、多维和全局观点来研究智能，才能克服上述局限性。❸

3）理论和实际脱节。大脑的实际工作，在宏观上人们认识深入，但在微观上，人们对大脑的工作机制却知之甚少，难以找出规律。在这种背景下提出的各种人工智能理论，源于主观猜想，能在某些方面表现出"智能"就算相当成功了。❹

事实上，人脑的结构和功能要比人们想象的复杂得多，因此关于人工智能的研究困难重重。要从根本上了解人脑的结构和功能，解决面临的难题，完成人工智能的研究任务，需要寻找和建立新的框架和理论体系，打下人工智能进一步发展的理论基础，并进行多学科联合协作研究，才可能解开"智能"之谜，使人工智能研究达到一个更高的水平。

❶ 李梅，范东琦. 物联网科技导论 [M]. 北京：北京邮电大学出版社，2015：53.

❷ 陈月波，刘海. 电子支付与交易安全 [M]. 北京：人民邮电出版社，2011：159.

❸ 蔡自兴，姚莉. 人工智能及其在决策系统中的应用 [M]. 长沙：国防科技大学出版社，2006：325.

❹ 蔡自兴，徐光. 人工智能及其应用 [M]. 北京：清华大学出版社，2004：459.

三、人工智能的发展展望

针对人工智能技术发展所面临的困难和求解问题的实际需要，人工智能技术研究应在传统理论与实践基础上采取新的观点和方法，综合运用各种技术，开辟新的研究与实验途径，争取实现人工智能技术研究的新突破。因此，人工智能技术研究出现了多种学科（如脑科学、心理学、生理学、生物化学、认知科学、社会学等）间的相互交叉与渗透，与计算机网络技术（如高性能计算机网络）相结合，建立适应于人类思维的分布式并行处理模型，构造合适的人工智能技术研究与实验平台。

1）对人工智能涵义的认识。人工智能是指在人类制造的机器工具上实现人类智能，即实现人类的认知能力、行为能力以及解决问题的能力。人类智能有着一个明确的特点，在面对未知问题时，人类智能能够得出自身想要的答案，也就是消除答案的不确定性。符号主义学派的逻辑解决方式、行为主义学派模拟人的行为能力、联结主义学派的神经网络，三大主义学派各自以自身的方式实现了对问题消除或减弱不确定性。由此可见，减弱甚至消除问题的不确定性也将是人工智能的一个研究方向。

2）开展思维科学的研究。人类智能是因为人具有思维能力，所以人工智能的基础研究课题应该是思维科学。我国著名科学家钱学森早在20世纪80年代就提出要开展思维科学研究，尤其要重视形象思维的研究。要想使计算机具有人的智能，必须使计算机具有形象思维能力。提倡开展思维科学研究，实际上是给人工智能理论研究指明了方向，正如数学家马希文所说：应该研究思维活动的更深入更具体的规律，提出新的概念、新的方法和新的机制，比信息处理更广泛、更深刻地描述思维的某些功能，并把这与某种理论的机器模型联系起来，以期达到最终目标。

3）从整体上把握人工智能，多学科协同研究。人工智能的研究目标是认识与模拟人类智能行为，是一门在计算机科学、控制论、哲学、神经心理学、认知科学、生理学、自动控制、模式识别等多种学科研究的基础上发展起来的多门综合性的边缘学科，这些学科（如数学和计算机）对人工智能的发展起到了越来越重要的作用，因此，相关学科的发展对人工智能的影响越来越深远。

4）人工智能研究的工程技术方法将有更为迅速的发展。20世纪90年代人工智能的特点之一是将智能技术推向真正的实际应用当中去，可扩展性成了各国学者注意的焦点。工程技术方法就是从工程技术观点出发，使计算机更聪明、更有用，具有某些特殊的智能。工程技术方法注重在功能上是否能完成类似人所做的工作，不考虑人的思维，也不追求机器像人一样去思维，而只看其外部行动是否具有人的某种功能。工程技术方法往往是放大人的某一特殊功能，因此，所研制的机器虽然不是自然原型，但在某些方面却比原型强得多。在今后人工智能的研究和应用中，工程技术方法将有更为迅速的发展。

5）人工智能系统的研究应走符号系统与神经网络互补之路。符号主义可以较好地模拟人的逻辑思维，但由于其机制固定于回收知识与推理，有很大局限性，往往对常识性问题的处理并不能见效；而联结主义则可以较好地模拟人的形象思维，但由于固定的体系结构与组成方案，所构成的系统达不到开发多种变化的知识的要求，在模拟高层次思维方面，如基于目标的推理、剖析及因果分析等方面，联结主义性能远不如符号主义，符号系统的问题在于这类系统太脆弱，而神经网络的问题在于它们不够智能。因此，将符号系统与神经网络两者有机地结合起来是人工智能研究的一个重要方法，也与人解决问题的方法更相类似。

6）大规模并行处理及分布式计算将成为人工智能研究的主流。从原理上来说采用串行的冯·诺伊曼型计算机无法模拟人脑的并行思维，而并行分布式处理特点正是人类思维所具有的本质，神经网络也就是一种以大规模并行处理和连接为基础的计算模式。另一方面，由于计算的更加复杂性及处理信息的庞大，人工智能系统所包含的知识还太少、太简单，系统处理知识的能力也太弱。因此，必须对大规模并行处理及分布式人工智能系统进行深入研究，诸如超大规模知识库、基于记忆推理、基于情况推理等，以更好地实现对人脑思维的模拟。

7）人工智能系统必然要采用进化的方式以逐步达到高级阶段。目前，采用传统的"还原论"方法来模拟人的智能活动已取得激动人心的进展，但它的控制能力与人和生物相比还具有很大的局限性，并且与环境不能直接"通信"，遇到意外情况就会一筹莫展。因此，不仅从物理学更应该从生物学受到启示，首先要弄清楚人及生物在复杂的自然环境中所具有的生存和反应能力的本质。这种本质就是适应自然环境的感知运动行为模式，进化理论也就是基于行为的人工智能研究方法，其核心思想是在动作分解原理指导下构造智能行为系统。❶ 因此，可考虑将系统组织与周围环境统一集成建模以构造系统的行为模式，着重研究机体自适应、自组织、自修复和自学习机理，而且这些功能都由系统的输入/输出反馈行为所决定，以实现机器与客观世界的动态交互，逐步完成系统由低级运动形态到高级运动形态的进化过程。

8）人工智能系统要采用更好的技术集成。人工智能技术是其他信息处理技术及相关学科技术的集成。实现这一集成面临许多挑战，如创造知识表示和传递的标准形式，理解各个子系统间的有效交互作用以及开发数值模型与非数值模型综合表示的新方法，包括定量模型与定性模型的结合，以便以较快速度进行定性推理。

要集成的信息技术除数字技术外，还包括计算机网络、远程通信、数据库、计算机图形学、语音与听觉、机器人学、过程控制、并行计算和集群计算、虚拟技术、进化计算与人工生命、光计算和生物信息处理等技术。除了信息技术外，未来的智能系统还要集成认知科学、心理学与生物学、社会学、语言学、系统学和哲学等。计算不仅是智能系统支持结构的重要部分，而且是智能系统的活力所在。

9）人工智能会采用更成熟的应用方法。硬件是人工智能实现的保证，软件是人工智能的核心。许多 AI 应用问题需要开发复杂的软件系统，这促进了软件工程学科的出现与发展。AI 软件所要执行的功能很可能随着系统的开发而变化。AI 必须支持 AI 系统的开发实验，并允许系统有组织地从一个较小的核心原型逐渐发展为一个完整的应用系统。

---

❶ 刘洪，马力宁，黄桢. 集成化人工智能技术及其在石油工程中的应用［M］. 北京：石油工业出版社，2008：12.

可以期望，人们将会研究出通用而有效的 AI 开发方法。更高级的 AI 通用语言、更有效的 AI 专用语言与开发环境或工具以及 AI 开发专用机器将会不断出现及更新，为 AI 研究和开发提供有力的工具。在应用 AI 时，还需要寻找与发现问题分类与求解的新方法，最终研究出使 AI 成功地应用于更多领域的方法。可以预言，AI、智能机器和智能系统一定会有广泛的应用领域。目前，AI 的推理功能已获突破，学习及联想功能正在研究之中，下一步就是模仿人类右脑的模糊处理功能和整个大脑的并行化处理功能。情感是智能的一部分，因此人工智能领域下一个突破可能在于赋予计算机情感能力。AI 技术正在向大型分布式 AI、多专家协同系统、广义知识表达、综合知识库（即知识库、方法库、模型库、方法库的集成）、并行推理、多种专家系统开发工具、大型分布式 AI 开发环境和分布式环下的多智能体协同系统等方向发展。但从目前来看，AI 仍处于学科发展的早期阶段，其理论、方法和技术尚未成熟，人们对它的认识也比较肤浅，这些都还有待于 AI 研究人员的长期探索。

第三章 信息与网络安全

计算机技术、网络技术和通信技术的迅速发展，推动着信息化时代的到来。这些技术在各领域的广泛应用使得网络信息安全成为一个不可忽视的重要问题。2014年，习近平总书记在中央网络安全和信息化领导小组第一次会议上曾用一句话强调了网络信息安全的重要性："没有网络安全就没有国家安全，没有信息化就没有现代化。"

网络安全和信息化一直以来都是党中央和国务院高度重视的工作。习近平总书记指出，网络安全和信息化是一体之两翼、驱动之双轮，必须统一谋划、统一部署、统一推进、统一实施。网络安全和信息化是事关国家安全和国家发展、事关广大人民群众工作生活的重大战略问题。

本章将以网络信息安全为切入点，介绍网络安全战略、网络安全风险、网络信息安全常见问题、政府网络安全及信息系统安全等级等内容。

第一节 网络安全战略

2014年，习近平总书记在中央网络安全和信息化领导小组第一次会议上指出，要从国际国内大势出发，总体布局，统筹各方，创新发展，努力把我国建设成为网络强国。❶ 建设网络强国的战略部署要与"两个一百年"奋斗目标同步推进，向着网络基础设施基本普及、自主创新能力显著增强、信息经济全面发展、网络安全保障有力的目标不断前进。我国网络安全的战略即为网络强国战略。

一、网络强国战略

十八届五中全会提出要"实施网络强国战略，实施'互联网＋'行动计划，发展分享经济，实施国家大数据战略"。

（一）以技术创新助推强国战略

科学技术是第一生产力，而网络技术已经成为人类社会发展最前沿的科学技术。2014年11月，习近平在乌镇世界互联网大会的贺信中指出："当今时代，以信息技术为核心的新一轮科技革命正在孕育兴起，互联网日益成为创新驱动发展的先导力量，深刻改变着人们的生产生活，有力推动着社会发展。"

---

❶ 中共中央网络安全和信息化领导小组办公室. 中央网络安全和信息化领导小组第一次会议召开 习近平发表重要讲话 [EB/OL]. [2016−09−24] http://www.cac.gov.cn/2014−02/27/c_133148354.htm.

实施网络强国战略，需要建立配套完善的技术发展战略。中国是典型的后发国家，是网络大国，但国际互联网发展至今，众多核心的技术，基本都掌握在西方国家特别是美国手中。我们要成为网络强国，必须拥有自己的网络核心技术，而要拥有核心技术就必须开展网络技术创新。习近平指出："要准确把握重点领域科技发展的战略机遇，选准关系全局和长远发展的战略必争领域和优先方向，通过高效合理配置，深入推进协同创新和开放创新，构建高效强大的共性关键技术供给体系，努力实现关键技术重大突破，把关键技术掌握在自己手里。"建设"网络强国"，还必须加强网络技术提升，掌握核心技术，不断研发拥有自主知识产权的互联网产品，才能不受制于其他国家。在此过程中，"创新"是实现网络技术突破的灵魂。习近平指出："要大幅提高自主创新能力，努力掌握关键核心技术。当务之急是要健全激励机制、完善政策环境，从物质和精神两个方面激发科技创新的积极性和主动性，坚持科技面向经济社会发展的导向，围绕产业链部署创新链，围绕创新链完善资金链，消除科技创新中的'孤岛现象'，破除制约科技成果转移扩散的障碍，提升国家创新体系整体效能"。

企业是技术创新的主体，必须在体制机制上大力鼓励企业创新，对不适应创新的体制机制要大胆改革。习近平指出"要制定全面的信息技术、网络技术研究发展战略，下大气力解决科研成果转化问题。要出台支持企业发展的政策，让他们成为技术创新主体，成为信息产业发展主体"。企业带动创新，创新服务企业，未来企业将更好利用互联网技术，改造提升传统产业，培育发展新产业、新业态，推动经济提质增效升级、迈向中高端水平。未来的中国将更好利用互联网技术，提高科技创新能力，助推网络强国战略。

（二）以网络文化根植强国战略

比尔盖茨曾说："网络正在改变人类的生存方式。"随着网络技术的不断发展和广泛应用，网络文化已经深深注入人们价值观念、人文精神和生活方式。"十三五"规划建议指出："牢牢把握正确舆论导向，健全社会舆情引导机制，传播正能量。加强网上思想文化阵地建设，实施网络内容建设工程，发展积极向上的网络文化，净化网络环境。"网络是思想文化传播的重要渠道，巩固壮大积极健康向上的主流舆论是社会主义文化建设的重要任务。习近平指出："根据形势发展需要，我看要把网上舆论工作作为宣传思想工作的重中之重来抓。"他同时强调："做好网上舆论工作是一项长期任务，要创新改进网上宣传，运用网络传播规律，弘扬主旋律，激发正能量，大力培育和践行社会主义核心价值观，把握好网上舆论引导的时、度、效，使网络空间清朗起来。"

文化强、国才强。网络强国同时也应该是网络文化强国。习近平指出："要有丰富全面的信息服务，繁荣发展的网络文化。"提供各类信息服务和丰富的文化产品是互联网持续发展的生命力所在。互联网提供的不仅有新闻、娱乐等基本服务，还应有各类增值服务；不仅是产品信息，还是整体规划；不仅要面向大众，还要细分需求；不仅要着眼当前，也要筹划未来。习近平指出："网络信息是跨国界流动的，信息流引领技术流、资金流、人才流，信息资源日益成为重要的生产要素和社会财富，信息掌握的多寡成为国家软实力和竞争力的重要标志"。作为一种软实力的标志，我们必须树立以中华文明为底蕴的网络文化意识，并切实发展和壮大中国网络文化产业，提升我国网络文化的影响力，让以中华文明为底蕴的网络文化根植网络强国。

（三）以基础设施牢筑强国战略

建设和普及信息基础设施是从网络大国迈向网络强国的基本前提，只有建好信息基础设施，才能形成实力雄厚的信息经济。正如习近平所说："要有良好的信息基础设施，形成实力雄厚的信息经济。""十三五"规划建议中指出："实施网络强国战略，加快构建高速、移动、安全、泛在的新一代信息基础设施。加快完善水利、铁路、公路、水运、民航、通用航空、管道、邮政等基础设施网络。完善能源安全储备制度。加强城市公共交通、防洪防涝等设施建设。实施城市地下管网改造工程。加快开放电力、电信、交通、石油、天然气、市政公用等自然垄断行业的竞争性业务。"当今，人类已经深入融入信息社会，信息网络和服务已逐步渗入经济、社会与生活的各个领域，成为全社会快捷高效运行的坚强支撑。对于进入全面建成小康社会决定性阶段的中国而言，信息基础设施已成为加快经济发展方式转变、促进经济结构战略性调整的关键要素和重要支撑。

与交通运输、水、电力等基础设施相比，信息基础设施的战略地位更显重要。但由于多方面原因，我国的网络速度还比较慢，覆盖面还不广，特别是广大农村地区，网络基础设施建设还非常薄弱。习近平指出："面对新形势，我们应该加快完善基础设施建设，打造全方位互联互通格局。"

国务院办公厅印发的加强《关于加快高速宽带网络建设推进网络提速降费的指导意见中》指出："宽带网络是国家战略性公共技术设施，建设高速畅通、覆盖城乡、质优价廉、服务便捷的宽带网络基础设施和服务体系一举多得。"网络强国建设，必须深入推进"宽带中国"建设，只有修好了"网络高速公路"，网络经济才能得到快速发展，只有筑好了网络根基，网络强国才能更加牢固。

（四）以国际合作提升强国战略

互联网具有高度全球化的特征，推进网络强国建设，需要统筹国内、国际两个大局，团结一切可以团结的力量，深化网络合作意识，通过网络空间联通中国梦和世界梦，走出合作共赢强国之路。"十三五"规划建议提出："积极参与网络、深海、极地、空天等新领域国际规则制定。""建立便利跨境电子商务等新型贸易方式的体制。"网络信息是跨国界流动的，建设网络强国，要积极开展双边、多边的互联网国际交流合作。习近平指出："中国愿意同世界各国携手努力，本着互相尊重、互相信任的原则，深化国际合作交流，尊重网络主权，维护网络安全，共同构建和平、安全、开放、合作的网络空间，建立多边、民主、透明的国际互联网治理体系。"

国之交在民相亲，民相亲在网相连。网络空间的互联互通，为各国合作创造了基础，也将为各国人民带来更多福祉。习近平在西雅图微软公司会见出席中美互联网论坛双方代表时指出："中美都是网络大国，双方拥有重要共同利益和合作空间。双方理应在互相尊重、相互信任的基础上，就网络问题开展建设性对话，打造中美合作的亮点，让网络空间更好地造福两国人民和世界人民"。

"合则强，孤则弱。"交流与合作是互联网发展的双轮，合作才能共赢，但网络合作需要新思维。习近平指出："互联网发展对国家主权、安全、发展利益提出了新的挑战，迫切需要国际社会认真应对、谋求共治、实现共赢"。"躲进小楼成一统"、闭门造车，建设不了"网络强国"。习近平指出："一个安全稳定繁荣的网络空间，对中国乃至世界和平发展都具有重大的意义，所以如何治理互联网、用好互联网都是各国的关注，各国也在研究这个问题，没有哪个国家能够置身事外。"习近平强调："要通过坦诚深入的对话沟通，增进战略互信、减少相互猜疑，求同化异、和睦相处。要着眼各国共同安全利益，从低敏感领域入手，积极培育合作应对安全挑战的意识，不断扩大合作领域、创新合作方式，以合作谋和平、以合作促安全"。相互借鉴、互相促进、互通有无，共同进步。

"十三五"时期，中国正处于全面建成小康社会的决胜时期。互联网行业显然将发挥极其重要的作用。"建设网络强国的战略部署要与'两个一百年'奋斗目标同步推进，向着网络基础设施基本普及、自主创新能力显著增强、信息经济全面发展、网络安全保障有力的目标不断前进"。

（五）如何建设"网络强国"

中国要实现从网络大国到网络强国的完美过渡还需要很长时间的努力与探索。总体而言，我国正在制定网络安全战略，关系网络安全的核心技术还有待突破并实现大规模应用，互联网产业比较发达；我国在网络安全方面还处于以防守为主的阶段，网络攻击能力还不强。要建设网络强国，要做好如下几个方面的工作[1]：

1. 加强网络基础设施建设

拥有完善的网络信息基础设施是实现从网络大国到网络强国转变的重要保证。"十三五"规划建议中强调指出："实施网络强国战略，加快构建高速、移动、安全、泛在的新一代信息基础设施"。[2]

当前，虽然中国的信息基础设施建设取得了显著进步，信息化水平也在不断提高，但是制约性的瓶颈问题依然严峻而突出。城乡之间、区域之间的信息化发展水平极不平衡，与发达国家相比还存在很大差距，必须加强信息基础设施建设。

首先，缩小城乡、区域差距，平衡建设。通过财政补贴、技术支持和人才引进等措施，加大对农村边远地区和中西部欠发达地区的通信基础设施建设力度，提高网络覆盖范围和信息化水平，缩小数字鸿沟，缩小人均宽带和国际先进水平的差距。

其次，加强自主可控技术的研发与创新。当前网络信息核心技术主要掌控在美国等发达国家手里，主要的根域名服务器和 IP 地址等都由其操控和分配，不仅致使我国网络运行的速率慢、效率低、网络费用高，更加剧了我国网络安全面临的威胁。如果中国不加强这些关键基础设施的开发与创新，必将在国际网络空间处于被动不利地位，影响网络强国建设的进程。

最后，继续推进"宽带中国"战略建设。大力推进光纤技术革新和宽带网络升级，提高 4G 的普及率与 5G 的研发水平，早日建成四通八达的"网络信息高速公路"，通过

❶ 杨睿轩，陈先荣. 中国构建网络强国的路径探析 [J]. 大庆师范学院学报，2016（4）：20-23.
❷ 新华社. 中共中央关于制定国民经济和社会发展第十三个五年规划的建议 [N]. 人民日报，2015-11-04.

网络架构的革新，定会为信息经济的飞跃发展插上梦想的翅膀。

2. 提升技术创新能力

习近平总书记曾郑重强调："建设网络强国，要有自己的技术，有过硬的技术"。❶因此，必须大力加强网络核心技术创新，掌握自主自控的核心技术。

首先，建立一整套完善的技术创新战略。整合优势资源，聚智创新，实现"中国制造"为"中国创造"再到"中国智造"的华丽转变。加紧攻关移动互联网、大数据、云计算等有巨大潜力的关键领域，实现核心技术的重大突破。同时引进和借鉴国外先进技术，为自主研发提供更多的创新动力。

其次，培养和引进高素质的人才。如果说技术是网络强国建设的核心，那么人才就是网络强国建设的关键。国家应该加强网络科技人才储备库的建设，制定人才储备计划。高校应加大对计算机网络通信技术专业的资金和人才的投入力度，培养大批适应当今社会需要的顶尖人才。重视新媒体领军人物的作用，激发其对网络强国建设的热情。

最后，发挥企业在网络技术创新中的主体作用。国家应该给科技创新企业更多的政策倾斜，培育一批高新技术企业，鼓励他们大胆创新，助推网络强国建设。

3. 大力发展网络经济

大力发展网络经济是网络强国建设的重要基础。站在网络信息时代的当口，中国经济新常态正在如火如荼地推进，网络经济的大力发展定能为中国经济新常态的推进提供契机、增添活力。如何利用互联网实现经济的稳步增长，成为我们关注的焦点。实现网络经济的又好又快发展，需要：

首先，创新网络经济体制。这一方面要求市场发挥其主体作用，另一方面又需要政府对市场的合理宏观调控。市场需要激发网络经济主体的创新思维，调动他们创新的积极性；政府要对不适宜网络经济发展的政策进行宏观调控，从而使网络经济实现更好更平稳地发展。市场和政府的双向协调努力有助于充分挖掘并发挥出网络经济的发展潜能，实现"互联网＋经济"的蓬勃发展。

其次，网络经济主体的自我创新。作为市场经济的主体，企业必须充分了解创新的重要性，在企业运作中实现自我创新。自我创新要求企业加强信息基础设施建设，优化企业环境；形成清晰明确的产业发展模式，制定科学合理的产业布局；另外，还引进和培养网络经济的拔尖人才等。

最后，深化国际合作。任何企业的发展都不能只局限于国内市场，"走出去"，开发国际市场也是做大、做强企业的必要手段。选准对外经济合作的关键点，在市场、资源和技术上形成互补优势，加强与周边国家的贸易合作与往来，发挥网络经济的区域优势，让网络经济成为网络强国建设的巨大动力。

4. 强化网络文化建设

习近平总书记在中央网络安全和信息化领导小组第一次会议上曾讲话指示："建设

---

❶　习近平主持召开中央网络安全和信息化领导小组第一次会议强调，总体布局，统筹各方，创新发展，努力把我国建设成为网络强国 [J]. 保密科学技术，2014（2）：4.

网络强国，要有丰富全面的信息服务，繁荣发展的网络文化。因此，网络文化的繁荣发展对网络强国建设有重要的意义。

首先，网络文化创新急需加强。网络文化是网络强国软实力的重要标志，实现网络文化的创新就等于网络强国战略的创新。网络文化创新一方面要吸收和借鉴别国优秀的文化加以创新，融入中国优秀的传统文化，实现国内外优秀文化的完美融合，使具有中国意蕴的网络文化得以弘扬和传承；另一方面要创新网络文化产业，紧跟时代与社会发展步伐，打造和发展有鲜明特色的网络文化产业，提升文化产品的经济价值，实现文化经济共创双赢。

其次，加强网络文化传播。网络的普及性、快捷性等优势为网络文化的传播提供了新平台。我们要借助网络平台传播积极向上、健康正面的网络文化，给人民群众传播正能量，巩固和壮大坚信主流文化思想的信众队伍。

最后，抢占主流舆论话语权。网络文化产业的繁荣发展有利于提升我国文化在国际上的影响力，为我们占领主流舆论阵地，挤压异质的非主流意识形态繁衍生存的空间，抢占舆论制高点带来了莫大的机遇。

5. 加强网络安全体系的建设

网络战已经成为当下大国博弈的新型战争形态，网络空间已成为各国争相抢夺的战略新领地。"网络和信息安全牵涉到国家安全和社会稳定，是我们面临的新的综合性挑战。"❶ 所以说，加强网络安全体系建设是眼下刻不容缓的大事。

首先，加强网络安全的顶层设计。建设网络安全体系必须要有一整套完善的顶层设计，发挥顶层设计对具体实践的指导作用。建立网络安全机制，掌控网络空间制权，研究部署网络战略，开发网络空间战略武器，建设和培养网络空间军事科技人才队伍，强化网络空间作战的基础设施建设，为随时迎接作战做好准备。

其次，加强网络国防力量建设。网络国防力量建设主要包括网络军事技术的大力推新和高素质网络军事人才培养与储备。一方面，要加大对网络军事技术的资金和技术投入，提升研发创新的水平，理性、智慧地分析和研判未来全球网络军事技术的发展趋势，推进对等的网络威慑力量建设。另一方面，大力培养、引进和网罗高科技军事人才，积极宣传网络安全观，引导全民树立网络安全意识，动员全民共筑网络安全防线，团结一致维护网络安全。

最后，加强各国之间网络安全交流与合作。我们要围绕建设共同、综合、合作、可持续的新型网络安全观和周边命运共同体，积极开展交流与合作，共同商讨制定打击网络犯罪和恐怖主义的对策，共同参与研究国际网络安全规制的制定，共同探索构建网络空间命运共同体的有效路径。

6. 提高网络治理的水平

网络治理水平的高低直接关系着网络强国是否能够顺利建成。提高网络治理水平是建设网络强国的必要条件。

首先，建设完备的法律制度。党的十八届四中全会就明确提出要依法治网，推进

---

❶ 习近平. 关于《中共中央关于全面深化改革若干重大问题的决定》的说明［N］. 人民日报，2013 - 11 - 16.

网络法治化建设进程。当前，国家要加紧制定、颁布和完善关于网络管理的法律法规，各级党委、政府要发挥网络治理的主导作用，统筹落实依法治网方略，定期宣传网络法律法规和开展网络治理专项行动，积极探寻网络治理创新模式，建立网络治理长效机制。

其次，协同各方力量共同治理。互联网企业要树立自律意识，遵循行业规范，自觉承担网络治理的责任，维护网络安全，净化网络环境。同时，要发挥社会力量的监督作用，当发现不良有害信息、网络病毒、网络黑客等隐患可以向有关部门投诉举报。加强主流媒体对人民群众进行正确的舆论引导，营造积极向上的舆论氛围。

最后，提出全球网络治理新主张。各国应该搁置争议，增进互信，"摒弃零和博弈、赢者通吃的旧观念"，就网络治理问题展开对话，借助世界互联网大会平台或重要的国际会议汇聚智力、探索规律，扩大网络治理共识，为加快推进"和平、安全、开放、合作"的网络空间和"多边、民主、透明"的网络治理体系建设做出共同的努力。

二、网络安全是国家安全的战略组成部分

中国的网络强国战略是"网络安全"与"信息化"两翼齐飞战略。习近平指出："网络安全和信息化是一体之两翼、驱动之双轮，必须统一谋划、统一部署、统一推进、统一实施。"网络强国犹如时代之"列车"，网络安全和信息化便是其"驱动之双轮"。建设网络强国，既要解决网络安全问题，也要加快发展信息化，让这"双轮"协调一致，同步前进，为"网络强国"这辆列车保驾护航。

"以安全保发展、以发展促安全"，发展是硬道理，安全也是硬道理。习近平指出："网络安全和信息化是事关国家安全和国家发展、事关广大人民群众工作生活的重大战略问题，要从国际国内大势出发，总体布局，统筹各方，创新发展，努力把我国建设成为网络强国。"习近平强调："没有信息安全，就没有国家安全。"在全球信息化步伐不断加快的关键时刻，保证网络安全是国家稳定、社会和谐的现实要求。"做好网络安全和信息化工作，要处理好安全和发展的关系，做到协调一致、齐头并进，以安全保发展、以发展促安全，努力建久安之势、成长治之业"。中国实施的网络强国战略是以网络安全和信息化兼顾安全与发展，在保障国家网络安全的前提下实现发展，以数字经济的蓬勃发展谋求国家安全。

世界同用一张网，网络安全不是一个国家的事情，需要国际社会共同维护，需要建立科学平等的国际网络治理体系。2014年习近平在巴西演讲时指出："在信息领域没有双重标准，各国都有权维护自己的信息安全，不能一个国家安全而其他国家不安全，一部分国家安全而另一部分国家不安全，更不能牺牲别国安全谋求自身所谓绝对安全。"网络空间以其"超领土""超空间"的业态存在，全面渗透到世界的各个角落。加强网络安全建设已成为世界各国维护网络主权和发展利益的共识。习近平指出："当今世界，互联网发展对国家主权、安全、发展利益提出了新的挑战，必须认真应对。虽然互联网具有高度全球化的特征，但每一个国家在信息领域的主权权益都不应受到侵犯，互联网技术再发展也不能侵犯他国的信息主权"。中国是网络大国，也是世界网络安全的有力维护者和推动者。习近平指出："中国是网络安全的坚定维护者。中

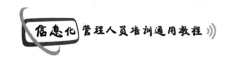

国是黑客攻击的受害国。中国政府不会以任何形式参与、鼓励或支持企业从事窃取商业秘密行为。不论是网络商业窃密，还是对政府网络发起黑客攻击，都是违法犯罪行为，都应该根据法律和相关国际公约予以打击。中美双方在网络安全上有共同关切，我们愿同美方加强合作。"

第二节 网络信息安全风险

一、网络信息安全危害

网络信息安全的危害涉及许多方面，包括政治安全、经济安全与发展、文化安全、军事安全等。

（一）网络信息安全对政治安全的危害

网络信息安全对国家政治安全有重要影响，做好网络信息安全保护工作是实现国家政治安全的重要保障。由于网络信息传播速度快、传播范围广、渗透力强、易受攻击，因此在实践中很多不法分子往往以网络为平台来传播各种谣言和煽动活动。例如很多恐怖组织袭击的号令就是通过网络途径发布的，很多邪教组织通过网络来散布各种歪理邪说并施加其政治影响，不仅对社会稳定造成了不利影响，甚至有可能对国家政治安全造成损害。

美国国防部长阿什·卡特（Ash Carter）在出席由 DAPRA 主办的"未来技术论坛"时，发表了"创新与国家安全"的主旨演讲，他强调了在国家安全领域必须高度关注对手的科技创新发展，防止其寻求不对称进攻能力，其中包括太空和网络空间。网络空间的创新与国家安全紧密关联，从技术机理上来说，网络空间的创新，对于促进国家安全领域创新变化是实时而又具有强制性的，如果因为人为短视因素，迟滞了网络安全领域创新发展，那么给国家安全带来的后果必然是落后与挨打。

2008 年以来，互联网在一系列大型和突发政治事件中发挥了重要作用。从摩尔多瓦议会选举引发的政权更迭，到伊朗大选后抗议活动引发的暴力骚乱，互联网都发挥了重要作用，尤其以 Facebook、Twitter 为代表的社会网络新媒体。

随着社交网络的出现，互联网在中国、俄罗斯、伊朗、中东、中亚等国家和地区，正式成为组织和动员抗议者的重要力量。极端组织和民族分裂组织把 BBS 论坛、博客、微博、维基百科、视频分享网站等作为教室，把 Twitter、Facebook、YouTube 作为活动的指挥中心。例如，乌克兰年轻的政治活动分子利用 Facebook 组织大规模抗议集会。

近年来，"占领"运动在各国都有出现，已经成为一种街头政治的主要表现形式。在每次"占领"运动中，互联网都起到了推波助澜的作用。

2016 年 7 月，土耳其发生未遂军事政变，之所以未成功，主要原因是土耳其军队忽视了对网络空间控制权的掌握，枪杆子输给了网络传媒，土耳其总统利用互联网实现了对国家机器的持续掌控，甚至发动了对军队的反攻，很好地组织了整个国民力量反对军队的政变行为。

可以说，网络技术已成为世界大国谋求国家安全和战略利益的有效手段，网络空间的对抗被喻为"没有硝烟、兵不血刃的战争"。一条批量发送的信息，就能煽动成千上万民众走上街头，制造暴力事件，甚至推翻政权。

此外，如果信息安全得不到保障，国家领导人、政府要害部门就容易被敌对势力监控、监听，泄露国家机密和敏感信息，造成不良政治影响。例如，自 2011 年 6 月起，叙利亚反对派组织之一"叙利亚歌名领导最高委员会"截获了 3000 多封叙利亚总统巴沙尔·阿萨德与他的妻子阿斯玛之间的电子邮件，披露了大量巴沙尔的私生活情况，并透露巴沙尔曾获得来自伊朗、黎巴嫩的帮助。邮件透露，尽管叙利亚正滑向内战深渊，但阿斯玛仍去商场购买价格不菲的鞋。2012 年 2 月，叙利亚总统办公室的电子邮箱系统遭到黑客组织"匿名者"攻击，导致数百封邮件外泄，让叙利亚政府很难堪。

（二）网络信息安全对经济发展的危害

网络信息安全是经济发展的重要前提。从经济的角度来看，互联网技术的发展使得世界各地区的联系愈加紧密，生产成本大幅度下降，电子商务、虚拟资本运作等成为社会经济的重要组成部分。但是我们也不能忽视网络信息安全的脆弱性对经济发展的潜在威胁，例如，近年来金融机构在保护消费者资料时面对两大挑战，一个是网络入侵手段越来越高明，消费者资料被盗的程度和发生频率越来越高，另一方面大众对政府监管金融机构网络信息的要求越来越高，使得金融结构的工作人员普遍存在着焦虑心理。而导致这些的根本原因就是网络信息安全无法得到保障，使得经济发展的速度和稳定性受到很大影响。

网络信息安全对经济发展的危害形式多样，例如电信诈骗、网络敲诈勒索等。电信诈骗是指通过电话、QQ、微信等渠道以及改号软件、伪基站等技术手段实施诈骗。电信诈骗类型繁多，如中奖通知、汽车退税、银行卡异地消费、"猜猜我是谁"、短信直接汇款、欠费、QQ 盗号冒充熟人、机票改签、冒充银行工作人员、冒充公检法人员、冒充中央巡视组等。

根据公安部公布的数据，2011 年、2012 年、2013 年全国电信诈骗案件分别达到 10 万起、17 万起、30 万起，年均增长 70% 以上。近三年来，平均每年电信诈骗涉案金额高达 100 多亿元。2012 年，北京市公安部门受理的涉网诈骗类案件占全部涉网案件受案的 93.9%，居涉网犯罪之首。❶QQ 是网络诈骗的常用工具。例如，2012 年 10 月，辽宁抚顺公安机关接报称，有受害群众通过 QQ 与自称是香港汇丰银行的工作人员聊天，对方以能为其购买上市公司原始股票为由，骗走其现金 41 万元。抚顺市公安局立即成立专案组，通过调查最终在厦门先后抓获该团伙的 9 名犯罪嫌疑人，缴获涉案交通工具，用于联系被害人的专用手机、电脑、大量无线上网卡，以及专门用于实施诈骗犯罪活动的教材。经初步核实，该犯罪团伙涉嫌网络电信诈骗案件 11 起，涉案金额达 400 多万元。❷

近年来，电信诈骗的骗术不断翻新，欺骗性更大，目标性更强。过去犯罪分子往往用群呼、群发设备漫天撒网地打电话、发短信，成功率较低。现在逐渐发展成通过购买

---

❶ 柴艳茹. 网络犯罪的打击困境与对策 [J]. 人民论坛，2013（30）：65－67.

❷ 佚名. 公安部公布一批网络诈骗犯罪典型案例 [J]. 中国防伪报道，2013（6）：8.

或利用钓鱼网站、黑客工具、木马盗取等手段收集个人信息，由于能准确报出姓名、身份证号甚至住址、家庭情况、车牌号等信息，诈骗犯罪得手率比以前更高。为此，加强个人信息、个人隐私保护，意义重大。

我国经济领域相关主管部门的信息系统和数据库里存储着大量经济数据，而这些部门采用的服务器基本上都是国外厂商提供的，数据库管理系统也是国外厂商提供的。由于网络安全无法得到保障，经济数据泄露事件时有发生。

每月 11 日都是我国宏观经济数据集中发布的日子，此前一天通常是上月外贸数据公布的时间。然而就在 2010 年 6 月 8 日，路透社报道我国 5 月出口同比增长约 50%，达 1300 亿美元左右。6 月 9 日，路透社披露了 5 月居民消费价格指数（CPI）同比上涨 3.1%、工业品出厂价格指数（PPI）同比上涨 7.1% 等一系列我国宏观经济数据。这些数据与后来我国海关总署和国家统计局公布的数据惊人地一致。

此外，我国工业、金融等领域大量采用欧美、日本等国的进口设备，如数控机床、ATM 机等。这些进口设备大多都是数控的，可以通过远程控制。一旦发生战争，就可能造成我国工厂停工、金融系统瘫痪。

数据采集与监控（SCADA）、分布式控制系统（DCS）、过程控制系统（PCS）、可编程逻辑控制器（PLC）等工业控制系统广泛运营与工业、能源、交通、水利以及市政等领域，用于控制生产设备的运行。一旦工业控制系统出现安全漏洞，将对工业生产运行和国家经济安全造成重大隐患。

随着计算机和网络技术的发展，特别是信息化与工业化深度融合以及物联网的快速发展，工业控制系统产品越来越多地采用通用协议、通用硬件和通用软件，以各种方式与互联网等公共网络连接，病毒、木马等威胁正在向工业控制系统扩散，工业控制系统网络安全问题日益突出。2010 年发生的"震网"病毒事件，充分反映出工业控制系统网络安全面临着严峻的形势。

与此同时，我国工业控制系统信息安全管理工作中仍存在不少问题，主要有对工业控制系统网络安全问题重视不够、管理制度不健全、相关标准规范缺失，技术防护措施不到位、安全防护能力和应急处置能力不高等，威胁着工业生产安全和社会正常运转。

（三）网络信息安全对文化安全的危害❶

网络信息安全是文化安全的重要保证。文化的发展和传承是国家凝聚力强弱的重要决定因素，其对于社会经济的发展也有着举足轻重的影响。随着网络信息技术的发展，文化的传承和创新也出现了很大的变革，文化在互联网技术的支撑下传播速度、传播范围、信息的承载量等都有了显著的提高。

我们在充分享受网络技术给我们的经济建设、社会生活、文化教育等带来便利的同时，必须清醒认识到网络信息技术对我国文化安全的冲击和挑战，同时要深刻意识到网络信息技术对我国文化安全的挑战直接关系到我国的前途和命运。

---

❶ 张骥，方晓强. 网络信息时代我国文化安全面临的冲击与对策 [J]. 河北广播电视大学学报，2009，14（1）.

1. 网络信息技术发展对我国国民文化认同的挑战

"文化"与"认同"常常结合起来形成特定的"文化认同",成为个人或者集体界定自我、区别他者,加强彼此的同一感,以凝聚成拥有共同文化内涵的群体的标志。简单地说,文化认同就是指一种文化是给予一群人身份认同的依据。

网络信息技术发展对我国国民归属感的挑战。互联网的飞速发展为各国提供了一个空前巨大的跨国、跨文化的交流空间,我国也不可避免地面临外来文化入侵以及文化共融所引起的民族文化变异问题,许多悠久的历史文化正在逐步消亡。以美国等西方国家依据其信息量的绝对优势,向其他国家特别是发展中国家进行文化渗透,企图在网络空间中实现文化的霸权和殖民统治。他们通过发达的网络技术大肆推销自己的生活方式、道德标准、宗教传统等,对我国的民族文化形成巨大的冲击,使长期接受西方文化信息的人们在思维方式、生活方式等方面逐渐受到影响。

2. 网络信息技术对我国国民价值观念的影响

价值观念,是人们心目中关于某类事物的价值的基本意向、总的观念,表现为人们对该类事物相对稳定的信念、信仰、理想等。互联网的发展对我国国民的价值观念构成了巨大的挑战。

首先,互联网弱化了我国国民的集体主义思想。互联网对个人价值的极度张扬必然导致自我中心主义、个人主义的膨胀与泛滥。自由主义者、无政府主义者主张在互联网上取消政府,不要法制、不要道德,建立所谓真正、彻底的"民主"和"自由"的王国。这种个人主义网络观毫无疑问会使国家苦心培养起来的集体主义道德观受到冲击。我国是多民族统一国家,强调集体主义,网络时代如何在集体利益与个体利益、奉献与索取、自我利益与他人利益之间寻求平衡,已成为社会主义意识形态建设不能不面对的问题。

其次,互联网削弱了我国国民的社会主义信念。西方国家把网络传播媒介作为对发展中国家的控制手段和工具,直言不讳地公开宣传他们的政治主张、人生观、价值观等。在这些传媒信息的影响下,使一些人的人生观、价值观、道德观发生扭曲和错位,他们把拜金主义、享乐主义、极端个人主义作为自己的价值取向和人生追求的目标,有的人甚至崇拜西方的意识形态和社会制度,成为"西化"的俘虏。这种渗透策略造成其他国家、民族的文化混乱,使其传统的文化、道德准则和价值观念受到强烈冲击。正如英国信息学家摩尔(Nick Moore)所说:"所有迹象都表明,发达国家正利用信息资源来控制,而不是帮助发展中国家。"

3. 网络信息技术发展对我国国家信息主权的挑战

网络信息技术一方面以现代化的信息传播技术为经济生活超越国家界限提供了新的扩张手段,加速了全球化的进程,另一方面也加速了全球范围内思想意识的传播和相互融合,这必然使传统民族国家的对内控制力和对外主体角色遭到进一步削弱。

网络信息技术对国家信息主权维护提出的挑战主要表现为以下几点:

首先,网络信息技术弱化了国家对信息传播的控制能力。一方面,网络的虚拟性使网络空间中的人和行为无法与现实空间一一对应,导致传统的以地域为基础的国家管辖权难以行使,国家无法有效地控制网络中公民的行为,国家对网络的有效管制还可能因为网络的无国界性而涉嫌侵犯他国信息主权。另一方面，当网络使人民的生活、工作、学习、交流能在全球范围内顺利实现，并成为人们日常生活中不可或缺的一部分的时候，人们对现行的以国家疆域和国家意志为标志的社会活动空间的敬畏和依赖必然有所降低。信息革命正在使我们从以国家为中心的世界转入以网络为中心的世界。

其次，我国信息主权面临外在威胁。发展中国家的信息主权不仅受到互联网本身的威胁，还受到外在的威胁和挑战，那就是发达国家推行的信息霸权主义和信息殖民主义。第一，由于我国在互联网技术上起步较晚，主要的互联网技术严重依赖以美国为首的发达国家，信息产品的使用基本上依赖外来产品。第二，我国对于经济的因特网化、金融的因特网化缺乏管理和控制能力，对于经济、金融的因特网化所产生的风险与冲击抵御能力不强。第三，信息安全成为我国面临的一大难题。我国信息与网络安全防护能力弱，信息产业面临发达国家的遏制和封锁，国外软件中隐藏着信息战、信息犯罪、计算机病毒等问题，使我们的信息主权面临着潜在的巨大威胁。

4. 网络信息技术发展对我国文化利益的侵蚀

网络信息技术发展对我国文化利益的侵蚀主要表现在以下方面：

首先，互联网时代侵犯知识产权对我国文化产业利益的危害。"在数字环境下，用户可以随时随地随意地登录和访问原作及数据库加以利用，在网络上复制、发行、传播盗版作品速度快、质量好、获利又丰厚，所以侵权现象愈演愈烈。据商业软件联盟的调查报告显示，2006年全球个人电脑安装的软件有三分之一是盗版的，而中国个人电脑安装的软件盗版率达到了82%，排在商业软件联盟的列表中的第三位。盗版的存在使全社会科学技术进步受阻，盗版造成就业机会减少，并使政府税收大量流失。美国商务部长古铁雷斯在重庆大学发表演讲时称："盗版的猖獗不仅仅损害美国公司的利益，中国才是事实上的最大受害者。"

其次，国外流行文化大量充斥我国互联网市场。当今青年人对我国的传统文化漠然视之，甚至不屑一顾，而对以好莱坞、麦当劳为代表的美国式大众文化则热衷痴迷。这主要因为在国际互联网络的"虚幻世界"里，他们大量地接触到的是美国的文化产品，从米老鼠到哈利·波特，从NBA到麦当劳等，都成为年轻人的最爱。而"韩流"的侵入已经构成了地域文化的倾销。现在中国还没有相关的法律限制这种倾销行为，如果中国不能通过相关法律进行文化的反倾销，那么未来"韩流"市场份额有可能在我国大到失控的程度，造成的也不仅仅是经济的损失而已。

再次，国外网络游戏产业吞噬我国经济利益。网络游戏发展势头十分迅猛。"2005年网络游戏市场规模达55.4亿元人民币，到2006年中国的网络游戏市场规模达到83.4亿元。按同比贡献度计算，到2009年，网络游戏对国民经济的贡献将达到4000亿元以上。"而我国的网络游戏市场却长期在美、日、韩的垄断之下。正如里斯顿（Wriston）而言："在一个大部分由信息产品构成的经济中，政府税收管辖权和管制能力受到极大的侵蚀，我们的法律体制正在变成另一个时代的加工品。"作为文化产业一支的网络游戏产业，其生产和消费都不是简单的物质性行为。而是深植于社会时代文化和民族心理之中的复杂的文化行为。可见，网络游戏产业对我国民族文化造成巨大的冲击，并且直接侵害了我国的文化利益。

二、网络信息安全典型案例分析[1]

（一）"艳照门"事件

2008 新年伊始，网友"奇拿"在天涯社区发布了一系列关于某男明星和一些女艺人之间的自拍私密照和其他图片，在网上流传得沸沸扬扬。事件发生后迅速引起了多方的关注，轰动一时，影响力遍及中外，成为了民众的舆论话题。北京网络新闻信息评议会召开会议，就"艳照门"事件进行评议。在天涯和百度两大中文平台上，关于"艳照门"的帖子点击率突破 2000 多万，尽管有专人负责删除这些不雅照片，但是传播者毕竟占绝对的多数。百度网因传播相关照片，被点名批评。为此，评议会责罚百度网通过媒体就其造成的危害向社会公开道歉。数百张"艳照"上网后，包括北京警方在内的全国各地警方，均已开始对网络上的数百张"艳照"进行全面清查，并关闭刊登这些照片的网页。

"艳照门"事件涉及多位公众人物，从道德评判的标准来看，涉案的明星应当向社会道歉并且承担起对社会产生负面影响的责任。非法窃取复制不雅照片的犯罪分子和为犯罪分子传播信息提供平台的互联网络经营者应该承担相应责任。然而，回望近几年从"人肉搜索"到"艳照门"，从"表哥"杨达才、"房叔"蔡彬到"雷政富不雅视频""单增德离婚保证书"等热点事件，可以看出个人信息在网络上被公开并传播，在某种程度上对反腐、净化社会上的不正之风存在一定的现实意义，但是如不加以规范，抱有猎奇、低俗、娱乐的心理采取非理性的方式侵犯他人的隐私，其负面隐患的影响将远远超过正面效应。个人信息保护的问题尚未引起社会的高度重视，网络作为一把双刃剑，在目前公民建设比较滞后、整体公民素养还不高、法治意识不强的情况下，必须强化网络信息的法制保障，使公民认识到网络除了具有虚拟、自由的特性外，还应当在合理且理性地开发和应用网络的过程中尊重他人的隐私。

（二）"3Q 之争"事件

2010 年 9 月，奇虎公司针对腾讯公司的 QQ 聊天软件，发布了"360 隐私保护器"和"360 扣扣保镖"两款网络安全软件，并称其可以保护 QQ 用户的隐私和网络安全。腾讯公司认为奇虎 360 的这一做法严重危害了腾讯的商业利益，并称"360 扣扣保镖"是"外挂"行为。随后，腾讯公司在 11 月 3 日宣布将停止对装有 360 软件的电脑提供 QQ 服务。由此引发了"3Q 之争"，同时引起了 360 软件与其他公司类似产品的一系列纷争，最终演变成为了互联网行业中的一场混战。最终"3Q 之争"在国家相关部门的强力干预下得以平息，扣扣保镖被召回，QQ 与 360 恢复兼容。但此次事件对广大终端用户造成的恶劣影响和侵害，以及由此引发的公众对于终端安全和隐私保护的困惑和忧虑却远没有消除。

"3Q 之争"中，一方说为了保护用户隐私推出"扣扣保镖"，一方说为了保护用

---

❶　胡鑫娟. 我国网络信息安全事件的立法追问 ［D］. 哈尔滨：黑龙江大学，2013.

安全提出"二选一"。沸沸扬扬的腾讯与360之争的背后，到底该如何从法律角度进行理性辨析？"3Q之争"反映出的诸多法律问题表明，目前我国相关立法、行业规则的制定滞后于互联网行业的快速发展；完善规章制度，创造有序竞争环境，是妥善解决以"3Q之争"为代表的互联网侵权问题的根本所在。360首先指出QQ侵犯用户隐私的行为涉嫌恐吓用户，其行为和目的显然不单纯。QQ是否侵犯用户信息尚没有确定的结论，这仅仅是一起不正当的商业竞争，而不是一起黑客事件，但是让网络用户意识到，我们使用的网络和软件并不安全，用户的个人信息甚至于隐私资料存在被他人获取的风险。

(三)"棱镜门"事件

2013年发生的"棱镜门"事件引起了全世界对网络信息安全关注。2013年6月，前中央情报局（Central Intelligence Agency，CIA）职员爱德华·斯诺登将两份绝密资料交给英国《卫报》和美国《华盛顿邮报》，并告之媒体何时发表。按照设定的计划，2013年6月5日，英国《卫报》先扔出了第一颗舆论炸弹：美国国家安全局有一项代号为"棱镜"的秘密项目，要求电信巨头威瑞森公司必须每天上交数百万用户的通话记录。6月6日，美国《华盛顿邮报》披露称，过去6年间，美国国家安全局和联邦调查局通过进入微软、谷歌、苹果、雅虎等九大网络巨头的服务器，监控美国公民的电子邮件、聊天记录、视频及照片等秘密资料。美国舆论随之哗然。

"棱镜门"事件让我们意识到国际社会应当通过网络立法来限制一国政府的国家权力，尤其是像美国这样的拥有信息霸权的国家。处理这类事件不外乎两个途径：一为法律途径，一为外交途径。现代社会，国际间的事务越来越呈现出依法处理的倾向，甚至一些涉及国家利益冲突的外交事件，也往往是在法律的轨道上展开较量，"法律战"成为外交的重要手段。与传统的外交途径相比，通过法律途径解决争端，能将利益纷争导入理性的程序平台，避免出现矛盾激化或"两败俱伤"的结果。所以，我国目前在针对国内网络信息安全的法律制度尚不完善的情况下，应对国际网络信息侵权案件甚至于政府间的情报窃取的能力更是捉襟见肘。

上述三个事件均涉及网络信息安全，可见网络信息安全已经成为我国乃至世界范围内的突出问题，在各种信息安全防御体系中，网络信息安全仍是一个薄弱环节。"艳照门"事件让民众意识到我们的个人计算机、网络信息不是绝对安全的，各种黑客、病毒随时可能侵入并使个人信息在网络上流传。当前，由于我国的核心技术依然依赖于国外，因此信息安全形势非常严峻。发达国家要使我国的网络信息系统瘫痪或盗窃涉密信息易如反掌。因此，信息安全建设必须走自主之路，而"3Q之争"又暴露出国内安全厂商和安全产业发展存在的诸多问题，我们的安全意识、技术和管理水平都亟待提高。爱德华·斯诺登不仅让美国政府坐立不安，他所透露出的很多信息同样给我国信息产业敲响了警钟。对网络信息的保护不但要在技术、政策、人才等方面提高水平，更要进一步做好法律层面的制度规范，从而使网络信息安全得到根本的保护。在网络技术不断革新的同时，网络安全隐患与日俱增，各国只有在技术和政府层面加强合作，才能有效保障全球网络安全。除加强国际合作外，世界各国还面临法律体系不适应的问题，加快完善法律体系对保障网络信息安全十分重要。

三、网络安全与网络舆情导控

（一）加强网络舆情导控的必要性

在互联网时代，网络是自由的，也是法制的。网络社会需要法律规范，需要科学引导。全国政法工作会议明确提出要把握网上网下两个战场，切实加强舆论引导工作，依法管控互联网和手机短信等信息传播渠道；公安部党委一再要求，必须把积极应用网络平台，加强与人民群众的信息沟通，正确引导网络舆情，放在更加突出的位置。可以说，加强网络舆情导控是现阶段维护网络安全、促进社会政治稳定不可或缺的一项重要工作。

1. 有助于化解网络舆情危机

舆情危机是针对某一特殊刺激事项所产生的涉及民众利益较深较广的舆情，在一个相对短时间内生成大量信息，这些信息潮的"潮头"直接扑向事项刺激方（通常是各级政府部门）的刺激事项（通常为某项政策或决策等），并在一个社区或更大范围内的民众中掀起范围更大、强度更强的社会反映，最终，与事项刺激方或事项本身形成激烈的认识或观点对抗。❶ 当今社会，网络已成为反映社情民意的主要渠道。然而，由于互联网的虚拟、开放、隐蔽等特性，一个细小的案件，通过网络信息的快速传播和放大，可能引发巨大的网络舆论效应，进而形成危机事件，影响网络安全。密切跟踪网上舆情动态，及时搜集容易引发公众舆论和社会稳定事件的具有前瞻性的信息，并通过"网络写手""意见领袖"及时作出反应、适时加以引导，可以最大限度地防止网络舆情负面效应的扩大。

2. 有助于消除网络潜在隐患

网络数字化、电子化、虚拟化的特点，使人们得以以"隐形人"的身份在网上自由操作，任何团体和个人都可以在互联网上自由传递信息，表达各种见解。面对互联网中海量信息的不断轰炸，许多民众，尤其是青少年缺乏驾驭能力，往往不辨真伪，甚至在人云亦云的盲从中失去理性。如果加强舆情导控，有效遏制公众参与的非理性倾向，也就能及时有效地排除其可能导致社会不稳定的各种潜在隐患。

3. 有助于控制网络非法表达

舆情导控，既包括"导"，也包括"控"。一方面，采取实名制，推行实名登记网站、博客和实名上网等制度，实施网络新闻发布、网络记者资格审批制度，执法部门可以根据上网计算机的 IP 地址查找发布违法言论者，并根据有关法律追究其责任。另一方面，构建网络信息技术监控体系，通过信息识别、信息过滤、动态堵截、不良信息自动报警等技术手段对网络言论进行监控，在内容、形式等方面设置栅栏，进行适度管制，可以最大限度地压缩政治谣言等有害信息在网上的传播空间。

（二）如何加强网络舆情导控

网络舆情具有双刃性，一旦被错误地引导、利用，就会对网络安全甚至是社会政治稳定的大局产生破坏性后果；但同时社会成员的不满情绪的存在是绝对的，网络舆情则

---

❶ 薛澜，张强，钟开斌. 危机管理——转型期中国面临的挑战［M］. 北京：清华大学出版社，2003.

可以扮演减压阀的角色，正确引导网络信息的传播，维护网络安全，促进社会稳定。

加强网络舆情导控必须开展网络舆情监测，及时掌握舆情，并及时做出回应。网络舆情导控工作需从以下几方面展开：

第一，要建立专门力量。需要建立一支政治过硬、业务精通、专兼结合、训练有素的舆情导控队伍，对重点网站进行实时监控，并建立一批舆情收集分析机构，使收集到的舆情能够得到准确、深入地甄别、分析、研判、报送。

第二，要培养意见领袖。意见领袖是在网络传播中经常为他人提供信息，同时对他人施加影响的活跃人员。要高度重视并充分尊重意见领袖在网络传媒中的作用，主动加强与各种"意见领袖"的沟通，并且经常保持互动，尽量以他们的特长来为我所用，让网络多一些建设性意见，少一些破坏性意见。

第三，要讲究导控艺术。一是主动导帖。舆情导控员要主动设置议题并发表新帖作为引导，组织网民就某一热点话题展开讨论。二是积极跟帖。对一些思想消极、观点错误的言论，由导控员以跟帖方式予以正面引导，防止走向极端。三是善于劝帖。当论坛出现言论过激的帖文或说粗话、脏话、人身攻击等情况时，相关人员要及时出面对发帖者进行规劝或警告。四是适时结帖。对某些热点话题的讨论持续一段时间后，选择适当的时机结束讨论，以避免炒作，或影响社会整体舆论环境。

第四，要加大执法力度。用足用活现有政策法规，明确网络运营企业和网民的责任，逐步实行网络实名制，构筑一张网络防控网，把网民 QQ 群、微博客、手机短信等，全部纳入警方监管范围。此外，应将发表言论者的账号、IP 存入舆情监测系统的数据库，网上秘密跟踪，网下运用人力情报网络核查其真实身份、了解行为动向，以便提前预防。

第五，要建立长效机制。一是学习培训机制。通过定期组织培训，培养一批"网络写手""意见领袖"，并要有配套的奖励机制。二是快速反应机制。按照"引导正确、及时准确、公开透明、有序开放、有效管理"的原则，制定突发事件舆论引导应急预案，迅速落实快速反应机制。三是经费保障机制。要在经费、装备等方面向网络安全工作倾斜，加强软硬件建设，为迅速提高网上发现、侦查、控制、处置能力提供支撑。❶

除此之外，需要注重计算机软件系统等技术方面的硬件保障，成功的监测系统应涵盖信息搜集、信息处理、信息研判、信息反馈、信息决策五大主要功能，能够从网络新闻、博客日志、论坛发帖等中发现舆情热点，然后分析舆情信息的时间与空间分布情况，并作出发展态势的预测。❷

第三节　网络信息安全常见问题

一、网络信息安全的特征

信息安全（Information Security）这一概念产生的历史不长，各国也没有取得较为一

---

❶ 陈为. 网络与网络舆情导控［J］. 江西公安专科学校学报，2010（2）：13 – 16.

❷ 吴剑扬. 浅谈网络安全与社会政治稳定［J］. 法制与社会，2011（19）：150 – 151.

致的看法。2001 年 11 月，第 56 届联大会议在通过的决议中，呼吁所有会员国就"有关信息安全的各种基本概念的定义"等向秘书长及时通报，其目的就是要消除概念上的混乱，更好地促使信息安全的国际合作。根据 2002 年美国联邦信息安全管理法案的规定，信息安全包括信息的保密性、完整性、可控性、可用性和抗否认性。综合来看，网络信息安全主要是指网络中的信息和服务的安全，确保网络系统的硬件、软件和系统数据的安全。从广义来说，凡是涉及网络上信息的保密性、完整性、可用性、真实性和可控性的相关技术和理论都是网络信息安全的研究领域。❶

不同于传统的经济安全、政治安全和军事安全，网络信息安全具有脆弱性、突发性和全球性等特点。首先，全球互联网是建立在自由开放的基础之上的，其本质上是一种开放、透明的无边界网络，极大地方便了信息资源的共享和利用。网络系统是一个开放的系统，互联网的开放性和脆弱性是一对孪生兄弟，开放就意味着不安全，而开放的程度越高，网络信息安全随之越脆弱。❷ 互联网的脆弱性主要体现在设计、实现、维护的各个环节。设计阶段服务于少数可以信任的用户，并不充分考虑信息安全的威胁因素，也不可能做到完美无瑕的防控设计，导致在网络的实现阶段存在大量的安全漏洞。在网络维护阶段，受各项软件和网络关联的复杂性影响，安全问题也是层出不穷。虽然网络设计之初考虑各项防护措施，但在实际的具体操作中，仍受制于管理员维护和用户自身的技术水平等主观因素的影响。

其次是网络信息安全的突发性。对网络信息安全造成突然性影响和破坏的一般是指计算机病毒（Computer Virus）。目前国际公认的对于计算机病毒的定义是由人为制造、可迅速在计算机系统中进行复制和传播的指令或代码。传播性、破坏性和复制性是其主要特点，计算机病毒的爆发往往具有突然性和不可预测性，能够迅速对传输的数据或应用程序进行破坏，影响计算机使用或窃取信息。潜伏性是计算机病毒的主要特征之一，计算机病毒如同一颗"定时炸弹"，精心设计的病毒程序，进入计算机后不会立刻显现，可以在一段时期或者很长一段时间中共生在合法程序中，其潜伏的时间越久，获取信息资源的传播越广泛。在计算机潜伏的过程中，对计算机的正常程序没有任何的影响，一旦计算机病毒突发就可能快速、全面的蔓延，在最短的时间内导致整个网络系统的瘫痪或是信息丢失、泄密等严重问题。在传统的国家安全理论中，一个国家面临的挑战和威胁都是可以预见的，且在一定时间里应做出相应的对策，但是在信息安全这个非传统安全领域中，完全有可能发生在不知不觉之中，并在极短的时间内遭受袭击，并无任何准备应对的空间。

最后是网络信息安全的全球性。互联网上信息的传播速度之快、影响之广都是史无前例的，互联网的互联和互动构筑了全球一体化的地球村。随着新媒体的不断增多，网络传播的新问题也层出不穷。同时，互联网的无国界、无限制、完全开放的特性，更为一些犯罪组织者提供了便利条件。网络信息安全的全球性决定了一旦信息安全出现问题，将导致"蝴蝶效应"，因此，只有加强国际合作，才能更好地维护网络信息的安全。

---

❶ 田松. 网络信息安全存在的问题及对策研究 ［D］. 燕山大学，2012.

❷ 韩颖，张鉴. 互联网脆弱性分析和安全保障体系的思考 ［J］. 信息网络安全. 2008（9）：24.

二、我国网络信息安全问题分析

网络信息已成为信息传递的主要手段，网络信息技术的发展日新月异，然而与此同时，对网络信息安全的治理却时常为人们所忽视，导致网络信息安全的漏洞频出，对国家安全造成不利的影响。当前我国网络信息安全存在以下问题❶：

(一) 网络信息安全基础薄弱

由于起步较晚以及国外对信息产业的严格限制，我国信息产业的发展一直处于比较被动和落后的地位，很多发达国家对我国信息产业发展采取遏制政策，阻碍我国信息产品的进口，造成我国信息产业关键部件严重依赖进口，并且在关键领域容易受到攻击和破坏。

从硬件设备来看，我国目前各个行业包括国民经济的许多重要部门，使用的计算机中央处理器绝大部分需要进口。在超级计算机的研究中，虽然从整体性能上来说我国研发的大型计算机已经处于世界领先地位，但是其核心处理器仍无法摆脱进口地位。近年来我国的信息装备产业发展迅速，但其中很多核心零部件都来自以美国为代表的原始设备制造商，国内厂商仍然处于简单组装、加工的低利润环节。中国工程院院士信息专家沈昌祥将此种情况形象地比喻为"美元买来的绞索"。

从软件方面来看，目前我国绝大部分计算机网络（包括军用网络）所安装和使用的操作平台都是美国公司的产品，目前美国微软几乎垄断了我国计算机软件的操作平台和核心市场，离开了微软的操作系统，国产的软件都将难以运行，这不仅造成了网络信息安全管理技术的受制于人，同时也带来了管理水平的严重不足。同时，企业信息化建设的管理软件也有90%以上来自进口，国外软件巨头以此获取高额利润，这对我国信息管理安全也是很大的威胁。

(二) 信息政策法规不健全❷

信息安全不仅仅是一个孤立的技术问题，而是一个用户和网络结合的，以使用为主的社会问题。制定完备的信息安全法规，对保障国家信息安全是必不可少的重要条件。

自1994年我国颁布《中华人民共和国计算机信息系统安全保护条例》以来，我国相继颁布了多个关于网络信息安全的法律法规，在信息安全领域的法制建设工作取得了令人瞩目的成绩，现行的网络法规主要有：《全国人大常委会关于维护互联网安全的决定》《计算机信息网络国际联网安全保护管理办法》《指挥自动化计算机网络安全要求》《计算机信息系统国际联网保密管理规定》《计算机病毒防治管理办法》等。尤其是我国刑法设置了专门的条款来打击严重违反信息安全行为。我国《刑法》第二百八十五条规定：违反国家规定，侵入国家事务、国防建设、尖端科学技术领域的计算机信息系统的，处三年以下有期徒刑或者拘役。第二百八十六条规定：违反国家规定，对计算机信息系统功能进行删除、修改、增加、干扰，造成计算机信息系统不能正常运行，后果严重的，处五年以下有期徒刑或者拘役；后果特别严重的，处五年以上有期徒刑。违反国家规定，对计算机信息系统中存储、处理或者传输的数据和应用程序进行删除、修

---

❶ 田松. 网络信息安全存在的问题及对策研究 [D]. 燕山大学，2012.
❷ 孙风毅. 网络时代国家信息安全及对策研究 [D]. 吉林大学，2008.

改、增加的操作，后果严重的，依照前款的规定处罚。意制作、传播计算机病毒等破坏性程序，影响计算机系统正常运行，后果严重的，依照第一款的规定处罚。第二百八十七条规定：利用计算机实施金融诈骗、盗窃、贪污、挪用公款、窃取国家秘密或者其他犯罪的，依照本法有关规定定罪处罚。

现有的法律法规对保障我国信息化事业的健康发展起到了积极的作用。但是，随着信息技术的发展和网络在我国社会生活各方面的作用日益突出，我国信息安全法律法规的滞后和不完善的问题也日益明显。主要表现为：

1）立法工作相对滞后，不能满足社会发展的需要。法律体系不完善，没有涵盖现有各种信息安全问题，存在很多"立法盲区"。个人隐私保护法、数据库保护法、数字媒体法、数字签名认证法、计算机犯罪法以及计算机安全监管法等信息空间正常运作所需的配套法规尚不健全。对于利用计算机网络侵犯公民虚拟财产等权利的案件没有定罪与处罚的相关规则，致使有的计算机犯罪案件水落石出之后，没有惩罚罪犯行为人的明确的刑事法规。

2）立法层次不高。按照我国的法律层级，宪法的层级最高，而基本法律次之，而国务院的行政法规以及政府部门的规章则效力较低。目前关于国家信息安全方面的法律规范，除了《刑法》等有关法律外，大多只是国务院制定的行政法规或国务院部委制定的行政规章。没有专门的国家信息安全法，关于信息安全的调整分布于不同部门制定的规章之中，这也导致不能的规章之间不协调、不统一，内容重复交叉。

(三) 网络信息安全意识淡薄

从全国范围来看，网络信息安全并没有引起许多部门和人员的足够重视。重技术、轻安全是当前网络信息安全中的突出问题，表现为对信息设备和技术水平的过度追求，但是对信息安全却认识不够、投入不足，从而容易产生信息安全漏洞，带来信息安全事故。人是网络的建设者和使用者、网上内容的提供者和消费者，人网结合是网络时代信息安全的本质特征，"黑客"工具、病毒的制造者是人，网络防线最薄弱的环节也是人，80% 及以上的成功入侵都是利用了人的无知、麻痹和懒惰，所以人的安全意识对网络安全具有决定作用。❶

在我国信息化的发展中，大多企业、政府机关等都建立了相关的网站，但是对于网站安全的管理和保障却没有引起足够的重视，很多网站都存在非常严重的系统漏洞和安全隐患。根据《中国计算机报》发布的一项统计，中国已经上网的所有工业企业中，有55%的企业没有防火墙，46.9%的企业没有安全审计系统，67.2%的企业没有入侵监视系统，72.3%的企业没有网站自动恢复功能。

网络信息具有传播迅速、途径隐蔽等特点，正是由于这些特点导致了网络监管的困难。随着信息技术的发展，信息安全的管理手段也在逐渐改善。周国平认为："目前我国全社会网络信息安全意识还比较淡薄，对信息安全也缺乏常识性的了解，这种状况对网络条件下的意识形态工作极为不利。"❷

---

❶ 张春江，倪健民. 国家信息安全报告 [M]. 北京：人民出版社，2000：59.
❷ 周国平. 信息化条件下的意识形态安全策略 [J]. 党建研究，2010（6）：36.

（四）反动势力对网络信息的不良利用

进入信息时代，网络信息已经成为世界各国争相抢夺的"第四媒体"，各国纷纷加大力量，实施网络信息时代的争夺，信息战已经愈演愈烈。从我国现实来看，我国境内的网上窃密活动十分猖獗，网络间谍在我国的活动也愈加频繁。苏东剧变以来，境内外敌对势力、敌对分子把我国视为其"和平演变"的最大障碍，大肆进行渗透破坏。在窃密手段方面很多国外反动势力在利用原有的侦测、窃取等手段的同时，也加大了网络信息情报获取的力度，甚至网络信息情报已经成为国外情报机构获取情报的重要来源，给隐蔽斗争工作带来很多不利因素。电子信息时代的到来使得除原来的软盘、优盘、网络外出现了更先进的泄密途径，比如电磁波辐射泄密。借助特殊的仪器设备，可以在一定范围内捕获计算机设备工作时辐射出的电磁波，尤其是利用高灵敏度的装置可以清晰地看到计算机正在处理的信息，从而窃取相关信息情报。❶

网络信息安全已经成为关乎国家安全的重要方面，并对国家的经济、政治和社会安全有重大影响。网络信息的平台已经成为意识形态和文化领域斗争的战场，虽然这一战场没有硝烟，但是其影响却不亚于一场普通战争，甚至具有比普通战争更加巨大的破坏性和严重性。例如，已经被取缔的邪教组织"法轮功"就在境外建立网站，进行蛊惑人心的宣传，其他例如"藏独""疆独"等组织也都在利用网络形式进行信息的交换。❷据统计，这些民族分裂组织建立的网站已经达到了大约200个，对我国信息安全造成了严重的威胁，是我们必须严加打击和取缔的对象。这些网站多是利用政治谣言诋毁中国，散布虚假或反动信息，对我国国家安全造成重大影响。

以发生在2009年7月5日的乌鲁木齐"七五"网络事件为例。2009年7月5日，乌鲁木齐发生严重暴力犯罪事件，造成192人死亡，1721人受伤；事件致使633户房屋受损，627辆公交车、小货车、越野车、货车、警车被烧毁、砸坏。❸"七五"事件是境外分裂势力利用互联网组织的有预谋的民族分裂事件，妄图制造维汉对立局面，破坏新疆安定繁荣，实现他们分裂祖国的目的。正是由于境外势力利用了互联网，使得事件发展具有隐蔽性和复杂性。"七五"事件造成极为严重的人员伤亡和财产损失，给新疆各民族内心造成极为严重的创伤，对新疆经济发展和社会稳定带来严重的影响，同时暴露了网络舆情监管的漏洞。

由此可见，信息技术的发展不仅为我国提供了后发赶超的机遇，同时也为国外某些敌对势力提供了情报获取的手段，使得新时期的保密工作形势严峻。随着社会主义市场经济的发展和信息化建设的推进，网络信息安全面临着越来越严峻的斗争形势。

三、网络信息安全问题来源❹

网络安全问题主要源于恶意程序、网络攻击、网络泄密、钓鱼网站等。网络安全问

---

❶ 顾华详. 国外保障信息安全的法治措施及启示 [J]. 行政管理改革，2010（12）：30.

❷ 杨茂云. 信息与网络安全使用教程 [M]. 北京：电子工业出版社，2007：53.

❸ 吴煜煜，等. 网络与信息安全教程 [M]. 北京：水利水电出版社，2006：23.

❹ 金江军. 网络安全和信息化 党政领导干部读本 [M]. 北京：中共中央党校出版社，2015.

题对政府部门、企事业单位和个人都产生了严重的危害，亟待加强网络安全治理工作。

（一）恶意程序

恶意程序通常是指带有不良意图所编写的一段程序，主要包括计算机病毒、蠕虫、木马、僵尸网络等。近年来，不同类别的恶意程序之间的界限逐渐模糊，木马和僵尸程序成为黑客最常利用的攻击手段。

2003 年 8 月 11 日，一种名为"冲击波"（WORM_ MSBlast. A）的电脑病毒从境外传入国内，短短几天内影响到全国绝大部分地区的用户。2006 年年底，"熊猫烧香"病毒爆发，全国数百万台计算机遭到感染和破坏。2013 年，我国境内感染"飞客"蠕虫的主机 IP 数量月均超过 175 万个。

木马是以盗取用户个人信息和文件数据，甚至是以远程控制用户计算机为主要目的并尽可能隐藏自身的恶意程序。由于它像间谍一样潜入用户的电脑，与战争中的"木马"战术十分相似，因而得名"木马"。木马程序按功能可进一步分为盗号木马、网银木马、窃密木马、远程控制木马、流量劫持木马、下载者木马等类型木马。随着木马程序编写技术的发展和网络攻击技术的演进，一个木马程序往往同时包含上述多种功能。

僵尸网络是被黑客集中控制的计算集群，其核心特点是黑客能够通过一对多的命令与控制信道来操纵感染僵尸程序的主机执行相同的恶意行为，如可同时对某目标网站进行分布式拒绝服务攻击，或发送大量的垃圾邮件等。

（二）网络攻击

网络攻击是指利用网络存在的漏洞和安全缺陷对网络系统的硬件、软件及其系统中的数据进行的攻击。近年来，我国域名系统遭受拒绝服务攻击的现象日益严重。

2011 年 7 月 6 日《IT 互联网周刊》报道，新浪微博以及 Twitter 都等发生严重的信息安全事件，网络黑客通过侵入管理权限发布一系列虚假信息或篡改网路内容，甚至美国福克斯集团的 Twitter 官方账号也被黑客劫持，黑客散布了一系列"美国总统奥巴马被暗杀"的假消息，对美国社会造成了一定程度的混乱。❶

2013 年 3 月，在美韩军事演习期间，韩国多家广播电视台和银行遭受历史上最大规模的恶意代码攻击，导致这些重要机构网络系统瘫痪，引发韩国社会一片混乱。

2013 年 8 月，黑客为攻击一个以 .CN 结尾的网游私服网站，对我国 .CN 顶级域名系统发起大规模的拒绝服务攻击，导致大量政府网站、新浪微博等重要网站无法访问或访问缓慢。同年 8 月，域名注册服务机构爱民网（22. cn）的域名服务器在一周内连续遭受数十 GB/s 级的拒绝服务攻击，数万个域名受到影响。

网络攻击已经成为一种新的作战手段。目前，美国、日本等许多国家组建了网络攻击部队。2013 年 3 月，美军《星条旗报》网站披露，国防部正在建立一系列的网络战部队负责执行网络攻击行动。美国已经成立了 13 个网络部队，另外 27 个网络部队正在建立之中。❷

---

❶ 张绪旺. 微博安全成全球性问题 ［J］. IT 互联网周刊，2011.

❷ 柯江宁. 五角大楼已组建 13 支网络攻击部队 ［N］. 科技日报，2013 – 03 – 19.

（三）网络泄密

互联网已成为泄密的主要渠道。根据全国人大内务司法委员会公布的调查数据，目前我国正处于泄密高发期，2014 年网络泄密占泄密事件的 70% 以上，且正呈高发姿态。

2013 年 2 月，中国人寿的意外险代理商成都众宜康健科技有限公司网站发生信息泄漏。有网友发现，登录该公司网站后，在"自助查询"的页面可看到姓名、证件号码和保单号等查询选项，在"姓名"栏中输入"李"姓，会出现超过 5 万页的"李"姓的中国人寿投保人详细资料，包括投保人和被投保人姓名、性别、证件号码、证件类型、出生日期、手机号码、险种名称、投保单号等。外泄的客户保单超过 80 万页，涉及客户信息 79.227 万条。❶

2013 年 8 月，黑客利用 Adobe 产品漏洞入侵了 Adobe 服务器，窃取了 Acrobat 等应用程序源代码和 3800 多万客户的信息，这些信息包括了客户名字、加密信用卡/借记卡号、信用卡过期日期、加密密码，及其他与客户订单相关的信息。另外，公司数项产品的源代码也被盗，包括 Adobe Acrobat、ColdFusion 及 ColdFusion Builder 等软件。

2014 年 3 月 22 日晚，国内知名旅游网站——"携程网"被曝安全支付日志可便利下载，导致大量用户银行卡信息泄露（包括持卡人姓名、身份证、银行卡号、卡 CVV 码、6 位卡 Bin）。

网络安全漏洞是网络泄密的主要原因。2013 年 7 月，ApcheStruts2 被披露存在远程代码执行高危漏洞，导致服务器被远程控制或数据被窃取，多家大型电商和互联网企业以及大量政府、金融机构网站受到影响，上亿用户信息面临严重泄露风险。

网络泄密影响金融业发展。随着互联网金融和移动支付的快速发展，互联网公司通过所运营的再现交易系统掌握了大量用户资金、真实身份、经济状况、消费习惯等个人信息，这些系统若出现安全问题，发生信息泄露，风险会随之传导至关联行业，产生连锁反应。

网络泄密成为收集军事情报的主要渠道。2005 年 11 月，美国中央情报局组建了"开源情报中心"，专门负责收集其他国家在互联网上发布的军事信息。透过网上信息，结合已掌握情况，美军不仅能了解他国基本军事动态，还能获取武器装备数据、军事人员信息等机密信息。在美国国防部撰写的《中国军事与安全态势发展报告》中，有相当一部分信息来自中国军迷们在网上发布的信息。

（四）网络漏洞

网站漏洞是指网站、信息系统等存在安全漏洞。"漏洞"有两种：一种是编程过程中无意留下的，可以在系统升级时"查漏补缺"；另一种则是预先蓄意设置，就是通常说的"后门"。"后门"通过预设密码或隐蔽通道获得用户通信模块的管理权，操控设备，泄露敏感信息。

2014 年 4 月，一个代号叫"心脏出血"的重大互联网安全漏洞被国外黑客曝光。这次发生漏洞的是国际著名安全协议 OpenSSL，目前世界上大概有 2/3 的网络服务器正

---

❶ 刘伟，陈婷婷. 国寿 80 万保单泄密引发信息安全担忧［N］. 北京商报，2013 - 02 - 28007.

在使用，包括购物、网银、社交、邮箱等。据统计，在 4 月 7 日、4 月 8 日两天时间，共计约 2 亿网民访问了存在漏洞的网站。他们登录服务器时显示的用户名、密码和信用卡等信息很有可能会被人盗取。截至 2014 年 4 月 10 日，在中国 3 万多个存在漏洞的网站中，依然有近 30% 没有采取任何措施。

（五）钓鱼网站

钓鱼网站就是模仿一个有固定用户群体，访问量较高，有潜在消费者的网站。通过这种方式来诱骗这类用户群体访问虚假的恶意钓鱼网站，窃取用户的账号密码或其他私人信息，从而窃取或欺诈用户资金来获取收益的一种恶意网站。

钓鱼网站越来越多，危害越来越大。2010 年 1—10 月，瑞星共截获 63 万个钓鱼网站，平均每天有 420 万人次访问钓鱼网站，给社会带来的经济损失超过 200 亿。2013 年钓鱼网站数量继续迅速增长，国家计算机网络应急技术处理协调中心共监测发现针对我国银行等境内网站的钓鱼页面 30199 个，涉及 IP 地址 4240 个，分别较 2012 年增长 35.4% 和 64.6%。

在传统互联网的钓鱼网站之外，黑客还结合移动互联网，利用仿冒移动应用、移动互联网恶意程序、伪基站等多种手段，实施跨平台的钓鱼欺诈攻击，危害用户经济利益。例如，一些钓鱼网站在盗取用户银行账号和密码等信息时，还大量传播仿冒相应手机银行安全插件的恶意程序，劫持用户收到的短信验证码，从而使黑客进一步完成网银支付、转账等交易操作，谋取经济利益。

一些不法分子仿冒金融机构官方服务号码向周围用户发送钓鱼短信，致使一些大型银行被迫调整部分手机银行业务；或冒充基础电信企业客服电话或手机充值号码联系用户，实施充值诈骗。此类事件对金融、电信等相关行业的健康发展造成了不良影响。

（六）伪基站

伪基站一般由主机和笔记本电脑组成，通过短信群发器、短信发信机等相关设备能够搜取以其为中心、一定半径范围内的手机卡信息，通过伪装成运营商的基站，任意冒用他人手机号码强行向用户手机发送诈骗、广告推销等短信。

犯罪嫌疑人通常将"伪基站"设备放置在汽车内，驾车缓慢行驶或将车停在特定区域，进行短信诈骗或广告推销。短信诈骗的形式主要有两种：一种是嫌疑人在银行、商场等人流密集的地方，以各种汇款名义向一定范围内的手机发送诈骗短信；二是嫌疑人筛选出"尾数较好"的手机号，以这个号码的名义发送短信，在其亲朋好友、同事等熟人中实施定向诈骗。

利用伪基站设备实施违法犯罪是一种新型犯罪，涉及地域广、社会危害大，严重危害国家通信安全，扰乱社会公共秩序，影响人民群众安全感。例如，2012 年 9—11 月，汪某团伙在深圳保安机场利用一台伪基站设备发送机票广告短信，非法获取 62 万部手机信息，导致机场众多手机用户无法通话，造成区域收集通话业务量损失 100 余万元。

2014 年以来，中央宣传部、中央网信办、最高人民法院、最高人民检察院、公安部、工业和信息化部、安全部、国家工商总局、国家质检总局等九部委在全国范围内开展了打击"伪基站"专项整治行动，严打非法生产、销售和使用"伪基站"设备的违

法犯罪活动。公安部会同最高人民法院、最高人民检察院、安全部等专门出台了《关于依法办理非法生产销售使用"伪基站"设备案件的意见》。

第四节　政府网络安全的体系及分级

一、网络信任体系内容

网络信任体系包括公钥基础设施（Public Key Infrastructure，PKI）、授权管理基础设施（Privilege Management Infrastructure，PMI）和密钥管理基础设施（Key Management Infrastructure，KMI）。

（一）公钥基础设施

公钥基础设施（PKI）采用证书管理公钥，通过证书认证中心（Certificate Authority，CA），把用户的公钥和用户的其他标识信息捆绑在一起，在互联网上验证用户的身份。简单地说，公钥基础设施技术就是利用公钥理论和技术建立的提供信息安全服务的基础设施。

公钥体制是现今应用最广泛的一种加密体制，既能保证信息的机密性，又能保证信息具有不可抵赖性。其核心就是要确定信息网络空间中各种经济、军事和管理行为主体（包括组织和个人）身份的唯一性、真实性和合法性，确认"你是谁，我是谁，他是谁"的问题，保护信息网络空间中各种主体的安全利益。

在电子政务领域，信息安全保证包括身份证标识和认证、保密或隐私、数据完整性和不可否认行。采用基于公钥基础设施的数字证书，对要传输的数字信息加密和签名，能够保证信息传输的机密性、真实性、完整性和不可否认行，从而实现信息的安全传输。

（二）授权管理基础设施

授权管理基础设施（PMI）是国家信息安全基础设施的一个重要组成部分，负责权限和证书的产生、管理、存储、分发和撤销等。PKI 与 PMI 的区别在于，前者证明用户是谁，后者证明这个用户有何权限，后者需前者为其提供身份认证。

授权管理基础设施通过数字证书机制来管理用户的权限信息，并将授权管理功能从传统的应用系统中分离出来，以独立的方式面向应用系统提供授权管理服务。与传统的同应用密切捆绑的授权管理模式相比，基于 PMI 技术的授权管理模式有管理灵活、授权操作与业务操作分离、灵活支持多授权模型三个方面的优势。❶

（三）密钥管理基础设施

密钥管理基础设施（KMI）是信任体系的安全基础，提供统一的密钥管理服务，包括密钥生成服务器、密钥数据库服务器和密钥服务管理器等。其主要功能包括❷：

---

❶ 李传军. 电子政务［M］. 上海：复旦大学出版社，2011.
❷ 蔡希尧. 信息系统的发展与创新［M］. 西安：西安电子科技大学出版社，2009.

1）密钥生成。

2）导出：从主密钥（Master Key）导出单个密钥。

3）注册：把密钥正式地与个人、组织或其他实体关联。

4）证书生成：证书提供与密钥关联的个人、组织或其他实体，作为证据。

5）证书就位：将证书有效地投入使用的过程。

6）存储和分发：密钥和证书必须安全地存储和分发，在需要时能够有效地使用。

7）状态维持：证书可以被撤回或在需要时暂时挂起。证书的状态必须得到维持，用户在需要时可以使用。

8）撤销注册：与注册相反的过程，把密钥与实体的关联切断，证书被从库中取出，不能在新的交易中使用，但是仍然可以用于和过去交易的连接，例如验证一个签名。

9）存档：当一个密钥的使用生命周期结束时，为了对使用过的加密或受保护的材料解密与验证，或者验证数字签名，密钥仍然需要长时间地存档。

10）销毁：存档时间结束时要把密钥销毁。事件能够得到跟踪。

二、灾难备份系统构成

灾难备份系统是指可以防范灾难或恐怖袭击对信息系统造成破坏的数据保障系统。其工作原理为通过在备份地建立和维护一套或多套数据备份系统，利用地理上的空间距离来实现信息系统抵御灾难事件所造成的数据丢失的能力。❶ 对党政部门而言，做好灾难备份（灾备）工作有助于保障党政部门内重要信息系统安全而稳定运行。

灾备系统一般由数据备份系统、备份数据处理系统、备份通信网络系统和完善的灾难恢复计划组成。

（一）数据备份系统

数据备份系统，也称为容灾系统或灾难恢复系统，就是通过特定的数据备份恢复机制，能够在各种灾难损害发生后，仍然能够最大限度地保障提供正常应用服务的计算机信息系统。❷

数据备份系统是灾备系统的基础。备份方式可分为完全备份、增量备份和差分备份三种。❸

完全备份（Full Backup）是指对整个系统（如组成服务器的所有卷）或用户指定的所有文件数据进行一次全面的备份。这是最基本也是最简单的备份方式。该备份方式的优势在于直观，容易被人理解；如果在备份间隔期间出现数据丢失等问题，可以只使用一份备份文件来实现丢失数据的快速恢复。其不足之处也很明显：它需对所有数据进行备份，从而导致每次备份的工作量都很大，需要大量的备份介质；如果频繁进行完全备份，则备份文件中就会有大量的重复数据，这些重复的数据将占用大量的存储空间，

❶ 邓裕东. 灾备系统建设及运维［J］. 电力信息化，2011（11）：44 - 46.

❷ 张艳，李舟军，何德全. 灾难备份和恢复技术的现状与发展［J］. 计算机工程与学，2005，27（2）：107 -110.

❸ 王小林. 数据备份策略解析［J］. 数字与缩微影像，2010（4）：14 - 16.

造成额外的成本负担。另外，如果需备份的数据量相当大，备份数据时的读写操作也会耗费较长时间，因此这种备份也不得过于频繁进行，最好是每隔一段较长时间才进行一次。但是，这种情况下，一旦发生数据丢失，只能使用上一次的备份数据恢复到前次备份时的数据状况，期间内更新的数据就有可能丢失。总的来说，完全备份较难实现实时备份。

增量备份（Incremental Backup）只备份相对于上一次备份操作以来新创建或者更新过的数据。在特定的时间段内只有少量的文件发生改变，因此增量备份中不会出现备份数据重复的情况，既节省了磁带空间又缩短了备份时间。相对而言，这种备份方法更加经济，且不限制备份频率，但是在增量备份系统中，一旦发生数据丢失或文件误删除操作时，恢复工作会比较麻烦。因为恢复操作需要查询一系列的备份文件，从最后一次完全备份开始，将记录在一次或多次的增量备份中的改变应用到文件上，增量备份的恢复需要多份的备份文件才可以完成。在这种备份下，各盘磁带间的关系就像链子一样一环套一环，其中任何一盘磁带出现了问题都会导致整条链子脱节，因此这种备份的可靠性很差。❶

差分备份（Differential Backup）只备份上一次完全备份后新产生和更新的数据。它的主要目的是将完全恢复时所涉及的备份记录数量限制在两个，以简化恢复的复杂性。差分备份在避免另外两种策略缺陷的同时，又具有它们的优点：首先，它无须频繁地做完全备份，工作量小于完全备份，因此备份所需要的时间短、节省磁盘空间；其次，虽然每次做差分备份工作的任务比增量备份的工作量要大，但是它的灾难恢复相对简单。系统管理员只需要对两份备份文件——完全备份文件和最近一次的差分备份文件进行恢复，就可以将系统恢复。在增量备份中要顺序地进行从上次完全备份以来的每一次增量备份的恢复。

（二）备份数据处理系统

备份数据处理系统是指在灾备中心配置的供灾难恢复使用的主机系统、存储系统、网络系统、应用软件。该系统所需要达到的处理能力和范围应结合恢复目标、成本、效益等，并选择合适的产品来实现。在建立该系统时采用跨平台、系统集成及虚拟主机等技术来实现资源共享，达到低成本、高效益。

（三）备份通信网络系统

根据灾难恢复目标的要求，选择合适的通信技术与产品建立备份通信网络系统，提供安全快速的网络切换方案，保证灾难恢复和业务渠道对外服务的需求。

（四）灾难恢复计划

灾难恢复计划是为了规范灾难恢复流程，使组织机构在灾难发生后能够快速恢复业务处理系统运行和业务动作的过程。同时可以根据灾难恢复计划对其灾难备份中心的灾难恢复能力进行测试。

---

❶ 肖克辉，倪德明. 文件系统增量备份策略的形式化描述及实现［J］. 计算机工程与设计，2007（10）：2455－2457.

三、灾难备份系统分级

根据国际标准 SHARE 78 的定义，容灾系统可以分为七级：从最简单的仅在本地进行磁带备份，到将备份的磁带存储在异地，再到建立应用系统实时切换的异地备份系统，恢复时间也可以从几天到小时级到分钟级、秒级或零数据丢失等。

(一) 0 级：无异地备份

0 等级容灾方案数据仅在本地进行备份，没有在异地备份数据，未制定灾难恢复计划。这种方式是成本最低的灾难恢复解决方案，但不具备真正灾难恢复能力。

在这种容灾方案中，最常用的是备份管理软件加上磁带机，可以是手工加载磁带机或自动加载磁带机。它是所有容灾方案的基础，从个人用户到企业级用户都广泛采用了这种方案。其特点是用户投资较少，技术实现简单。缺点是一旦本地发生毁灭性灾难，将丢失全部的本地备份数据，业务无法恢复。

(二) 1 级：实现异地备份

第 1 级容灾方案是将关键数据备份到本地磁带介质上，然后送往异地保存，但异地没有可用的备份中心、备份数据处理系统和备份网络通信系统，未制定灾难恢复计划。灾难发生后，使用新的主机，利用异地数据备份介质（磁带）将数据恢复起来。

这种方案成本较低，运用本地备份管理软件，可以在本地发生毁灭性灾难后，恢复从异地运送过来的备份数据到本地，进行业务恢复。但难以管理，即很难知道什么数据在什么地方，恢复时间长短依赖于何时硬件平台能够被提供和准备好。以前被许多进行关键业务生产的大企业广泛采用，作为异地容灾的手段。目前，这一等级方案在许多中小网站和中小企业用户中采用较多。对于要求快速进行业务恢复和海量数据恢复的用户，这种方案是不能够被接受的。

(三) 2 级：热备份站点备份

第 2 级容灾方案是将关键数据进行备份并存放到异地，制定有相应灾难恢复计划，具有热备份能力的站点灾难恢复。一旦发生灾难，利用热备份主机系统将数据恢复。它与第 1 级容灾方案的区别在于异地有一个热备份站点，该站点有主机系统，平时利用异地的备份管理软件将运送到异地的数据备份介质（磁带）上的数据备份到主机系统。当灾难发生时可以快速接管应用，恢复生产。

由于有了热备中心，用户投资会增加，相应的管理人员要增加。技术实现简单，利用异地的热备份系统，可以在本地发生毁灭性灾难后，快速进行业务恢复。但这种容灾方案由于备份介质是采用交通运输方式送往异地，异地热备中心保存的数据是上一次备份的数据，可能会有几天甚至几周的数据丢失。这对于关键数据的容灾是不能容忍的。

(四) 3 级：在线数据恢复

第 3 级容灾方案是通过网络将关键数据进行备份并存放至异地，制定有相应灾难恢复计划，有备份中心，并配备部分数据处理系统及网络通信系统。该等级方案特点是用电子数据传输取代交通工具传输备份数据，从而提高了灾难恢复的速度。利用异地的备份管理软件将通过网络传送到异地的数据备份到主机系统。一旦灾难发生，需要的关键

数据通过网络可迅速恢复，通过网络切换，关键应用恢复时间可降低到一天或小时级。这一等级方案由于备份站点要保持持续运行，对网络的要求较高，因此成本相应有所增加。

（五）4级：定时数据备份

第4级容灾方案是在第3级容灾方案的基础上，利用备份管理软件自动通过通信网络将部分关键数据定时备份至异地，并制定相应的灾难恢复计划。一旦灾难发生，利用备份中心已有资源及异地备份数据恢复关键业务系统运行。

这一等级方案特点是备份数据为采用自动化的备份管理软件备份到异地，异地热备中心保存的数据是定时备份的数据，根据备份策略的不同，数据的丢失与恢复时间达到天或小时级。由于对备份管理软件设备和网络设备的要求较高，因此投入成本也会增加。但由于该级别备份的特点，业务恢复时间和数据的丢失量还不能满足关键行业对关键数据容灾的要求。

（六）5级：实时数据备份

第5级容灾方案在前面几个级别的基础上使用了硬件的镜像技术和软件的数据复制技术，也就是说，可以实现在应用站点与备份站点的数据都被更新。数据在两个站点之间相互镜像，由远程异步提交来同步，因为关键应用使用了双重在线存储，所以在灾难发生时，仅仅很小部分的数据被丢失，恢复的时间被降低到了分钟级或秒级。由于对存储系统和数据复制软件的要求较高，所需成本也大大增加。

这一等级的方案由于既能保证不影响当前交易的进行，又能实时复制交易产生的数据到异地，所以这一层次的方案是目前应用最广泛的一类，正因为如此，许多厂商都有基于自己产品的容灾解决方案。如存储厂商 EMC 等推出的基于智能存储服务器的数据远程拷贝；系统复制软件提供商 VERITAS 等提供的基于系统软件的数据远程复制；数据库厂商 Oracle 和 Sybase 提供的数据库复制方案等。但这些方案有一个不足之处就是异地的备份数据是处于备用（Standby）备份状态而不是实时可用的数据，这样灾难发生后需要一定时间来进行业务恢复。更为理想的应该是备份站点不仅仅是一个分离的备份系统，而且还处于活动状态，能够提供生产应用服务，所以可以提供快速的业务接管，而备份数据则可以双向传输，数据的丢失与恢复时间达到分钟甚至秒级。据了解，目前 DSG 公司的 RealSync 全局复制软件能够提供这一功能。

（七）6级：零数据丢失

第6级容灾方案是灾难恢复中最昂贵的方式，也是速度最快的恢复方式，它是灾难恢复的最高级别，利用专用的存储网络将关键数据同步镜像至备份中心，数据不仅在本地进行确认，而且需要在异地（备份）进行确认。因为，数据是镜像地写到两个站点，所以灾难发生时异地容灾系统保留了全部的数据，实现零数据丢失。

这一方案在本地和远程的所有数据被更新的同时，利用了双重在线存储和完全的网络切换能力，不仅保证数据的完全一致性，而且存储和网络等环境具备了应用的自动切换能力。一旦发生灾难，备份站点不仅有全部的数据，而且应用可以自动接管，实现零数据丢失的备份。通常在这两个系统中的光纤设备连接中还提供冗余通道，以备工作通道出现故障时及时接替工作，当然由于对存储系统和存储系统专用网络的要求很高，用户的投资巨大。采取这种容灾方式的用户主要是资金实力较为雄厚的大型企业和电信级企业。但在实际应用过程中，由于完全同步的方式对生产系统的运行效率会产生很大影响，所以适用于生产交易较少或非实时交易的关键数据系统，目前采用该级别容灾方案的用户还很少。

第五节　信息系统安全保护

一、信息安全等级保护

信息安全等级保护制度，是国家在国民经济和社会信息化的发展过程中，为了提高信息安全保障能力和水平，维护国家安全、社会稳定和公共利益，保障和促进信息化建设健康发展而制定的一项基本制度。实行信息安全等级保护制度，能够充分调动国家、法人和其他组织及公民的积极性，发挥各方面的作用，达到有效保护的目的，增强安全保护的整体性、针对性和实效性，使信息系统安全建设更加突出重点、统一规范、科学合理，对促进我国信息安全的发展将起到重要推动作用。

1994 年，为进一步提高信息安全的保障能力和防护水平，维护国家安全、公共利益和社会稳定，保障和促进信息化建设的健康发展，国务院颁布了《中华人民共和国计算机信息系统安全保护条例》，规定"计算机信息系统实行安全等级保护，安全等级的划分标准和安全等级保护的具体办法，由公安部会同有关部门制定"。

2003 年，中央办公厅、国务院办公厅转发的《国家信息化领导小组关于加强信息安全保障工作的意见》（中办发〔2003〕27 号）明确指出，"要重点保护基础信息网络和关系国家安全、经济命脉、社会稳定等方面的重要信息系统，抓紧建立信息安全等级保护制度，制定信息安全等级保护的管理办法和技术指南"。

2004 年，公安部、国家保密局、国家密码管理委员会办公室、国务院信息化工作办公室关于印发《关于信息安全等级保护工作的实施意见》指出，信息安全等级保护是指对国家秘密信息、法人和其他组织及公民的专有信息以及公开信息和存储、传输、处理这些信息的信息系统分等级实行安全保护，对信息系统中使用的信息安全产品实行按等级管理，对信息系统中发生的信息安全事件分等级响应、处置，其核心是对信息安全分等级、按标准进行建设、管理和监管。❶

2007 年，《信息安全等级保护管理办法》（公通字〔2007〕43 号）明确了信息安全等级保护制度的基本内容、流程及工作要求，明确了信息系统运营使用单位和主管部门、监管部门在信息安全保护工作中的职责与任务，为开展信息安全等级保护工作提供了规范保障。

---

❶ 公安部，国家保密局，国家密码管理局，国务院信息化工作办公室（已撤销）．公安部、国家保密局、国家密码管理委员会办公室、国务院信息化工作办公室关于印发《关于信息安全等级保护工作的实施意见》（公通字〔2004〕66 号）〔EB/OL〕．〔2016－11－05〕http：//www.pkulaw.cn/fulltext_form.aspx？Db＝chl&Gid＝213232&keyword＝&EncodingName＝&Search_Mode＝accurate.

（一）等级保护政策体系

近几年以来，为组织开展信息安全等级保护工作，国家相关部委（主要是公安部牵头组织，会同国家保密局、国家密码管理局、原国务院信息办和发改委等部门）相继出台了一系列文件，对具体工作提供了指导意见和规范，这些文件初步构成了信息安全等级保护政策体系，如下图所示。

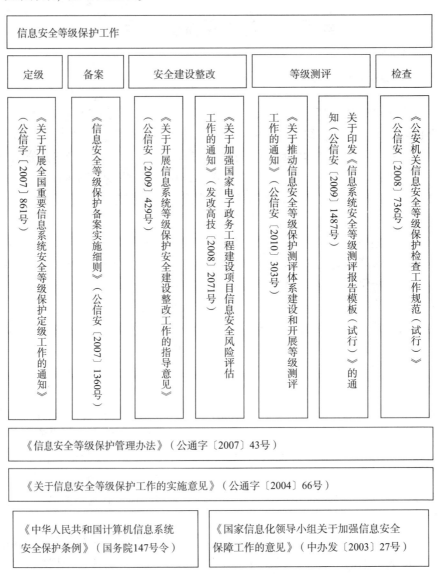

图 3-1　信息安全等级保护法律政策体系

《中华人民共和国计算机信息系统安全保护条例》和《国家信息化领导小组关于加强信息安全保障工作的意见》分别为信息安全保护工作提供了法律依据和政策依据。前者是国务院于 1994 年发布的第 147 号令，明确规定了"计算机信息系统实行安全等级保护，安全等级的划分标准和安全等级保护的具体办法，由公安部会同有关部门制定"。后者又称"中办发〔2003〕27号"文件，明确指出："实行信息安全等级保护，要重点保护基础信息网络和关系国家安全、经济命脉、社会稳定等方面的重要信息系统，抓紧建立信息安全等级保护制度，制定信息安全等级保护的管理办法和技术指南。"

《关于信息安全等级保护工作的实施意见》和《信息安全等级保护管理办法》是对等级保护工作的开展提供宏观指导的两个政策文件。前者的主要内容是贯彻落实信息安全等级保护制度的基本要求；明确等级保护工作的基本内容、工作要求和实施计划；以及各部门工作职责分工等。后者的主要内容是明确了信息安全等级保护制度的基本内容、流程及工作要求；信息系统定级、备案、安全建设整改和等级测评的事实与管理；信息安全产品和测评机构选择等。

《关于开展全国重要信息系统安全等级保护定级工作的通知》是指导定级工作的政策文件，该通知部署在全国范围内开展重要信息系统安全等级保护定级工作，标志着全国信息安全等级保护工作的全面开展。

《信息安全等级保护备案实施细则》是指导备案环节工作的政策文件，该文件规定了公安机关受理信息系统运营使用单位信息系统备案工作的内容、流程、审核等内容，指导各级公安机关受理信息系统备案工作。

《关于开展信息系统等级保护安全建设整改工作的指导意见》和《关于加强国家电子政务工程建设项目信息安全风险评估工作的通知》是指导安全建设整改环节工作的政策文件。前者明确了非涉及国家秘密信息系统开展安全建设整改工作的目标、内容、流程和要求等；后者要求非涉密国家电子政务项目开展等级测评和信息安全风险评估要按照《信息安全等级保护管理办法》进行，明确了项目验收条件：公安机关颁发的信息系统安全等级保护备案证明、等级测评报告和风险评估报告。

《关于推动信息安全等级保护测评体系建设和开展等级测评工作的通知》和《关于印发＜信息系统安全等级测评报告模板（试行）＞的通知》是指导等级测评环节工作的政策文件。前者确定了开展信息安全等级保护测评体系建设和等级测评工作的目标、内容和工作要求，规定了测评机构的条件、业务范围和禁止行为，规范了测评机构申请、受理、测评工程师管理、测评能力评估、审核、推荐的流程和要求；后者明确了等级测评活动的内容、方法和测评报告格式等。

《公安机关信息安全等级保护检查工作规范（试行）》是指导监督检查环节工作的政策文件，规定了公安机关开展信息安全等级保护检查工作的内容、程序、方式以及相关法律文书等。

以上政策文件构成了信息系统安全等级保护工作开展的政策体系，为组织开展等级保护工作、建设整改工作和等级测评工作明确了工作目标、工作要求和工作流程。

（二）等级保护标准体系

为推动我国信息安全等级保护工作，全国信息安全标准化技术委员会和公安部信息系统安全标准化技术委员会组织制定了信息安全等级保护工作需要的一系列标准，为开展等级保护工作提供了标准保障。这些标准可以分为基础类、应用类、产品类和其他类，标准与等级保护工作之间的关系如图3-2所示。

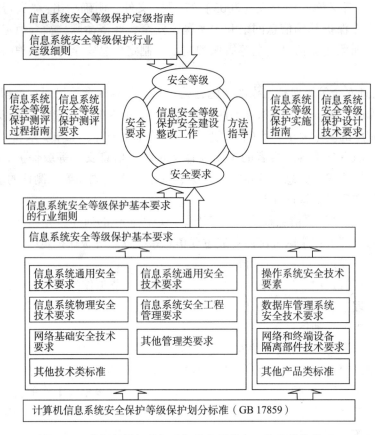

图 3 – 2   等级保护相关标准与等级保护各工作环节的关系

《计算机信息系统安全保护等级划分准则》是强制性国家标准，是其他各标准制定的基础。《信息系统安全等级保护基本要求》是在《计算机信息系统安全保护等级划分准则》以及各技术类标准、管理类标准和产品类标准基础上制定的，给出了各级信息系统应当具备的安全防护能力，并从技术和管理两个方面提出了相应的措施，是信息系统进行建设整改的安全需求。

《信息系统安全等级保护定级指南》规定了定级的依据、对象、流程和方法以及等级变更等内容，同各行业发布的定级实施细则共同用于指导开展信息系统定级工作。

《信息系统安全等级保护实施指南》和《信息系统等级保护安全设计技术要求》构成了指导信息系统安全建设整改的方法指导类标准。前者阐述了在系统建设、运维和废止等各个生命周期阶段中如何按照信息安全等级保护政策、标准要求实施等级保护工作；后者提出了信息系统等级保护安全设计的技术要求，包括安全计算环境、安全区域边界、安全通信网络、安全管理中心等各方面的要求。

《信息系统安全等级保护测评要求》和《信息系统安全等级保护测评过程指南》构成了指导开展等级测评的标准规范。前者阐述了等级测评的原则、测评内容、测评强度、单元测评、整体测评、测评结论的产生方法等内容；后者阐述了信息系统等级测评的过程，包括测评准备、方案编制、现场测评、分析与报告编制等各个活动的工作任务、分析方法和工作结果等。

以上各标准构成了开展等级保护工作的管理、技术等各个方面的标准体系。❶

(三) 等级保护工作五个环节

信息系统等级保护工作主要分为五个环节，定级、备案、建设整改、等级测评和监督检查。❷

1）定级工作。对信息系统进行定级是等级保护工作的基础，定级工作的流程是确定定级对象、确定信息系统安全等级保护等级、组织专家评审、主管部门审批、公安机关审核。

2）备案工作。信息系统定级以后，应到所在地区的市级以上公安机关办理备案手续，备案工作的流程是信息系统备案、受理、审核和备案信息管理等。

3）建设整改工作。信息系统安全等级定级以后，应根据相应等级的安全要求，开展信息系统安全建设整改工作：对于新建系统，在规划设计时应确定信息系统安全保护等级，按照等级要求，同步规划、同步设计、同步实施安全保护技术措施；对于在用系统，可以采取"分区、分域"的方法，按照"整体保护"原则进行整改方案设计，对信息系统进行加固改造。

4）等级测评工作。信息系统安全等级保护测评工作是指测评机构依据国家信息安全等级保护制度规定，按照有关管理规范和技术标准，对未涉及国家秘密的信息系施、建立并落实安全管理制度、落实安全责任、落实责任部门和人员。

5）监督检查工作。公安机关定期开展监督、检查、指导工作。

二、信息系统安全保护分级

2007 年 6 月，公安部、国家保密局、国家密码管理局、国务院信息化工作办公室联合制定的《信息安全等级保护管理办法》❸ 规定，信息系统的安全保护等级分为以下五级：

第一级，信息系统受到破坏后，会对公民、法人和其他组织的合法权益造成损害，但不损害国家安全、社会秩序和公共利益。

第二级，信息系统受到破坏后，会对公民、法人和其他组织的合法权益产生严重损害，或者对社会秩序和公共利益造成损害，但不损害国家安全。

第三级，信息系统受到破坏后，会对社会秩序和公共利益造成严重损害，或者对国家安全造成损害。

第四级，信息系统受到破坏后，会对社会秩序和公共利益造成特别严重损害，或者

---

❶ 宋言伟，马钦德，张健. 信息安全等级保护政策和标准体系综述 [J]. 信息通信技术，2010 (6)：58 - 63.

❷ 公安部，国家保密局，国家密码管理局，国务院信息化工作办公室. 信息安全等级保护管理办法（公通字〔2007〕43 号）［EB/OL］. ［2016 - 11 - 05］http：//www. pkulaw. cn/fulltext _ form. aspx？Db = chl&Gid = 213232&keywor d = &EncodingName = &Search_ Mode = accurate.

❸ 公安部，国家保密局，国家密码管理局，国务院信息化工作办公室. 公安部、国家保密局、国家密码管理局、国务院信息化工作办公室关于印发《信息安全等级保护管理办法》的通知［EB/OL］. ［2007 - 06 - 22］http：// www. pkulaw. cn/fulltext_ form. aspx？Db = chl&Gid = 213232&keyword = &EncodingName = &Search_ Mode = accurate.

对国家安全造成严重损害。

第五级，信息系统受到破坏后，会对国家安全造成特别严重损害。

信息系统的安全保护等级应当根据信息系统在国家安全、经济建设、社会生活中的重要程度，信息系统遭到破坏后对国家安全、社会秩序、公共利益以及公民、法人和其他组织的合法权益的危害程度等因素确定。❶

三、信息系统安全保护能力分级

信息系统安全等级保护应依据信息系统的安全保护等级情况保证它们具有相应等级的基本安全保护能力，不同安全保护等级的信息系统要求具有不同的安全保护能力。不同等级的信息系统应具备的基本安全保护能力如下❷：

第一级安全保护能力：应能够防护系统免受来自个人的、拥有很少资源的威胁源发起的恶意攻击、一般的自然灾难，以及其他相当危害程度的威胁所造成的关键资源损害，在系统遭到损害后，能够恢复部分功能。

第二级安全保护能力：应能够防护系统免受来自外部小型组织的、拥有少量资源的威胁源发起的恶意攻击、一般的自然灾难，以及其他相当危害程度的威胁所造成的重要资源损害，能够发现重要的安全漏洞和安全事件，在系统遭到损害后，能够在一段时间内恢复部分功能。

第三级安全保护能力：应能够在统一安全策略下防护系统免受来自外部有组织的团体、拥有较为丰富资源的威胁源发起的恶意攻击、较为严重的自然灾难，以及其他相当危害程度的威胁所造成的主要资源损害，能够发现安全漏洞和安全事件，在系统遭到损害后，能够较快恢复绝大部分功能。

第四级安全保护能力：应能够在统一安全策略下防护系统免受来自国家级别的、敌对组织的、拥有丰富资源的威胁源发起的恶意攻击、严重的自然灾难，以及其他相当危害程度的威胁所造成的资源损害，能够发现安全漏洞和安全事件，在系统遭到损害后，能够迅速恢复所有功能。

第五级安全保护能力：（略）。

四、涉密信息系统分级保护

（一）国家保密标准的强制作用与系列结构❸

1. 国家保密标准的作用

国家保密标准与国家保密法规共同构成我国保密管理的重要基础，是防范和保密检查的依据，为保护国家安全发挥了非常重要的作用。

国家保密标准由国家保密局发布，强制执行，在涉密信息的产生、处理、传输和载体销毁的全过程中都应严格执行。国家保密标准适用于指导全国各行各业、各个单位国

---

❶ 金江军. 网络安全和信息化 党政领导干部读本 ［M］. 北京：中共中央党校出版社，2015.

❷ GB/T 22239 - 2008. 信息系统安全等级保护基本要求 ［S］.

❸ 施峰，胡昌振，刘炳华. 信息安全保密基础教程 ［M］. 北京：北京理工大学出版社，2008.

家秘密的保护工作，具有全国性指导作用，是国家信息安全标准的重要组成部分。

2. 国家保密标准的制定

国家保密标准的制定过程是：国家保密局下达课题，经组织专家审查评审后，由国家保密局发布实施。

3. 国家保密标准的体系结构

国家保密标准主要分技术标准和管理标准两类。国家保密标准系列的组成如图3-3所示。截至2008年，已发布的主要国家保密标准共有26项，其中主要针对涉密信息系统分级保护的国家保密标准有11项。其他保密标准在具体实施涉密信息系统分级保护时也会涉及相关部分内容。

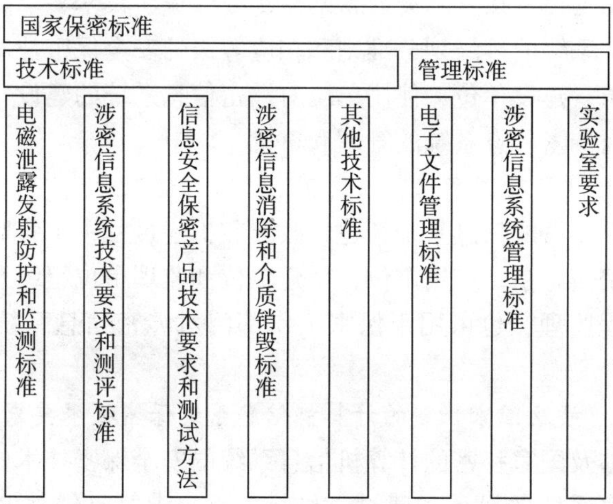

图3-3 国家保密标准体系架构

在主要的26项国家保密标准中，电磁泄漏发射防护和检测标准类国家保密标准有12个，包括BMBl-1994《电话机电磁泄漏发射限值和测试方法》；BMB2-1998《使用现场的信息设备电磁泄漏发射检查测试方法和安全判据》；BMB3-1999《处理涉密信息的电磁屏蔽室的技术要求和测试方法》；BMB4-2000《电磁干扰器技术要求和测试方法》；BMB5-2000《涉密信息设备使用现场的电磁泄漏发射防护要求》；BMB6-2001《密码设备电磁泄漏发射限值》；BMB7-2001《密码设备电磁泄漏发射测试方法（总则)》；BMB7.1-2001《电话密码机电磁泄漏发射测试方法》；BMB8-2004《国家保密局电磁泄漏发射防护产品检测实验室认可要求》，以及BMBl9-2006《电磁泄漏发射屏蔽机柜技术要求和测试方法》；GBBl-1999《信息设备电磁泄漏发射限值》；GGBB2-1999《信息设备电磁泄漏发射测试方法》。

隔离设备和实验室相关的3个国家保密标准是：信息安全保密产品技术要求和测试方法涉密信息系统技术要求和测评标准BMB10-2004《涉及国家秘密的计算机网络安全隔离设备的技术要求和测试方法》，规定了安全隔离计算机、安全隔离卡及安全隔离线路选择器的技术要求和测试方法。该方法适用于安全隔离计算机、安全隔离卡及安全隔离线路选择器的开发和检测。

BMB14－2004《涉及国家秘密的信息系统安全保密测评实验室要求》，规定了"国家保密局涉密信息系统安全保密测评中心"及其系统测评分中心的系统测评实验室在组织管理、技术能力以及系统测评人员、检测设备、设施配置等方面应达到的要求。适用于申请获得实验室资格的单位的检查和评审，以及实验室的管理。

BMB16－2004《涉及国家秘密的信息系统安全隔离与信息交换产品技术要求》，规定了涉密信息系统使用的安全隔离与信息交换产品技术要求。适用于涉密信息系统使用的安全隔离与信心交换产品的设计、研制、生产、测试、评估和采购。

（二）涉密信息系统分级保护主要相关的国家保密标准

开展涉密信息系统分级保护主要相关的国家保密标准和指南共 11 个，包括：

1. BMB17－2006《涉及国家秘密的信息系统分级保护技术要求》

规定了涉密信息系统的等级划分准则和相应等级的安全保密技术要求。适用于涉密信息系统的设计单位、建设单位、使用单位对涉密信息系统的建设、使用和管理，也可用于保密工作部门对涉密信息系统的管理和审批。

2. BMB 18－2006《涉及国家秘密的信息系统工程监理规范》

规定了涉及国家秘密的信息系统新建、改建和扩建过程中工程监理的工作方法和工作内容。适用于涉密信息系统使用单位、承建单位和监理单位组织开展涉密信息系统的安全保密建设和工程监理，也可用于保密工作部门对涉密信息系统工程监理的管理和指导。

3. BMZ1－2000《涉及国家秘密的计算机信息系统保密技术要求》

该指南规定了涉及国家秘密的计算机信息系统的安全保密技术要求，适用于涉及国家秘密的计算机信息系统的设计和建设。目前大部分内容已经被 BMBl7－2006 标准内容所替代。

4. BMZ2－2001《涉及国家秘密的计算机信息系统安全保密方案设计指南》

该指南规定了涉及国家秘密的计算机信息系统安全保密方案包括的主要内容，可用于指导涉及国家秘密的计算机信息系统安全保密方案的设计。

5. BMZ3－2001《涉及国家秘密的计算机信息系统安全保密测评指南》

该指南规定了涉及国家秘密的计算机信息系统安全保密测评准则，适用于评测机构对涉及国家秘密的计算机信息系统的安全保密性进行测评，以及保密部门对涉密系统的安全保密性进行检查，并指导用户和承建单位建设满足安全保密要求的涉密系统。

6. BMB11－2004《涉及国家秘密的计算机信息系统防火墙安全技术要求》

规定了涉及国家秘密的计算机信息系统使用的防火墙产品或系统的安全技术要求。适用于涉密信息系统内使用的防火墙产品或系统安全功能的研制、开发、生产、测试、评估和产品的采购。

7. BMB12－2004《涉及国家秘密的计算机信息系统漏洞扫描产品技术要求》

规定了涉密信息系统内使用的漏洞扫描产品的技术要求。适用于涉密信息系统内使用的漏洞扫描产品的设计、研制、生产、测试、评估和采购。

8. BMB13－2004《涉及国家秘密的计算机信息系统入侵检测产品技术要求》

规定了涉密信息系统内使用的网络型和主机型入侵检测产品的技术要求。适用于涉密信息系统内使用的网络型和主机型入侵检测产品的设计、研制、生产、测试、评估和采购。

9. BMB15 – 2004《涉及国家秘密的信息系统安全审计产品技术要求》

规定了涉密信息系统内使用的安全审计产品的技术要求。本标准所指的安全审计产品包括网络审计、主机审计、数据库审计、应用审计和综合审计等产品。适用于涉密信息系统内使用的安全审计产品的设计、研制、生产、测试、评估和采购。

10. BMB20 – 2007《涉及国家秘密的信息系统分级保护管理规范》

规定了涉密信息系统的等级划分准则和相应等级的管理规范。适用于涉密信息系统的设计单位、建设单位、使用单位对涉密信息系统的建设、使用和管理，也可用于保密工作部门对涉密信息系统的管理和审批。

11. BMB22 – 2007《涉及国家秘密的计算机信息系统分级保护测评指南》

该指南规定了涉密信息系统的等级划分准则和相应等级测评准则，适用于评测机构对涉及国家秘密的计算机信息系统分级安全保密性进行测评，以及保密部门对涉密系统的安全保密性进行检查，并指导用户和承建单位建设满足安全保密要求的涉密系统。

五、涉密信息系统安全保护分级[1]

国家保密局 2005 年 12 月 29 日发布的《涉及国家秘密的信息系统分级保护管理办法》中规定："涉密信息系统分级保护是指，涉密信息系统的建设使用单位根据分级保护管理办法和有关标准，对涉密信息系统分等级实施保护，各级保密工作部门根据涉密信息系统的保护等级实施监督管理，确保系统和信息安全。"涉密信息系统分级保护管理遵循以下原则：规范定密，准确定级；依据标准，同步建设；突出重点，确保核心；明确责任，加强监督。

涉密信息系统分级保护技术要求的主要依据是国家保密标 BMB17 – 2006《涉及国家秘密的信息系统分级保护技术要求》的有关规定。

采用安全域（Security Domain）和密级标识（Classification Label）对秘密、机密、绝密三个级别的涉密信息系统进行分级保护。安全域是由实施共同安全策略的主体和客体组成的集合。密级标识是用于标明信息秘密等级的数字化信息。

涉密信息系统应该按照等级划分准则划分等级，在满足基本要求的基础上，根据等级划分情况选择相应的等级保护要求进行保护，然后再结合安全风险分析对涉密信息系统保护要求进行部分调整。在进行调整时，可适当选择采用部分较高的保护要求，也可以在保证不降低信息系统整体安全保密强度的前提下，有针对性地选择采用部分较低的保护要求。

涉密信息系统的安全保密是以普通信息系统的信息安全防护体系为基础，加上专门的密码设施及其相应技术、运作与管理机制配合实现的。

信息安全防护体系是如何构成的呢？从基本功能要求上讲，为了保障信息安全，需要在正确的安全政策、策略指导下，通过一系列安全机制、技术及其相关安全产品的综

[1]　施峰，胡昌振，刘炳华. 信息安全保密基础教程［M］. 北京：北京理工大学出版社，2008.

合运用，并加以严格的安全管理才能实现。这些内容统称为信息安全体系，主要应包括：

    1）国家和部门单位管理信息安全的政策、法规、标准、规范，制度、方法；

    2）实现信息安全的机制（如访问控制、认证、审计，密码、隐藏、备份）；

    3）实现信息安全的技术（如网络边界防护、入侵检测，身份鉴别、系统审计，信息监控，病毒防治，信息加密、过滤、隐藏、诱骗）；

    4）实现上述安全机制、技术及其管理的各类系统与产品；

    5）信息系统的基础设施建设及运行、使用中的风险评估等安全管理。

    建立一个有效的信息安全体系，首先需要信息安全治理的基础，包括各种安全机制与技术的应用基础；其次需要预先制定相关的安全管理策略和规章制度，然后是运用安全产品构建整个系统；最后是实施对系统的运行管理，包括不断调整安全策略、实行系统监控、评估动态风险、做好数据备份以及安全事件应急处理和系统恢复工作。

    涉密信息系统采取的保密措施应达到国家保密指南 BMZ1 – 2002 和国家保密标准 BMB17 – 2006 的要求。

第四章 信息化系统工程管理

第一节 信息化系统顶层设计

一、顶层设计概述[1]

随着信息化进入统一信息系统建设阶段，信息系统建设成为一项越来越复杂的系统工程，需要科学的方法来指导统一信息系统的建设实践，以避免盲目建设，避免方法不当导致重复工作，避免建设失败带来的损失。为此，"顶层设计"作为源于自然科学和大型工程技术领域的一种设计理念，得到信息化领域的高度重视。

"顶层设计"是针对某一具体的设计对象，运用系统论的方法，自高端开始的总体构想和战略设计，注重规划设计与实际需求的紧密结合，强调设计对象定位上的准确、结构上的优化、功能上的协调、资源上的整合，是一种将复杂对象简单化、具体化、程序化的设计方法。它不仅需要从系统和全局的高度，对设计对象的结构、功能、层次、标准进行统筹考虑和明确界定，而且十分强调从理想到现实的技术化、精确化建构，是架构在愿景与实践之间的"蓝图"。"顶层设计"理念提出后，其应用范围很快超出了工程设计领域，并被广泛应用于信息科学、军事学、社会学、教育学等领域，成为在众多领域制定发展战略的一种重要思维方式。从其理论内涵的特点来看，主要体现在以下三个方面：

一是整体主义战略。在根据任务需求确定核心或终极目标后，"顶层设计"考虑一整套完整地解决各层次问题、调动各层次资源的方法，围绕全局目标有序地、渐进地落实和推进，最终产生顶层设计所预期的整体效应。

二是缜密的理性思维。"顶层设计"是自高端开始的"自上而下"的设计，但这种"上"并不是凭空建构，而是源于实践并高于实践，是对实践经验和感性认识的理性提升。它能够成功的关键就在于通过缜密的理性主义思维，在理想与现实、可能性与可实现性之间绘制了一张精确的、可控的"蓝图"，并通过实践使之得到完美的实现。

三是强调执行力。"顶层设计"的整体主义战略确定以及"蓝图"绘就以后，如果没有准确到位的执行，必然只是海市蜃楼。因此，"顶层设计"的执行过程中，实际上体现了精细化管理和全面质量管理战略，强调执行，注重细节，注重各环节之间的互动

---

[1] 蒋东兴，等. 信息化顶层设计［M］. 北京：清华大学出版社，2015.

与衔接。

信息化建设引入"顶层设计",其目标就是要建立一种工程化方法,能够站在全局的、整体的、系统的角度,围绕机构的事业发展规划,分析机构的管理和信息化现状,结合信息技术发展趋势,明确设计一个整体的方案,阐述机构的信息化应该怎么做、谁来做、什么时间做、在哪做、效果如何。

信息化顶层设计不是要取代传统的信息化总体规划,而是要解决总体规划落地实施问题。信息化总体规划解决"做什么"的问题,而信息化顶层设计解决的是"怎么做"的问题;信息化总体规划是"愿景"。信息化顶层设计是"蓝图"与"路线图"。信息化顶层设计是信息化建设从规划到实施的桥梁,它是在信息化总体规划的统领与指导下,作为信息化总体规划的延续和细化,是信息化实施的前提与依据,是信息化实施的总体框架。

总而言之,信息化顶层设计就是从全局的视角出发,站在整体的高度,以信息化的思维,全面分析机构的各项业务。建立该机构的业务模型、功能模型、数据模型和用户模型,并结合机构的具体现状,设计出信息化总体技术方案。

二、顶层设计的基本理念与原则

目前,我国信息化正处于一个历史性发展机遇期,要特别重视和提高对信息化客观规律的认识和把握能力,重视信息化顶层设计和组织管理的相关理论研究与实践经验总结,既不能对无序发展产生的问题熟视无睹,也要防止不假思索地空想和盲动。多年来信息化实践证明,缺乏科学化顶层设计和规划控制,仅依靠资金投入,难以达到预期目标效果。信息化顶层设计的概念来自系统工程学,强调宏观的整体明确性、具体的可操作性和产出的可复用性。从工程学角度看,顶层设计是整体理念的具体化,内容包括目标规划与设计、过程组织与协调、任务执行与实施、结果评估与持续改进。对于一个复杂的信息化项目建设工程,首先是参与者对建设目标的认同,理念一致才能行为协调,系统组成成分关系清晰才能设计出稳定的系统结构;其次是系统的组成成分设计要考虑可操作性和复用性,即要求设计者选择模块化、标准化和规范化设计方法,防止重复开发,避免多次推倒重来。

信息化战略规划不但是一个管理概念,也是对信息化理论、方法、工具全面实践的工作。因此,信息化战略规划工作不仅仅是一个学术问题,还是一个实践性非常强的工作,这就要求信息化战略规划具有可操作性,并要产生出可衡量的效益。信息化战略规划应坚持以下原则。

(一) 目标性原则

目标性原则是进行信息化战略规划应遵循的重要原则,科学合理的战略目标是信息化建设的行动方向和指南。战略目标是在当前信息化建设现状基础上,结合经济、技术发展等外部环境,预测未来发展趋势而最终确立下来的。一般情况下,规划中有总体目标和分类目标的区别,其中各分类目标是总体目标的具体体现和要求。此外,规划中所提出的战略重点、战略任务和保障措施等都必须以战略目标为中心,共同支撑总体目标的实现。

（二）可持续发展原则

信息革命方兴未艾，信息化建设必将是一项事关全局、长远而艰巨的任务，因而信息化战略规划要立足长远，在信息化战略目标的制定、信息基础设施的建设、信息技术和信息系统的运用、信息人才的培养等各个方面都要具备可持续性，保持前后阶段规划之间的相互衔接，以指导信息化持续有序的发展。

（三）可拓展性原则

在由工业社会向信息社会转型的过程中，社会结构正在发生巨大的变化，企业的组织结构、运营方式、管理模式等不断更新。许多不确定性因素的存在，尤其是信息技术的日新月异使得信息化建设不断面临新形势新环境的挑战，这要求信息化战略规划必须具备可拓展性，灵活开放，能顺应时势的变化进行不断的拓展和调整。

（四）战略匹配原则

所谓战略匹配，具体而言是指在进行信息化战略规划时，要注意与其他各层次的战略相适应相配合，避免规划之间出现矛盾冲突，特别是要与总体战略规划相匹配。一般情况下，总体发展战略规划较信息化规划早，在制定信息化战略规划时要以总体发展战略为基础，并参照其他战略规划，实现各战略相互匹配和融合，共同服务于总体发展战略。

（五）因地制宜、突出特色原则

信息化发展存在着普遍的不平衡现象。同部分发达国家相比，我国面临着工业化和信息化水平低下的两重压力；而在国内，广袤地域上存在着严重的经济社会发展不平衡，各企业存在性质及规模上的差别，信息化建设环境和发展水平必然各不相同。这就需要信息化战略规划要实事求是，结合各地和各企业的信息化环境和水平现状，因地制宜，突出特色。

（六）需效互动、强调应用原则

经历了信息技术推动发展阶段，信息化已进入了需求引导发展阶段，信息产业在更多领域已成为了需求驱动。在进行信息化战略规划时，要立足于各地区、各行业的分层次信息化需求，站在科学发展观的高度，整体统筹设计满足信息化需求的效益最大化方案。除了需求引导外，还要综合考虑效益，做到需效互动，足够的需求量和有正产出效益的需求才能使信息化带动经济发展。此外，在进行战略规划时要依赖市场，立足于市场运作开展信息化建设，强调规划的应用性和实施的有效性。

（七）重点突破原则

信息化是一项复杂的系统工程，在进行战略规划时，不可能面面俱到，而要识别关键推动因素和制约瓶颈，进行重点突破。要抓好一批重点工作，实施一系列重大工程，通过重点突破，树立成功典范，并通过示范效应带动信息化的快速发展，如农业信息化要重点加强基础信息平台建设、区域信息化建设应以城市信息化为突破口等。

（八）有效性实施原则

信息化建设是要在现状调查和描述的基础上分析存在的问题和提出信息化需求，找出主要矛盾并确定信息化的实施重点。为有效推进信息化建设，要对各建设项目的实施难度、重要程度等进行评估，并采用科学的分析方法，做好分步实施的规划。如对快速见效的项目优先安排，对易于执行和必须拥有的项目逐步实施，对高投入、低收效的项目要谨慎对待。

（九）全民参与原则

信息革命和信息化不仅关乎国家的发展，而且对于每一个政府部门、企事业单位、组织机构都各有其特殊的意义。对信息化的关注不仅仅是政府领导部门和相关学者或专家的事，也不仅仅是信息化工作者的事，而是涉及全民的大事。信息化战略规划的实现，信息化事业的顺利进行，离不开全民参与和支持。促进全民参与，提高全民信息素质，是我国信息化事业取得成功的关键所在。

（十）循序渐进原则

信息化肩负着我国实现经济社会跨越式发展的历史重任，虽然能够实现跨越发展，但这种繁荣景象的背后也存在着许多隐患。须知信息化是一个社会经济变革的过程，符合事务发展的一般规律，不可急功近利，而要循序渐进地开展。在进行信息化战略规划时，既要密切关注信息技术发展，总结信息化发展规律，在进行战略规划时要高瞻远瞩、适度超前，以调动各方积极性；同时更要立足于信息化建设的实际水平，在拟定目标和措施时要有阶段性和层次性，循序渐进地推动信息化发展。

三、顶层设计的流程

信息化顶层设计要全面分析机构的各项业务并建模，涉及业务范围广、部门多、内容丰富、关联性强，因此必须设计一套科学、合理的流程，覆盖顶层设计的各部分工作内容，使得顶层设计过程的各个环节有章可循。

信息化顶层设计的流程如图4-1所示。完整的信息化顶层设计包括业务和技术两个方面，并且业务是技术的先导。顶层设计综合应用归纳、分析、演绎、聚类等方法，通过"总—分—总"的三个分析阶段，以求全面、多角度地把握机构业务的内在规律，构建出符合机构业务特点的信息系统模型。信息化顶层设计主要包括五个环节：总体分析、职能域分析、全域综合设计、技术架构与基础保障环境规划、总体解决方案设计。前面三个环节是一个有机的整体，即机构的宏观信息资源规划，是顶层设计最为关键也是最基础的工作。

（一）总体分析

总体分析是从全局出发，站在信息化总体规划的高度，对机构业务的总体情况进行分析。通过总体分析，使我们能够按照信息工程方法重新认识机构的业务，系统地、概括地把握机构的职能。总体分析包括业务分析和管理模式分析两个方面，在对机构进行整体业务调研后分别展开。

一是业务分析：对机构业务进行全面梳理，整理出各部门的职责和主要业务，特别是要对主线业务进行深入分析，分析涉及部门的职责、业务过程、业务活动，确定主线业务内容，在此基础上建立机构的总体业务模型。此模型反映了机构的主要业务以及业

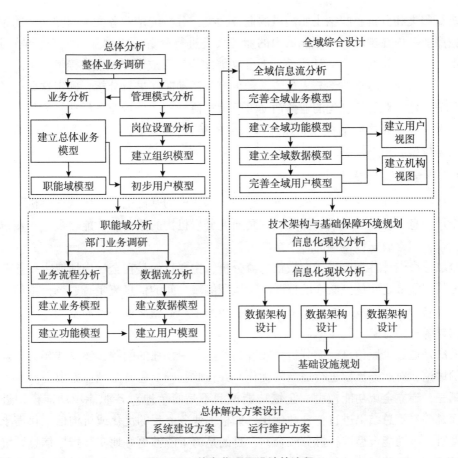

图 4 − 1　信息化顶层设计的流程

务之间的关系。而后进一步对业务进行分类，分析各类业务之间的关联关系，并根据业务活动关联和数据关联的紧密程度将机构职能划分为若干个职能域，界定每个职能域的管理目标、涵盖的功能和边界，以及与当前机构中各部门的关联关系，建立职能域模型。

二是管理模式分析：从机构的组织结构与管理关系入手，分析机构的管理模式，并根据机构的业务特征和重要岗位设置情况，从多个维度对用户进行分类，建立机构的组织模型和初步的用户模型。

总体分析的成果是总体业务模型、职能域模型、组织模型和初步的用户模型。

（二）职能域分析

职能域分析是信息化顶层设计中工作量最大的工作，它根据总体分析中建立的职能域模型，针对每一个职能域进行详细的业务分析与系统建模。

职能域分析首先要梳理职能域内各部门之间的业务关系：根据对本职能域的定义，明确本职能域对应的业务部门和业务科室，明确本职能域的业务范围，调研职能域内各部门和机构的职能说明，作为职能域业务分析的基础。

在此基础上，以信息流分析为手段，梳理职能域内部的业务流程，对职能域的职责说明进行归类和分析，归纳出职能域的业务大类，分析清楚业务大类相互之间的逻辑关系。按照业务内在逻辑，对职能域内的业务大类进行分解，用"业务大类、业务过程、业务活动"的三层结构来表达完整的业务功能结构，形成职能域业务模型。

进一步对业务活动的参与人员、活动内容和活动时序进行分析，确定这些业务活动是否可信息化；对可信息化的业务活动进行信息流分析，分析业务活动、参与人员（或部门）和信息三者之间的关系；还可以对分析结果汇总和归类，形成职能域的功能模型、数据模型和用户模型。

（三）全域综合设计

全域综合设计是在各职能域详细分析与局部建模的基础上，重新从整个机构的角度审视全局信息流，并从全局一体化的视角研究分析机构的业务、功能、数据、用户和权限的关系，建立或完善机构的各个全域模型。

全域综合设计首先要进行全域信息流分析，主要目的是在全域内抽取主要业务信息流，分析职能域之间信息交换的情况，确认职能域之间的信息流是否通畅，主信息流是否闭合。其中，职能域之间信息交换情况将作为全局数据交换部署的基础，闭合的信息流为构建统一信息系统奠定基础。

其次是通过全域信息流的分析，发现当前业务中存在的问题，通过和相关管理决策人员的讨论，对业务流程进行适当的优化，并在此基础上完善全域业务模型。

第三，建立全域功能模型。全域功能模型不是简单地对各职能域功能模型进行汇总，而是要对汇总结果进行整合和优化，如根据业务流程的优化或机构信息化需求的紧迫程度对全域功能模型进行拆分或合并，目的是为了能够更好地实际指导信息系统的建设。并且，由于各职能域的功能划分可能不一致，需要进行规约化，对相同或类似的功能进行归并，再按统一标准进行分级、分类。采用规范化的描述方法在全域命名范围内对系统、子系统、功能模块等进行统一的命名和描述。此外，对于归并结果，抽出其中可复用的成分，为建立公共平台软件和中间件提供基础支持。

第四，建立全域数据模型。对职能域的数据模型进行汇总和规约化，并根据全域业务模型和功能模型的优化结果进行适当的优化，形成"主题数据库、数据主题、数据实体"三层结构的全域数据模型。

第五，在总体分析建立的初步用户模型基础上，结合各职能域的用户模型，进行调整、优化，形成较为完善的全域用户模型。

此外，对于管理体系较复杂的机构，可以在较粗粒度上把重要用户角色与全域功能模型中的功能进行关联，建立用户视图；把机构部门设置与全域功能模型、全域数据模型关联起，建立机构视图。

（四）技术架构与基础保障环境规划

技术架构与基础保障环境规划包括数据架构设计、应用架构设计、软件架构设计、安全架构设计、基础保障环境规划五部分内容，这些不仅依赖机构的信息化总体规划和宏观信息资源规划的结果，还受到信息化现状的约束。因此，根据宏观信息资源规划得到的机构信息化需求，对机构的信息化现状进行深入调研和分析。结合信息技术发展趋势，采用符合 IT 发展趋势、充分利用已有基础、尽量争取平滑过渡的思路，设计出能够很好满足机构信息化需求、支持可持续发展的技术架构。

技术架构设计完成后，再进行基础保障环境规划。基础保障环境是支撑信息系统运行、为用户提供服务的物理基础条件，好的基础保障环境能够提高系统支撑的效率，使信息系统能够更好地满足业务需求。基础保障环境规划的内容包括机房建设规划、基础网络规划、服务器架构设计（硬件选型、拓扑）、存储和备份规划、数据中心的节能与整合规划、软件公共平台规划以及运行维护方案设计等。基础保障环境规划依赖于信息化总体规划、信息化业务需求，还依赖于技术架构设计的结果以及信息系统设计对运行环境的要求等。

（五）总体解决方案设计

总体解决方案设计是从"蓝图"到"路线图"的过程：前面四个环节从业务与技术两个方面构建了机构信息化的"蓝图"，本环节就是要在此基础上提出机构信息化的"路线图"。

总体解决方案设计在信息化总体规划的指导下，首先要明确信息化指导思想、建设目标与思路，并结合信息化现状与存在的问题，明确下一阶段信息化建设内容。然后根据信息化顶层设计前面四个环节的成果，确定总体技术方案，包括业务架构、应用架构、软件架构、数据架构与基础设施架构，确定信息系统建设、数据环境建设、信息安全体系建设、基础设施建设方案。此外，还要根据机构现有 IT 治理机制与信息化队伍情况，提出信息系统建设模式（如外购模式、自建模式、合作模式等），提出运维服务体系建设方案与组织保障体系建设方案。最后，还要对整个项目建设进行分期，提出经费概算与进度计划安排。

第二节 信息系统工程组织实施[1]

一、信息系统需求分析与立项管理[2]

信息系统需求分析就是通过调查研究，确定国家、地区、行业或社会组织需要开发什么样的信息系统，列出信息系统应该具备的各种功能，并提出系统开发的实现条件。

（一）信息系统需求分析的内容

1）功能需求。列举出所要开发的信息系统应具备哪些功能。

2）性能需求。给出所要开发的信息系统的技术性能指标，如存储容量限制、运行时间限制、传递速度要求等。

3）资源和环境需求。这是对信息系统运行时所处环境和资源的要求。例如，在硬件方面，采用什么机型、需要哪些外部设备和数据通信接口等；在软件方面，采用什么支持系统运行的系统软件，如采用什么操作系统、什么网络软件和什么数据库管理系统

---

❶ 娄策群，桂学文，赵云合. 信息化管理理论与实践［M］. 北京：清华大学出版社，2010.
❷ 左美云. 信息系统开发与管理教程［M］. 第 3 版. 北京：清华大学出版社，2013.

等；在使用方面，要求使用部门在制度上或者操作人员的技术水平上应具备什么样的条件等。

4）可靠性需求。在需求分析时，应对所开发软件在投入运行后不发生故障的概率，按实际的运行环境提出要求。对于那些重要的子系统，或是运行失效会造成严重后果的模块，应当提出较高的可靠性要求，以期在开发的过程中采取必要的措施，使信息系统能够高度可靠地稳定运行，避免运行事故带来的损失。

5）安全保密要求。工作在不同环境的信息系统对其安全、保密的要求是不同的。应当对这方面的需求作出规定，以便对所开发的信息系统给予特殊的设计，使其在运行中安全保密方面的性能得到必要的保证。

6）用户界面需求。信息系统与用户之间界面的友好性是用户能够方便、有效地使用系统的关键之一。因此，必须在需求分析时，为用户界面细致地规定应该达到的要求。

7）可扩展性需求。预先估计信息系统的可扩展性需求，为系统将来可能的扩充与修改留出空间。一旦需要时，就比较容易进行补充和修改。

（二）信息系统需求调查方法

信息系统的需求调查过程实际上是各类原始素材的收集过程，相应的信息收集方法有以下几种。

1）查阅书面资料。在可能的情况下，对各类表格、记录、报告及岗位责任制、职责范围、规程手册、业务书籍等进行收集，弄清它们的来龙去脉与作用范围。

2）实地观察。实地观察的目的是尽可能接近事件发生地去研究真实系统。作为观察者要遵守一定的规则，在观察时尽可能多听、少说或不说，尤其是要注意那些一闪即逝的有用信息。观察内容包括现行系统的实际布局、人员安排、各项活动及工作情况。通过实地观察，可以增加系统开发人员的感性认识，有助于加快对业务流程和业务活动的理解。

3）面谈。面谈可以发现人们的感受和动机。这种方法依赖于面谈者对工作、对现有系统及工作经验等方面的信息汇报。面谈应从上而下，从概括到细微，先由领导开始，然后经中层至下层管理人员，甚至还可以扩大到全体职工。这样不仅能了解战略信息需求，而且能了解具体任务的信息需求。

4）发放调查表。问卷调查方式的优点是比面谈节省时间，执行起来需要的技巧较少，填表者有时间思考、计算、查阅资料，提供的信息更准确。

5）业务专题报告。对于某些需要信息系统重点支持的业务或比较复杂的业务，最好能请有关人员为信息系统调研人员作专题报告。专题报告经过报告人的认真准备，系统性、逻辑性、完整性、准确性都较强，是提高调研效率的一个好办法。

（三）信息系统需求分析要领

1）从含糊的需求中抽象出对信息和信息处理的需求。初始需求中，常常是把对人员、制度、物资设备的需求和对信息的需求混在一起提出来。在考虑信息系统的时候，应先把其他物质形态的内容舍弃，只留下对信息的需求。如果有的需求中既有对信息的需求，又有对其他方面的需求，则应该用抽象的语言把信息需求表达出来。

2）对各种需求确定定量的标准。对于速度、时间等数量指标，必须经过调查研究确定具体的定量标准；对于质量等定性指标，也应该制定能够检查的比较具体的指标。

3）对于罗列出来的各种问题及需求，应认真分析它们之间的相互关系，根据实际情况抓住其中的实质需求。一般来说，这些罗列出来的问题之间有三种关系。第一种是因果关系，某一问题是另一问题的原因，只要解决了前者，后者就迎刃而解，对于这类问题，说明目标时，只要抓住原因即可，结果不必再提。第二种是主次关系，在实际工作中，绝对平行的事情是没有的，在一定的条件下，总有一方面是主要的，必须根据实际情况，切实抓住使用者目前最急需解决的问题，作为主要目标。第三种是矛盾关系，某两项需求在实际工作中是矛盾的，此长彼消，此消彼长。这时使用者心目中往往有一方面是主要关心的，而另一方面则成为一种制约条件，要求保持在一定的可接受范围之内。哪方面是主要的，在权衡时，双方可以接受的最低标准是什么，这都需要明确。当然，要从以上三方面去明确问题就必须进行调查研究。

（四）信息系统可行性分析

信息系统可行性分析就是以现实为基础，从技术、经济和社会因素等方面研究并且论证信息系统建设项目的可行性。可行性研究的目的是用最小的代价，在最短的时间内确定问题能否解决，即能否找到一个信息化建设项目切实可行的解决方案。

1. 信息系统可行性分析的内容

1）现状分析。分析现状的目的是为了进一步明确新信息系统建设或对现有信息系统进行改造的必要性。主要内容包括：清理现有信息系统资源，如硬件设备、软件、应用系统等；分析现有系统的使用情况和所引起的费用开支；评估现有的信息系统，包括各业务子系统、系统软件、数据库系统、应用软件等；了解系统的基本处理流程和数据流程；分析人力资源状况，了解人员分类（如系统管理员、系统分析员、操作员等）及各部门对人员的配置状况。

2）技术可行性分析。技术可行性主要指在当前的技术条件下，能否实现系统的功能，满足所提出的要求；开发人员的数量和质量能否满足要求；所需要的物质资源能否满足；能否在规定期限内完成。

3）经济可行性分析。经济可行性分析包括两个方面：资金可行性和经济合理性，需要分析其收入与支出。收入包括三个方面：一是一次性收入，可以根据数据处理、管理和维护等项目分类统计，如改进业务流程后导致的费用缩减，减少设备导致的费用节省等；二是经常性收入，由于使用新信息系统导致的经常性的收入，包括费用的减少；三是无法直接用数字衡量的收入，如服务质量的提高、操作的简便、获取信息的便利等。这些收入只能大致估计。支出包括三个方面：一是建设费用，包括计算机设备、数据通信设备、环境保护设备、安全保密设备、操作系统、数据库管理系统、应用系统的购买或开发费用；二是一次性支出，包括培训费用、差旅费、人员调动和裁撤费用等；三是经常性支出，包括系统运行和维护费用、场地租金、设备租金、通信费用、人员费用等。分析了系统的收入和支出后，就可以得出整个信息系统生命周期中的收入/支出比，显然，这个数值越大越好。

4）社会可行性分析。社会可行性是指所建立的信息系统能否在组织中实现，在当前操作环境下能否很好地运行，组织内外是否具备接受和使用新系统的条件。

2. 信息系统可行性分析的工作组织

信息系统可行性分析的工作组织一般有如下几种形式：一是由信息系统建设单位来承担；二是委托科研机构承担；三是"三结合"方式，即由主持编写《系统分析说明书》的工作人员、科研单位的技术专家、本单位的中层管理干部共同参与可行性分析。

3. 信息系统可行性报告

在进行信息系统可行性分析后，应该将分析结果以报告的形式写出，形成正式的工作文件。可行性报告应该有一个明确的结论，包括：可以立即开始建设；推迟到某些条件（如设备、资金、人员等）满足后开始建设；方案修改后进行，如目标脱离实际、功能设计不完善等；不可行，如技术不成熟、经济不合算等。

（五）信息系统立项管理

立项管理主要用于管理一个项目从提出申请到批准立项的过程和相关事宜，用于管理项目前期准备过程和决策。立项管理能够有效管理立项前的项目需求、相关文档和立项审批过程，保证项目的可行性和立项的严谨性，在前期阶段降低项目风险。每个信息系统建设都可以看成是一个信息化建设项目。信息系统立项管理就是根据实际需求确定信息系统设计目标和项目范围、功能、运行环境、投资预算和竣工时间等，并报上级管理部门审批。所以，信息系统立项管理是信息系统组织实施的重要内容。信息系统立项管理的流程如下。

1）制定立项方案。由技术开发部门会同研发部门编写信息系统建设项目立项方案，需要委托建设的项目由研发部门和技术开发部门提出建设方案和费用预算。立项方案一般由两大部分组成。第一部分内容包括信息系统建设项目名称、项目负责人和组织分工、参加单位、协作单位等。第二部分内容包括信息系统建设项目背景、项目建设的目的和意义、现状和发展趋势、项目建设的总体目标与分期目标、项目建设内容与建设规模、项目完成时间、项目经费概算与资金筹措、项目的经济效益与社会效益等。

2）提出立项申请。向信息系统建设项目主管部门提交项目立项方案和立项申请报告。

3）进行立项审批。所有项目必须通过立项审批后方可进行项目实施。信息系统建设项目应根据项目大小和重要程度进行分级审批。由有关部门对信息系统建设项目进行立项评审和讨论后，作出是否立项的审批决定，提交立项审批意见表。立项评审的基本原则如下。

①简单性。信息系统建设项目设计应该尽量简单，这样可以提高运行效益，同时也可以节省投资和提高信息系统的运行质量。

②灵活性。信息系统建设项目对外界条件的变化应具有较强的适应能力。由于信息系统建设是一个复杂的系统工程，要求信息系统的结构要具有较好的灵活性和可塑性。

③完整性。信息系统是各个子工程的集合，并作为一个有机的整体而存在，因此信息系统要求各子系统功能规范、接口统一。各子系统的协调是保证整个信息系统正常运行的基础。

④可靠性。信息系统的可靠性是评定信息系统建设项目质量的主要指标之一。可靠性的要求包括：信息系统体系结构设计合理，具有良好的可扩展性；硬件设备稳定性高；良好的可管理性；安全防护措施完善。

⑤经济性。信息系统建设项目的长远目标是为使用者带来相应的效益，因此如何在投资和绩效之间取得平衡是项目建设的重要目标之一。

二、信息系统开发方式与外包管理

（一）信息系统开发的基本方式

对于不同规模、不同技术含量的信息系统，可以采用不同的开发方式。方式不当有可能造成资金、时间超出预算，或者功能存在缺陷甚至导致信息系统建设的失败。可以选择的信息系统开发方式有如下五种。

1. 购置商品化软件

如果商品化的信息系统软件能够满足社会组织的需求，则应首选商品化信息系统软件。购买商品化软件的优点是初期投资少、软件较成熟稳定。不足之处是商品化软件不能适应社会组织自身的特殊要求，社会组织只能调整自身的业务流程来适应商品化软件的功能。

当前，许多专业的信息系统开发公司已经面向某些业务开发出大量功能强大的信息系统软件。社会组织可以根据自己的需要和实际情况进行购买。这种做法的优点是可以在短时间内获得社会组织所需的系统，而且节省大量的开发费用，所购买的系统专业化程度也很高。缺点是系统的专用性比较差，需要根据社会组织的实际情况进行二次开发，如改善软件功能、设计接口等。

2. 自行开发

自行开发是弥补购置商品化信息系统软件不足的一种办法。自行开发，应根据社会组织的具体情况，开发出适应社会组织需求的信息系统。自行开发要求社会组织具备相应的技术力量，同时也要求社会组织拥有既有技术背景又有管理经验的信息化项目管理人员。

如果社会组织拥有较强的信息技术专业人才，则可以选择自主开发的方式来建设信息系统。由于是社会组织自己的人员来开发，所以可以节省大量的开发费用。同时，如果社会组织自己的人员熟悉社会组织的工作流程，对社会组织的真正需求把握得好，就能够开发出满意度较高的信息系统。由于自主开发的人员可能是从社会组织各部门抽调出来的，并非一定是专业开发人员，所以可能会造成信息系统不够优化、专业技术水平低等缺陷。同时由于开发人员分属不同部门，系统开发成功之后，人员仍回原部门，可能会造成系统维护上的困难。一般来说，自主开发可以聘请专业人士或机构作为顾问。

3. 合作开发

社会组织与 IT 公司合作开发是一种两全其美的方法。一方面社会组织能够培养锻炼自己的信息技术队伍，同时又弥补了"外人"不熟悉社会组织情况的缺陷。但是这种方法要求社会组织具有较高的项目管理能力和协调能力。

如果社会组织自主开发有困难，但是又有一定的信息技术人员，此时可以采取合作开发的方式。这种方式也是聘请专业开发人员，但是在开发过程中本单位的信息技术人员也参与其中。联合开发方式突出的优点是可以锻炼本单位的信息技术人员，有利于后期的系统维护工作，同时也可以节约一部分资金。缺点是外聘的专业技术人员和本单位的信息人员有可能发生互相推诿的现象或沟通不畅的情况。作为社会组织的高层管理者，要努力避免这种现象的发生。

4. 委托开发

委托开发是指聘请开发团队为社会组织开发信息系统，但在开发过程中需要社会组织的有关人员参与系统的调研、分析、论证工作。需要注意的是，由于是外部团队负责开发，因此在开发过程中社会组织需要不断地与之交流和沟通，消除双方对社会组织需求认识的偏差，并及时检查开发过程是否按照社会组织的要求进行。

委托开发主要面向开发力量较弱、资金有保证的企业。此种方式的优点是节省时间和人力资源，开发出的系统具有较高的技术水平，但是却存在费用高、需要开发者长期技术支持的缺点。

5. 租赁方式

租赁方式就是社会组织向应用服务提供商（Application Service Provider，ASP）租用信息系统，以满足社会组织信息化需求的一种方式。应用服务提供商开发出适应社会组织需求的各种应用系统，需要应用该系统的社会组织无须投入资金去购买，也不用专业人员去管理，只要向应用服务提供商分期支付信息化管理的服务费，就可以获得系统的使用权，如同自己拥有系统一样。

租赁方式的突出优点是节约信息系统开发与运行的经济成本，节约时间，不足之处是应用服务提供商提供的信息化管理方式的适用性、针对性有可能较差。若社会组织的信息化管理任务比较简单，则租赁方式有可能是一种比较理想的选择，但是对信息化管理任务比较复杂的社会组织而言，则租赁方式难以满足其需求。

（二）信息系统开发外包管理

信息系统开发外包管理是指社会组织根据市场与自身资源的评估，为了更好地合理利用社会组织内外的资源、控制成本、转移风险而将信息系统开发中的某个或某几个环节交给组织外的独立方完成的一种信息系统开发方式。外包的优势在于：能够使社会组织更关注其核心竞争力，解决社会组织内部资源不足问题，可利用外包商的技术、经验和设备转移风险，更好地使用资金，降低成本。

1. 外包决策分析方法

开发信息系统时，如何来决定对一个信息系统开发项目是否选择外包方式，这就是外包决策问题。外包决策分析方法主要有外包的 SWOT 分析法和三角度因素分析法。

（1）外包的 SWOT 分析法

信息系统开发外包决策，可以用 SWOT（优势、弱势、机会、威胁）分析方法来辅助进行。

1）外包优势（S）。信息系统开发外包的优势有：可以使用当前先进的信息技术；短时间内迅速获得、使用外部知识和运作技术、经验及管理技能；改进软件的界面风格；缩短开发、生产的周期；利用规模效应降低成本；有助于分担社会组织自身的风险；有助于提高信息化管理水平；使社会组织能集中精力于核心竞争力的保持与提升；增强应变能力；避开某些法律的约束；标准化的服务，有利于管理和控制。

2）外包劣势（W）。信息系统开发外包的劣势有：原有员工消减的阻力较大；非预期支出或"额外"支出增加费用，隐含成本难以控制；技术资源难以合理定价；转换成本较高；供应商市场不成熟产生的限制；需要更高层管理者的关注；难以满足用户对长期柔性和变化的需求。

3）外包机会（O）。信息系统开发外包的机会有：减少成本与人员数量；员工得以更多关注系统的应用而不是开发，集中于数据挖掘，提供新的决策支持职能；得到政府的鼓励，吸引媒体的正面报道，塑造好社会形象；增强对环境变化的适应能力，保持与竞争对手的竞争优势。

4）外包威胁（T）。信息系统开发外包的威胁有：可能失去对信息系统开发项目的控制；产生对供应商的依赖性；承担供应商的风险（如财务能力差、交付迟缓、允诺的特征无法达到、日常管理质量差等）。

运用 SWOT 分析法，根据上述因素，结合社会组织的实际情况和信息系统开发的目标要求，分析信息系统开发外包的优势、劣势、机会和威胁，最后来决定是否采取外包方式开发信息系统。

（2）三角度因素分析法

三角度因素分析法是从战略角度（业务角度）、经济角度（财务角度）和技术角度分析信息系统开发外包或自行开发的条件，以辅助外包决策。

1）战略角度（业务角度）。战略角度是指从信息系统的技术水平及其对社会组织作用的大小来分析该系统是否应该外包。如果信息系统属于一般技术且对社会组织的作用较小，可以考虑外包。反之，如果信息系统属于关键技术且对社会组织的作用较大，则应自行开发而非外包。如果信息系统虽属关键技术但对社会组织的作用较小，则既可外包，也可自行开发。

2）经济角度（财务角度）。经济角度是指从社会组织管理水平及信息系统的规模经济程度来分析该系统是应该外包还是应该自行开发的。如果社会组织的管理水平低且信息系统的规模经济不明显，则可以考虑外包。反之，如果社会组织的管理水平高且信息系统的规模经济显著，则不应该考虑外包，而应自行开发。如果社会组织的管理水平高但信息系统的规模经济不显著，则既可外包，也可以自行开发。

3）技术角度。技术角度是指从信息系统的技术集成度和技术成熟度来分析该系统是应该外包还是应该自行开发或直接购入商品化软件。技术集成度是指信息系统与社会组织内部其他业务的关联程度，技术成熟度是指信息系统所用的技术是否成熟。如果信息系统的技术集成度和技术成熟度均较低，可购入成熟的商品化软件。如果信息系统的技术集成度和技术成熟度均较高，则应外包，原因是信息系统比较复杂，而信息系统开发商经验丰富。如果信息系统的技术集成度较高但技术成熟度较低，则风险较大，且信息系统开发商也无足够的经验，故应选择知识和技术力量雄厚的信息系统开发商，以获得稳定可靠的技术支持，分担风险。如果信息系统的技术集成度较低而技术成熟度较

高，则信息系统的复杂性低、风险不大，可以自行开发，但若社会组织并无开发经验，也可外包。

2. 外包范围的选择

不同社会组织信息系统开发的内容不尽相同，但从整体上来看，信息系统开发过程可分三个阶段：信息系统设计阶段、信息系统实现阶段和信息系统验收阶段。信息系统设计阶段是信息系统开发的概念设计阶段，要分析社会组织信息化状况、工作流程及对信息系统的需求，并结合其人力、物力和财力状况提出的信息系统建设方案。信息系统实现阶段是信息系统开发的物理实现阶段，该阶段所需完成的任务一般包括基础 IT 资源建设和业务应用软件开发两个方面。信息系统验收阶段是信息系统开发的完成阶段，包括信息系统的测试、评价、意见反馈和验收等工作内容。社会组织可选择不同阶段的不同内容进行外包，这就形成了信息系统开发零外包、整体性外包和选择性外包三种范围的外包。

（1）信息系统开发零外包

信息系统开发零外包，也可以称为信息系统自行开发，是指社会组织利用自身的力量来完成本单位信息系统开发的全部活动的一种方式。在以下三种情况下，社会组织可采用信息系统开发零外包：一是社会组织具有很强的信息技术应用能力、信息化管理能力，能独立进行信息系统开发与维护；二是信息系统开发自行开发的成本低于外包的成本；三是信息系统开发难以外包，比如说难以控制外包过程、信息系统关系到社会组织的核心竞争力且技术关联度强。

信息系统开发零外包可以锻炼本组织的信息技术人员，有利于社会组织私有信息的保密，一定程度上也能降低信息系统开发成本，但是，信息系统开发零外包可能会因社会组织中信息技术人员的学习能力和组织的财力有限而很难跟上信息技术日新月异的发展速度，难以保证信息系统技术上的先进性。

（2）信息系统开发整体性外包

整体性外包是社会组织将信息系统开发中的全部信息技术问题或者信息系统开发某一阶段占预算 80% 以上的信息系统开发问题交由承包商来处理。就整个信息系统开发过程来看，三个阶段的全部外包就是整体性外包，就一个阶段而言，整个阶段所有信息技术问题的外包也是整体性外包。从目前信息系统开发外包的实践来看，将信息系统开发过程完全外包的社会组织几乎没有，因为信息系统开发过程中的有些阶段必须要有社会组织本身来参与，如系统设计阶段必须有社会组织的配合才能获取完整的信息，设计出优秀的方案，因此，整体性外包主要是指方案实施阶段的信息系统开发整体性外包。

根据调查，英国和美国两个信息系统开发外包大国分别只有 8% 和 2% 的社会组织选择整体性外包。可见，整体性外包采用得不多，其主要原因在于：①信息系统方案实现阶段牵涉外包的内容范围广，容易失控，同时社会组织信息技术的灵活性受到影响；②可能将核心的内容外包出去，影响到社会组织的竞争优势；③合同往往要持续很长时间，容易受到承包商的盘剥；④资金和时间投入量大，一旦失败，转移成本很高，资金投入很难收回，影响社会组织的整体发展。

以下一些情况下可以采用整体性外包方式：①信息技术力量比较薄弱的社会组织可

以采用整体性外包。从我国目前来看，在政府的信息技术能力较薄弱的情况下，一般都采用整体性外包进行信息系统开发。②社会组织为了争取时间，赶上同行的先进信息技术，可采用暂时性的整体性外包，待到社会组织内部储备到了相应的力量时，就可以将关系到核心竞争力的部分收归组织自行开发。③社会组织内的技术关联度强且与核心竞争力无关时，可采用整体性外包方式以达到节省成本并获得先进技术的目的。④社会组织作了充分的准备，能将整体性外包的风险降低到最小时，也可以采用整体性外包方式。

（3）信息系统开发选择性外包

选择性外包是指社会组织将信息系统开发中的部分信息技术问题交由承包商处理，通常将15%～30%的信息系统开发任务外包给承包商。社会组织信息系统开发过程中的一、三两个阶段必须由组织本身参与，因此，这两个阶段的外包只能是选择性外包，而第二阶段则根据内容性质不同可选择不同的范围外包。

选择性外包可以弥补整体性外包和自行开发的缺陷。首先，社会组织将信息系统开发某些部分外包之后，利用了资源最优的承包商，使得社会组织内部的信息技术部门与承包商之间形成了竞争关系，社会组织的信息技术部门更容易找到与承包商之间的差距，会不断吸取承包商的优点。其次，选择性信息技术外包可降低整体性外包的风险，由于选择性外包只外包信息系统开发的部分内容，其运作周期一般为一至两年，资金投入也只占整个信息技术预算的15%～30%，即使失败，其转移成本也远远低于整体性外包。第三，选择性外包置于承包商掌控下的资源少，被承包商套牢的概率小，而且可以实现对信息系统开发活动的灵活控制。据调查，美国和英国采用选择性信息系统开发外包的社会组织分别占82%与75%。

社会组织一般会根据不同的情况而采用选择性信息系统开发外包：一是有一定信息系统开发与应用能力，但能力不强的社会组织宜采取选择性外包。二是社会组织虽然有能力进行某个信息系统开发，但在成本、质量、速度方面都有欠缺，可以将这个信息系统开发任务外包出去。三是某些信息系统开发由社会组织和承包商共同完成更有效，宜采用选择性外包。比如在方案设计阶段，只有社会组织与承包商进行沟通，才能得到比较完整的信息，从而设计出最佳方案。再如政府部门因其信息的敏感性而将关于信息处理的内容采用内制方式，而电子政务平台建设则可以外包给专业的信息技术服务公司。

3. 外包方式的选择

在确定了信息系统开发外包的范围之后，随之而来的问题便是外包方式的选择。信息系统开发外包方式有独立式外包和合作式外包两种。

1）独立式外包：指由社会组织给出明确的需求和管理关系的明确定义，承包商凭借自身的力量按定义完成所承包的任务的一种方式。这种外包方式让承包商有充分的自由，社会组织只需要提供所需要的资金（已转移给承包商的人力、物力不计算在内），最后社会组织来检验承包商是否按时、保质保量地完成承包任务，如果完成，则交易到此结束，如果没有完成，则承包商承担相应的违约责任。一般来说，独立式外包适用于外包内容能独立划分出来，且不需要社会组织帮助的任务，比如说信息系统开发的某一

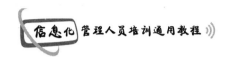

阶段、某一子系统的整体性外包，并且最好是没有涉及社会组织的核心竞争力。

2）合作式外包：指社会组织和承包商集合双方力量共同来完成社会组织信息系统开发任务的一种方式。双方的合作包括人员的合作、设备共用甚至是承包商为社会组织预先垫付资金等几个方面。

一般来说，合作式外包适用于外包内容不能独立划分出来，需要社会组织与承包商共同出力才能更好完成的任务，比如信息系统方案设计阶段和信息系统验收阶段若采用外包方式，社会组织就必须与承包商通力合作。

4. 承包商的选择

（1）信息系统开发承包商的类型

信息系统开发承包商可按其服务功能和组织形式进行分类。

按照提供服务功能的不同，信息系统开发承包商有以下三种类型：第一类是专门负责提供信息化咨询的承包商，这类承包商可以是高校信息化问题研究专家，也可以是专门的咨询机构。第二类是专门负责提供软件、硬件与实现解决方案的承包商，如 IBM、HP 等，当然这类承包商所提供的服务也各有侧重，有的承包商侧重于提供 PC，有的承包商侧重于软件开发。第三类是同时可以提供软硬件、解决方案和咨询服务功能的承包商，如安德森咨询公司就能提供主机维护、应用扩展、新技术实施和咨询在内的许多服务。

按组织形式的不同，信息系统开发承包商可以分为固定型承包商和虚拟型承包商。固定型承包商就是有固定组织形式的信息技术服务机构，是一个独立的具有法人资格的实体，如 IBM、惠普公司、安德森咨询公司等，也可以是具有不同功能并结成伙伴关系的联合体。虚拟型承包商是指由多个承包商临时组合而成的，并按照专业化分工和各自核心专长相互合作为社会组织的信息系统开发提供一体化服务的承包商。虚拟型承包商可以是社会组织在聘用多个承包商之后，让他们相互合作形成虚拟组织结构，也可以是社会组织聘用单个承包商，这个承包商根据自己的需要与其他具有特长的承包商形成虚拟组织结构。

（2）信息系统开发承包商的选择方法

要选择一个优秀的承包商，首先必须对承包商进行全面的评价，对承包商的评价主要包括以下几个方面。

1）承包商的业界经验。主要指是否有为业内相关的社会组织提供过类似服务，如果某些承包商有过为同行提供优秀服务并取得成功的经历，则可以将他们作为备选对象。

2）承包商的信誉。如果承包商有不良信用记录，则要慎重考虑是否将其纳入合作对象范围。

3）承包商的专业能力。包括承包商的技术实力、人力、物力和财力及承包商的创新和应变能力。

4）外包费用。承包商的费用在质量、进度要求一致的情况下比较各个承包商之间管理费用和信息系统开发成本的差异。

从目前来看，选择承包商的方法有两种：一种是直接磋商的方式；另一种是招标的方式。直接磋商就是社会组织选择一定数量的承包商与其直接磋商，然后择优选用，签订合同。这种承包商的选择方法比较简单，一般来说社会组织可能与该承包商已有过合作经历，只磋商具体的工作内容，或者说该承包商在业内享有盛誉，只要社会组织能够承担起一定的费用，信息系统开发成功的机率就比较大。招标方式就是让对外包项目有兴趣的承包商参加投标，社会组织通过评标、筛选，确定承包商。这种方式适用于社会组织在大范围内选择性价比最优的承包商。

5. 外包合同的签订

签订信息系统开发外包合同是社会组织选定承包商之后与承包商约定双方的责任与义务，建立合作关系的一种手段。信息系统开发外包合同的内容是根据社会组织与承包商间的约定来确定的。依据上面分析，组织与承包商之间存在着独立式外包和合作式外包两种关系，随之就产生了独立型外包合同和合作型外包合同。

（1）独立型外包合同的签订

根据独立式外包的特点，社会组织必须用明确完备的合同条款来保证其实施。独立型外包合同必须满足以下条件：

合同必须明确规定以下内容：必须清晰、明确地指出服务范围，以便承包商明确自己的职责；用服务水平来衡量承包商在信息系统开发外包业务中的质量表现，而不仅仅关注技术细节或只关注项目的进展速度；应包含承包商未能提供约定服务的惩罚条款，同时，为了在争端出现时迅速解决争端并可继续提供服务，合同中还应包括解决双方争端的程序；详细计算成本，以免承包商在运作过程中增加额外成本；规定承包商提供的员工规模和素质，以防承包商不提供最优秀的员工，而是把从原来社会组织转移过去的员工又指派过来的做法；规定承包商必须对社会组织的机密资料和知识产权进行保密；规定承包商在非正常情况下终止合同时，及时提供其数据资源和其他资源，以补偿与转换承包商的相关的费用。

采用第三方（法庭上的法官和陪审团）能够理解的、可计量的、可监测的方式表示合同的内容，以便社会组织与承包商之间的矛盾达到双方不能调和而非要诉诸法律时，第三方的调节能够顺利开展。

（2）合作型外包合同的签订

合作式外包的风险一般比较高，其不确定性多于确定性，其中确定的内容可以按独立型外包合同的内容规定下来。不确定的内容则通过以下方法来约定。

合同中通常要规定一些条款允许承包商的报酬随着通货膨胀的变化而作出调整，同时必须规定承包商因偶发事件而承担的额外工作可以获得一定的报酬，报酬一般按照双方事先约定的价格支付，也可以使承包商的报酬与社会组织的经营绩效挂钩，从而使承包商的目标与社会组织的目标保持一致，这样，承包商便会积极使用新技术和新设备。

要通过合同规定双方的投资义务，从而支持相互之间的信任关系，而且双方从持续关系中获得的收益应当是清晰的，同时也应易于监测。

明确规定合同有效期和终止条款，规定在合同正常到期和提前终止的情况下，社会组织与承包商各自的义务与责任，这可以帮助社会组织在双方关系破裂、出现最坏的情况下挽回部分资金。

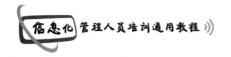

三、信息系统工程设计

（一）信息系统开发方法的类型

1. 结构化开发方法

结构化开发方法，又称结构化生命周期法，是指用系统工程的思想和工程化的方法，按照用户至上的原则，自顶向下整体性分析与设计和自底向上逐步实施的系统开发方法，是组织、管理和控制信息系统开发过程的一种基本框架。

（1）结构化开发方法的组成

结构化开发方法由管理策略和开发策略两个部分组成。

管理策略部分强调信息系统开发的规划、进程安排、评估、监控和反馈。

开发策略部分包括四个方面：一是任务分解结构，包括系统规划、系统分析、系统设计、系统实施和系统支持；二是任务分解结构优先级结构，即系统开发所遵循的基本模式，如瀑布模型、阶梯模型、螺旋模型、迭代模型等；三是开发经验，信息系统的开发是一个实践性非常强的过程，因此，开发经验是非常宝贵的一种信息系统开发资源，如何充分地利用开发人员丰富的开发经验也应该是信息系统开发生命周期研究的内容之一；四是开发标准，信息系统开发标准通常包括活动、职责、文档、质量检验四个方面的标准。

（2）结构化开发方法的过程

1）信息系统规划阶段。该阶段的范围是整个业务系统，目的是从整个业务的角度出发确定信息系统的优先级。

2）信息系统分析阶段。主要活动包括信息系统可行性分析和需求分析。其范围是列入开发计划的单个信息系统开发项目。目的是分析业务上存在的问题，定义业务需求。

3）信息系统设计阶段。信息系统设计的目的是设计一个以计算机为基础的技术解决方案以满足用户的业务需求。总体设计的主要任务是构造软件的总体结构；详细设计包括人机界面设计、数据库设计、程序设计。

4）信息系统实现阶段。信息系统实现的目的是组装信息系统技术部件，并最终使信息系统投入运行，包括的活动有编程、测试、验收等。

（3）结构化开发方法的优点

1）阶段的顺序性和依赖性。前一个阶段的完成是后一个阶段工作的前提和依据，而后一阶段工作的完成往往又使前一阶段的成果在实现过程中更加具体。

2）从抽象到具体，逐步求精。从时间的进程来看，整个系统的开发过程是一个从抽象到具体的逐层实现的过程，每一阶段的工作，都体现出自顶向下、逐步求精的结构化技术特点。

3）逻辑设计与物理设计分开，即首先进行系统分析，然后进行系统设计，从而大大提高了信息系统的正确性、可靠性和可维护性。

4）质量保证措施完备。对每一个阶段的工作任务完成情况进行审查，对于出现的错误或问题，及时加以解决，问题解决之前不允许转入下一工作阶段，也就是对本阶段工作成果进行评定，使错误较难传递到下一阶段，错误纠正得越早，所造成的损失就越小。

（4）结构化开发方法的缺点

1）它是一种预先定义需求的方法，基本前提是必须能够在早期就冻结用户的需求，只适应于可在早期阶段就完全确定用户需求的信息系统。然而在实际中要做到这一点往往是不现实的，用户很难准确地陈述其需求。

2）未能很好地解决信息系统分析到信息系统设计之间的过渡，即如何使物理模型如实地反映出逻辑模型的要求，通俗地说，就是如何从纸上谈兵到真枪实弹地作战的转变过程。

3）该方法文档的编写工作量极大，随着开发工作的进行，这些文档需要及时更新。

4）结构化开发方法的适用范围。该方法适用于一些组织相对稳定、业务处理过程规范、需求明确且在一定时期内不会发生较大变化的大型复杂系统的开发。

2. 原型法

使用结构化开发方法的前提条件是要求用户在项目开始初期就非常明确地陈述其需求，需求陈述出现错误，对信息系统开发的影响尤为严重，因此，这种方法不允许失败。事实上这种要求又难以做到。人们希望有一种方法能够迅速发现需求错误。自20世纪80年代中期以来，原型法逐步被接受，并成为一种流行的信息系统开发方法。

原型法的基本思想是由开发者和用户合作，在短期内定义基本需求的基础上，开发一个具备基本功能、实验性强的、简易的信息系统模型，即原型，通过运行这个原型，不断改进，使之逐步完善，直至形成一个相对稳定的信息系统。

原型法采用了"自下而上"的开发策略，对信息系统设计一步一步地提炼并给予用户参与机会，避免了冻结需求问题，因此更容易为用户所接受。但是，如果开发人员与用户合作得不好，就会拖延信息系统开发时间。

（1）原型法的开发过程

1）进行可行性研究。对信息系统开发的意义、费用、时间作出初步的计算，确定信息系统开发的必要性和可行性。

2）确定信息系统的基本要求。系统开发人员向用户了解用户对信息系统的基本需求，即信息系统应该具有的一些基本功能，如人机界面的基本形式等。

3）建造系统初始原型。在对信息系统有了基本了解的基础上，系统开发人员应争取尽快地建造一个具有基本功能的信息系统。

4）用户和开发人员评审。用户和开发人员一起对刚完成的或经过若干次修改后的信息系统进行评审，提出完善意见。

5）修改系统原型。开发人员根据用户意见对原始系统进行修改、扩充和完善。开发人员在对原始系统进行修改后，又与用户一起就完成的系统进行评审，如果不满足要求，则要进行下一轮循环，如此反复地进行修改、评审，直到用户满意。

（2）原型法的支撑环境

1）方便灵活的关系数据库系统。

2）与关系数据库系统相对应的、方便灵活的数据字典，它具有存储所有实体的功能。

3）与关系数据库系统相对应的快速查询系统，能支持任意非过程化的（即交互定义方式）组合条件的查询。

4）高级的软件工具（如 4GLS❶ 或信息系统开发生成环境等），用以支持结构化程序，并且允许采用交互的方式迅速地进行书写和维护，产生任意程序语言的模块（即原型），非过程化的报告或屏幕生成器，允许设计人员详细定义报告或屏幕输出样本。

（3）原型法的优点

1）对信息系统需求的认识取得突破，确保用户的要求得到较好的满足；

2）改进了用户和信息系统开发人员的交流方式；

3）开发的信息系统更加贴近实际，提高了用户的满意程度；

4）降低了信息系统开发风险，一定程度上减少了开发费用。

（4）原型法的缺点

1）对开发工具要求高；

2）解决复杂系统和大型系统问题很困难；

3）对用户的管理水平要求高。

（5）原型法的适用范围

原型法适用于小型、简单、处理过程比较明确、没有大量运算和逻辑处理过程的信息系统。

3. 面向对象开发方法

以前的开发方法，只是单纯地反映管理功能的结构状况，或者只是反映事物的信息特征和信息流程，只能被动迎合实际问题的需要。面向对象的方法把数据和过程封装成为对象，以对象为基础对信息系统进行分析与设计，为认识事物提供了一种全新的思路和办法，是一种综合性的开发方法。面向对象方法的出发点和基本原则是尽可能模拟人类习惯的思维方式，使信息系统开发的方法与过程尽可能接近人类认识世界、解决问题的方法与过程。由于客观世界的问题都是由客观世界中的实体及实体相互间的关系构成的，因此可以将客观世界中的实体抽象为对象。持面向对象观点的程序员认为计算机程序的结构应该与所要解决的问题一致，而不是与某种分析或开发方法保持一致，他们的经验表明，对任何信息系统而言，其中最稳定的成分往往是其相应问题域中的成分。所以，"面向对象"是一种认识客观世界的世界观，是从结构组织角度模拟客观世界的一种方法。

（1）面向对象方法的开发过程

1）进行系统调查和需求分析。对系统将要面临的具体管理问题及用户对系统开发的需求进行调查研究，即先弄清系统要干什么的问题。

2）分析问题。在繁杂的问题域中抽象地识别出对象及其行为、结构、属性、方法等，一般称为面向对象的分析。

3）整理问题。对分析的结果作进一步的抽象、归类、整理，并最终以范式的形式将它们确定下来，一般称为面向对象的设计。

---

❶ 4GLS：Fourth Generation Languages，第四代编程语言。

4）程序实现。用面向对象的程序设计语言将上一步整理的范式直接映射（即直接用程序设计语言来取代）为应用软件，一般称为面向对象的程序设计。

（2）面向对象方法的特点

1）直接反映了人们对客观世界的认知模式。人类认识客观世界有两个基本过程：一个是从特殊到一般的归纳过程，另一个是从一般到特殊的演绎过程。

2）从应用设计到解决问题的方案更加抽象化而且具有极强的对应性。

3）在设计中容易与用户沟通。

4）把数据和操作封装到对象之中。

5）设计中产生各种各样的部件，然后由部件组成框架，以至于整个程序。

6）应用程序具有较好的重用性，易改进、易维护、易扩充。

（3）面向对象方法的适用范围

面向对象开发方法是一种流行的开发方法，适用面很广。

4. 计算机辅助开发方法

计算机辅助开发方法解决问题的基本思路是：在前面所介绍的任何一种信息系统开发方法中，对象系统调查后，系统开发过程中的每一步都可以在一定程度上形成对应关系，那么就完全可以借助于专门研制的软件工具来实现上述一个个的信息系统开发过程。可见，计算机辅助开发方法是一种自动化的系统开发环境，它能够全面支持除系统调查以外的每一个开发步骤，使原来由手工完成的开发过程转变为一个由自动化工具和支撑环境支持的自动化开发过程。采用计算机辅助软件工程工具进行信息系统开发，还必须结合某种具体的开发方法，如结构化系统开发方法等。

计算机辅助开发方法具有以下特点：解决了从客观对象到信息系统的映射问题，支持系统开发的全过程；提高了软件质量和软件重用性；加快了软件开发速度；简化了系统开发过程的管理和维护；自动生成开发过程中的各种文档资料。

（二）各种开发方法的比较与选择

从国外最新的统计资料来看，信息系统开发工作的重心向系统调查、分析阶段偏移。信息系统开发各个环节工作量所占比重见表4-1。

表4-1 信息系统开发各个环节工作量所占比重

阶段	调查	分析	设计	实现
工作量/%	30	40	20	10

系统调查、分析阶段的工作量占总开发量的70%以上，而系统设计和实现环节仅占总开发工作量的30%。

1. 结构化开发方法

结构化开发方法能够辅助管理人员对原有的业务进行理顺并优化原有业务，使其在技术手段和管理水平上都有很大提高；发现和整理系统调查、分析中的问题及疏漏，便于开发人员准确地了解业务处理过程；有利于与用户一起分析新系统中适合社会业务特点的新方法和新模型；能够对社会组织的基础数据管理状态、原有信息系统、经营管理业务和整体管理水平进行全面的分析。

2. 原型法

原型法是一种快速模拟的方法。它通过模拟及对模拟后原型的不断讨论和修改，最终建立信息系统。要想将这样一种方法应用于大型信息系统开发过程中的所有环节不太可能，故它多被用于小型局部系统或处理过程比较简单的信息系统设计到实现的环节。

3. 面向对象开发方法

面向对象开发方法围绕对象来进行系统分析和系统设计，然后用面向对象的工具建立系统的方法。这种方法可以普遍适用于各类信息系统开发，但是它不能涉足系统分析以前的开发环节。

4. 计算机辅助开发方法

计算机辅助开发方法是一种除系统调查外全面支持系统开发过程的方法，同时也是一种自动化（准确地说应该是半自动化）的系统开发方法。因此，从方法学的特点来看，它具有上述各种方法的特点，同时又具有其自身的独特之处——高度自动化。但是值得注意的是，在该方法的应用和计算机辅助开发工具自身的设计中，自顶向下、模块化、结构化却都是贯穿始终的。

综上所述，只有结构化系统开发方法是真正能够较全面地支持整个系统开发过程的方法。尽管其他方法也有许多优点，但都只能作为结构化系统开发方法在局部开发环节上的补充，暂时都还不能替代其在信息系统开发过程中的主导地位，尤其是在占目前系统开发工作量最大的系统调查和系统分析这两个重要环节。

（三）信息系统设计管理

1. 信息系统设计的原则

信息系统设计的任务是将信息系统的逻辑模型转化为物理模型。信息系统设计应遵循以下原则。

1）系统性原则。信息系统设计要从整个系统的角度进行考虑，系统代码要统一，设计标准要规范，传递语言要一致，实现数据或信息全局共享，提高数据重用性。

2）灵活性原则。为了维持较长的信息系统生命周期，要求系统具有很好的环境适应性。为此，信息系统应具有较好的开放性和结构的可变性。在信息系统设计中，应尽量采用模块化结构，提高数据、程序模块的独立性，这样，既便于模块的修改，又便于增加新的内容，提高信息系统适应环境变化的能力。

3）可靠性原则。是指信息系统抗干扰的能力及受外界干扰时的恢复能力。一个成功的信息系统必须具有较高的可靠性，如安全保密性、检错及纠错能力、抗病毒能力等。

4）经济性原则。是指在满足系统需求的前提下，尽量节约成本。一方面，在硬件投资上不能盲目追求技术上的先进，而应以满足应用需要为前提。另一方面，信息系统设计中应尽量避免不必要的复杂化，各模块应尽量简洁，以便缩短处理流程、减少处理费用。

2. 信息系统设计的主要内容及其要求

（1）代码设计

代码是代表事物名称、属性、状态等的符号。为了便于计算机处理，一般用数字、字母或它们的组合来表示代码。代码的设计和编制问题在系统分析阶段就开始考虑，在系统设计阶段才能最后确定。

代码主要有四项功能：一是代码为事物提供一个概要而准确的认定，便于数据的存储和检索，节省时间和空间；二是代码能提高数据处理的效率和精度，按代码对事物进行排序、累计或统计分析，准确高效；三是代码提高了数据的一致性，通过统一编码，减少了因数据不一致而造成的错误；四是代码是人和计算机进行信息交换的工具。

代码主要有以下类型：一是顺序码，又称系列码，是一种用连续数字代表编码对象的代码。例如，用1001代表张三，1002代表李四等。顺序码的优点是简单，缺点是没有逻辑基础且不便于对代码的操作。新增加的代码只能列在最后，删除则会造成空码。二是区间码。把数据项分成若干组，每一区间代表一个组，代码中数字的值和位置都代表一定意义。例如，1代表厂长，2代表科长，3代表科员，4代表生产工人等。区间码的优点是容易进行数据处理的操作，如排序、分类、检索等。这种代码的长度与分类概念有关，在编码设计时，首先要对各种代码分类进行平衡，避免造成有很长的码或有很多富余的码。三是助忆码。用文字、数字或文字与数字结合起来描述，其特点是，可以通过联想帮助记忆。

合理的编码结构是信息系统是否具有生命力的一个重要因素，在代码设计时，要求做到以下几点：一是代码在逻辑上必须满足用户的需要，在结构上应当与处理的方法相一致。例如，为了提高处理速度，往往要能够在不调出有关数据文件的情况下，直接根据代码的结构进行统计。二是代码对于所代表的事物或属性，应具有唯一性。三是设计代码时，要预留足够的位置，以适应不断变化的需要。四是代码的编制应标准化、系列化，使代码结构便于理解，较好地表达所对应事物。五是避免使用容易引起误解或易于混淆的字符，如O、Z、I、S、V与0、2、1、5、U等。六是尽量采用不易出错的代码结构，例如，字母－字母－数字的结构比字母－数字－字母的结构发生错误的机会少一些。七是多于4个字母或5个数字字符时，应分段记忆，这样在读写时不易发生错误，如139－0307－30××比139030730××易于记忆，并能更精确地记录下来。

（2）信息系统功能结构设计

信息系统的各子系统可以看做是系统目标下层的功能。系统功能分解的过程就是一个由抽象到具体、由复杂到简单的过程。信息系统的功能结构可以用功能结构图来表示。所谓功能结构图就是按功能从属关系画成的图形，图中每一个方框称为一个功能模块。分解得最小的功能模块可以是一个程序中的每个处理过程，而较大的功能模块则可能是完成某一任务的一组程序。

经过层层分解，可以把一个复杂的系统分解为多个功能较单一的功能模块。这种把一个信息系统设计成若干模块的方法称为模块化设计方法。模块化是一种重要的设计思想，这种思想把一个复杂的系统分解为一些规模较小、功能较简单、更易于建立和修改的部分，一方面，各个模块具有相对独立性，可以分别加以设计与实现；另一方面，模块之间的相互关系（如信息交换、调用关系）则通过一定的方式予以说明，各模块在这些关系的约束下共同构成一个统一的整体，完成信息系统的功能。

功能结构设计的特点在于有很好的内聚性。内聚性是指一个程序模块执行单独而明确定义功能的适用程度，内聚性好的程序具有好的可变性和可维护性。修改执行独立功能的内聚性模块，对程序中其他功能模块的影响很小，甚至根本没有影响。相反地，如果模块完成许多功能或连接许多不同的处理过程，那么其内聚性就差，产生错误的机会增大。系统模块之间的相互联系程度叫耦合，如果是紧密耦合，系统将难以维护。大而复杂的模块不仅难以修改，而且难以重复使用。因此，功能结构设计的另一特点在于提高重用性。

系统功能结构图主要从功能的角度描述了信息系统的结构，但并未表达各功能之间的数据传送关系。事实上，信息系统中许多业务或功能都是通过数据文件联系起来的。例如，某一功能模块向某一数据文件中存入数据，而另一个功能模块则从该数据文件中取出数据。再比如，虽然在数据流程图中的某两个功能模块之间原来并没有通过数据文件发生联系，但为了处理方便，在具体实现中有可能在两个处理功能之间设立一个临时的中间文件以便把它们联系起来。上述这些关系在设计中是通过绘制信息系统流程图来表现的。

信息系统流程图是以新系统的数据流程图为基础绘制的。可以按下述思路来绘制信息系统流程图：首先为数据流程图中的处理功能画出数据关系图，然后把处理功能的数据关系图综合起来，形成整个系统的数据关系图，即信息系统流程图。

（3）系统物理配置方案设计

随着信息技术的发展，各种计算机技术产品为信息系统的建设提供了极大的便利，可以根据应用的需要选择性能各异的软、硬件产品。系统物理配置方案设计应重点考虑以下五个方面：一是系统吞吐量，即每秒钟执行的作业数。系统吞吐量越大，则系统的处理能力就越强。系统吞吐量与系统硬、软件的选择有直接的关系，如果要求系统具有较大的吞吐量，就应当选择具有较高性能的计算机和网络系统。二是系统响应时间，即从用户向系统发出一个作业请求开始，经系统处理后给出应答结果的时间。如果要求系统具有较短的响应时间，就应当选择运算速度较快的 CPU 及具有较高传递速率的通信线路，如实时应用系统。三是系统可靠性，即系统可以连续工作的时间。例如，对于每天需要 24h 连续工作的系统，可以采用双机双工结构方式。四是集中式或分布式。如果一个系统采用集中式的处理方式，则信息系统既可以是主机系统，也可以是网络系统，若系统处理方式是分布式的，则应采用微机网络。五是地域范围。对于分布式系统，要根据系统覆盖的范围决定采用广域网还是局域网。

系统物理配置方案设计的内容如下：

1）计算机硬件及网络选择。计算机硬件的选择主要取决于数据处理方式和运行的软件系统。信息管理对计算机的基本要求是速度快、容量大、通道能力强、操作灵活方便，但计算机的性能越高，价格就越昂贵。一般来说，如果系统的数据处理是集中式的，系统应用的主要目的是利用计算机的强大计算能力，则可以采用主机—终端系统，以大型机或中小型机作为主机。如果系统的数据处理是分布式的，则采用微机网络更为灵活、经济。对于计算机网络的选择方面，可以采用网络操作系统，如 Netware、Windows NT、UNIX 等。UNIX 历史最早，是唯一能够适用于所有应用平台的网络操作系统。

Netware 网络操作系统适用于文件服务器—工作站模式，具有较高的市场占有率。Windows NT 随着 Windows 操作系统的发展和客户—服务器模式向浏览器—服务器模式延伸，是很有发展前景的网络操作系统。

2）数据库管理系统的选择。信息系统是以数据库系统为基础的，一个好的数据库管理系统对信息系统的应用有着举足轻重的影响。在数据库管理系统的选择上，主要考虑数据库的性能、数据库管理系统的系统平台、数据库管理系统的安全保密性能、数据类型等。目前，软件市场上有许多数据库管理系统，如 Oracle、Sybase、SQL Server、Informix、FoxPro 等。Oracle、Sybase 是大型数据库管理系统，运行于客户—服务器模式，是开发大型 MIS 的首选，FoxPro 在小型 MIS 中最为流行，在大型信息系统开发中也获得了大量应用，而 Informix 则适用于中型 MIS 的开发。

3）应用软件的选择。根据应用需求来开发信息系统最容易满足用户的特殊管理要求，但是成本较高。随着技术逐渐成熟、设计规范、管理思想先进的商品化应用软件的推广，系统设计人员面临着对应用软件的选择问题。如果直接应用商品化软件，既可以节省投资，又能够规范管理过程、加快信息系统应用的进度，就不一定要自行开发，而可以选用这些成熟的商品化软件。选择应用软件应考虑以下几个方面。一是能否满足用户的需求。根据系统分析的结果，在软件功能上应注意以下问题：系统必须处理哪些事件和数据？软件能否满足数据表示的需要？系统能够产生哪些报告、报表、文档或其他输出文件？系统要储存的数据量必须满足哪些查询需求？二是软件的灵活性。由于存在管理需求上的不确定性，系统应用环境会经常发生变化。因此，应用软件要有足够的灵活性，以适应对软件的输入、输出和系统平台升级要求。三是软件的技术支持。对于商品化软件，稳定的技术支持是必需的。这一方面是为了保证软件能够满足需求的变化，另一方面是便于今后的升级。

（4）输出设计和输入设计

输出是信息系统产生的结果或提供的信息。对于大多数用户来说，输出是信息系统开发目的和使用效果评价的标准。尽管有些用户可能直接使用信息系统或从信息系统输入数据，但都要应用信息系统输出的信息，输出设计的目的正是为了正确及时地反映和组成用于生产和服务部门的有用信息，因此，信息系统设计过程与实施过程相反，是从输出设计到输入设计。即先确定要得到哪些信息，再考虑为了得到这些信息，需要准备哪些原始资料作为输入。

1）输出设计。输出设计的内容包括：有关输出信息使用方面的内容，如信息的使用者、使用目的、报告量、使用周期、有效期、保管方法和复写份数等；输出信息的内容，如输出项目、位数、数据形式；输出格式，如表格、图形或文件；输出设备，如打印机、显示器、卡片输出机等。在信息系统设计阶段，设计人员应给出系统输出的说明，这个说明既是将来编程人员在软件开发中进行实际输出设计的依据，也是用户评价信息系统实用性的依据。输出主要有以下几种。一是表格信息。表格信息以表格的形式提供，一般用来表示详细的信息。二是图形信息。信息系统用到的图形信息主要有直方图、饼图、曲线图等。图形信息在表示事物的趋势、多方面的比较等方面有较大的优势，可以充分利用大量历史数据的综合信息，表示方式直观，常为决策用户所喜爱。三是图标。图标也用来表示数据间的比例关系和比较情况，由于图标易于辨认，无须过多解释，在信息系统中的应用也日益广泛。输出报告给出了各常量、变量的详细信息，也给出了各种统计量及其计算公式、控制方法。设计输出报告时要注意以下几点：一是方便使用者；二是要考虑信息系统的硬件性能；三是尽量利用原信息系统的输出格式，若需修改，应与有关部门协商，征得用户同意；四是输出表格要考虑信息系统发展需要，例如，是否在输出表中留出位置，满足将来新增项目需要；五是输出的格式要根据硬件能力，并试制输出样品，经用户同意后才能正式使用。保持输出内容和格式的统一性，可以提高信息系统的规范化程度和编程效率。对于同一内容的输出，在显示器、打印机、文本文件和数据库文件上都应具有一致的形式。

2）输入设计。输入数据的正确性直接影响处理结果的正确性，如果输入数据有误，即使计算和处理过程正确，也无法获得可靠的输出信息。同时，输入设计决定着人机交互的效率。输入设计包括数据规范和数据准备过程，提高效率和减少错误是两个最根本的原则。具体要求包括以下方面：一是控制人工输入量。由于数据录入工作一般需要人的参与，数据输入速度与计算机处理比较起来相对缓慢，信息系统在大多数时间都处于等待状态，效率显著降低，增加了信息系统的运行成本。因此，在输入设计中，应尽量控制人工输入数据总量。在实际输入数据时，只需输入基本数据，其他的数据可以通过计算由信息系统自动产生。二是减少输入延迟。输入数据的速度往往成为提高信息系统运行效率的瓶颈，为减少延迟，可以采用周转文件、批量输入等方式。三是减少输入错误。输入设计中应采用多种输入校验方法和有效性验证技术，减少输入错误。四是避免额外步骤。应尽量避免不必要的输入步骤。五是简化输入过程。输入设计在为用户提供纠错和输入校验的同时，保证输入过程简单易用。

（5）文件与数据库设计

信息系统基于文件系统或数据库系统，而文件是存放信息系统中要处理的或要维护的数据的基本方式。文件设计就是根据文件的使用要求、处理方式、存储量、数据的活动性及硬件设备条件等，合理地确定文件类别，选择文件介质，决定文件的组织方式和存取方法。

1）文件设计。设计文件之前，首先要确定数据处理的方式、文件的存储介质、计算机操作系统提供的文件组织方式、存取方式和对存取时间、处理时间的要求等。文件设计通常从设计共享文件开始，这是因为共享文件与其他文件的关系密切，先设计共享文件，其他文件中与它相同的数据项目就可以用它作基准，尽量求得一致。文件由记录组成，所以设计文件主要是设计文件记录的格式。例如，每一数据项的名称、变量名、类型、宽度和小数位等。记录设计中还应注明记录由哪个程序形成，又输出到哪个程序。文件设计还应考虑文件的管理问题。

2）数据库设计。数据库设计是在选定的数据库管理系统基础上建立数据库的过程。数据库设计除用户要求分析外，还包括概念结构设计、逻辑结构设计和物理结构设计等三个阶段。在信息系统开发过程中，数据库设计的几个步骤与系统开发的各个阶段相对应。例如，用户需求分析↔系统分析（详细调查）；概念结构设计↔系统分析（逻辑设计）；逻辑结构设计↔系统设计；物理结构设计↔系统设计。

（6）处理流程图设计

信息系统的处理流程图是信息系统流程图的展开和具体化，所以其内容更为详细。在信息系统流程图中，只是给出了每一处理功能的名称，而在处理流程图中，则需要使用各种符号具体地规定处理过程的每一个步骤。信息系统中每一个功能模块都可以作为一个独立子系统分别进行设计。由于每个处理功能都有自己的输入和输出，对处理功能的设计过程也应从输出开始，进而进行输入、数据文件的设计，并画出较详细的处理流程图。

四、信息设备采购与招标管理●

信息设备是组成信息系统的硬件，是信息系统必不可少的重要组成部分，其质量好坏直接关系到信息系统的性能和运行寿命，因此，必须加强信息设备采购管理。

（一）信息设备采购管理概述

1. 信息设备采购的基本要求

（1）符合国家有关政策法规

信息设备的采购应以国家和地方相关的政策法规为指导，不得违反相关政策和法规。如政府机关信息设备采购应遵循《中华人民共和国政府采购法》；若采用招标方式采购，应遵循《中华人民共和国招标投标法》；政府机关信息设备招标采购，应遵循《政府采购货物和服务招标投标管理办法》。

（2）选择最佳的供应商

供应商的好坏直接影响到商品的质量、价格和售后服务的提供，因此必须慎重选择供应商，应向信誉良好、供货质量合格的供货商采购。

（3）争取最优惠的价格

在保证信息设备质量的前提下，若想要得到最优惠的价格，势必要运用一些小技巧。"货比三家"是首要步骤，另外也可通过大型经销商进货，或是签订互惠契约、以现金支付、自行进口、自行运送等方法，有效降低货款，节省营运成本。

（4）获得最正确的设备

采购规格标准是根据客户的特殊需要，对所要采购的各种设备作出的详细具体的规定，如品牌、配置、性能、大小、数量、外观要求、质保期等；建立采购标准能帮助采购人在众多货品中挑选出合适的一种。采购标准除了文字叙述外，必要时也可以用图片或照片加以说明，供应商在按图索骥的情况下，错误供货的概率将大为降低。

2. 信息设备采购方式的选择

采购的方式可分为邀请招标采购、竞争性谈判采购、询价采购和单一来源采购。邀请招标采购是指招标人以投标邀请书的方式邀请三个以上特定的供应商投标的采购方式。竞争性谈判采购是指采购单位直接邀请三家以上的供应商就采购事宜进行谈判的采购方式。询价采购是指对三家以上的供应商提供的报价进行比较，以确保价格较低的采购方式。单一来源采购是指向供应商直接购买的采购方式。

为了实现公平竞争，杜绝暗箱操作等腐败现象，越来越多的信息设备采购都是通过

---

❶ 娄策群，桂学文，赵云合. 信息化管理理论与实践［M］. 北京：清华大学出版社，2010.

各种形式的招标来实现的。招标主要有以下三种形式：一是内部招标。由采购单位自己成立招标工作小组，组织采购招标过程，制定招标需求和评标的标准，组织有关的专家（主要是内部专家，有时也请外部专家）成立评标小组进行评标，由工作小组将整体情况向领导汇报，最终结果由有关领导根据评标工作小组的汇报来决定。这种内部招标的方式，严格来说不能算是招标，除非该采购单位本身具备招标的资质并能够从事招标工作。二是有限招标。有限招标即邀标，对有限候选人发出招标邀请，只允许选定的候选人参加投标。在邀标过程中，一般由采购单位选定招标公司，由招标公司组织编写招标文件（其实主要还是依靠建设单位），向建设单位确定的候选人发出招标邀请，在评标过程中，由招标公司选择外部专家，并按一定比例邀请建设单位专家（不超过三分之一），共同组成评标小组，根据评标小组的评标意见，编写评标报告提交给建设单位，通知建设单位评标结果。建设单位根据评标结果与中标人进行商务谈判。整个招标过程都是由招标公司负责组织。三是公开招标。由建设单位选定招标公司，通过招标公司发布招标公告，一般要求先进行资格预审，以保证以后参加正式投标的投标人在基本条件（一般是公司实力、产品等方面）满足要求，避免给以后评标工作带来过多的无效工作量。招标公司根据各方提交资格预审文件，筛选出符合资格要求的候选人，通知他们参加投标。投标人正式中标后，其组织过程和邀标过程基本相同。

3. 信息设备采购方案的编制

在采购前必须制定详尽和实施性强的采购方案，这样才能保证采购工作能按计划顺利实施。编制设备采购方案，要根据建设项目的总体计划和相关设计文件的要求，采购的设备必须符合设计要求。方案要明确设备采购的原则、范围、内容、程序、方式和方法，采购方案中要包括采购设备的类型、数量、质量要求、周期要求、市场供货情况、价格控制要求等因素，从而使整个设备采购过程符合项目建设的总体计划，设备满足质量要求，设备采购方案最终需获得建设单位的批准。根据设计文件、需要采购的设备编制拟采购的设备表及相应的备品配件表（含名称、型号、规格、数量、主要技术性能、交货期）和这些设备相应的图纸、数据表、技术规格说明书、其他技术附件等。

(二) 信息设备的招标管理

1. 招标前的准备

招标单位为了在招标中获取最佳结果，需要花费大量的人力财力，做好充分的准备工作。招标前的准备工作具体包括广泛搜集投标信息、提交各种招标文件等。

(1) 招标信息的搜集

招标信息是指为决定进行招标所需了解的情况，具体包括招标项目名称、招标工程的大致内容、招标日程安排和招标者名称等。招标单位要派人与投标者进行联系，目的是了解投标者的总体计划与条件；与本国驻国外的商务机构保持经常联系；选择并利用当地代理人。

(2) 招标文件的准备

招标文件是法律文件，除了相关的法律法规外，在招标的全过程中招标单位、投标单位、招标代理机构共同遵循的游戏规则就是招标文件，这是参加招标工作三方人士必须遵循的法律文件，具有法律效力，所以编制招标文件的人员须有法律意识和素质，在招标文件中体现出公平、公正、合法的要求，对投标单位有什么要求，如何评标，如何决标，招标程序是什么，都在招标文件中作出规定。

按照有关招标投标法律法规与规章的规定，招标文件一般由以下七项基本内容构成：招标公告或投标邀请书；投标人须知（含投标报价和对投标人的各项投标规定与要求）；评标标准和评标方法；技术条款（含技术标准、规格、使用要求及图纸等）；投标文件格式；拟签订合同主要条款和合同格式；附件和与其他要求投标人提供的材料。

2. 招标工作的程序

（1）发出招标公告或者投标邀请书

实行公开招标的信息系统建设单位应通过国家指定的报刊、信息网络或者其他媒介发布信息设备招标公告。任何认为自己符合招标公告要求的信息系统开发商都有权报名并索取资格审查文件，招标单位不得以任何借口拒绝符合条件的投标单位报名。采用邀请招标的，招标单位应当向三个以上具备承担招标项目的能力、资信良好的信息系统开发商发出投标邀请书。

（2）对参加投标报名单位进行资格审查

资格审查是保证项目保质保量地完成的必要手段。信息系统建设单位必须高度重视资格审查工作，加强对参加投标报名单位的资格审查。招标前，应对参加投标报名单位的资质、信誉、履约能力、资金准备、技术保障措施、人员设备状况等进行考察。资格审查主要是对其资质证书及其相关证件，诸如安全生产许可证、工商营业执照、税务登记证、法定代表人证书、项目经理资质证书等进行审查。

通过资格审查，选择较好的单位作为投标参与方，参与投标的单位在同一管理水平上进行竞争，避免管理差、能力弱、价格过低的单位入围，这样才能进行真正的公平竞争。投标单位的数量对招标有较大的影响，如果投标单位太多，反而浪费了招标单位的资源和精力，分散了评标专家的注意力，影响了对最合格投标人的评价时间，结果很可能评选出来的不是最合适的承包人选；另外，可能会有一些有实力的投标单位会认为投标单位多将导致本单位的中标概率降低，交易成本提高而退出本次招标活动，这就有背于招标的初衷。

（3）进行招标辅导

这里说的招标辅导是指进行详细的招标交底，把招标文件中有关废标的条款详细解释，让投标单位清楚、注意。不要因为细节规定导致废标，导致使有效标数量达不到要求而使招标失败、反复。将项目的特点、招标方的特殊要求进行详细介绍，引起投标方注意，避免因为要求不清楚或歧义导致各方报价过低或者过高。加强与投标方交流，这个过程是增加双方彼此了解、熟悉，增强各方信心的过程。同时也是熟悉各投标方的优劣势、优缺点，彼此了解对方习惯的过程，同时为以后合作伙伴关系打下基础。

招标辅导可以大大降低有效标数量风险和投标报价过高、过低的风险。让投标单位清楚地知道招标单位的要求，并根据招标单位的要求进行报价；明确投标中须注意的细节，避免因为格式等细节问题导致废标情况的发生，如多家单位因为这些导致废标，那么招标失败，须重新进行招标。

（4）发放招标文件

招标单位应在招标公告、投标邀请书或资格预审合格通知书中载明获取招标文件的办法，如果是公开招标，招标单位应当首先将招标文件报招投标管理机构审查并备案，审查合格后方可发出。

（5）开标、评标与定标

开标、评标与定标应当按照招标文件的规定进行。公开招标的项目评委由政府招标管理机构从专家数据库随机抽取的专家和招标单位代表组成，其中招标单位代表不能超过总人数的三分之一。评标委员会由招标人的代表及其聘请的技术、经济、法律等方面的专家组成，总人数一般为 5 人以上单数，其中受聘的专家不得少于三分之二。与投标人有利害关系的人员不得进入评标委员会。

开标会议由招标单位或者招标代理机构组织并主持；开标会结束后经招标单位初步审查符合规定的投标文件送入评标委员会进行评标；评标应坚持客观公正、平等、科学、合理、自主和注重信誉的原则，评标委员会应按照招标文件中规定的评标标准、办法对投标文件进行评审。

招标人应当自确定中标人 15 日内向招投标管理机构提交招标投标情况书面报告。

确定中标单位并发放中标通知书。招投标管理机构自收到评标书面报告之日起 5 日内未通知招标单位在招标投标活动中有违法行为的，招标单位可以向中标单位发出中标通知书，并将中标结果通知所有未中标的投标单位。中标通知书的实质性内容应当与中标单位的投标文件的内容相一致。

3. 评标的关键指标

在评标过程中，虽然不同的需求会有不同的评标标准，但是有一些主要的考虑因素，是任何建设单位都不能忽略的。

（1）投标单位的综合实力

投标单位的综合实力主要分成两类：存续能力和带来附加价值的能力。建设单位在招标过程中，一定要求最终的中标单位具备足够的存续能力，能够支持长期的产品发展，包括产品的不断升级换代和产品的售后服务，至少其产品的生命周期不短于建设单位使用该产品的时间。为此，公司的规模、发展战略、经营管理状况、融资能力等，都会成为考察的内容。在附加价值方面，如果投标人在其他方面具有对建设单位未来发展非常有帮助的附加价值，那么建设单位会更愿意与这样的公司建立合作关系。

（2）产品与特定需求的符合性

这是评标过程中最主要的考察内容。评标小组会根据招标文件的要求，设定评标条件，在产品特性方面设定许多细致的评比条件。这就需要投标人能够认真阅读招标文件，深入理解用户的需求，想用户所想，充分表达出其产品与需求的符合性。

（3）投标单位的项目实施能力

根据不同招标内容，所要求的执行能力也会有差别。例如，及时供货能力、技术支持能力、专业技术能力、项目管理能力、长期支持服务能力等。这就需要根据具体标的分析出必须具备的能力，并向建设单位清晰地阐明如何具备这样的能力。例如，在集成项目中，公司的技术力量就是一个重要内容，可以通过提交有关技术骨干的简历来证明公司的技术实力。

（4）投标单位的行业经验

这一点已经受到广泛的重视，具备行业经验，对于产品与特定需求的符合性，对合同执行能力，都是非常有力的佐证。因为在一个行业当中，许多需求具有相似之处，如果中标人具备行业经验，就会在与建设单位的沟通方面，在理解需求方面，大大降低双方的成本。

（5）价格因素

虽然在所有的招标文件中都会说明价格最低不是中标条件，但无论如何价格因素在评标过程中都会占很大比重。这也是在评标过程中最显而易见的硬指标。

（三）信息设备的验收

信息设备的验收工作是质量检验第一关，也是检验合同执行情况的关键，验收工作要严格按照有关要求和程序进行。设备到货以后，要及时进行验收，避免验收不及时造成不必要的损失。验收时需要对合同中订购设备的数量、质量、附件等内容做全面的检查。

1. 信息设备到货验收前的准备

（1）选择合适的验收人员

负责验收的人员应当具备高度的工作责任心和一定的专业水平，一般由设备的维修工程技术人员、设备管理人员（如采购员、设备档案管理员等）和有关使用人员组成。

（2）准备验收资料

验收资料准备主要是收集与到货设备筹备有关的文件资料，如招标文件、订货合同、合同备忘录、运输提货单、装箱单、商检单据等。

（3）阅读招标文件和订货合同

通过详细阅读招标文件和订货合同，熟悉相关文件及技术资料，了解设备的各项技术性能。参考厂家验收规程拟定相应的验收程序，并对关键技术指标的检测方法认真研究。

2. 信息设备验收程序

（1）设备包装与设备外观检查

根据订货合同核对商标、收货单位名称、品名、箱号、箱总件数等有关的外包装标记及批次是否相符，有无油污、水渍等情况，对不可倾斜运输的设备需检查外包装上倾斜运输的"变色"标记是否变色。检查设备表面是否清洁、外壳是否有划痕，各按钮键是否无损、新旧程度如何等。设备包装情况和外观情况如果出现与合同不符或者有破损时，必须做好现场记录，记入验收报告并拍照或录像以便分清责任。拍照和录像应能表达破损的各个方向与部位。

（2）设备数量及附件清点

以合同为依据，按装箱单或使用说明书上的附属器材或零配件的名称、规格型号、数量等逐项进行核对并作记录。如出现数量或实物与单据不符的，应当做好记录并保留好原包装，便于向厂方要求补发或索赔。包装箱内应有下列文件：使用手册及出厂鉴定证书、检验合格证、维修手册、维修电路图纸等。

（3）设备技术性能检查

技术性能检查是指对信息设备的功能配置与技术性能指标进行检测，功能配置验收应以招标文件和合同要求的各项功能为依据，要求对各项功能进行逐项的操作演示，出现不符时要做好记录，检测报告应由参加检测的各方共同签字确认。

（4）填写验收报告

验收报告应由使用科室、设备科与厂商代表三方验收人员签字认可。在验收过程中，所有与合同要求不符的情况都应当做好记录填写到验收报告上，并拍照或录像以备索赔，所有的文件资料及商检报告、验收报告由设备档案管理员收集并整理及时建档保存。

五、信息系统实施与验收管理

（一）信息系统实施管理

信息系统实施是按照预先的设计具体地实现信息系统的过程，具体包括信息系统的编码、信息系统的安装调试、信息系统的测试等工作。在信息系统实施过程中，应做好相应的管理工作。

1. 信息系统编码管理

（1）信息系统编码工作的任务与要求

编码工作的任务是：实现软件设计功能，运用程序设计语言，编写出编程风格好、程序效率高和代码安全的计算机程序。这反映在软件编码的可追踪性和完备性上，软件编码的独立性、数据规则、处理规则、异常处理规则和表示法规则反映在项目软件过程的编程风格中。

编码工作的要求是：①遵循开发流程，在设计的指导下进行代码编写；②代码的编写以实现设计的功能和性能为目标，要求实现设计所要求的功能，达到设计所规定的性能；③程序具有良好的程序结构，提高程序的封装性，降低程序的耦合程度；程序可读性强，易于理解；④软件的可测试性好，便于调试和测试，易于使用和维护，具有良好的修改性和扩充性，可重用性强，移植性好，占用资源少，以低代价完成任务；⑤软件在不降低程序可读性的情况下，尽量提高代码的执行效率。

（2）信息系统编码管理的目标与内容

信息系统编码管理的主要目的是为了控制软件编码的工作进度，监督软件编码的编程风格和质量，使软件编码工作能可靠、高效地实现软件设计的目标，同时符合承建单位的软件过程规范的要求。

软件编码管理的活动内容主要包括：①促使承建单位将合适的软件编码工程方法和工具集成到项目定义的软件过程中；②保证承建单位依据项目定义的软件过程，对软件编码进行开发、维护、建立文档和验证，实现软件需求的软件设计；③跟踪和记录软件编码产品的功能和质量。

2. 信息系统安装调试管理

（1）安装调试费用的预算

要想使软硬件设备安装调试工作顺利实施和完成，必须事先认真做好安装调试费用预算工作。安装调试费用包括：运输费、安装费、调试费和其他费用。

1）运输费预算。管理部门应根据软硬件设备的体积、解体装运对象的数量和质量，安排不同运输能力的车辆，并确定各种运输车辆的车次。然后，按相应运输车辆的吨千米运费、被运物的搬运里程计算运输费用，也可根据运输车辆的台班费定额和使用台班计算运费。在预算运输费用时，还要估算装卸费、捆扎费等，因为这些也是运输过程必然发生的费用。

2）安装费预算。根据待安装软硬件的种类列出相应的安装基座、所用材料及人工使用量，然后参照工程预算定额给出的基价，计算其费用。

3）调试费预算。在软硬件设备调试过程中，除了设备运行必需的动力（如电力等）外，还需一定量的耗材（如磁带、磁盘、光盘等）。调试费一般由电力费、材料费、人工费、管理费等组成，各组成费应按各自的单价和用量计取。

4）其他费用。包括设备初到时的看管费、管理费等。其他费用的预算应根据实际情况进行。

（2）人员组织与技术培训

软硬件设备一般精密、昂贵，初次安装调试中的技术工作必须由供应厂商派出的技术人员负责（这也是供应厂商方面完成交货必须履行的义务）。信息系统建设单位在供应厂商调试工程师来之前，应该进行尽可能周密的工作安排。如选配操作人员，成立安装调试协调组（由有关行政领导、技术负责人员组成），调配安装调试所需的辅助工具、人员。

选配操作人员时，应注意选择业务熟练、反应灵活、责任心强的操作人员。在进行安装调试之前，建设单位的技术负责人应协助厂商方面的安装调试工程师工作，并选配设备操作人员，进行岗位分工和现场技术培训。岗位分工的目的是明确各操作人员在调试阶段及日后使用设备时的职责；培训的目的是让操作人员了解待调设备的基本结构、技术性能、安装调试操作步骤、运行管理方法及安全注意事项等，从而使他们做到心中有数，避免盲目安装。

（3）信息系统安装施工

安装过程中，应随时对信息系统主机的各组成部件及附属设备做外观质量检查。安装现场要由专人负责指挥。吊装笨重装置时，必须采取相应安全防范措施。安装人员要全部配戴安全帽，安装工作要按顺序进行。安装要分工协作，如机械部分由机械人员负责安装，电气部分由电气人员负责连接。安装后，应对设备安装的完整性、合理性、安全性等进行检查。

（4）信息系统调试

1）调试过程。对安装好的信息系统尽快进行调试。调试前，要再次检查安装的完整性、合理性、安全性等，以便调试工作安全、顺利进行。调试主要是试验信息系统的工作质量、操作性能、可靠性能、经济性能等。

2）撰写安装调试技术报告。撰写安装调试技术报告是信息系统初次安装调试后进行技术、资产及财务验收的主要依据之一，是一项必须做好的工作。安装调试报告应以读者能再现其安装、调试过程，并得出与文中相符的结果为准则。设备安装调试技术报

告作为一种科技文件，其内容比较专深，应详略得当、主次分明。在安装调试技术报告的结尾，要向曾给安装调试工作以帮助、支持或指导的人及部门致以谢意。

3. 信息系统测试管理

（1）单元测试

单元测试也称模块测试。在模块编写完成且无编译错误后就可以进行。

单元测试的内容包括：软件单元的功能测试；软件单元的接口测试；软件单元的重要执行路径测试；软件单元的局部数据结构测试；软件单元的语句覆盖和分支覆盖测试；软件单元的错误处理能力、资源占用、运行时间、响应时间等方面的测试。

单元测试的成果包括：单元测试报告，包括测试记录、测试结果分析；软件问题报告单和软件修改报告单；与软件修改报告单一致的，经过修改的全部源程序代码；回归测试的测试记录和测试结果。

（2）集成测试

集成测试也称组装测试，是指对将模块按系统说明书的要求组合起来的子系统进行测试。当被集成的软件单元无错并通过编译，通过代码审查，通过单元动态测试并达到测试要求，已置于软件开发单位的配置管理受控库，已具备了集成测试计划要求的软件组装测试和测试工具时，可进行集成测试。

集成测试主要是验证软件单元组装过程和组装得到的软件部件，重点检查软件单元之间的接口，测试的主要内容有：在把各个模块连接起来的时候，穿越模块接口的数据是否会丢失；一个模块的功能是否会对另一个模块的功能产生不利影响；各个子功能组合起来，能否达到预期要求的功能；全局数据结构是否有问题；单个模块的错误是否会导致数据库错误。

集成测试的成果包括：集成软件测试报告；软件使用说明；所有软件问题报告单和软件修改报告单；与软件修改报告单一致的、经过修改的全部源程序代码。

（3）确认测试

确认测试又称有效性测试，其任务是验证软件的有效性，即验证软件的功能和性能及其他特性是否与用户的要求一致。当软件完成了集成测试且可运行，所有软件代码都在配置管理控制下，已经具备了合同规定的软件确认测试环境时，可进行确认测试。

软件需求说明书描述了全部用户可见的软件属性，是软件确认测试的基础。在确认测试阶段需要做的工作有：进行有效性测试及软件配置复审。有效性测试是在模拟的环境（也可能是实际开发的环境）下，运用黑盒测试的方法，验证被测软件是否满足需求说明书列出的需求，通过实施预定的测试计划和测试步骤，确定软件的特性是否与需求相符，确保所有的软件功能需求都能得到满足，所有的软件性能需求都能达到，所有的文档都正确且便于使用。同时，对其他软件需求，如可移植性、兼容性、出错自动恢复、可维护性等，也都要进行测试，确认是否满足。软件配置复查的目的是保证软件配置的所有成分都齐全，各方面的质量都符合要求，具有维护阶段所必需的细节，而且已经编排好分类的目录。除了按合同规定的内容和要求，由人工审查软件配置之外，在确认测试的过程中，应当严格遵守用户手册和操作手册中规定的使用步骤，以便检查这些文档资料的完整性和正确性，必须仔细记录发现的遗漏和错误，并且适当地补充和改正。

确认测试的成果包括：软件确认测试分析报告，含所有的软件确认测试结果；所有软件问题报告单和软件修改报告单；与软件修改报告单相一致的，经过修改和回归测试的全部源程序代码；经过修改的软件产品使用说明。

（4）系统测试

系统测试是将通过确认测试的软件，作为整个信息系统的一个元素，与计算机硬件、外设、某些支持软件、数据和人员等其他系统元素结合在一起，在实际运行（使用）环境下，对信息系统进行一系列的组装测试和确认测试。当完成并通过软件确认测试，所有软件产品都在配置管理控制下，已经具备了软件系统测试环境时，可进行系统测试。

系统测试的目的在于通过与信息系统的需求定义作比较，发现软件与信息系统定义不符合或与之矛盾的地方。系统测试的测试用例应根据需求说明书来设计，并在实际使用环境下来运行。根据软件的安全性等级和软件规模等级，选择进行信息系统的功能性测试、可靠性测试、易用性测试、效率测试、维护性测试和可移植性测试。

系统测试一般由专门委托的测试机构进行，需要对所有软硬件进行以功能为主的测试工作（必要情况下附加性能测试），需要对测试情况进行记录并进行错误的修改与回归测试，在测试完成后要根据测试全过程的情况编写正式的系统测试报告。

系统测试的成果包括：系统测试报告，包括测试记录和测试结果分析；软件问题报告和软件变更报告；回归测试的测试记录。

（二）信息系统验收管理

信息系统验收阶段是全面验证和认可信息系统实施成果的阶段。信息系统验收阶段的主要任务是通过验收测试，发现并纠正信息系统潜在的问题，系统地验证工程设计的各项技术指标。由于信息系统的特殊性，在进行信息系统验收时，有必要坚持以测试为基础、以事实为依据开展验收工作。

1. 信息系统验收的组织机构及人员组成

由建设单位与监理单位协调成立专门的验收工作组，作为验收的组织机构。验收工作组一般不少于5人（单数）组成，设主任1人，委员若干人。验收工作组由建设单位代表、监理单位代表、承建单位代表及邀请的技术专家组成员组成。验收工作组的任务是：判定所验收的系统是否符合"合同"的要求；审定验收环境，验收环境应与建设单位的实际运行环境一致，验收环境按"合同"或"验收方案"规定；审定验收测试计划，对信息系统验收测试组制定的验收测试计划进行审定，以保证测试计划能满足验收要求；组织验收测试和配置审核，进行验收评审，并形成验收报告。验收委员会有权要求建设单位、监理单位及承建单位对开发过程中的有关问题进行说明，有权决定信息系统是否通过验收。

2. 信息系统验收的时间、地点和条件

信息系统应在合同书（或承诺书）规定的时间内竣工，验收工作一般应在信息系统竣工后的半年内进行。如不能按规定时间验收，承建单位应通过主管部门或直接向建设单位提出延迟验收申请，说明延迟验收的理由，待批准后方可延期。信息系统验收地点应符合合同或验收方案规定。若在承建单位进行，承建单位应提供验收计划中要求的设备、资源和各种条件；若在建设单位进行，则建设单位必须提供相应的设备、资源和各种条件，并预先通知承建单位提供其应提供的设备和支持软件。

在开发过程中，由于受市场及技术等原因的影响，信息系统建设方案有可能需要做适当调整。经主管部门或建设单位批准调整的，按批准调整后所确定的开发内容、目标和完成时间进行验收，涉及重大调整时由主管部门根据调整情况决定是否收回开发资金。

3. 信息系统验收的过程

（1）验收准备

1）验收资料的准备与提供。承建单位在信息系统竣工后，向主管部门上报如下验收资料：信息系统验收申请表、信息系统验收总结报告（包括技术总结）、信息系统决算报告或有资质的中介机构出具的专项审计报告、信息系统开发中所获得的成果等。建设单位应对所有提供验收的报告、资料和相关数据的真实性、可靠性负责；验收工作组或中介机构应对验收结论与评价的准确性负责，并应保守与验收项目有关的技术秘密。

2）验收计划。根据招标书和合同中对信息系统集成的要求、系统集成商的系统集成方案，由信息系统验收工作组制定验收计划。验收计划应包括：对购买的所有设备到货验收的确认；对所有采购的设备测试记录进行确认达到了合同和标书的要求；对所有局域网和广域网进行测试。

（2）验收测试

1）测试的前提条件。在真正进行验收测试之前一般应该已经完成了以下工作（也可以根据实际情况有选择地采用或增加）：软件开发已经完成，并全部解决了已知的软件缺陷；验收测试计划已经过评审并批准，并且置于文档控制之下；对软件需求说明书的审查已经完成；对概要设计、详细设计的审查已经完成；对所有关键模块的代码审查已经完成；对单元、集成、系统测试计划和报告的审查已经完成；所有的测试脚本已完成，并至少执行过一次，且通过评审；使用配置管理工具且代码置于配置控制之下；软件问题处理流程已经就绪；已经制定、评审并批准验收测试完成标准。

2）测试工作实施。具体的测试内容通常可以包括：安装（或升级）、启动与关机、功能测试（如正例、重要算法、边界、时序、反例、错误处理）、性能测试（如正常的负载、容量变化）、压力测试（如临界的负载、容量变化）、配置测试、平台测试、安全性测试、恢复测试（如在出现掉电、硬件故障或切换、网络故障等情况时，系统是否能够正常运行）、可靠性测试等。性能测试和压力测试一般情况下是在一起进行，通常还需要辅助工具的支持。在进行性能测试和压力测试时，测试范围必须限定在那些使用频度高和时间要求苛刻的软件功能子集中。由于承建单位已经事先进行过性能测试和压力测试，因此可以直接使用承建单位的辅助工具，也可以通过购买或自己开发来获得辅助工具。

3）验收评审。在完成验收测试和配置审核的基础上，召开评审会，进行综合评价。评审会在综合评价验收测试和配置审计结果的基础上，根据验收准则，给出验收结论。信息系统验收结果报告应包括：对所验收信息系统提出结论性意见，是否通过以及不通过的部分要的措施；每一个验收成员应该签字。验收结论分为"验收合格""需要复议""验收不合格"三种。按期完成合同书（或承诺书）约定的各项建设内容和建设目标，资金使用合理，提供的验收文件和资料齐全、数据真实，为验收合格。建设内容和建设目标基本完成，但验收文件、资料不齐全，验收结论争议较大，为需要复议。被验收项目存在下列情况之一的，为验收不合格，不予通过验收：未按合同书（或承诺书）要求完成预定的建设内容和建设目标，且差距较大；提供的验收文件、资料、数据不真实；擅自修改合同书（或承诺书）中的考核目标和内容；实施过程中出现重大问题，但未能解决和作出说明，或研究过程及结果等存在纠纷尚未解决。验收报告应详尽地记录验收的各项内容、评价与验收结论，验收委员会全体成员应在验收报告上签字；根据验收委员会表决情况，由验收委员会主任在验收报告上签署意见。

4）验收的后续管理。通过验收的信息系统，由验收单位统一下达《信息系统验收意见书》。需要复议的信息系统，承建单位应在接到通知的 30 个工作日内提出复议申请，验收委员会根据项目具体情况重新履行验收手续。不同意验收的信息系统，承建单位在接到通知的半年内，经整改完善有关计划及文件资料后，可再次提出验收申请。信息系统验收完成后，承担单位应在通过验收后的 15 个工作日内，及时办理验收证书的有关手续，并提供验收证书的电子文档。验收证书由主管部门统一编号，并加盖公章。

第三节　信息化工程监理[❶]

信息化工程监理是信息化管理的另一种形式。在信息化项目建设过程中，除了建设单位和承建单位自身要加强管理外，还应聘请具备相应资质的第三方信息化工程监理单位对信息化项目建设进行监督与管理，弥补建设单位和承建单位在专业水平、经验、方法、技术力量上的不足，减轻信息化项目管理的工作量，保障信息化项目顺利进行。近年来，信息化工程监理的理论与实践得到了较快的发展。

一、信息化工程监理概述

（一）信息化工程监理的内涵

"监理"一词首先出现在工程领域，用于信息工程领域，有"信息系统工程监理""信息化工程监理""电子工程监理""信息工程监理""信息工程建设监理"和"IT 工程监理"等表述。这些不同的名称其实质都是相近的，只是表述方式有些差别。

2002 年，我国信息产业部颁布的《信息系统工程监理暂行规定》第四条规定："本规定所称信息系统工程监理是指依法设立且具备相应资质的信息系统工程监理单位（以下简称"监理单位"），受建设单位委托，依据国家有关法律法规、技术标准和信息系统工程监理合同，对信息系统工程项目实施的监督管理。"

2007 年 8 月，国家质量监督检验检疫总局和国家标准化管理委员会批准和发布的《信息化工程监理规范》在总则部分对信息化工程监理也做了说明："信息化工程监理

❶ 李冠，何明祥，徐建国. 现代企业信息化与管理［M］. 北京：清华大学出版社，2014.

工作建立在监理支撑要素的基础上，在监理工作的各阶段结合各项监理内容，对监理对象进行监督和理顺，以保证信息化工程的建设达到预期的目标。"

综合国家政策法规和一些学者的观点，信息化工程监理是指信息化监理机构根据相关法律法规及标准，对信息化工程建设单位及承建单位进行督察、监控和评价，并采取各项管理措施，协助有关人员达到预期目标。

（二）信息化工程监理与相关概念的比较

与信息化工程监理相关的概念包括信息化项目管理、信息化工程咨询和信息系统审计等，它们之间有一定的联系和相似点，但也存在区别。

1. 信息化工程监理与信息化项目管理的比较

从本质来看，信息化工程监理是信息化项目管理的一种特殊形式。与信息化项目管理的不同之处在于信息化工程监理不是由建设单位来进行，而是委托专业的信息化工程监理单位来进行的。但在管理内容上两者大同小异，都是对工程质量、成本和进度进行监督、检查、控制、协调与评价等。信息化项目管理的内容相对比较全面，较多的是从正面进行指导，而信息化工程监理更多的是找问题、找毛病，针对问题予以解决。由独立的一方对信息化工程进行监理，最大的优点是更加专业、客观、严格，同时也可以避免建设单位因为信息化项目管理而造成的机构臃肿。

2. 信息化工程监理与信息化工程咨询的比较

国际上对监理与咨询没有严格区分，把监理看做是咨询工作的一部分。尽管如此，两者之间还是存在一定区别。

1）信息化工程咨询主要的工作方式是由信息化咨询机构就项目提出建议和回答问题，建设单位可以采纳也可以不采纳。而在信息化工程监理中，监理单位的意见是必须要执行的，具有强制性。

2）信息化工程咨询机构是建设单位的顾问，而信息化工程监理单位除了受建设单位委托外，还必须要站在第三方立场，强调其工作的独立性和公正性。

3）信息化工程咨询的目标是提供一个解决方案，其结果是通过调查研究形成的一份咨询报告；而信息化工程监理是一个完整的过程，在信息化工程的每个阶段都需要监理，直到信息化工程完成。信息化工程监理报告属于控制、沟通和记录性报告，是展现信息化工程建设过程成果的报告。

3. 信息化工程监理与信息系统审计的比较

"审计"和"监理"从字面来看意思相近，它们在对象、内容与方法上也有一定的相似处，但也存在不同。

1）信息化工程监理的对象是信息化工程，主要对系统硬件与软件及其开发、调试到投入正常运行为止的过程进行监督。信息系统审计的对象除了信息化工程建设的各项问题外，还包括信息系统的应用与管理等，信息系统审计人员常常针对信息系统的输出数据、系统使用人员、打印输出等进行审查。

2）信息化工程监理主要监督承建单位是否按照承包合同及相关法律法规来实现信息化项目，即代表建设单位对承建单位进行监督，对于建设单位存在的问题也要提出，但不是主要的。而信息系统审计由委托的信息审计师对信息系统的运行与应用进行审计，主要是针对信息系统建设单位的。不过在信息系统的开发过程时，审计对象包括信息系统建设单位与承建单位双方。

3）信息化工程监理是一个实时进行的过程，发现的问题大部分要求承建单位及时改正，经过证实已改正后才能继续进行。而信息系统审计不要求实时性，主要是查找出各种不符合要求的证据，形成审计报告，交付给信息系统建设单位，要求根据报告中提出的问题加以改正。

4）信息化工程监理的重点是工程的实施阶段，包括系统集成、安装、调试及验收。在信息系统投入运行以后，尽管信息化工程监理仍应发挥作用，但并不是工作重点。而信息系统审计的重点在信息系统投入运行后。

二、信息化工程监理的内容与方法

为了突出信息化工程监理和项目管理的区别，将信息化工程监理的内容分为质量监理、成本监理、进度监理、合同监理及组织协调5个部分。

（一）信息化工程质量监理

质量是指产品、服务或过程满足规定或潜在特征的总和，质量要求就是对整个信息化工程项目与其实施过程所提出的满足规定或潜在特征的要求（或需求）总和，即要达到的信息化工程质量目标。

信息化工程监理中的质量监理是指根据信息化项目的特点，综合运用各种有效的监理手段和措施，在约定的时间和预算成本范围内，达到或超过信息化项目建设单位的质量期望的过程。质量监理是信息化项目监理的重要内容，关系到信息化工程的经济效益和社会效益。

1. 信息化工程质量监理的任务

信息化工程质量监理的核心任务是建立全面的质量控制体系，强化承建单位自检体系的管理，严格做好中间的质量检验及现场质量验收，搞好工序监测，强调以事前控制为主，严格开工报告的审批，预防质量通病的发生，杜绝建设质量事故，确保工程质量创优。

（1）招标阶段质量监理的任务

参加信息化工程招标的一般包括建设单位、监理单位、招标公司、专家、纪检或公证部门。监理单位在招投标阶段质量监理的任务有以下7个方面。

1）协助建设单位提出工程需求方案，确定工程的整体质量目标。

2）参与标书的编制，并对工程的技术和质量、验收准则、投标单位资格等可能对工程质量有影响的因素提出明确的要求。

3）协助招标公司和建设单位制定评标标准。

4）对项目的招标文件进行审核，对招标书涉及的商务内容和技术内容进行确认。

5）在协助评标时，对投标单位标书中的质量控制计划进行审查，提出监理意见。

6）对招标过程进行监控，如招标过程是否存在不公正的现象等。

7）协助建设单位与中标单位商洽并签订工程合同，在合同中要对工程质量提出明确的要求。

除了上述任务之外，还需要对承建单位以及人员资质进行审核，重点包括以下6个方面：

1）资质文件是否真实、齐全。

2）承建单位的资质等级是否与本工程的规模相适应。

3）承建单位的主要技术领域是否与本工程需要的技术相符合。

4）拟派往本工程的项目管理人员是否具有信息产业部颁发的系统集成项目经理或高级项目经理证书，证书是否真实有效。

5）其他技术人员的技术经历是否与本工程的技术要求相符合。

6）承建单位是否建立了完善的质量保证体系。

（2）设计阶段质量监理的任务

信息化工程设计阶段的主要任务是使工程设计的各项工作能够在预定的成本、进度、质量目标内予以完成。

设计阶段质量监理的任务包括以下几个方面：

1）设计阶段初期。了解建设单位建设需求，核对信息化项目安全性的要求，协助建设单位制定项目质量目标规划和安全规划；对各种设计文件提出质量标准。

2）设计阶段中期。通过跟踪及时发现质量问题，并及时与承建单位协调解决；审查阶段性设计成果，并提出监理意见；审查承建单位提交的总体设计方案，确保总体方案中包括建设单位的所有需求；对整个信息化项目开发的体系结构、开发平台和开发工具的选择、网络安全方案等进行充分论证；对总体设计方案中有关材料和设备进行比较。审查承建单位对关键部位的测试方案，如主机网络系统软硬件测试方案、应用软件开发的模块功能测试方法等。

3）设计阶段后期。协助承建单位建立和完善针对信息化项目建设的质量保证体系，包括完善计量和质量检测技术和手段；协助总承建单位完善现场质量管理制度，包括现场会议制度、现场质量检验制度、质量统计报表制度和质量事故报告及处理制度等；组织设计文件及设计方案讨论会，熟悉项目设计、实施及开发过程，根据有关设计规范，对承建单位下达质量要求标准。

（3）实现阶段质量监理的任务

实现阶段质量监理的任务主要是协助承建单位完善质量控制和工程实现条件的控制，具体内容如下。

1）关键过程的质量监理。制定阶段性质量监理计划，包括确定控制内容、技术质量标准、检验方法及手段、建立阶段性质量控制责任制和质量检查制度；进行工程各阶段分析，分清主次，抓住关键是阶段性工程结果质量监理的目的；设置阶段性质量监理点，实施跟踪控制是工程质量监理的有效手段；严格控制各过程间的交接检查。主要项目工作各阶段（包括布线中的隐蔽作业）需按有关验收规定经现场监理人员检查、签署验收。

2）对开发、实施材料与设备进行检查。对信息网络系统所使用的软件、硬件设备及其他材料的数量、质量和规格进行认真检查。使用的产品或者材料应有产品合格证或技术说明书；同时，还应按照有关规定进行抽检。硬件设备到场后应进行检查和验收，主要设备还要开箱查验，并按所附技术说明书及装箱清单进行验收。

3）协助建设单位对严重质量隐患和质量问题进行处理。在必要的情况下，监理单位可以按照合同行使质量否决权。在下述情况下，总监理工程师有权下达停工令：实施、开发中出现质量异常情况，提出后承建单位仍不采取改进措施的；或者采取的改进措施不力，还未使质量状况发生好转的；隐蔽作业（指综合布线及系统集成中埋入墙内或地板下的部分）未经现场监理人员查验自行封闭、掩盖的；对已发生的质量事故未进行处理和提出有效的改进措施就继续进行的；擅自变更设计及开发方案自行实施、开发的；没有使用技术合格证的工程材料、没有授权证书的软件，或者擅自替换、变更工程材料及使用盗版软件的；未经技术资质审查的人员进入现场实施、开发的。

4）工程款支付签署质量认证。承建单位工程进度款的支付申请必须有质量监理方面的认证意见，这既是质量监理的需要，也是成本控制的需要。凡质量、技术方面有法律效力的凭证，只能由项目总监理工程师一人签署。专业质量监理工程师和现场质检员可在有关质量、技术方面的原始凭证上签署，最后由项目总监理工程师核签后方才有效。

（4）验收阶段质量监理的任务

验收阶段质量监理的验收工作组由建设单位、承建单位和监理单位共同组成（图4-2）。

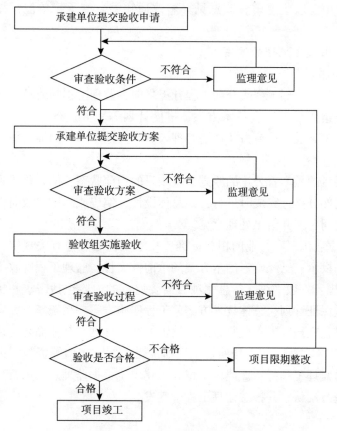

图4-2 验收阶段监理流程图

验收阶段质量监理的任务如下。

1）验收计划、方案的审查。承建单位提出验收申请后，监理单位首先要对其验收计划和验收方案进行审查，主要审查内容包括验收目标、各方责任、验收内容、验收标准、验收方式。

2）验收资料的审查。承建单位申请验收时，不同的信息化工程中验收资料可能有所不同，基本审核资料包括承建单位与各方签订的信息系统工程建设合同，需求分析规格说明书，承建单位的设计、实施方案、竣工报告，设计和建设图纸（系统原理图、平面位置图、布线图、系统控制、中心配置图、器材清单），设计方案论证意见，应用软件开发过程文档，系统调试报告（含调试记录），系统测试报告，用户使用说明书，承建单位对建设单位进行培训的报告，承建单位和建设单位的初验报告。

3）验收中出现的质量问题的处理。对于项目中的关键性技术指标，以及有争议的质量问题，监理机构应要求承建单位出具第三方测试机构的测试报告。第三方测试机构应经建设单位和监理机构同意；对验收中发现的质量问题要由监理机构、承建单位和建设单位共同进行确认；对验收中发现的质量问题进行评估，根据质量问题的性质和影响范围，确定整改要求和整改后的验收方式，必要时组织重新验收；敦促承建单位根据整改要求提出整 验收阶段监理流程图改方案，并监督整改过程。

4）验收结论处理。项目验收合格，按有关规定办理资料移交手续，立案归档；项目验收不合格，由验收组签署整改意见（整改通知书）交承建单位，并限期整改完成后再验收。

2. 信息化工程质量监理的方法

（1）审查和评审

在各单项工程、分部工程或分项工程开工之前，监理工程师要求承建单位提交单项工程开工报告及组织设计（含技术方案、进度计划等）并进行审查。单项工程开工报告应表明材料、工具设备、劳力及现场管理人员、其他条件等的准备情况，并提供必要的基础资料。

评审的主要目的是本着公正的原则检查项目的当前状态，信息化项目评审一般是在主要的项目关键部分接近完成时进行，如总体设计、编码或测试完成时。通过评审，可以及时发现重大问题，并给出处理意见。

1）评审依据：国家和行业的相关标准、技术规范与其他有关规定；有关部门关于本项目的文件和批示；已经确定的本方案的承前性文件；监理工程师收集的监理信息。

2）评审范围：一般来讲，信息化项目需要评审的内容包括需求和招标方案、质量控制体系和质量保证计划、总体技术方案、工程实施方案、系统集成方案、有关应用软件开发的重要过程文档、工程验收方案、培训方案与计划、其他需要会审的重要方案。

3）评审的工作过程：①现场质量工程师接受方案、文档等资料，进行初审，并把初审结果上报总监理工程师；②建设单位和承建单位根据监理意见进行处理，处理结果由现场监理组进行确认，并报总监理工程师签发。

（2）测试

测试是信息化工程质量监理最重要的手段之一。信息化项目一般由网络系统、主机系统、应用系统组成，而这些系统的质量如何，只有通过实际的测试才能知道，因此测试结果是判断信息化工程质量的有效依据。

在整个质量控制的过程中，承建单位、监理单位、建设单位和第三方测试机构都可能对工程进行测试。承建单位的测试是为了保证工程的质量和进度，监理单位的测试是为了检查和确认工程质量，建设单位的测试是验证系统是否满足业务需要，第三方测试机构的测试是给工程一个客观的质量评价。虽然工作重点不同，但目的都是为了更好地控制项目质量。

就监理单位而言，主要进行3个方面的工作：①监督评审承建单位的测试计划、测试方案、测试实验及测试结果；②对重要环节监理单位要亲自测试；③对委托的第三方测试的结果进行评估。在重要阶段或者验收阶段，一般要请专门的第三方测试机构对项目进行全面的测试。

（3）旁站

旁站是指监理人员在项目现场对某些关键部位或关键工序实施全过程现场跟班的监督活动，是监理人员控制工程质量、保证项目目标实现必不可少的重要手段。旁站应在总监理工程师的指导下，由现场监理人员负责具体实施。旁站时间可根据项目进度计划事先做好整体安排，在关键工序实施后再做具体安排。旁站的目的在于保证符合项目标准，尽可能保证建设过程符合国家或国际相关标准。

旁站往往是在那些出现问题后难以处理的关键过程或关键工序。现场旁站比较适合于网络综合布线、设备开箱检验、机房建设等方面的质量监理，也适合其他与现场地域有直接关系的项目质量监理工作。现场旁站要求现场监理工程师具有深厚的专业知识和项目管理知识，能够纵观全局，对项目阶段或者全过程有深刻的理解，对项目的建设具有较强的观察能力和总结能力。旁站记录是监理工程师或总监理工程师依法行使签字权的重要依据，是对工程质量的签认资料。

监理工程师必须通过旁站，对承建单位的各项建设程序、开发方法进行有效的控制。旁站监督由各专业监理工程师及其助理人员（监理员）担任，实行全方位、全过程、全环节的监理。包括以下主要内容：

检查用于项目的设备、组织人员及其他项目建设条件与批准的单项工程开工报告是否符合；采用全过程旁站、部分时间旁站和巡视等方法检查承建单位的操作方法，对违反技术规范和技术方案的方法和操作行为及时发出警告并做出现场指令。

对重要工序、欠稳定工序和不易测控的工序必须采用全过程旁站，"盯"在现场监督，并在监理独立平行的检验表"结论"栏里填写监理旁站建设所见到的建设情况、鉴定意见及各种自检质保资料的规范化情况等，作为签发承建单位工序检验申请批复单的依据。这样就构成一套完整的与承建单位平行的监理资料，工程项目质量情况有根有据，避免"盲签"和质量失控。

（4）抽查

信息化工程监理过程中的抽查主要针对计算机设备、网络设备、软件产品及其他外围设备的到货验收检查，以及对项目实施过程有可能发生质量问题的环节随时进行检查。对于到货验收的抽查，主要是针对大量设备到货情况，如一次购进500台不同型号的微型计算机，就需要对不同型号的产品进行抽查。在抽查时，要有详细的记录。对于少量设备到货的情况，要逐一检查。对于实施过程的抽查，监理工程师可随时抽查开发文档的编写情况、测试执行情况，对已经完成的代码抽查是否符合约定等。

（二）信息化工程成本监理

信息化工程成本监理是指在工程实施过程中，通过项目成本监理尽量使项目实际发生的成本控制在预算范围之内的一项监理工作。成本监理涉及对于各种能够引起项目成本变化因素的控制（事前控制）、项目实施过程的成本控制（事中控制）和项目实际成本的变动控制（事后控制）三个方面。成本监理还要考虑平衡质量和进度之间的关系，保证各项工作在预算范围内进行。成本监理的基础是事前对项目进行的成本预算。

1. 信息化工程成本监理的任务

不同阶段的成本监理的任务如下。

（1）设计阶段成本监理的任务

设计阶段的成本监理必须依照招投标文件、承建合同、审核项目计划、设计方案中所说明的目标、范围、内容、产品和服务，对可能的成本变化，向建设单位提出监理意见；控制设计变更，必要的变更应由三方达成共识，并作项目备忘。参与项目总成本目标的分析、论证、审核（在可行性研究的基础上，再作详细的分析、论证）；对项目总成本切块、分解后进行审核、确认和监督。

（2）实施阶段成本监理的任务

督促承建单位编制项目费用总计划，监理人员审核总费用计划的可能性，并监督其执行。对于跨年度的大型工程，还应编制年度费用计划。承建单位还应编制月度费用计划，监理人员据此进行月度费用的控制和跟踪。

总监理工程师应依据承建合同及其补充协议，审核承建单位、提交的项目阶段性报告和付款申请。满足付款条件时，总监理工程师签发付款意见，送建设单位。

监理人员从目标系统的质量、进度和成本等方面审查工作变更，由于变更引起成本的改变应按照合同的相关条款执行。在合同中没有规定的，应在变更实施前与建设单位、承建单位协商确定变更导致的成本变化，并做工作备忘。

在合同履行过程中，常出现索赔现象。所谓索赔，就是由于当事人一方不履行或不完全履行既定义务，或者由于对方的行为使权利人的利益受到损害时，要求对方补偿的权利。当索赔发生时，监理人员应当及时按照一定的程序处理索赔申请：①申请方应在合同规定的限期内向监理部门提交索赔申请；②总监理工程师指定监理工程师收集与索赔相关的资料；③总监理工程师进行索赔审查，与承建单位和建设单位协商索赔费用；④总监理工程师在承建合同规定的限期内签发索赔通知，或在承建合同规定期限内发出要求申请方提交详细资料的监理通知。需要注意的是，当申请方的索赔要求与工程延期要求相关联时，总监理工程师应综合考虑工程延期和费用索赔的关系，做出费用索赔和工程延期的决定。

（3）验收阶段成本监理的任务

验收阶段的成本监理相对比较简单，主要应把握好以下几个方面：总监理工程师审核承建单位提交的阶段性付款申请，根据合同规定的付款条件，签发付款意见；监理工程师协助建设单位进行工程决算、成本评估等工作，参与处理索赔事宜。

2. 成本监理的方法

（1）组织方法

通过建立一定的组织体系，使成本监理真正落到实处。

总监理工程师是项目成本监理的第一责任人，全面组织项目监理部的成本管理工作，及时掌握和分析盈亏状况，并迅速采取有效措施。

其他的监理人员应根据自身监理工作的内容承担相应的监理任务，负责工程技术监理的监理人员是整个工程项目技术和进度控制的人员，应在保证质量、按期完成任务的前提下，帮助建设单位尽可能采取先进技术，以降低工程成本；负责综合管理的监理工程师主管合同实施和合同管理工作，负责工程进度款的申报和催款工作，处理赔偿问题，注重加强合同预算管理。

总监理工程师要同相关监理人员随时分析项目的资金运用情况，提出合理调度资金建议；监理项目部门的其他成员都应精心组织，节约开支。

除了监理单位对成本监理负责外，建设单位也要选派项目管理成员作为建设单位的成本监理人员，并且明确建设单位成本监理的任务分工。项目管理成员应定期向监理单位相关负责人、建设单位相关负责人提供成本控制报表，反映成本计划值和按设计需要的成本值的比较结果，或者聘请专家进行技术经济比较。

（2）技术方法

监理单位应编制各个阶段的成本监理工作流程图，设计方案评审、设计招标的组织准备对多个可能的主要技术方案做初步的技术经济比较论证，从业务、架构、设计、设备、实验、验收运营等方面进行考虑。

监理单位要审查建设单位的成本计划和成本预算。在项目的实施过程中，会出现与预算不符的问题。要针对成本差异发生的原因，查明责任者，区分情况，分辨轻重缓急，提出改进措施，加以贯彻执行。

在设计进展过程中，进行技术经济比较，需求设计挖潜（节约成本）的目的。对设计中的技术问题进行全面的经济分析和审核，确定设计方案评选原则，参加评选。监督承建单位制定先进的、经济合理的技术实施方案，以达到缩短工期、提高质量、降低成本的目的。

（3）经济方法

1）对项目成本进行分解，对影响成本目标实现的风险进行分析。

2）编制各阶段的详细费用支出计划，费用支出主要包括人工费用、设备费用、软件开发与实施费用。

3）合理配备承建单位的项目人员组成，节约技术实施管理费用。

4）审核详细的成本监理计划，用于控制各子项目及各自设计限额。

5）对设计的进展进行成本跟踪，编制设计阶段详细的费用支出列表，核查工程付款账单，在实施进展过程中进行成本跟踪。

6）定期向总监理工程师、建设单位提供成本控制报表，审核实施阶段详细的费用支出计划，并监督执行。

（4）合同方法

合同方法，分析比较各种合作模式，从成本控制的角度考虑项目的合同结构，在合同文本中写明成本要控制在约定范围内，用合同条款来约束项目建设不突破成本。对建设单位与承建单位签订的合同进行严格把关，利用合同手段鼓励承建单位采用性价比高的技术方案和实施过程，对承建单位提出的项目报价、人员安排、实施周期、实施方式等进行充分的比较与论证，再进行合同价格的确定。参与合同谈判，向设计单位提出在给定的成本范围内进行方案设计的要求，并以合同措施鼓励设计单位通过广泛调研和科学论证来优化设计。监理单位要参与处理索赔事宜，参与合同修改、补充工作，着重考虑对成本的影响。

（三）信息化工程进度监理

信息化工程进度监理是指对信息化工程各阶段的工作程序和持续时间进行检查、调整等一系列活动的总称，在项目实施过程中检查实际进度是否按照要求进行，对出现的偏差分析原因，采取补救措施或调整、修改原计划直至竣工、交付使用。进度监理的基本思路是，比较实际状态和计划之间的差异并做出必要的调整，使项目向着有利的方向发展，其目的是确保项目"时间目标"的实现。

1. 进度监理的任务

（1）准备阶段进度监理的任务

参与建设单位招标前的准备工作，协助编制本项目的建设计划，内容包含项目主要内容、组织管理、项目实施阶段划分和项目实施进度等；协助建设单位分析项目的内容及项目周期，并提出安排工程进度的合理建议；对建设合同中所涉及产品和服务的供应周期等做出详细说明，并建议建设单位做出合理安排；监理单位应对招标书中的工程实施计划（包括人员、时间、阶段性工作任务等）及其保障措施提出建议，并在招标书中明确规定；在协助评标时，应对投标文件中的项目进度安排及进度监理措施等进行审查，提出审核意见。

（2）设计阶段进度监理的任务

根据工程总工期要求，协助建设单位确定合理的设计时限要求；由粗而细地制定项目进度计划，为项目进度监理提供依据；协调、监督各承建（设计）方进行整体性设计工作，使承建项目能按计划要求进行；提请建设单位按合同要求向承建单位及时、准确、完整地提供设计所需要的基础资料和数据；协调各有关部门，保证设计工作顺利进行，包括根据方案设计制定项目总进度监理计划，督促建设单位提供项目必需的资源并监督执行；编制建设单位软件、材料和设备采购监督计划，并进行控制等。

（3）实施阶段进度监理的任务

实施阶段进度监理是整个项目进度监理的重点。实施阶段进度监理的任务主要有：通过完善项目控制计划，审查承建单位的信息应用系统、信息资源系统或信息网络系统的建设进度计划；做好各项动态控制工作；预防并处理好工期索赔，使设计的建设进度达到计划建设进度的要求。

为了完成实施阶段的进度监理任务，监理工程师应当做好以下工作。

1）根据工程招标和建设准备阶段的工程信息，进一步完善项目进度计划，并根据此进行阶段性进度监理；审查承建单位的建设进度，确认其可行性并满足项目进度计划要求。

2）审查承建单位进度控制报告，监督承建单位做好进度管理，对进度进行跟踪，掌握建设动态。研究并制定预防工期索赔的措施，处理工期索赔工作。

3）举行进度协调会，及时协调各方关系，使项目建设顺利进行。

4）及时处理承建单位提出的工程延期申请，若出现工程建设延期，则应当按照以下流程进行。①做出工程延期批准之前，应与建设单位、承建单位进行协商，共同商议。②及时受理承建单位的工程延期申请，根据工程情况确认其合理、可行性后，由总监理工程师签署执行。③阶段性工程延期造成总工程延迟时，应要求承建单位修改总工期，修改后的总工期应经过审查，并报建设单位备案。④工程延期造成费用索赔时，监理应提出建议并按程序处理。

（4）验收阶段进度监理的任务

工程验收阶段，进度监理的任务主要有以下几个方面。

1）审核承建单位项目整改计划的可行性，控制整改进度。

2）建议建设单位要求承建单位以初验合格报告作为启动试运行的依据。

3）试运行结束后，建设单位可以根据项目或自身具体情况采取专家评审验收、系统测试等多种形式对项目进行验收。此时，监理单位应建议建设单位要求承建单位以终验合格报告作为工程结束的依据。

2. 进度监理的方法

（1）进度监理的基本方法

1）从工程准备阶段开始直至竣工验收的全过程中，坚持采用动态管理和主动预控的方法进行进度控制。

2）在充分掌握第一手实际数据的前提下，采用实际值与计划值进行比较的方法进行检查和评价。

3）运用行政的方法进行进度监理，所谓行政方法，主要是指通过承建单位的上级和建设单位的上级，利用其行政权力发布进度指令，进行指导、协调、考核，利用奖惩手段进行监督、督促，实施有效的管理。

4）发挥经济杠杆作用，用经济手段对工程进度加以影响和制约。

5）利用管理技术的方法进行控制，如图表控制法（甘特图、工程进度曲线、网络图计划法、"香蕉"曲线图等）。

（2）进度监理的其他方法

1）审查进度计划。承建单位应根据项目建设合同的约定，按时编写项目总进度计划、季度进度计划、月度计划或阶段作业计划，并按时填写《项目进度计划报审表》，报工程监理单位审查。监理工程师根据工程的具体条件（如工程的建设内容、质量标准、开发条件等），全面分析承建单位编制的项目总进度计划的合理性、可行性。有重要的修改意见应要求承建单位重新申报。

2）监控进度计划的实施。在实施计划过程中，监理工程师将对承建单位实际进度情况进行跟踪监督，并对实际情况做出记录。监理工程师应根据检查的结果对工程进度进行分析和评价。如发现偏离，应及时报告总监理工程师，并由总监理工程师签发《监理通知》要求承建单位及时采取措施，实现计划进度的安排。承建单位每两周报一份《工程实施进度动态表》报告工程的实际进展情况。

3）调整工程进度计划。如果工程进度严重偏离计划，总监理工程师应及时签发《监理通知》，并组织监理工程师分析原因，提出研究措施。召开各方协调会议研究调整措施，保证合同约定目标的实现。如需延长工期，承建单位应填报《工程延期申请表》，报工程监理部审查。

4）编制工程进度报告。在工程进行过程中，监理工程师应根据实际进度及其调整情况进行分析，提供阶段性进度报告、进度月报、进度调整报告等进度报告。

（四）信息化工程合同监理

信息化工程合同监理主要指监理单位站在公正的立场，依照法律规定，对信息化工程有关的各类合同的拟定、协商、签署、执行情况进行分析、监督，以达到通过双方签署的合同，实现信息化工程的目标和任务，维护建设单位和承建单位及其他关联方的正当权益。

1. 信息化工程合同监理的任务和原则

合同监理的任务是对工程承建合同的签订、履行、变更、终止或解除进行检查和监督，以保证承建合同的签订、执行的合法性和有效性。监理单位首先应该进行合同分析，发现承建合同中存在的缺陷和弱点，并及时制定相应的措施避免和预防合同争议；其次，应该密切跟踪承建合同的执行情况，一旦发现承建单位和建设单位存在违反承建合同条款的行为或倾向，应及时予以制止或警告，保证承建合同的履约率；最后，公正地调节工程建设过程中存在的合同争议，在确保各方利益的前提下，尽可能保证各项合同条款得到有效的履行。

信息化工程合同监理应坚持以下原则。

（1）事前预控原则

事前预控的目的是进行信息化项目风险预测，并采取相应的防范对策。要做到这一点，就必须熟悉设计图纸、设计要求、标底，分析合同构成因素，明确项目费用最易突破的部分和环节，从而明确成本控制的重点。另外，要按照合同规定的条件，如期按质、按量供应由建设单位负责的材料、设备，及时提供设计图纸等，避免造成索赔条件。

（2）及时纠偏原则

监理单位在监理过程中，应及时纠正承建单位错误和不当的做法及一些违反信息化工程合同约定的行为，如项目进度慢、产品质量有缺陷等，实时给相关方提出意见和建议。

（3）充分协商原则

在合同监理过程中，如果合同双方因合同的履行发生争议，如项目变更、延期的提出，合同一方提出索赔要求等，监理工程师应认真研究分析报告，充分听取建设单位和承建单位的意见，主动与双方协商，力求使各方满意。

（4）公正处理原则

监理工程师在进行合同监理时，应恪守职业道德，本着客观、公正的原则，以事实为依据，以合同为准绳，做出公正的决定。诸如在索赔过程中，合理的索赔应予以批准，不合理的索赔应予以驳回。

2. 信息化工程合同监理的内容和重点

（1）信息化工程合同监理的内容

1）合同签订的监理。合同签订的监理是指监理单位协助建设单位对与承建单位、设备材料供应单位等之间的合同进行分析、谈判、协商、拟定、签署等。合同分析是合同签订中最重要的内容和环节，是合同签订的前提。监理工程师应对项目建设承建和共同承担风险的合同条款进行仔细的分析解释。同时也要对合同条款的更换、项目延期、成本变化等事件进行仔细分析。合同分析和项目检查等工作要与其联系起来。

监理工程师在签订合同的过程中要按照条款逐条分析，如果发现有对建设单位风险较大的条款，要增加相应的抵御条款。详细分析哪些条款与建设单位有关、与承建单位有关、与项目检查有关、与工期有关等，分门别类地分析各自责任。

2）合同履行的监理。合同履行的监理是指监理工程师对合同各方关于合同约定的工期、质量和费用、争议解决及索赔处理等工作的监督与调理。合同履行监理包括合同分析、合同控制、合同监督和项目索赔4个方面。

①合同分析是履约监理的依据，合同分析从执行的角度分析、补充、解释合同，将合同目标和合同规定落实到合同实施的具体问题和具体事情上。

②合同控制是履约监理的方式。合同控制保证合同所约定的各项义务的全面完成及各项权利的实现，以合同分析的成果为基准，对整个合同履行过程进行全面监督、检查、对比、引导及纠正。合同控制方法分为主动控制和被动控制。主动控制是预先分析目标偏离的可能性，拟定和采取预防性措施，保证目标得以实现；被动控制是从合同的执行中发现偏差，对偏差采取措施及时纠正。

③合同监督就是要经常对合同条款与实际实施情况进行对比，以便根据合同来掌握项目的进展，保证设计、开发、实施的精确性，并符合合同要求。合同监督的另一项内容是检查解释双方来往的信函和文件，以及会议记录、建设单位指示等。

④项目索赔是在合同的履行过程中，合同一方因对方不履行合同所设定的义务而遭受损失时，向对方提出的赔偿要求。索赔内容包括：根据权利而提出的要求；索赔的款项；根据权利而提出法律上的要求。项目索赔应遵循索赔程序，在索赔证据确凿的情况下，都可以根据合同向承建单位或建设单位提出索赔并得到补偿。因而，合同是索赔管理的依据，依据合同条款明确而清楚的说明，项目索赔才能成立。

（2）信息化工程合同监理的重点

1）参与合同制定和谈判。了解签订工程承建合同的双方和合同内容，为今后的合同监理奠定基础，掌握合同监理的第一手资料。

2）理解合同的各个条款，以书面合同为主，尽量少用或者不用口头协议，避免日后的合同争议。监理单位要严格地按照合同办事，履行好自己的职责，以公正的态度来处理各项事情。

3）促进合同双方履行各自的义务及行使自身的权力。在拟定工程文件、合同、报告、指示等时，应当做到全面、细致、准确、具体，以便作为日后各项事务的依据。

4）拟定合同时要注意提高各项条款的可操作性，避免日后产生纠纷。在工程变更时，要注意对合同产生的影响，以免带来不必要的损失。

5）拟定合同条款时，要注意风险的合理分担和转移，同时还要注意语言文字应清楚明白，避免含糊不清、词不达意的现象发生。

（五）信息化工程监理中的组织协调

所谓协调，就是指联结、联合、调和所有的活动及力量。组织协调与目标控制密不可分，组织协调以保证建设单位信息化项目成功实施为目标，是实现信息化项目目标控制不可缺少的方法和手段，是重要的监理措施之一。组织协调涉及与建设单位、承建单位等多方关系，它贯穿于信息化工程建设的全过程，贯穿于监理活动的全过程。

1. 信息化工程组织协调的内容

（1）系统内部的协调

所谓系统内部的协调，是指信息化项目内部各种关系的协调，如内部的人际关系、内部的组织关系、内部的需求关系及其他关系的协调等。系统内部关系协调主要包括以下几个方面。

1）系统内部人际关系的协调。如何提高每个人的工作效率，这在很大程度上取决于人际关系的协调程度，所以监理工程师首先应做好人际关系的协调工作，充分调动系统内部各个成员的积极性，这样才能保证信息化项目的顺利实施。良好的人际关系可以使双方相互信赖，相互支持，容易沟通，同时人际关系的渗透和扩散性反过来能够进一步提高监理工作的效率。和谐的人际关系是做好监理工作的基础。

2）系统内部组织关系的协调。这里说的组织是指信息化工程项目中若干个子项目组（子项目组负责对应的子系统）。组织关系的协调是指要使这些信息化项目组都能从整个项目的质量、进度和成本监理的目标出发，并积极主动地完成本组的工作，使整个项目处于有序状态。可以经常召开工作例会、业务碰头会，会议后应有会议纪要，并采用信息传递卡的方式来沟通信息，这样可使各个单位、各个部门了解全局，消除误会，服从并适应全局的需要。通过及时有效地对组织关系进行协调，可以避免资源的浪费，节省人力、物力和财力。

3）系统内部需求关系的协调。系统内部需求关系的协调是指在项目实施中，对人员需求、材料需求、硬件设备和软件需求、其他资源需求进行的协调，达到内部需求的平衡，实现内部资源的合理配置。

（2）系统外部的协调

所谓系统外部的协调，是指信息化项目建设活动以外的关系协调，其中又以是否具有合同关系为界限，而划分为具有合同因素的协调和不具有合同因素（即非合同因素）的协调。具有合同因素的协调主要是指建设单位与承建单位、建设单位与相关产品的供货商等关系协调，它们之间的关系可能是与合同直接相关，也可能是不与合同直接相关。

1）对于系统外部关系中合同因素的协调，主要是协调建设单位与承建单位的关系。由于双方签订合同后，在整个实施与开发过程中有可能产生各种矛盾，监理工程师作为信息化工程建设的第三方，应该本着公正原则进行调解，正确协调好各种矛盾。在不同的阶段，需要协调的内容也不尽相同，如招标阶段的协调、实施和开发准备阶段的协调、实施和开发阶段的协调、交工验收阶段的协调、总包与分包商之间关系的协调。此外，还有建设单位与供应商关系的协调，以及建设单位与设计单位关系的协调。

2）非合同因素的协调。除了合同方面的组织协调外，还有许多称为非合同因素或非合同活动的组织协调工作。非合同因素协调与合同因素协调相比，涉及的范围更广，可能遇到的问题更多，监理单位的协调工作量更大、更复杂，而这些关系又不受合同的约束。非合同因素协调工作涉及社会团体、新闻媒体、服务单位、金融机构、社会团体等组织机构。虽然在信息化建没项目中，与建设单位和承建单位无合同关系，但它们的作用不可低估，对项目建设的某些方面、某些场合起着一定的控制、监督和支持作用，甚至起着很大的决定性作用。例如，信息化建设项目的资金运转离不开银行，建设单位和承建单位均须通过开户银行结算各种款项，正常的手续是将项目的合同副本报送开户银行备案，经开户行审查同意后作为拨付工程款的依据。若开户银行不配合，就将耽误工程款的拨付。因此，如果这方面的关系协调得不好，就会影响信息化项目建设的进度。而这方面的协调工作仅靠监理单位是难以有效进行的，需要各有关管理部门和建设单位的大力配合。

2. 信息化工程组织协调的方法

监理工程师组织协调可采用以下方法。

（1）会议协调法

会议协调法是工程监理中最常用的一种协调方法，实践中常用的会议协调法包括监理例会、专业性协调会议等。

监理例会是由总监理工程师主持，按一定程序召开的，研究项目过程中出现的计划、进度、质量及工程款支付等问题的会议。监理例会应当定期召开，宜每周召开一次。参加人员包括总监理工程师（也可为总监理工程师代表）、其他有关监理人员、建设单位项目经理、承建单位其他有关人员。需要时，还可邀请其他有关单位代表参加。会议的主要议题和会议纪要由项目监理单位起草，经与会各方代表会签，然后分发给有关单位。

除定期召开监理例会以外，还应根据需要组织召开一些专业性协调会议，并由监理工程师主持会议。

（2）交谈协调法

交谈包括面对面交谈和电话交谈两种形式。无论是内部协调还是外部协调，这种方法使用频率都相当高，其作用如下。

1）保持信息畅通。交谈具有方便性和及时性，所以建设工程参与各方之间及监理机构内部都愿意采用。

2）寻求协作和帮助。采用交谈方式请求协作和帮助比采用书面方式实现的可能性要大。监理工程师一般都采用交谈方式先发布口头指令，这样，一方面可以使对方及时执行指令，另一方面可以和对方进行交流，了解对方是否正确理解了指令。随后再以书面形式加以确认。

（3）书面协调法

当会议或者交谈不方便或不需要时，或者需要精确地表达自己的意见时，就会用到书面协调的方法。书面协调方法的特点是具有合同效力，一般常用于以下几种情况：书面报告、报表、指令和通知等；需要以书面形式向各方提供详细信息和情况通报的报告、信函和备忘录等；事后对会议记录、交谈内容或口头指令的书面确认。

（4）访问协调法

访问法主要用于外部协调中，有走访和邀访两种形式。走访是指监理工程师在项目建设前或建设过程中，对与项目有关的各政府部门、公共事业机构、新闻媒介或工程毗邻单位等进行访问，向他们解释项目的情况，了解他们的意见。邀访是指监理工程师邀请上述各单位（包括建设单位）代表到项目现场对工程进行指导性巡视，了解现场工作。多数情况下有关各方不了解项目现场的情况，一些不恰当的干预会对项目产生不利影响，此时，该法可能相当有效。

三、信息化工程监理单位与人员[1]

（一）信息化工程监理单位

1. 信息化工程监理单位资质管理体系

资质管理包括资质评审和审批、年检、升级、降级、取消及其他相关内容。目前，我国全国范围的信息化工程监理认证权威机关是工业与信息化部，具体的管理机构是计算机信息系统集成资质认证工作办公室，资质管理涉及工业与信息化部、省市信息化主管部门、从事监理业务的单位、信息化主管部门授权的资质评审机构、省市信息化主管部门授权的资质评审机构等。《信息系统工程监理单位资质管理办法》第二章规定，监理单位的资质等级分为三级（北京市规定为两级），即甲、乙、丙三级，并规定信息化主管部门授权的评审机构可以受理申请甲、乙、丙级资质的评审；省、自治区、直辖市（以下简称省市）信息化主管部门授权的评审机构可以受理所在行政区域内丙级资质的评审，并规定评审合格后，申请单位向信息化主管部门提出资质申请。其中甲、乙级资质申请，由所在省市信息化主管部门初审，报工业与信息化部审批；丙级资质申请，由所在省市信息化主管部门审批，报工业与信息化部备案。实行评审和审批分离原则进行资质评定。

2. 信息化工程监理单位资质评定及管理

根据《信息系统工程监理单位资质管理办法》第三条规定："资质评定按照评审和审批分离的原则进行。申请应先经信息化主管部门授权的评审机构评审，再按照程序提出申请，由信息化主管部门按照规定权限审批。"即信息化工程监理单位须进行二次申请：评审申请和审批申请。

（1）评审申请

申请评审时，申请单位需提交下列申请资料：信息化工程监理单位资质申请表、单位营业执照副本、本单位监理工程师资格证书、需要出具的其他有关证明和资料。

（2）资质评审

评审机构对申请单位提交的申请资料进行下列审查：所提供的资料是否齐全、所提

---

[1] 娄策群，桂学文，赵云合. 信息化管理理论与实践［M］. 北京：清华大学出版社，2010.

供的资料是否符合相关格式要求、与所申请的资质等级对照，检查所提供的资料有无明显不符合要求。

（3）现场审查

资料审查通过之后，评审机构对申请单位进行现场审查，现场审查的要点是：以相应的资质等级条件为基准，以企业的真实情况为凭据，进行认真的、实事求是的审查；对上一步骤中所完成的资料审查进行现场核实印证；对需要审查但若不到现场则无法审查的内容进行审查；在资料审查和现场评审之后，评审机构出具评审报告，签署评审意见，对于申请单位是否符合所申请的资质等级条件给出结论性意见。

（4）资质审批

1）审批申请。经评审机构评审合格后，申请单位向信息化主管部门提出资质申请，申请资质时需提交的资料有：相应的申请资料；评审机构出具的评审报告。

2）审批。甲、乙级资质申请，由所在省市信息化主管部门初审，报工业与信息化部审批；丙级资质申请，由所在省市信息化主管部门审批，报工业与信息化部备案。

如果申请获得批准，将由工业与信息化部统一颁发信息化工程监理资质证书，该证书由工业与信息化部统一印制。

信息化主管部门还要对其进行资质定级，并按规定期对监理单位的资质进行复查，对少数不够资格的监理单位，要取消其资格；资质未提高也未下降的，维持其资格；资质已提高，并达到上一个等级标准的，给予升级。监理单位发生分立或合并，视为新成立的监理单位，政府主管部门将重新审查与核定其资质等级。

（5）资质管理

1）年检。信息化工程监理单位的资质实行年检制度。按照谁审批资质谁负责年检的原则进行，即甲级、乙级资质由信息化主管部门负责年检；丙级资质由省市信息化主管部门负责年检，并将年检结果报工业与信息化部备案。年检检查的内容有：监理单位的法人代表、人员状况、经营业绩、财务状况、管理制度等。

2）证书的使用。证书的使用管理中主要有两点：名称一致性和规模一致性。名称一致性指监理单位在签署监理合同时，作为监理单位所签订单位名称应与所持资质证书上的单位名称一致。规模一致性指各等级信息化工程监理单位只能监理相应投资规模的信息化项目，具体如下。

①甲级：不受投资规模限制，全部信息化工程项目。

②乙级：投资规模小于1500万元的信息化工程项目。

③丙级：投资规模小于500万元的信息化工程项目。

3）证书的变更。

①换证不变级。信息化工程监理单位的资质证书有效期为4年，届满4年应及时更换新证，其资质等级保持不变。

②注销证书。信息化工程监理单位的资质证书满4年未更换，且过期大于30天，则视为自动放弃资质，原资质证书予以注销。

③升级证书。信息化工程监理单位的资质升级。乙级和丙级监理单位在获得资质2年后可向评审机构提出升级申请。

④降级变证。年检不合格的监理单位，按照年检要求限期整改，逾期达不到要求的，将有可能受到降低资质等级的处分，企业所持资质证书的等级要进行相应变更。

⑤取消证书。年检不合格的监理单位在规定限期内整改未达到要求的，情节严重者将可能受到取消资质的处分。监理单位不得伪造、转让、出卖资质证书，不得越级承接建立业务。否则，将受到责令改正、停业整顿、降低资质等级直至取消资质等处分和处理。

4）其他变更处理。监理单位发生分立或合并，视为新的监理单位，政府主管部门将重新审查与核定其资质等级。

3. 信息化工程监理单位的经营服务

（1）监理单位经营活动的基本原则

信息化工程监理单位应按照以下基本原则进行经营活动。

1）依法经营。信息化工程监理单位只能从事信息技术方面的服务性质的经营活动。除从事信息化工程监理外，还可以从事有关信息工程方面的咨询活动。但不得从事或变相从事工程承包活动（即承包工程造价或参与工程承包单位的盈利分成），也不得开展计算机设备、配件、软件及材料等经销业务。

信息化工程监理单位只能在核定的监理业务范围和核定资质等级内从事监理业务，也就是不得超越所指定的工程类别和工程等级承揽工程建设监理业务；获得高等级资质的监理单位可以承担所有等级的项目的监理业务，而乙、丙级资质的监理单位只能承揽相应等级的项目监理业务。

监理单位承担工程建设监理任务时，应持监理申请批准书或资质等级证书等相应文件，以及监理业务手册，向监理工程所在的省、自治区、直辖市政府信息化主管部门备案，接受其指导和监督。

不论出于什么原因，都不能发生伪造、涂改、出租、出借、转让、出卖监理资质等级证书等破坏市场秩序的行为。

要认真履行监理委托合同和有关的义务，不损害委托单位和承包单位的合法利益，不损害其他人合法的人身权利。

2）保证服务质量。监理单位与建设单位一旦签订了监理委托合同，就应尽一切努力保证服务质量，控制好工程质量、进度和成本。要坚持把服务质量与监理酬金分开的原则，始终保证好服务的质量，绝不能认为酬金低就有意降低服务质量。只有这样，才能创造出较高的监理效果，提高监理单位的声誉和威望。

（2）监理单位经营服务活动范围

信息化工程监理经营服务活动范围包括：国家级、省部级、地市级的信息化项目；使用国家政策性银行或国有商业银行贷款，规定需要实施监理的信息化项目；使用国家财政性资金的信息化项目；涉及国家安全、生产安全的信息化项目；国家法律、法规规定应当实施监理的其他信息化项目。

1）监理单位经营服务活动的内容。监理单位经营服务内容，即监理单位应承担的具体工作。监理单位应与建设单位签订监理合同，应在签订合同后若干日内（某些地方为5个工作日）将合同送主管部门存档，并开始其监理工作。监理工作按整个监理过程可分为工程招标、工程设计、工程实施和工程验收 4 个阶段。信息化工程监理的主要内容是对信息化项目的质量、进度和投资进行监督，对项目合同和文档资料进行管理，协调有关单位间的工作关系。需要说明的是，这里只能列出监理工作的大体框架，在实际工作中随着项目的大小、种类和具体应用环境会有所增减或改变。

2）监理经营服务活动程序。信息化工程监理应按照下列活动程序进行：①组建信息化项目监理小组。监理小组由总监理工程师、监理工程师和其他监理人员组成。②编制监理计划，并与建设单位协商确认。③编制工程阶段监理细则。④实施监理。⑤参与工程验收并签署监理意见。⑥监理业务完成后，向建设单位提交最终监理档案资料。

4. 信息化工程监理费用问题

（1）监理费用的构成

概括地讲，监理费用的构成是指监理单位在工程项目监理中所需要的全部成本，再加上合理的利润和税金。目前，我国的监理费用尚无公共标准。由于监理工作对监理人员的素质要求高，他们基本上都具备项目经理和系统分析员的资格和能力，因此，从整体上看要比软件开发或系统集成的费用高。监理费用包括一般监理费用、附加监理工作的酬金。

一般监理费用大致可以分为直接成本、间接成本、利润和税金四部分。直接成本是指监理单位履行某项具体工程项目中所发生的成本。间接成本有时称为日常管理费或劳务费，包括所允许的全部业务经营开支及非工程项目的特定开支。利润一般是指监理单位的费用收入与经营成本（直接成本、间接成本及各种税金之和）之差。税金是指按国家有关规定，监理单位应交的各种税金总额，如营业税、所得税等。

附加监理工作的酬金主要包括增加监理工作时间的补偿酬金和增加监理工作内容的补偿酬金。增加监理工作的范围或内容属于监理合同的变更，双方应另行签订补充协议，并具体商定报酬额或报酬的计算方法。额外监理工作酬金按实际增加工作的天数计算补偿金额。

（2）监理费用的计算

目前，比较实际的计算方法是由建设单位和监理单位协商确定的，并体现在委托合同中。我国政府建设主管部门（对建筑行业而言）已发布了我国监理费用的计算方法和取费标准，北京市信息化协会发布了信息化工程监理行业取费的参考标准。即使如此，规定的集中计算方法和取费标准也是"指导性"的。

下面对几种计算监理费用的方法进行介绍。

1）按时计算法。根据合同项目直接使用的时间（计算单位可以是小时、工作日或月）补偿费再加上一定补贴来决定监理费用的多少。单位时间的费用一般以监理单位职员的基本工资为基础，再考虑一定的管理费用和利润增加系数来确定。采用这种方法，监理人员的差旅费、函电费、资料费及试验费等，一般也由建设单位支付。

2）工资加一定比例其他费用的计算方法。按时计算的变相形式，即以建设单位支付直接参加项目监理的人员的实际工资加上一个百分比。该百分比实际上包括间接成本和利润。

3）建设成本百分比的计算方法。按照工程规模大小和所委托的工作内容的繁简，以建设成本的一定比例来计算。一般情况下，工程规模越大，建设成本越多，监理取费所占的比例越小。采用这种方法的关键问题是如何确定项目建设成本。通常可以用估算的工程费用作为计费基础，也可以按实际工程费用作为计费基础，究竟采用哪种方法为基础应当在合同中加以明确。

4）监理成本加固定费用计算方法。采用这种方法时，监理费由成本和固定费用决定。成本的内容变化很大，由多项费用组成，一般包括发放的工资总额，其中包含全部直接工资、间接工资及其他工资、现金支付的生活补贴和差旅费，还有通信费和拍照费等。固定费用主要包括监理公司的利润、收入所得税、投资所得的利润、风险经营的补偿及不包括在监理成本中的其他工资、管理和消耗的费用。附加固定费用的数量是在监理成本项目确定以后，由双方洽谈确定。

5）固定价格计算方法。这种方法特别适用于小型或中等规模的工程项目。当监理单位在承接一项能够明确规定服务内容的业务时，经常采用这种方法。这种方法又可分为两种计算形式：一是确定工作内容后，以一笔总价一揽子包死，工作量有所增减，一般也不调整报酬总额；二是按确定的工作内容分别确定不同项目的价格，据此计算报酬总额。当工作量有变动时，可分别计算增减项目费用额，调整报酬总额。

以上5种方法是目前较为常用的监理计酬办法，当然，还有其他的计算方法。但是不论采用哪种方法，对于建设单位和监理单位来讲，都有有利和不利之处，需要根据实际情况结合起来使用。

在监理单位之间的竞争中，不论采用哪种费用计算方法，对于某一个特定的合同项目来说，不同的监理单位之间要求提取的报酬的差异会很大。目前大部分地区还没有统一的收费标准，具体来讲，有以下几个原因。

第一，经营的成本不同。例如，不同的监理单位所处的地区不同，成本就可能不同。

第二，各监理单位对服务难易程度理解不同。例如，对工作需要的条件、客观实际情况和项目所含的风险等都不可能有一样的理解和认识，采取的工作方法也不一样，最终可能导致监理单位提出的费用不足或估算过高等。

第三，监理经验不同。只有经验丰富的监理单位，才可能根据以往的经验，很快地提出一项比较合理而又接近实际需要的报价。

第四，监理单位的地位和形象影响。比较成熟、组织良好的监理单位，在其业务领域中享有较高声誉，自然其吸引力很强，这样其收费也可能定得高些。

5. 信息化工程监理单位风险及防范

（1）监理工作的风险类别

1）行为责任风险。监理工程师超出建设单位委托的工作范围，并造成了工作上的损失。监理工程师未能正确地履行合同中规定的职责，在工作中发生失职行为造成损失。监理工程师由于主观上的无意行为未能严格履行职责并造成了损失。

2）工作技能风险。监理工程师由于在某些方面工作技能的不足，尽管履行了合同中建设单位委托的职责，实际上并未发现本应该发现的问题和隐患。现代信息技术日新月异，并不是每一位监理工程师都能及时、准确、全面地掌握所有的相关知识和技能，无法完全避免这一类风险的发生。

3）技术资源风险。即使监理工程师在工作中没有行为上的过错，仍然有可能承受一些风险。例如，在软件开发过程中，监理工程师按照正常的程序和方法，对开发过程进行了检查和监督，并未发现任何问题，但仍有可能出现由于系统设计存在缺陷而导致不能全部满足实际应用的情况。众所周知，某些项目质量隐患的暴露需要一定的时间和诱因，利用现有的技术手段和方法，并不可能保证所有问题都能及时发现。同时，由于人力、财力和技术资源的限制，监理工程师无法对建设过程的所有部位、所有环节的问题都能及时进行全面细致的检查发现，因此他们必然会面对风险。

4）管理风险。明确的管理目标、合理的组织机构、细致的职责分工、有效的约束机制，是监理组织管理的基本保证。如果管理机制不健全，即使有高素质的人才，也会出现这样或那样的问题。

（2）监理单位的风险防范方法

1）谨慎签订监理合同。监理单位在签订信息化工程监理委托合同之前，应该首先调查建设单位的资信、经营状况和财务状况。其次，在合同的谈判过程中，要争取主动并采取相应措施，保证自己的合法权益。对建设单位提出的合同文本要仔细推敲，对重要问题要慎重考虑，积极争取对风险性条款及过于苛刻的条款做出适当调整，不能接受权利与义务不平等的合同，不能为了揽到信息化工程监理合同而随意让步，从而丧失公平原则。

2）严格履行合同。对于项目中涉及的所有条款，监理工程师必须做到心中有数，注意在自身的职责范围内开展工作，不要有遗漏，也不要超越建设单位的委托范围去工作。

3）提高专业技能。现代信息技术发展迅速，监理工程师必须不断学习，努力提高自身素质，否则就无法适应现代化项目建设的要求，造成技能不足的风险。

4）提高管理水平。监理单位必须结合所承担工程的具体情况，明确监理工作目标，建立行之有效的内部管理约束机制，尤其在监理责任的承担方面，要落实到人，使风险置于有效控制之下。

（二）信息化工程监理人员

1. 信息化工程监理人员的类型及职责

（1）信息化工程监理人员的类型

监理单位的监理人员包括总监理工程师、总监理工程师代表（必要时配备）、专业监理工程师、监理辅助人员。监理单位应该根据监理机构的组织形式和工程实际需求，合理选择和确定人员，保证监理人员的专业结构合理和技术职称结构合理。在监理单位正式实施监理之前，总监理工程师应当及时向所有监理人员明确监理单位的组织形式、人员安排和相应的职责，避免由于工程监理组织方面的问题影响工程监理的实施。

为了保证监理工作的连续性和有效性，监理单位应该维护监理机构组织形式的一致性和监理人员的稳定性，尤其是总监理工程师。如果必须更换监理工程师，应征得建设单位的同意，并书面通知建设单位。

（2）信息化工程监理人员的职责

1）总监理工程师的职责。总监理工程师是信息化工程实施监理的"总策划"和

"总指挥"。他作为信息化工程的全权负责人，全面负责和领导信息化工程的监理工作。所以，对信息化工程总监理工程师的要求也较高，即业务技术水平高、管理经验丰富、有良好的职业道德，并已取得监理工程师资格证书和注册证书。

总监理工程师应履行以下职责：全面负责工程监理合同的实施；确定监理机构人员分工；主持编写工程监理规划、审批监理细则；负责管理监理机构日常工作，定期向监理单位报告；检查和监督监理人员的工作，根据工程项目的进展情况可进行监理人员调配，对不称职的监理人员应调换其工作；主持监理工作会议，签发工程监理机构的文件和指令；审查承建单位资质，并提供审查意见；审定承建单位的开工申请、系统实施方案、建设进度计划；组织编写并签发监理月报、监理工作阶段报告、专题报告和工程监理工作总结；主持审查和处理工程变更；参与工程质量和其他事故调查；审查承建单位竣工验收申请，组织有关人员进行竣工测试验收，签认竣工验收文件；主持整理工程项目的监理资料；审核签认承建单位的付款申请、付款证书和竣工结算；调解建设单位与承建单位的合同争议，参与索赔的处理，审批工程延期；组织建设单位和承建单位完成工程移交。

以上所列的总监基本职责，并不是全部内容，只是一些基本部分，其他的内容在实际情况中还有很多。

2）总监理工程师代表的职责。按总监理工程师的授权，行使总监理工程师的部分职责和权力；总监理工程师不得将下列工作委托给总监理工程师代表：主持编写工程监理规划，审批工程监理细则；调解建设单位和承建单位的合同争议，参与索赔的处理，审批工程延期；根据工程项目的进展情况进行监理人员的调配，调换不称职的监理人员；审核签认承建单位的付款申请、付款证书和竣工结算。

3）专业监理工程师职责：这是监理工作中比较专项的工作，如质量监理、成本监理、进度监理和合同监理，他们在总监理工程师统一领导下完成本专业的监理工作。专业监理工程师应履行如下职责：负责编制监理规划中本专业部分的内容及本专业的监理细则；负责本专业监理工作的具体实施；组织、指导、检查和监督监理辅助人员的工作；协助总监理工程师审查承建单位涉及本专业的计划、方案、申请和变更；负责核查工程中所用的设备、材料和软件；负责本专业监理资料的收集、汇总及整理，参与编写监理月报；定期向总监理工程师提交本专业监理工作实施情况报告，对重大问题及时向总监理工程师报告；负责本专业工程量的审定；协助组织本专业分系统工程测试、验收；填写监理日志。

4）监理辅助人员（监理员）职责。监理辅助人员是监理实务的直接作业者，一般应按专业及主要工种配备。

监理辅助人员应履行如下职责：在专业监理工程师的指导下开展监理工作；协助专业监理工程师完成工程量的核定；担任现场监理工作，发现问题及时向专业监理工程师报告；对承建单位实施计划和进度进行检查并记录；对承建单位实施过程中的软件和设备安装、调试、测试进行监督并记录；填写监理日志。此外，现场监理员还要负责具体设备、具体布线及网络建设的督导，工序间交换检查、验收及签署，负责现场建设安全、防火的检查、监督，及时报告现场发生的质量事故、安全事故和异常情况。在通用布缆中，有时需要旁站监理、跟踪（全过程、全天候）检查等。

2. 信息化工程监理人员的资格管理

（1）信息系统工程监理工程师资格管理制度

2003 年 4 月 1 日起，信息产业部计算机信息系统集成资质认证工作办公室发布的《信息系统工程监理工程师资格管理办法》正式实施，该办法对信息系统工程师资格管理做了详细的规定。

需要强调的是，信息系统工程监理师资格实行登记管理，工业与信息化部负责登记管理，省市信息化主管部门负责本行政区域内登记。取得《信息系统工程监理工程师资格证书》者，须在一年内向所在省市信息化主管部门登记，由登记机构在《信息系统工程监理工程师资格证书》中的登记栏内加盖登记专用印章。这是监理人员资格管理的重要特征。经登记后方可从事信息系统工程监理业务。登记手续由聘用单位统一办理。

申请信息系统工程监理工程师登记者，应当具备下列条件：取得《信息系统工程监理工程师资格证书》；遵纪守法，遵守监理工程师职业道德；身体健康，能胜任监理工程师工作；所在单位同意。

监理工程师的登记属于政府行为，主要从以下四个方面进行控制：

1）地区的控制。不管监理单位是本地还是外地的，要在进行监理工作的地区从事信息系统工程监理工作必须进行登记。

2）素质的控制。作为一个职业监理工程师，必须具有多方面的素质，信息化工程监理工程师资格仅是各项素质中的一个方面，即监理知识素质，但同时还应具备其他素质条件，如政治思想素质、能力素质、身体素质等。

3）专业的控制。信息系统工程建设需要多方面的专业人才，一个地区的政府部门只有进行登记，才能掌握专业人才的配置比例，才能编制专业培养规划。

4）数量的控制。一个地区需要多少信息系统工程监理工程师，是由该地区的信息化建设发展规划来定的，监理人员的数量不足会影响工程建设的质量，相反，监理人员的数量过剩，也是人才的浪费，并且会直接影响监理行业的正常发展。

（2）信息化工程监理人员的资格获得

信息化工程监理人员要获得相应资格需要经过相应步骤。对于监理辅助人员和已经获得监理工程师资格的监理人员，需要经过岗前培训，岗前培训合格后取得相应证书，持证上岗。岗位培训的主要目标是使监理人员熟悉岗位的各项任务、要求等，使监理人员尽快开展工作。而对于希望获得监理工程师资格的监理人员，还需要经过相对较复杂的程序。

1）需要满足《信息化工程监理工程师资格管理办法》中对信息化工程监理工程师的基本要求：具有大学本科以上学历，有两年以上从事信息化工程设计、实施、监理工作经历；或者具有大专学历，4 年以上从事信息化工程设计、实施、监理工作经历。经过培训，取得培训结业证书。经过监理工程师资格考试合格。

2）申请参加相应的资格培训，取得培训结业证书者可申请参加工业与信息化部统一组织的监理工程师资格考试。经考试合格后由监理工程师资格考核委员会发证，授予监理工程师资格。关于监理工程师资格考核委员会的组成及其职责、申报监理工程师资格考试的程序，以及考试或考核的办法，由工业与信息化部另行规定。

3）考试合格后，填写"信息系统工程监理工程师资格申请表"，经工业与信息化部资质管理办公室审核，由工业与信息化部批准，颁发"信息系统工程监理工程师资格证书"。"信息系统工程监理工程师资格证书"由工业与信息化部统一印制。

4）取得了监理工程师资格证书的专业技术人员，不等于就能从事信息化工程的监理工作，还需要在取得监理工程师资格证书后的一年内，通过聘用单位统一在登记机构登记、注册。监理单位的人员组成中只包括专业监理工程师，而不包括泛指的监理工程师。监理工程师的登记，由本人所在监理公司组织集体申报，原则上3年申报一次，登记的一般程序为：申报单位准备好符合监理工程师条件人员的有关材料，如职称证明、监理工程师资格证书、近3年的业绩证明及注册申请表，向监理工程师登记机构申请；由监理工程师登记机构进行登记，并组织资格审查；将审查合格的监理工程师名单汇编成册，报工业与信息化部备案；在已获准登记的《信息系统工程监理工程师资格证书》中的登记栏内加盖登记专用印章；将已盖章的《信息系统工程监理工程师资格证书》发回原单位。总流程如图4-3所示。

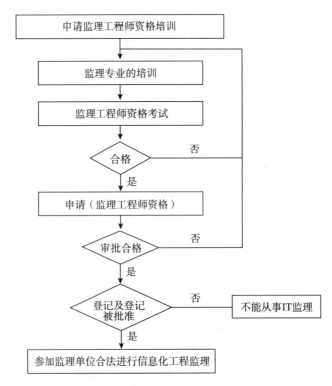

图4-3 取得监理工程师资质流程图

（3）监理工程师的变更登记

监理工程师变更工作单位应及时办理变更登记手续。信息化工程监理工程师登记有效期为3年，有效期届满，应当向原登记机构重新办理登记手续；超过有效期60日不登记，原登记失效。重新登记时，除符合申请登记应具备的基本条件外，还需有参加继续教育的证明。

（4）监理工程师的注销登记

监理工程师出现下列情况之一，原聘用单位应当在 60 日内向登记机构办理注销登记手续：死亡或被宣告失踪；受刑事处分；取消监理工程师资格处分；被聘用单位解聘；因其他原因已不适合做监理工作。注销登记后，由登记机构向工业与信息化部备案。

（5）监理工程师的处罚

监理工程师有下列行为，视情节轻重分别给予通报批评、撤销登记、吊销信息化工程监理工程师资格证书的处罚：未经登记，从事信息化工程监理业务；以不正当手段取得资格证书；以个人名义承揽监理业务；因个人过错造成严重经济损失。

第四节　信息化应用调控

一、信息系统的启用与推广管理[1]

信息系统的启用与推广是指用新的信息系统开始在小范围内投入使用到在大范围推广的过程。信息系统的启用与推广管理包括信息系统启用前的准备和信息系统试运行、转换和推广应用等工作。

（一）信息系统启用前的准备工作

1. 信息系统运行管理制度建设

做好任何一件事情都要有制度作保障。必须建立一套比较完善的信息系统运行管理制度，以确保信息系统正常、安全地运行。缺乏信息系统运行管理制度的规范，必然会影响信息系统的运行效率，影响信息系统功能的实现。

（1）机房安全运行管理制度

信息系统的运行管理制度，首先表现为机房必须处于监控之中。机房安全运行制度应该主要包括如下内容：①身份登记与验证出入；②带入带出物品检查；③参观中心机房必须经过审查；④专人负责启动、关闭信息系统；⑤对系统运行状况进行监视、跟踪并详细记录运行信息；⑥对系统进行定期保养和维护；⑦操作人员在指定的计算机或终端上操作，对操作内容按规定进行登记；⑧不做与工作无关的操作，不运行来历不明的软件；⑨不越权运行程序，不查阅无关参数；⑩操作异常，立即报告。

（2）信息系统的其他管理制度

信息系统的运行管理制度，还表现为软件、数据、信息等其他要素必须处于监控之中。信息系统的其他管理制度主要包括如下内容：①必须有重要的系统软件、应用软件管理制度，如系统软件的更新维护、应用软件的源程序与目标程序分离等；②必须有数据管理制度，如重要输入数据、输出数据的管理；③必须有密码口令管理制度，做到口令专管专用，定期更改并在失密后立即报告；④必须有网络通信安全管理制度，实行网

---

❶ 娄策群，桂学文，赵云合 . 信息化管理理论与实践［M］. 北京：清华大学出版社，2010：148－154.

络电子公告系统的用户登记和对外信息交流的管理制度；⑤必须有病毒的防治管理制度，及时检测、清除计算机病毒，并备有检测、清除的记录；⑥必须有人员调离的安全管理制度，例如，人员调离时马上收回钥匙、移交工作、更换口令、取消账号，并向被调离的工作人员申明其保密义务，人员的录用调入必须经人事部门会同组织技术部门进行考核并接受相应的安全教育；⑦建立安全培训制度，进行计算机安全法律教育、职业道德教育和计算机安全技术教育，对关键岗位的人员进行定期考核；⑧建立合作制度，加强与相关单位的合作，及时获得必要的信息和技术支持。

2. 信息系统使用人员的培训

对信息系统使用人员进行培训是信息系统启用与推广的根本保证。信息系统的正常运行需要各个部门、不同级别、不同职责、不同权限的用户参与，这些人员非常熟悉手工处理过程，但可能缺乏信息技术应用的相关知识和技能，并且对信息系统不熟悉，为保证信息系统的正常运行，需要对用户进行相关的培训。需要进行培训的人员主要有三类，即业务管理人员、系统管理员和系统维护人员。从信息系统启用开始，相应的培训应贯穿始终，分阶段、分内容、分人员、分层次地分别进行系统的培训。培训的主要内容有以下几个方面。

（1）信息系统应用意识培养

信息系统应用意识直接关系到信息系统的应用广度、深度和效度。在信息系统启用之前和应用过程中，培养各类人员的信息系统应用意识十分必要。有些与信息系统应用相关的人员对信息系统了解不深，认识不高，可通过培训使其对信息系统应用有充分而准确的理解，认识到信息系统的应用将会有效提高业务和管理水平。信息系统应用意识的培养主要包括以下两个方面。①"重用"意识的培养，即通过多种形式的宣传教育，如采用展板、网络公告、视频等多种渠道形式进行宣传教育，让相关人员克服"重建设，轻应用"的观念，树立重视信息系统应用意识，努力提高全体员工特别是业务管理人员、系统管理员和系统维护人员对信息系统应用价值的认识，提高他们应用信息系统、有效开发和利用信息资源的自觉性和主动性。②"敢用"意识的培养，目前信息技术设备比较贵重，而且信息技术硬件及软件的安装和启动看上去较复杂，管理人员对信息系统容易产生一种恐惧心理。因此，应通过各种途径，如采用动手操作、安装调试等方法，消除人们对信息系统的神秘感，让各类用户都敢用信息系统。

（2）信息技术知识和技能培训

让相关人员掌握计算机技术、多媒体技术、网络技术等现代信息技术的基本知识和基本操作技能，学会文字处理、数据库管理系统、电子表格系统、网络通信等的软件使用方法，提高相关人员的信息技术操作水平，使相关人员能利用网络资源进行业务活动。这是对信息系统应用人员的一种基础培训，尤其是针对年龄较大且信息技术基础薄弱的信息系统应用人员。对于信息技术基础较好的应用人员，可减少或取消这部分培训内容。

（3）信息系统应用培训

让相关人员了解和掌握即将投入使用的信息系统的情况和使用方法。具体内容包括：系统整体结构和系统概貌；系统分析设计思想和每一步的考虑；系统操作方式和输入方式；可能出现的故障及故障排除；文档资料的分类及检索方式；数据收集、数据规范、统计渠道、统计口径等；系统运行注意事项。这部分内容的培训是信息系统应用培训的重点，培训可以采取课堂讲授和上机操作相结合、统一授课和个别答疑相结合、学习测试和笔记检查相结合的方式，可分期分批进行。

（4）信息管理与利用能力的培训

信息管理与利用能力包括信息搜集获取能力、信息处理加工能力、信息分析判断能力、信息消化吸收能力、信息传递发布能力等。应通过各种形式的培训，使用户具备上述能力，尤其是利用现代信息技术和信息系统进行信息搜集获取、处理加工、分析研究、消化吸收和传递发布的能力。

（5）信息技术与业务管理的整合能力的培养

信息技术与业务管理整合是指在工作过程中把信息技术、信息资源和业务管理有机结合，建构有效的管理方式，促进管理的最优化。这种整合培训可分层次逐步开展。①基本能力培养，通过基础知识的培训，提高人员获取信息的能力和数据处理的能力。②培养应用能力，根据获取的最新信息调整自己的管理策略，对相关信息进行有效整合，创造性地使用信息技术解决问题。

培训前需建立管理部门，制定有步骤、分层次、分阶段的培训计划。

3. 信息系统启用前的资料准备

（1）系统文档

系统调试完以后应有详细的说明文档供人员阅读。文档应使用通用的语言说明系统各部分如何工作、维护和修改。系统说明文件大致可分为系统一般性说明文件、系统开发报告和系统说明书三类。

1）系统一般性说明文件。具体包括以下内容。

①用户手册。给用户介绍信息系统的全面情况，包括目标和有关人员情况。

②系统规程。为信息系统的操作和编程等人员提供的总规程，包括信息系统操作规程、监理规程、编程规程和技术标准。

③特殊说明。例如，根据外部环境的变化使信息系统作出相应调整。

2）系统开发报告。具体包括以下内容。

①系统分析说明书。包括系统分析建议和系统分析执行报告。

②系统设计说明书。涉及输入、输出、数据库组织、处理程序、系统监控等方面。

③系统实施说明书。主要涉及系统分调、总调过程中某些重要问题的回顾和说明；人员培训、系统转换的计划及执行情况。

④系统利益分析报告。主要涉及系统的管理工作和对职工所产生的影响，系统的费用、效益分析等方面。

3）系统说明书。具体包括：整个系统程序包的说明；系统流程图和程序流程图；作业控制语句说明；程序清单；程序实验过程说明；输入/输出样本；程序所有检测点设置说明；各个操作指令、控制台指令；操作人员指示书；修改程序的手续，包括要求填表的手续和样单。

（2）数据准备

新信息系统投入使用前要进行数据准备。数据准备是从手工处理的数据或老系统中整理出新系统运行所需的基础数据和资料。将手工处理的数据录入到信息系统的外存上是最费时间的转换，数据准备的工作量相当大，应提前组织进行，否则将延迟系统转换的进程。将已有信息系统的文件、数据加工成符合新系统要求的数据，包括历史数据的整理、数据口径的调整、数据资料的格式化、分类和编码，以及统计口径的变化、个别数据及项目的增删改动等。对已有的信息系统进行文件转换可通过合并和更新的方式来增添和扩展文件。

数据准备的要求是：数据准备严格科学，具体方法程序化、规范化；固定计量工具、计量方法、数据采集渠道，保证目标系统有稳定的数据来源；各类统计和数据采集报表标准化、规范化；按照数据库（文件）结构要求对现存数据进行转换。

（二）信息系统的试运行与转换

1. 信息系统的试运行

一个信息系统开发完以后，先要试运行一段时间，以检测信息系统的实际运行状况，若发现问题，及时修改。试运行实际上是检验信息系统的最好方式，信息系统必须经过试运行的检验，才能正式投入使用。

信息系统试运行的主要工作是对信息系统进行初始化，输入各种原始数据，让系统实际运行；在运行的过程中记录信息系统运行的数据和状况；考察信息系统的输入方便性、效率、安全可靠性、误操作保护及信息系统的响应速度等。信息系统的试运行应在建设单位现有条件下进行，制定详细的试运行计划，承建单位应进行现场跟踪，修改现实环境运行中发现的问题。

在信息系统试运行过程中，用户会发现信息系统的一些错误和功能的缺陷，此时应以信息系统分析中确定的系统目标来衡量是否修改，对此，无论是用户还是系统开发者都应采取慎重态度。对于系统中的错误和漏洞是必须修改的，其工作量一般较小。但若用户提出要补充新的功能，如增加某些新的查询或报表功能，这种要求往往超出了系统目标和系统总体设计方案的范围。如果改动量不太大，则可考虑进行，及时满足用户的要求；如果改动很大，甚至要重新从系统分析或设计做起，最好先把这些要求记录下来，留待下一周期扩展。事实上，各种新的要求在系统运行中会不断地被提出来，如果每提一个新要求就进行一次修改，新系统将永远无法正式投入运行。在新系统投入运行时，应该理解和允许系统有某些不足，并在运行过程中不断积累经验，发现新的问题，然后再通过系统维护和更新来逐步解决问题，使系统逐步改善。

2. 信息系统的转换

信息系统转换是指用新的信息系统代替原有信息系统的一系列过程。系统转换的基本条件是：系统实施前购置、安装、调试完毕；系统转换前配齐并参与各管理岗位工作；系统转换所需各种数据按照要求格式输入到系统中；用户手册、系统操作规程、系统结构与性能介绍手册齐备。信息系统转换有直接转换、并行转换和分段转换三种方式。

（1）直接转换

直接转换是在原有系统停止运行时，新系统立刻投入运行，中间没有过度阶段的信息系统转换方式。采用这种转换方式，方法较为简单，最节省人力和费用，但风险大，万一系统运行失败，就会使业务和管理工作产生混乱。直接转换方式适用于新系统不太复杂且不太重要，或原有系统完全不能使用的情况。

（2）并行转换

并行转换就是新系统和原有系统并行工作一段时间，新信息系统经过这段时间的考验后，正式替代原有信息系统。采用并行转换的优点是风险较小。在并行工作期间，原有系统和新系统并存，一旦新系统出现问题，可以暂时停止而不会影响原有系统的正常工作；在转换期间还可比较新、旧两个系统的性能，让系统操作员和其他有关人员得到全面培训。其缺点是在平行运行期间，两套系统或两种处理方式并存，人力和费用消耗较大。在银行、财务和一些企业的核心信息系统中，这是一种经常使用的转换方式。

（3）分段转换

分段转换又称逐步转换、向导转换、试点过渡转换，是采取分期分批逐步转换方式，在新信息系统正式使用之前，一部分一部分地替代原有信息系统。分段转换实际上是上述两种转换方式的结合。这种转换方式既能保证系统平稳运行，人力和费用消耗也不太高，但要求子系统之间具有一定的独立性，对信息系统的设计和实现也有较高的要求。一般比较大的系统采用这种转换方式较为适宜。

（三）信息系统的推广应用

信息系统的推广应用是指信息系统从小范围试用推广到大范围应用，使信息系统得到充分利用的过程。经过试运行与修改，信息系统达到了系统开发的目标要求后就可以推广应用。信息系统的推广应用既包括信息系统在宏观范围内的推广应用，如一个信息系统在全国、全省、全市或全行业范围内的推广应用，也包括微观范围内的推广应用，如一个信息系统在企业、政府机关的推广应用。无论是哪个层次的信息系统推广应用，都必须做好以下几个方面的工作。

1. 成立机构，加强领导

信息系统的推广工作是一项复杂的系统工作，涉及工作机构、部门任务、人员配备、经费安排、工作进度等多方面的因素，必须要有一个强有力的领导机构，才能保证其顺利开展，达到预期的目的。实践证明，无论是在健全机构、稳定人员、保证经费等重大问题上，还是分工合作、协调运作的细小环节中，只要领导重视，大家的积极性都会调动起来。各级管理部门必须成立信息系统推广应用工作领导小组。信息系统推广应用工作领导小组可以是各级信息化领导小组下的一个常设机构，也可以是一个为某一信息系统推广应用而设置的虚拟管理机构。例如，为搞好信息系统在国家、地区范围内的推广应用，国家成立了国务院电子信息系统推广应用办公室，各省市也成立了电子信息系统推广应用办公室。在行业、社会组织的信息系统推广应用中，也应设立相应的信息系统推广应用领导小组，为信息系统推广应用提供组织保障。

2. 广泛动员，强化培训

加强宣传、营造氛围，是确保信息系统顺利推广应用的基础。信息系统推广应用是一项需要全员重视、全员配合、全员参与的工作，为此，信息系统推广应用要广泛动员，深入宣传。在信息系统推广应用之初，可通过召开动员会进行动员。

信息系统推广应用过程中，要扩大培训对象，深化培训内容，坚持集中培训与分散培训相结合、课堂讲授与现场指导相结合、网络视频培训与书面教材辅导相结合、新媒

体咨询与手机短信咨询相结合，采取多条渠道、多种形式，对信息系统的推广应用工作开展了全面培训。

3. 精心组织，规范管理

做好信息系统的推广应用工作，必须精心组织、周密部署，制定信息系统推广应用方案。在制定系统推广应用方案时，要明确机构设置及职责、人员配备、工作内容及目标、经费来源内容等。要确定每项工作的责任人、起止时间和质量要求等。用表格的形式具体规定：①做什么；②谁做；③进度安排；④质量要求。这样有利于检查对照，防止因工作责任模糊引起互相推诿，使各阶段工作衔接紧凑，如期到位。

4. 抓好试点，稳步推进

在信息系统推广应用过程中，要坚持"选好试点，示范先行、典型带动、稳步推进"的工作方法。信息系统应用试点单位的选择至关重要。无论是宏观和中观范围内的信息系统推广应用，还是微观范围内的信息系统推广应用，都应选择领导重视、对信息系统需求较大、技术力量较强、有一定应用基础的地区、社会组织或内部机构作为试点。对试点地区、社会组织和内部机构，应加大投入，加强指导，有力督查，形成典型。对试点地区和单位取得的成绩和经验，要及时总结，大力推广，从而发挥出试点地区和单位的示范、带动作用，使信息系统的应用顺利扩展、稳步推进。

二、信息系统的运行与维护管理

（一）系统运维管理工作

信息系统运维管理是对网络系统日常运行进行实时监控与维护，保证网络的稳定运转与畅通，保障各项业务及其相关信息系统的正常运行。信息系统的正常运行是日常学习办公的必备要素，更是确保信息安全的必然要求。由于系统运维管理具有全天候运行、不可逆作业、高风险集中等特性，运维管理必须向智能化的运行模式迈进，建立流程化和信息化的运维管理系统，实现运维业务的集成化、规范化与自动化运作，推动系统运维的高效管理。

基于流程化管理思想，结合网络运维管理系统的设计原则，可以构建网络运维管理系统的大致框架，如图4-4所示。

该系统可以分为设备层、数据层、功能层与应用层四个不同的层次，且各层之间相互提供数据服务，形成了一个"自下而上数据分析、自上而下操作处理"的监管体系。系统各层的具体描述如下：

1）设备层。设备层是网络运维管理系统的最底层，主要包括组成企业网络的设备、网络以及应用信息系统等，是网络运维管理的主要目标对象。为了方便管理系统的扩展，该层在设计与实际应用时，应充分考虑整个系统的负载，保留较多的预留接口。

2）数据层。数据层是网络运维管理系统的数据中心，利用数据中间件读取设备层的监控数据，将其存储于独立的数据库。随后，根据功能层的数据需求对数据中心进行数据分析，形成功能层所需的数据结构，并为其提供相应的数据服务。

3）功能层。功能层是网络运维管理系统的核心，基于流程数据，利用流程建模与定制工具对运维管理各项业务进行流程化设计，形成性能管理流程、故障管理流程、资

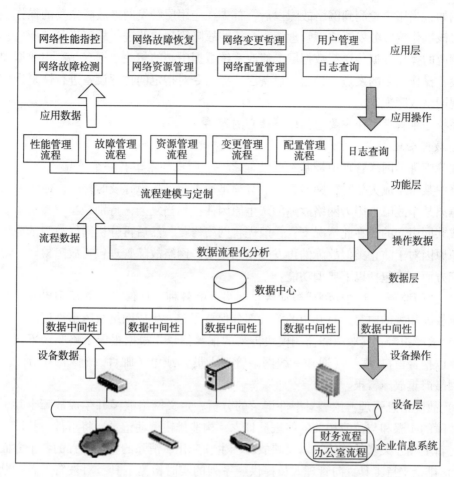

图4-4 网络运维管理系统框架

源管理流程、变更管理流程、配置管理流程等一系列独立的、可重复进行的管理流程。同时，该层还包括日志管理模块，对各项业务流程的操作进行记录与数据备份，便于记录查询与异常操作取证。

4）应用层。应用层是网络运维管理系统的输出，主要面向系统用户，为其提供良好的人机交互接口，方便其进行各项管理操作。该层主要包括网络性能监控、网络故障检测、网络故障恢复、网络资源管理、网络变更管理、网络配置管理、用户管理以及日志查询等多种应用。其中，网络性能监控与网络故障检测是网络运维管理系统的核心应用，统计分析系统采集的数据，利用图、表多元可视化技术，对网络运行指标实时展示，并对异常事件与网络故障进行可视预警；网络故障恢复则是利用已有的故障处理案例，辅助用户对当前预警故障实施网络恢复操作；网络变更管理、网络配置管理与用户管理是网络运维管理系统的辅助应用，主要对一些网络资源、系统参数以及用户参数进行变化与更改；日志查询是对备份的系统日志进行查询与检索，方便用户调查取证。

此外，各层在为上层提供数据服务的同时，也会根据上层的操作响应进行本层的功能实现，并向下层提出相应的操作要求，形成了"自上而下操作处理"的操作分发模式。例如，当用户检测到网络故障以后，首先在应用层触发网络故障恢复的操作，功能层则将该操作响应分发至故障管理流程，按照故障管理规范进行故障恢复；随后，功能层将相应的操作数据传送至数据层，修改系统数据中心的相关数据，并利用数据中间件进行设备操作指令的发送；最后，设备层依据指令对指定的物理设备进行恢复操作，从而实现网络故障恢复。

系统运维管理工作主要包括以下核心内容：❶

1. 故障管理

故障管理是网络管理中最基本的功能之一。用户都希望有一个可靠的计算机网络。当网络中某个组成失效时，网络管理器必须迅速查找到故障并及时排除。通常不大可能迅速隔离某个故障，因为网络故障的产生原因往往相当复杂，特别是当故障是由多个网络组成共同引起的。在此情况下，一般先将网络修复，然后再分析网络故障的原因。分析故障原因对于防止类似故障的再发生相当重要。网络故障管理包括故障检测、隔离和纠正三方面，应包括以下典型功能：

1）故障监测：主动探测或被动接收网络上的各种事件信息，并识别出其中与网络和系统故障相关的内容，对其中的关键部分保持跟踪，生成网络故障事件记录。

2）故障报警：接收故障监测模块传来的报警信息，根据报警策略驱动不同的报警程序，以报警窗口/振铃（通知一线网络管理人员）或电子邮件（通知决策管理人员）发出网络严重故障警报。

3）故障信息管理：依靠对事件记录的分析，定义网络故障并生成故障卡片，记录排除故障的步骤和与故障相关的值班员日志，构造排错行动记录，将事件－故障－日志构成逻辑上相互关联的整体，以反映故障产生、变化、消除的整个过程的各个方面。

4）排错支持工具：向管理人员提供一系列的实时检测工具，对被管设备的状况进行测试并记录下测试结果以供技术人员分析和排错；根据已有的排错经验和管理员对故障状态的描述给出对排错行动的提示。

5）检索/分析故障信息：浏览并且以关键字检索查询故障管理系统中所有的数据库记录，定期收集故障记录数据，在此基础上给出被管网络系统、被管线路设备的可靠性参数。

对网络故障的检测依据对网络组成部件状态的监测。不严重的简单故障通常被记录在错误日志中，并不作特别处理；而严重一些的故障则需要通知网络管理器，即所谓的"警报"。一般网络管理器应根据有关信息对警报进行处理，排除故障。当故障比较复杂时，网络管理器应能执行一些诊断测试来辨别故障原因。

2. 计费管理❷

计费管理记录网络资源的使用，目的是控制和监测网络操作的费用和代价。它对一些公共商业网络尤为重要。它可以估算出用户使用网络资源可能需要的费用和代价，以及已经使用的资源。网络管理员规定用户可使用的最大费用，从而控制用户过多占用和

---

❶ 符嵘. 高效的网络运维管理设计［J］. 电脑知识与技术，2014（10）：2199－2201.

❷ 玉航. 计算机网络管理的功能及应用之探讨［J］. 企业科技与发展，2011（18）：34－36.

使用网络资源。另外，当用户为了一个通信目的需要使用多个网络中的资源时，计费管理员可计算总计费用。

1）计费数据采集：计费数据采集是整个计费系统的基础，但计费数据采集往往受到采集设备硬件与软件的制约，而且也与进行计费的网络资源有关。

2）数据管理与数据维护：计费管理人工交互性很强，虽然有很多数据维护系统自动完成，但仍然需要人为管理，包括交纳费用的输入、联网单位信息维护，以及账单样式决定等。

3）计费政策制定：由于计费政策经常灵活变化，因此实现用户自由制定输入计费政策尤其重要。这样需要一个制定计费政策的友好人机界面和实现计费政策完善的数据模型。

4）政策比较与决策支持：计费管理应该提供多套计费政策的数据比较，为政策制定提供决策依据。

5）数据分析与费用计算：利用采集的网络资源使用数据，联网用户的详细信息以及计费政策计算网络用户资源的使用情况，并计算出应交纳的费用。

6）数据查询：提供给每个网络用户关于自身使用网络资源情况的详细信息，网络用户根据这些信息可以计算、核对自己的收费情况。

3. 配置管理❶

配置管理同样相当重要。它初始化网络并配置网络，以使其提供网络服务。配置管理是一组对辨别、定义、控制和监视组成一个通信网络的对象所必要的相关功能，目的是为了实现某个特定功能或使网络性能达到最优。

1）配置信息的自动获取：在一个大型网络中，需要管理的设备较多，如果每个设备的配置信息都完全依靠管理人员的手工输入，工作量相当大，而且还存在出错的可能性。对于不熟悉网络结构的人员来说，这项工作甚至无法完成。因此，一个先进的网络管理系统应该具有配置信息自动获取功能。即使在管理人员不是很熟悉网络结构和配置状况的情况下，也能通过有关的技术手段来完成对网络的配置和管理。在网络设备的配置信息中，根据获取手段大致可以分为三类：一类是网络管理协议标准的 MIB 中定义的配置信息（包括 SNMP 和 CMIP 协议）；二类是不在网络管理协议标准中有定义，但是对设备运行比较重要的配置信息；三类就是用于管理的一些辅助信息。

2）自动配置、自动备份及相关技术：配置信息自动获取功能相当于从网络设备中"读"信息，相应地，在网络管理应用中还有大量"写"信息的需求。同样根据设置手段对网络配置信息进行分类：一类是可以通过网络管理协议标准中定义的方法（如SNMP 中的 set 服务）进行设置的配置信息；二类是可以通过自动登录到设备进行配置的信息；三类就是需要修改的管理性配置信息。

3）配置一致性检查：在一个大型网络中，由于网络设备众多，而且由于管理的原因，这些设备很可能不是由同一个管理人员进行配置的。实际上即使是同一个管理员对设备进行的配置，也会由于各种原因导致配置一致性问题。因此，对整个网络的配置情

❶ 黄永峰. 计算机网络教程［M］. 北京：人民邮电出版社，2006.

况进行一致性检查是必需的。在网络的配置中，对网络正常运行影响最大的主要是路由器端口配置和路由信息配置，因此，这两类信息要进行一致性检查。

4）用户操作记录功能：配置系统的安全性是整个网络管理系统安全的核心，因此，必须对用户进行的每一配置操作进行记录。在配置管理中，需要对用户操作进行记录，并保存下来。管理人员可以随时查看特定用户在特定时间内进行的特定配置操作。

4. 性能管理

性能管理评价系统资源的运行状况及通信效率等系统性能。其能力包括监视和分析被管网络及其所提供服务的性能机制。性能分析的结果可能会触发某个诊断测试过程或重新配置网络以维持网络的性能。性能管理收集分析有关被管网络当前状况的数据信息，并维持和分析性能日志。一些典型的功能包括：

1）性能监控：由用户定义被管对象及其属性。被管对象类型包括线路和路由器；被管对象属性包括流量、延迟、丢包率、CPU 利用率、温度、内存余量。对于每个被管对象，定时采集性能数据，自动生成性能报告。

2）阈值控制：可对每一个被管对象的每一条属性设置阈值，对于特定被管对象的特定属性，可以针对不同的时间段和性能指标进行 CPU 芯片行阈值设置。可通过设置阈值检查开关控制阀值检查和告警，提供相应的阈值管理和溢出告警机制。

3）性能分析：对历史数据进行分析、统计和整理，计算性能指标，对性能状况作出判断，为网络规划提供参考。

4）可视化的性能报告：对数据进行扫描和处理，生成性能趋势曲线，以直观的图形反映性能分析的结果。

5）实时性能监控：提供了一系列实时数据采集；分析和可视化工具，用以对流量、负载、丢包、温度、内存、延迟等网络设备和线路的性能指标进行实时检测，可任意设置数据采集间隔。

6）网络对象性能查询：可通过列表或按关键字检索被管网络对象及其属性的性能记录。

5. 日志管理

信息系统的文档是信息系统的重要组成部分，是描述系统从无到有整个发展与演变过程及各个状态的所有文字资料。这些文档是系统开发的依据，同时也是系统维护的基础。

系统文档不是事先一次性形成的，它是在系统开发、运行与维护过程中不断地按阶段依次推进编写、修改、完善与积累而形成的。可以说，如果没有系统文档或没有规范的系统文档，信息系统的开发、运行与维护会处于一种混乱状态，这将严重影响系统的质量，甚至导致系统开发或运行的失败。当系统开发人员发生变动时，问题尤为突出。因此有些专家认为，系统文档是信息系统的生命线，没有文档就没有信息系统。

文档管理是有序地、规范地开发与运行信息系统所必须做好的重要工作。目前我国信息系统的文档内容与要求基本上也有了较统一的规定。根据不同的性质，可将文档分为技术文档、管理文档及记录文档等若干类。表 4 - 1 列出了这些文档的内容及产生阶段。

表4-1 信息系统文档内容及产生阶段

分类	文档内容	产生阶段	备注
技术文档	系统总体规划报告	系统规划	
	系统分析报告	系统分析	
	系统设计说明书	系统设计	
	程序设计说明书	系统设计	
	数据设计说明书	系统设计	
	系统测试说明书	系统设计	
	系统使用说明书	系统实施	
	系统测试报告	系统实施	
	系统维护手册	系统实施	运行继续完善
管理文档	系统需求报告	系统开发前	
	系统开发计划	系统规划	
	系统开发合作书	系统规划	委托或合作开发时
	系统总体规划评审意见	系统规划	
	系统分析审批意见	系统分析	
	系统实施计划	系统设计	
	系统设计审核报告	系统设计	
	系统试运行报告	系统实施	
	系统维护计划	系统实施	
	系统运行报告	系统运行与维护	
	系统开发总结报告	系统运行与维护	
	系统评估报告	系统运行与维护	
	系统维护报告	系统运行与维护	
记录文档	会议记录	各阶段	
	调查记录	各阶段	
	系统运行情况记录	系统运行与维护	
	系统日常维护记录	系统运行与维护	
	系统适应性维护记录	系统运行与维护	

系统文档是相对稳定的，随着系统的运行及变化，会对一些文档进行局部的修改或补充，当变化较大时应更新系统文档的版本。

系统文档的管理工作主要包括：1）文档标准与规范的制定；2）文档编写的指导与督促；3）文档的收存、保管与借用手续的办理等。

文档的标准与规范要按国家规定，并结合具体系统的特点，在系统开发前或至少在所产生的阶段前制定，用于指导与督促系统开发人员及系统使用人员及时编写有关的文档资料。为保持文档的一致性和可追溯性，应将所有文档全集全，集中统一保管。

文档的管理虽然不是日常性工作，但由于系统文档直接关系系统的质量，所以也要制定相应规范，并由专人负责。

6. 安全管理

安全性一直是网络的薄弱环节之一，而用户对网络安全的要求又相当高，因此网络安全管理非常重要。网络中主要有以下几大安全问题：

1）网络数据的私有性（保护网络数据不被侵入者非法获取）；

2）授权（防止侵入者在网络上发送错误信息）；

3）访问控制（控制对网络资源的访问）。

相应地，网络安全管理应包括对授权机制、访问控制、加密和加密关键字的管理，另外还要维护和检查安全日志。包括：

网络管理过程中，存储和传输的管理和控制信息对网络的运行和管理至关重要，一旦泄密、被篡改和伪造，将给网络造成灾难性的破坏。网络管理本身的安全由以下机制来保证❶：

1）管理员身份认证，采用基于公开密钥的证书认证机制；为提高系统效率，对于信任域内（如局域网）的用户，可以使用简单口令认证。

2）管理信息存储和传输的加密与完整性，Web 浏览器和网络管理服务器之间采用安全套接字层（SSL）传输协议，对管理信息加密传输并保证其完整性；内部存储的机密信息，如登录口令等，也是经过加密的。

3）网络管理用户分组管理与访问控制，网络管理系统的用户（即管理员）按任务的不同分成若干用户组，不同的用户组中有不同的权限范围，对用户的操作由访问控制检查，保证用户不能越权使用网络管理系统。

4）系统日志分析，记录用户所有的操作，使系统的操作和对网络对象的修改有据可查，同时也有助于故障的跟踪与恢复。

网络对象的安全管理有以下功能❷：

1）网络资源的访问控制，通过管理路由器的访问控制链表，完成防火墙的管理功能，即从网络层（IP）和传输层（TCP）控制对网络资源的访问，保护网络内部的设备和应用服务，防止外来的攻击。

2）告警事件分析，接收网络对象所发出的告警事件，分析与安全相关的信息（如路由器登录信息、SNMP 认证失败信息），实时地向管理员告警，并提供历史安全事件的检索与分析机制，及时地发现正在进行的攻击或可疑的攻击迹象。

3）主机系统的安全漏洞检测，实时的监测主机系统的重要服务（如 www、DNS等）的状态，提供安全监测工具，以搜索系统可能存在的安全漏洞或安全隐患，并给出弥补的措施。❸

7. 终端安全的管理

目前的管理技术是，通过大批量地解决用户终端计算机安全管理问题来实现计算机终端安全管理设计并维护安全管理系统的目标，最终完成系统安全的可控性管理。计算

❶ 黄敬良，王其华. 信息网络管理模型的研究［J］. 电脑编程技巧与维护，2012（2）：95–96.
❷ 陈波. 网络管理技术及其应用［C］. 中国高校通信类院系学术研讨会，2007.
❸ 黄敬良，王其华. 信息网络管理模型的研究［J］. 电脑编程技巧与维护，2012（2）：95–96.

机终端安全管理要实现的目标包括以下几方面：

1）确保计算机处于可控状态，坚决实现对计算机非法接入的有效控制。例如：阻止未获得安全管理系统相应权限的计算机接入网络；阻止未安装安全管理系统客户端的计算机接入网络。这是计算机终端安全管理至关重要的一个步骤，是否能够有效控制非法接入，是决定整个系统的安全管理能否实现的关键。

2）确保有效维护终端计算机操作系统及软件的安全性。例如：通过及时更新计算机的安全补丁，强制阻断未安装杀毒软件的终端计算机接入，批量设置计算机的安全保护措施，确保减少计算机被攻击的可能，提高计算机的安全性。

3）实施计算机安全状态的动态评估，实时监控并评估计算机是否符合安全状态的管理规定。例如：评估计算机的安全设置是否合理，监测计算机的网络流量是否异常，监控计算机是否做了非法操作等。

4）有效实现计算机设置的批量管理。例如：批量进行软件安装、批量实现安全设置等。

5）当终端计算机出现安全问题后，坚决实行对问题计算机的 IP 地址/MAC 地址/主机名等进行快速的定位以及远程桌面监控。

6）实现对接入网络的计算机资产的有效管理。例如：自动收集接入网络的设备信息并对其变化进行实施跟踪，确保及时预警。

终端安全管理软件包括：

1）桌面防火墙（FW）

过滤来自互联网及其他公共信息网络对本地计算机终端的攻击，封堵木马、病毒等恶意软件经常调用的端口，监控异常端口流量，从而保护本地主机安全。

2）桌面入侵防护（HIPS）

在某些文件、程序修改计算机其他文件、注册表信息等时进行防御性报警，提醒用户是否同意以上操作，如用户禁止此项修改，则此次修改行为不能继续进行。HIPS 还能极大地过滤木马向目的地主机发送本地信息的行为。

3）桌面反间谍

针对计算机内含有的或在浏览文件公共信息时激活的间谍软件进行报警和查杀，其功能区别于杀毒软件，对间谍软件、木马程序有较强的针对性。

4）桌面反病毒

对本地计算机进行病毒查杀，从而达到对主机、网络、数据的防护效果。

5）桌面合规性管理

对终端安装软件、补丁及版本等情况进行达标度检查，对终端维护提供可视化效果等。

6）资产管理、客户端加密、补丁管理、漏洞管理等

这些软件是对计算机终端资产、计算机补丁及计算机所存在的漏洞进行更新管理的应用系统。

7）终端安全准入

通过交换机、终端控制，对计算机的入网行为进行人为干预，防止非授权计算机接

入可信信息系统。

8）安全配置检查

主要针对计算机各项安全配置进行检查，如计算机用户名、密码设置，开启与禁用的服务、端口，目前计算机存在的进程信息等，降低人工手动检查的工作量。

9）其他安全产品，漏洞扫描、文档加密等产品。

（二）网络管理方式与技术●

常见的网络管理方式有以下几种：SNMP 管理技术、RMON 管理技术、基于 Web 的网络管理。

1. SNMP 管理技术

简单网络管理协议（Simple Network Management Protocol，SNMP）是目前 TCP/IP 网络中应用最为广泛的网络管理协议。1990 年 5 月，文件 RFC1157 定义了 SNMP 的第一个版本 SNMPv1。RFC1157 和另一个关于管理信息的文件 RFC1155 一起，提供了一种监控和管理计算机网络的系统方法。从此，SNMP 得到了广泛应用，并成为网络管理的事实上的标准。

SNMP 在 20 世纪 90 年代初得到了迅猛发展，同时也暴露出了明显的不足，如难以实现大量的数据传输，缺少身份验证和加密机制。因此，1993 年发布了 SNMPv2，具有以下特点：支持分布式网络管理；扩展了数据类型；可以实现大量数据的同时传输，提高了效率和性能；丰富了故障处理能力；增加了集合处理功能；加强了数据定义语言。但是，SNMPv2 并没有完全实现预期的目标，尤其是安全性能没有得到提高，如身份验证（用户初始接入时的身份验证、信息完整性的分析、重复操作的预防）、加密、授权和访问控制、适当的远程安全配置和管理能力等都没有实现。1996 年发布的 SNMPv2c 是 SNMPv2 的修改版本，功能得到了增强，但是安全性能仍没有得到改善，而是继续使用 SNMPv1 的基于明文密钥的身份验证方式。于是 IETF SNMPv3 工作组提出了互联网建议 RF3411 ~ 3418，正式形成 SNMPv3。这一系列文件定义了包含 SNMPv1、SNMPv2 所有功能在内的体系框架和包含验证服务和加密服务在内的全新的安全机制，同时还规定了一套专门的网络安全和访问控制规则。可以说，SNMPv3 是在 SNMPv2 基础之上增加了安全和管理机制。

Internet 还开发了一个长期的网络管理标准 Common Management information service and protocol Over TCP/IP（CMOT），其含义是"在 TCP/IP 上的公共管理信息服务与协议"。虽然 CMOT 使用了 OSI 的网络管理标准 CMIS/CMIP，但到目前为止还未达到实用阶段。

SNMP 最重要的管理思想就是要简单易行，能够缩短产品开发周期和使用成本。SNMP 的基本功能包括监视网络性能、检测分析网络差错和配置网络设备等。在网络正常工作时，SNMP 可实现统计、配置和测试等功能。当网络出故障时，可实现各种差错检测和恢复功能。虽然 SNMP 是在 TCP/IP 基础上的网络管理协议，但也可扩展到其他类型的网络设备上。

● 姚华. 网络技术基础教程［M］. 北京：北京理工大学出版社，2007.

图4-5是使用SNMP的典型配置。整个系统必须有一个管理站（Management Station），它实际上是网控中心，在管理站内运行管理进程。在每个被管对象中运行至少一个代理进程。管理进程和代理进程利用SNMP报文进行通信。图中有两个主机和一个路由器。这些协议栈中带有阴影的部分是原来这些主机和路由器所具有的，而没有阴影的部分是为实现网络管理而增加的。

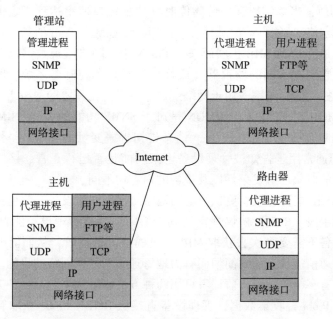

图4-5　SNMP的典型配置

有时网络管理协议无法控制某些网络元素，例如，该网络元素使用的是另一种网络管理协议。这时可使用委托代理（Proxy Agent），委托代理能提供如协议转换和过滤操作的汇集功能，然后利用委托代理来对管理对象进行管理。图4-6表示委托管理的配置情况。

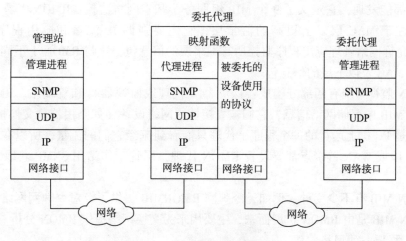

图4-6　委托管理的配置情况

2. RMON 管理技术

远程网络监视（Remote Network Monitoring, RMON）主要实现了统计和告警功能，用于网络中管理设备对被管理设备的远程监控和管理。统计功能指的是被管理设备可以按周期或者持续跟踪统计其端口所连接的网段上的各种流量信息，比如某段时间内某网段上收到的报文总数，或收到的超长报文的总数等。告警功能指的是被管理设备能监控指定 MIB 变量的值，当该值达到告警阈值时（比如端口速率达到指定值，或者广播报文的比例达到指定值），能自动记录日志、向管理设备发送 Trap 消息。

RMON 规范是由 SNMPMIB 扩展而来。RMON 中，网络监视数据包含了一组统计数据和性能指标，它们在不同的监视器（或称探测器）和控制台系统之间相互交换。结果数据可用来监控网络利用率，用于网络规划、性能优化和协助网络错误诊断。

SNMP 是 RMON 实现的基础，RMON 是对于 SNMP 功能的增强。RMON 使用 SNMP Trap 报文发送机制向管理设备发送 Trap 消息告知告警变量的异常。虽然 SNMP 也定义了 Trap 功能，但通常用于告知被管理设备上某功能是否运行正常、接口物理状态的变化等，两者监控的对象、触发条件以及报告的内容均不同。

RMON 使 SNMP 能更有效、更积极主动地监测远程网络设备，为监控子网的运行提供了一种高效的手段。RMON 协议规定达到告警阈值时被管理设备能自动发送 Trap 信息，所以管理设备不需要多次去获取 MIB 变量的值进行比较，从而能够减少管理设备同被管理设备的通信流量，达到简便而有力地管理大型互联网络的目的。

RMON 允许有多个监控者，监控者可用两种方法收集数据：第一种方法利用专用的探测仪（RMON Probe）收集数据，管理设备直接从 RMON Probe 获取管理信息并控制网络资源。这种方式可以获取 RMON MIB 的全部信息；第二种方法是将 RMON Agent 直接植入网络设备（路由器、交换机、HUB 等），使它们成为带 RMON probe 功能的网络设施。管理设备使用 SNMP 的基本操作与 RMON Agent 交换数据信息，收集网络管理信息，但这种方法受设备资源限制，一般不能获取 RMON MIB 的所有数据，大多数只收集四个组的信息。这四个组是：事件组、告警组、历史组和统计组。

当前 RMON 有两种版本：RMONv1 和 RMONv2。RMONv1 在目前使用较为广泛的网络硬件中都能发现，它定义了 9 个 MIB 组服务于基本网络监控；RMONv2 是 RMON 的扩展，专注于 MAC 层以上更高的流量层，它主要强调 IP 流量和应用程序层流量。RMONv2 允许网络管理应用程序监控所有网络层的信息包，这与 RMONv1 不同，后者只允许监控 MAC 及以下层的信息包。

RMON 监视系统有两部分构成：探测器（代理或监视器）和管理站。RMON 代理在 RMON MIB 中存储网络信息，它们被直接植入网络设备（如路由器、交换机等），代理也可以是 PC 机上运行的一个程序。代理只能看到流经它们的流量，所以在每个被监控的 LAN 段或 WAN 链接点都要设置 RMON 代理，网管工作站用 SNMP 获取 RMON 数据信息。

RMON MIB 有不少变种。例如，令牌网 RMONMIB 提供了针对令牌网网络管理的对象。SMON MIB 是由 RMON 扩展而来，主要用来为交换网络提供 RMON 分析。

3. 基于 Web 的网络管理

随着应用 Intranet 的企业的增多，一些主要的网络厂商正试图以一种新的形式去应用 MIS，从而进一步管理公司网络。技术允许管理人员（Web – Based Management，WBM）通过与 WWW 同样的能力去监测他们的网络，可以想象，这将使得大量的 Intranet 成为更加有效的通信工具。WBM 可以允许网络管理人员使用任何一种 Web 浏览器，在网络任何节点上方便迅速地配置、控制以及存取网络和它的各个部分。WBM 是网管方案的一次革命，将使网络用户管理网络的方式得以改善。

WBM 技术是 Intranet 网络不断普及的结果。Intranet 实际上就是专有的 World Wide Web，它主要应用于一个组织内部的信息共享，运行 TCP/IP 协议并且通过安全防火墙等措施与外部 Internet 隔离，主要以运行兼容 HTML 语言的有关应用层协议的 Web 服务器组建而成。Intranet 用户以友好、易用的 Web 浏览器从任意网络平台或位置与服务器通信，连接简单、便宜而且无间断。

Web 技术的迅猛发展源于此项产业中无所不在的竞争。这场"战斗"在许多"前线"展开。例如，Netscape 公司和 Microsoft 公司正迅速推出新的浏览器以占领 Web 浏览器、服务器和组件等软件市场。主机提供商，包括 Sun Microsystems 和 Oracle 正雄心勃勃地宣扬"薄客户机/厚服务器模式"，以期取代 Microsoft 和 Intel 在这一市场中的主导地位。在 Web 数据流编码的标准方面同样也存在竞争。

WBM 融合了 Web 功能与网管技术，从而为网管人员提供了比传统工具更为有效的能力。应用 WBM，管理人员能够通过任何 Web 浏览器、在任何站点监测和控制公司网络，所以他们不再只拘泥于网管工作站上，并且由此能够解决很多由于多平台结构产生的互操作性问题。WBM 提供比传统命令驱动的远程登录屏幕更直接、更易用的图形界面，浏览器操作和 Web 页面对 WWW 用户来讲非常熟悉，所以 WBM 的结果必然是既降低了 MIS 全体培训的费用，又促进了更多的用户去利用网络运行状态信息。

另外，WBM 是发布网络操作信息的理想方法。例如，通过浏览器连接到一个专门的 Intranet Web 站点上，用户能够访问网络和服务的更新，这样就免去了用户与组织网管部门的联系。而且，由于 WBM 仅仅需要基于 Web 的服务器，所以，使它集成到 Intranet 之中就成了快速而又有效的工作了。

WBM 有两种基本的实现方法，二者平行发展而且互不干涉。第一种是代理方案，也就是将一个 Web 服务器加到一个内部工作站（代理）上，这个工作站轮流与端设备通信，浏览器用户通过 HTTP 协议与代理通信，同时代理通过 SNMP 协议与端设备通信。一种典型的实现方法是：提供商将 Web 服务加到一个已经存在的网管设备上去，如 3Com 的 Transcend Enterprise Manager。这种做法可以平衡数据库访问、SNMP 轮询等功能。

第二种实现 WBM 方式——嵌入方式，将 Web 能力真正地嵌入到网络设备中，每个设备有它自己的 Web 地址，管理人员可轻松地通过浏览器访问到该设备并且管理它。

未来的企业网络中，基于代理和嵌入的两种网管方案都将被应用。一个大型的机构可能需要继续通过所谓的代理方式来进行全部网络的网络监测与管理，而且代理方案也能够充分管理大型机构中的纯粹 SNMP 设备。与此同时嵌入方式也将有着强大的生命力，例如这种方式在不断前进的界面以及在安装新设备配置设备方面极具优势。

嵌入方式对于小规模的环境也许更为理想，小型网络系统简单并且不需要强有力的

管理系统以及公司全面视图。通常组织在网络和设备控制的培训方面比较不足，那么嵌入到每个设备的 Web 服务器将使用户从复杂的网管中解放出来。另外，基于 Web 的设备提供真正的即插即用安装，这将有效减少安装时间与故障排除时间。

第五节　信息化绩效评价

一、企业信息化绩效评价理论概述

（一）企业信息化绩效评价的内涵

对于绩效，《韦伯斯特新世界词典》的解释为：一是正在执行的活动或已完成的活动；二是重大的成就，正在进行的某种活动或者取得的成绩。《现代汉语词典》的解释为：一是建立的功劳和完成的事业；二是重大的成就。两者都强调了绩效的结果性，即绩效是重大的成就；同时也有明显的不同，英文还强调了绩效的过程性，认为过程往往是结果的动因。

评价，是指为了达到一定的目的，运用特定的指标，比照特定的标准，采取特定的方法，对事物做出价值判断的一种认识活动❶，就是通过比较分析做出全面判断的过程。

绩效评价，是基于目标对运行结果的衡量。管理过程的绩效评价，是指对照统一的标准，建立特定指标体系，运用数理统计、运筹学等方法，按照一定程序，通过定性定量对比分析，对一定经营期间的管理过程表现和管理效果做出客观、公正和准确的综合评判❷。绩效评价包含两个方面：一是对活动的结果进行全面的评判，分析某种活动取得的成绩；二是对活动的过程进行评价，分析整个活动的有效性。

企业信息化绩效评价是借助于信息化绩效评价指标体系，对企业实施信息化战略而产生的效益进行客观、公正和准确的综合评判❸。信息化评价被认为是非常棘手的问题，IT 应用有效性度量曾被列为信息系统管理研究领域最难处理的十大问题之一❹。它不仅是实践者充分关注的问题，也是理论界研究的重点。企业信息化绩效评价对提高企业信息化效益有着重要作用，表现在：可以把企业的战略目标转变为企业的管理基准，贯穿于企业的决策和管理过程中，提高 IT 投资的回报率；通过绩效考核可以把统一的信号传递给所有相关者，使得相关者朝着一个方向努力；以挖掘企业信息化目标价值未被实现的原因，并采取措施进行纠正。

企业信息化绩效评价必须从以下几个方面来正确理解：❺

❶ 财政部统计评价司．企业效绩评价问答 ［M］．北京：经济科学出版社，1999：1-3．

❷ 邵宏宇．基于信息化能力的企业全面信息管理研究 ［D］．天津大学，2009．

❸ 胡志勇．论财务会计报告改革背景下的企业绩效评价 ［J］．当代财经，2002．

❹ Brancheau J C, Wetherbe J C. Key issues in information systems management ［J］. MIS Quarterly, 1987, 3 (21)：23-45.

❺ Andresen J L. The framework for selecting an IT evaluation method ［D］. Lyngby：Danmarks Teknisk University, 2001.

1）企业信息化绩效评价是一项战略导向型的活动，最终目的对应企业战略，保证企业信息化战略价值的实现。因此，企业信息化战略将是评价关注的重点，并且评价需要把战略目标转化为具体的衡量指标。

2）企业信息化绩效评价是企业信息化整体管理的一部分，只有与其他活动相结合，企业才能在统一的评价理念指导下，保证信息化项目方向的正确性，避免盲目投资。

3）企业信息化绩效评价必须是多相关者参与的，相关者参与的评价不仅可以提高评价的精度，更重要的是可以通过评价提高相关者对信息化价值的认识，进而采取积极的行动支持和参与信息化建设，保证信息化实施的效果。

4）企业信息化绩效评价要以统一的指导思想和评价目的为导向，相互依赖、相互支撑、阶段性前进的活动组合，贯穿于信息化建设的全周期。

（二）企业信息化绩效评价的特点[1]

企业信息化绩效具有长期性和时滞性、间接性、广泛性、扩散性等方面的特点，给全面衡量信息化绩效带来困难。企业信息化绩效评价的特点具体如下：

1. 长期性和时滞性

企业信息化是一项长期复杂的工程，信息化的建设往往需要数年的时间，其绩效在短期内难以发挥出来。它的作用是需要一定时间慢慢渗透，逐步实现。Brynjolfsson 在对 IT 投资价值进行计量经济学研究后，明确指出 IT 投资效益明显滞后于投资 2～3 年[2]。而实证研究也发现，IT 应用在财务效益上存在时滞性，短期内和企业财务效益没有直接的正向关系。因此信息化绩效实现的长期性和时滞性给全面有效的衡量它带来困难。企业信息化绩效评价如何反映长期绩效，为企业信息化发展决策提供有效的依据，也是评价的难点之一。

2. 间接性

企业信息化的绩效有些是直接的，更多是间接的，而这些间接效益如何测量成为评价的难点。这种间接的关系是否有效地将信息化投入转换为产出难以判断。

3. 广泛性和无形性

企业信息化在企业中的影响幅度较大，人、财、物、信息等各个方面、各个部门都涉及，企业信息化效益具有多维性[3]。企业信息化过程所产生的很多间接效益表现为工作效率的提高、企业运作能力的提升、市场竞争力的增加等无形的收益。信息化绩效的广泛性和无形性，使得评价标准难以确定，可以通过财务分析的方法较准确地用货币价值来度量，但仍有许多无法用财务指标准确衡量的效益和价值。特别是随着信息系统发展到管理信息系统和决策支持系统阶段，信息技术在企业组织中承担起战略角色，进一步增加了评价的难度。因此要综合评价企业信息化给企业生产、经营、技术、管理等方面所带来的影响，不仅要考察财务指标，而且要从产品质量、消费者满意度、市场份

---

❶ 刘荣坤. 基于认知的企业信息化绩效评价模型研究 ［D］. 山东大学，2011.

❷ Brynjolfsson E. The productivity paradox of information technology ［J］. Committee of the ACM, 1933, 12 (36)：66－77.

❸ 赵苹，陈守龙. 国外企业信息化效益评价理论的述评 ［J］. 中国管理信息化，2008，11 (7)：80－82.

额、创新能力等能反映企业经济状况和发展前景的指标来评价，同时还要注意信息化的机会、潜力，特别是其长期的、无形的效益❶。

4. 扩散性

企业信息化实施的效益不是企业独得的，顾客与供应商等都从企业信息化成果中分享收益。例如，企业信息化可以提高与供应商的信息交换速度，降低企业间合作经营成本，提高企业协作能力等。而对信息化这些外部效益的考察增加了企业信息化绩效评价的难度，也使得评价的主体不仅涉及组织内部的部门和员工，还包括客户、供应商、咨询机构等多个外部主体。

(三) 企业信息化绩效评价的形式

1. 企业信息化绩效评价的形式

从评价性质看，一般的评价主要扮演两种角色：一是前瞻性的，目的是了解优缺点以扬长避短，不断改善；另一种是回顾性的，目的是评价具体取得的成绩。前者通常被称为形成性评价，后者则为总结性评价❷。

形成性评价 (Formative Evaluation) 是广泛应用于教育、医院管理、行政管理等学科的过程评价的概念，主要由 Remenyi 等学者❸引入评价理论中，是相对于总结性评价提出的。信息化绩效的形成性评价是评价正在进行的信息化活动，关注过程，目的是提供有效改善信息化的评价。这种评价不只进行一次，始于信息化项目开始，贯穿整个项目过程，配合以信息化项目的管理控制，延伸至项目结束，在项目开发生命周期的许多节点和阶段中进行。它着眼于改善，而不是判断，具有过程导向。

信息化绩效的总结性评价的目的是评价项目的结果，通常发生在信息化已经进入稳定阶段以及信息化的影响已经形成之后。

总结性评价静态地反映了项目某一时刻、某一方面的状态。总结性评价主要收集各方面成果的信息，告诉决策者战略是否成功，参与者是否达到目标，达到的程度如何。

两种信息化绩效评价形式的区别见表 4 - 2：

表 4 - 2　形成性评价和总结性评价对比分析表

	形成性评价	总结性评价
方向	前瞻性	回顾性
目的	面向改善，分析优缺点	将成果形成文档
关注点	进行反思，指明方向	显示结果，结论依据

目前信息化绩效评价更多地研究总结性的评价，评价的结果在于给出一个结论性质的报告，比如得分或排序。但现实中更需要通过形成性评价明确信息化的现状与问题，并为进一步的改进与提升提供操作性的指导。

---

❶　王铁男，李一军，刘娇. 基于 BSC 的企业信息化绩效评价应用研究 [J]. 中国软科学，2006 (4)：137 - 155.

❷　高伟. 企业信息化绩效评价体系分析 [D]. 北京交通大学，2007.

❸　Remenyi D, et al. The effective measurement and management of IT costs and benefits [M]. Boston, MA, USA：Butter Worth Heinemann, 2000.

2. 企业信息化绩效评价的主要观点

企业信息化绩效评价包括理论和实践，也包含对绩效的综合评判，众多学者在研究方法和技术方面进行研究和探索。目前看来，对信息化绩效评价的认识大概有以下几个主要观点：❶

（1）用户满意度的观点

企业存在的价值在于提高用户满意度，因此，信息化的目标也应该服务于客户，信息系统是服务提供者，客户作为服务的使用者，对信息化要素进行归纳，主要关注点在信息系统的方便、快捷、可靠、个性化定制等方面的内容。客户就从这些方面享受信息技术带来的服务，用户在这个过程中表现的越满意，表示此信息系统越完善，从而反应信息技术的能力。

（2）信息化收益的观点

信息技术作为一项投资，涉及企业的全部业务过程，在考虑信息化对企业带来方便、快捷、高效服务的同时，应充分考虑信息化成本和收益。该观点表现为从收益和财务数据上进行绩效考核。显然是只考虑到显性收益，对于企业的隐性收益还有待进一步的研究和归纳。

（3）信息化技术应用的观点

信息化是一种标准的基础构成，尤其标准软件可以购买和模仿，信息化技术不只涉及企业核心竞争力，而且更应该关注的是系统如何运用。信息产生对企业经营产生影响的和差别的是如何应用该信息技术，而不是系统本身。

（4）信息系统项目质量的观点

系统质量能够反映信息技术，而信息技术影响着企业的信息化绩效评价，因此，用质量管理的方法来衡量企业信息化的绩效。信息化绩效包括：操作、交易量、项目预算、项目进度等方面。观点认为，通过分析上述方面的权重和度量，考量信息化的实际和预期的绩效。

从以上四个方面的观点看出，研究者分别从不同角度阐述了信息化过程与绩效之间的关系、系统的构成要素、系统有效利用、系统的可行性等内容。但是，对于企业的管理者来讲，以上的几种观点是片面的，不能完全包括企业信息化绩效评价的所有内容。在企业的实际绩效管理中，需要的是一套适合于企业本身的信息化绩效管理指标，遴选出企业信息系统绩效评价的关键绩效指标，建立完善的体系，对各指标进行权重衡量，以引导企业的信息化过程的实施。

3. 企业信息化绩效评价的不足之处❷

信息技术持续进步，企业信息化内容也不断更新，企业信息化建设是持续的过程，作为企业管理者，企业信息化的实施、管理和评价是关注的焦点。通过分析企业信息化绩效评价的各种观点和研究成果，信息化绩效评价和测度分析方面存在以下几方面不足：

---

❶　郝晓玲，孙强. 信息化绩效评价框架、实施与案例分析［M］. 北京：清华大学出版社，2005：15－20.

❷　胡金艳. 企业信息化绩效评价研究［D］. 武汉：武汉理工大学，2012.

（1）企业信息化投入实现的信息化绩效不明确

企业为适应环境的复杂多变，将信息技术应用到生产、技术、经营等领域，

目的是提高信息资源开发效率，获取信息经济效益。然而，在推进企业信息化建设的过程中，出现信息化投资与商业价值无直接相关性的现象，也就是"信息悖论"的观点。在企业信息化投资的过程中，决定企业信息化投资绩效的因素，不是投资的数量，而是投资的质量。很多时候，同样的信息系统的应用带来不同的信息化绩效，这其中包含人的因素，包括企业管理者的管理水平、执行力，企业文化等方面的原因。企业经营面临的挑战是缩小这一差距，提高信息化的管理水平，因此，在信息化的实施过程中，需要加强质量管理，提高投资的回报。

（2）企业信息化绩效评价工作的标准化管理有待完善

信息化评判标准的不确定，没有相关的管理机构，是信息化评价的难点，企业在信息化投资过程中，没有得到很好的监督，对于项目实施后的情况无法做横向、纵向的比较，在后续的信息化建设投资中缺乏有力的政策支持和证据支持，同时，企业信息化绩效评价的结果的准确性受到限制。

（3）企业信息化绩效评价指标体系建立的不全面

目前，企业信息化绩效评价主要是通过企业现有的数据作为指标对全过程进行评价，过多关注的是财务指标，基础实施指标等投入性的指标，而对生产的智能化、生产效率及绩效评价后的隐形收益往往容易忽视。同时，评价指标的选择缺乏严格的数据支撑，指标与指标之间也缺乏逻辑性，难以形成完整的指标体系。同时，目前的评价指标不能满足从不同企业、不同岗位、不同重视程度对信息化绩效全面评价的要求。

（4）评价方式和评价方法的研究具有片面性

国内外有关信息技术评价的研究，使人们对信息技术评价复杂性程度、综合特点有较深的认识，相关评价指标体系的建立，为评价活动提供了可用工具，但针对行业、部门的不同，如何选择合适的评价指标面临困难。国内外信息化绩效评价，对评价活动的社会因素、组织中人的因素、组织成员评价活动的自利行为、组织偏见等方面对评价的影响考虑不完善，这些问题会影响评价活动的实际效果。

（5）企业信息化绩效评价的内容不完整

国内的绩效评价体系侧重于合规性评价，较少关注对企业效益的评价。在企业信息化绩效评价工作中，重点关注和审核项目支出行为是否符合财务政策和管理规定，对企业效益、生产效率等方面的评价关注较少。同时，权重分配不合理，评价指标的不完善，导致不能进行项目合理的绩效评价。还有的评价工作局限于自身缺少对项目整体的综合评判。企业信息化绩效评价不但应包括信息化项目过程投入与产出的评价，而且还应综合考虑各种外部因素的影响，例如，企业文化是否支持信息化的发展，信息化应用的普遍程度，信息化实施的范围等。目前的企业信息化绩效评价工作关于以上内容的缺失，使信息化绩效评价工作不能满足企业管理者的客观需要。

（6）信息化绩效评价缺乏约束力

由于企业信息化绩效评价发展的不稳定性，企业信息化绩效的评价结果只是作为有关档案予以保存，或者其他信息化项目借鉴，该评价结果对于项目支出中的各种问题、对项目的有关责任人也并没有过多的约束力，导致使企业信息化绩效评价权威性受影响，流于形式，使评价工作的时效性受限制。

二、企业信息化绩效评价的方法[●]

企业信息化绩效评价需要科学的评价方法作为指导，20 世纪 60 年代形成有关信息化测度理论与方法，80 年代后期得到广泛的应用，马克卢普测度理论以微观经济中厂商竞争影响或制约竞争的因素为基础，深入地分析消费与投资或成本因素的知识结构，在马克卢普影响下，波拉特在美国商务部的支持下，提出了信息资本信息劳动者的概念，从市场的角度出发考察生产者与消费者。日本电信与经济研究所提出了社会信息化的 RITE 评价方法，国内张启人参照科研项目的评估体系和反映企业竞争力的评价指标，设计了信息加权评价指标。

(一) 层次分析法

层次分析法（Analytic Hierarchy Process，AHP），由美国运筹学家 T. L. Saaty 教授提出。AHP 解决问题把各因素间的隶属关系由上到下排成若干层次，建立不同层次各因素间的相互关系。AHP 方法根据对客现事实的判断，分析其中的指标构成情况，对指标进行比选和分层处理，通过专家库评分标准，对每一层次的相对重要性进行加权评估、给予定量表示，确定表达在每一层次上相对重要性次序的权。得到数学模型之后，对所有的指标进行赋值运算，得到结果，管理者根据通过排序结果，对信息化绩效中出现的问题进行分析决策。

层次分析法是一种主观赋权法方法，必然会由于主观因素的影响，降低其可操作性，但它的优点在于将专家赋予的值经过数学转换，得出通过一致性检验的权重值。而从另外一方面来讲，层次分析法将管理者的经验判断予以量化，体现了系统工程学中对专家的主观性判断作客观性描述的理论，特别是对制造业信息化绩效评价这样指标多、各指标间的关系复杂、后续效益较长的评价对象，符合层次分析法的优点，它擅长处理指标关系和目标结构复杂、数据不完整等情况。

层次分析法操作方法如下：

1) 对同一层次的事件或因素，进行重要性或影响程度的比较，通过专家打分构造判断矩阵。构造判断矩阵的方法是：向管理者专家询问，并提供依据；利用判断矩阵的准则，分析两元素间的重要程度，并进行等级分类，在分类过滤中，重要性程度按 1 ~ 9 进行赋值，如表 4 - 3 所示。

表 4 - 3 重要性标度含义表

重要性程度	含义
1	表示两个元素相比，具有同等重要性
3	表示两个元素相比，前者比后者稍重要
5	表示两个元素相比，前者比后者明显重要

[●] 王海燕. 企业信息化绩效评估方法研究及实例分析 [D]. 北京：北京交通大学，2009.

重要性程度	含义
7	表示两个元素相比，前者比后者强烈重要
9	表示两个元素相比，前者比后者极端重要
2、4、6、8	表示上述判断的中间值
倒数	若元素 i 与元素 j 的重要性之比为 a_{ij}，则元素 i 与元素 j 的重要性之比 $a_{ij} = 1/a_{ji}$

2）计算判断矩阵的特征向量和最大特征值，设 $A = (a_{ij})_{n \times n}$ 为特征向量，中间矩阵用 A' 表示，则

$$a'_{ij} = \frac{a_{ij}}{\sum_{i=1}^{n} a_{ij}} (i = 1,2,\cdots,n; j = 1,2,\cdots,n)$$

设现有中间矩阵 $A' = (a'_{ij})_{n \times n}$，则

$$w_i = \frac{\sum_{j=1}^{n} a'_{ij}}{n}$$

于是，$w = (w_1, w_2, \cdots, w_n)^T$ 即为所求向量的特征向量，即各因素的相对权重；通过下面的公式来求判断矩阵的最大特征值：

$$\lambda \max \sum_{i=1}^{n} \frac{(Aw)_i}{nw_i}$$

其中 $(Aw)_i$ 为向量 Aw 的第 i 个元素。

3）一致性检验公式：

$$CI = \frac{\lambda \max - n}{n - 1}$$

式中：n 为判断矩阵的阶数，如果 CI 越小，则说明一致性越好，否则一致性越差。如果 $CI < 0.1$，则认为判断矩阵满足一致性的要求。

（二）模糊综合评价法

模糊综合评价法是一种以数学为基础的综合评标方法，它的特点包括：①相互比较。以最优的评价因素值为基准，其评价值为1，其余欠优的评价因素值依据递减的程度得到相应的评价值。②依据各类评价因素的特征，确定评价因素值与评价值之间的数学函数关系。该综合评价法评价由定性变为定量的，即用模糊数学对讨论的对象做出一个整体的评价。模糊学理论广泛应用于软件工程、控制过程、测试计量等科学领域。

模糊综合评价法的主要步骤是：①评价对象的分解；②模糊集合（因素集）的确定；③评价等级的设定；④构建模糊矩阵；⑤权重分配；⑥求评价值。

该方法通常以为基础，该方法的具体步骤如下：

1）确定因素集 $U = \{u_1, u_2, \cdots, u_n\}$；

2）确定备选集（评价因素）$V = \{v_1, v_2, \cdots, v_n\}$；

3）建立权重集 $U = \{a_1, a_2, \cdots, a_n\}$，权重的评价因素可以是历史数据、专家评价、经验值等，需要综合的比较；

4）构建因素评价矩阵 R，因素判断矩阵的隶属度既可以通过数学的方法确定，还可以通过距离或贴近度的方法确定；

5）将得出的判断矩阵进行归一化处理，得出的结论就是评价因素集 $V = \{v_1, v_2, \cdots, v_n\}$ 各种因素所发生的概率。

N 级评价模型为：

$$B = AR = \begin{cases} A_1R_1, A_1R_2, \cdots, A_1R_N \\ A_2R_1, A_2R_2, \cdots, A_2R_N \\ A_3R_1, A_3R_2, \cdots, A_3R_N \\ A_NR_1, A_NR_2, \cdots, A_NR_N \end{cases}$$

6）最终评价值为：

$$E = B \times U^{\mathrm{T}}$$

E 值越大，表明企业信息化绩效高。具体评价时，可以设定统一的标准，通过标杆比较，准确了解企业信息化综合绩效水平。

（三）主成分分析法

在评价中，为了能够全面反映评价对象的真实情况，评价者倾向于选择最多的评价指标以期望减少遗漏项。但是，从另外一方面来讲，评价指标过多会增加评价工作量，而且会因为评价指标间关系复杂、影响因素较多等问题，造成评价信息相互重叠和干扰。最终，反而难以客观地反映被评价对象的权重。因此，如何用较少的指标代替诸多因素，并综合考虑各指标间的相互联系，全面反映原来的信息量，成为综合评价中研究的重要问题。

主成分分析法是一种数学变换的方法，它把给定的一组相关变量通过线性变换转成另一组不相关的变量，这些新的变量按照方差依次递减的顺序排列。在数学变换中保持变量的总方差不变，使第一变量具有最大的方差，称为第一主成分，第二变量的方差次大，并且和第一变量不相关，称为第二主成分。依次类推，N 个变量就有 N 个主成分。

（四）投入产出法

投入产出分析法最早运用源于 1977 年，波拉特使用美国商务部"投入－产出"数据来分析美国的信息经济结构，最具有代表性的模型是卡卢纳尔顿模型，该模型将一级信息部门和二级信息部门结合在统一的"投入－产出"表中。投入产出法运用数学工具展开定量研究，建立企业信息化投入与绩效产出之间的数量关系，投入产出法一般分为静态和动态两种类型，静态分析不考虑要素随时间的变化情况，而后者则将时间作为一个变量引入方程组，动态模型则考虑时间变化，数据关系复杂。

（五）数据包络分析方法

1978 年由著名的运筹学家 A. Charnes、W. W. Cooper 和 E. Rhodes 首先提出了一个被称为数据包络分析（Data Envelopment Analysis，DEA）的方法，用来评价部门间的相对有效性。他们的第一个模型叫做 CCR 模型。1984 年 R. D. Banker、A. Charnes 和 W. W. Cooper 给出了一个被称为 BCC 的模型。1985 年，Charnes、Cooper、B. Golany、L. Seiford、J. Stutz 给出了另一个被称为 CCGSS 的模型。这两个模型是用来研究生产部

门间的"技术有效性"的。

DEA 是研究多指标的投入与产出，目的是对同类型企业进行有效性的评价。

它的基本原理使用数学规则模型，以指标的输入数据和输出数据为依据，比较指标之间相对效率，对指标进行客观评价。输入数据是指标在活动中耗费的量，例如占地面积、投入的总劳动力、投入的资金总额等；输出数据是指标经过一定的输入之后的产出，例如经济效益、产品的质量、不同类型的产品数量等。

DEA 方法是以输入/输出两个对应概念为基础的评价模型，比较适用于输入和输出都十分明确的系统评价。对企业信息化绩效评价来说，由于信息化为企业

带来的更多的是长期的、隐性的收益，在输出方面有明显的滞后性，因此使用方法会出现输出数据获取、评价困难的问题。DEA 方法主要适用于：政策实行后可能出现的效果，研究各种方案之间的有效性，进行相关性政策的评价，对公司、企业的生产效率和经营效益进行有效的相对性评价等方面。

三、企业信息化绩效评价的指标体系

(一) 国外信息化绩效评价的发展

绩效评价体系从最初被人们所关注，逐渐意识到绩效评价的重要性，到成为企业运营过程中的一种管理工具，经历了许多从内容到形式的更新。可将企业绩效评价体系发展的历史分为三个主要阶段：❶

第一阶段，企业绩效评价理论形成阶段。此阶段的企业绩效评价主要依据是财务指标，内容比较单一，其特点是通过一些显性指标，如报表和经营指标来作为绩效评价的基本依据，比如利润、市场占有能力、经济运行的周转率、资产负债情况等。19 世纪末期，美国的古典管理学创始人泰勒，他创立了科学管理理论，被管理界誉为科学管理之父。他认为管理者对企业的评价不仅只是收益的增加，而且还要关注企业生产效率的高低。从 20 世纪开始，企业逐渐向跨行业经营的方向发展，集团公司的概念开始形成，在集团公司内部，迫切需要通过多个财务报表、经营指标、按照关联程度划分并组成综合的指标体系，来进行企业绩效评价。企业通过投资回报率、投资收益等指标来考量企业经营绩效，通过这一时期的发展，理论界基本形成一套综合的财务业绩评价指标体系。

第二阶段，企业绩效评价进一步完善的时期。随着现代公司制度的不断完善、发展，现代企业组织形式也发生了相应的变化，各种竞争日益激烈，各种经济要素得到充分的交流，因此，企业所有者和经营管理者更加注重企业经营绩效和长远发展。由于财务指标评价体系存在许多的不足之处，经过发展，基于财务的绩效评价体系，开始转变为一些价值评价指标，如长期绩效。在这些价值评价指标中，包括"经济增加值"（Economic Value Added，EVA）和"净现值"（Net Present Value，NAV）等。EVA❷ 考虑了企业产生利润的所需资金成本，指的是企业净利润与全部投入资本成本之间的差

❶ 郝清民. 煤炭上市公司绩效评价理论与方法及其实证研究 [D]. 天津：天津大学，2004.

❷ Fredrik Weissenrieder. Value Based Management [J]. Economic Value Added，2002.

额，差额为正说明企业创造了价值。指标克服了会计指标作为评价依据的缺点，它符合股东对价值最大化的要求。有研究结果表明，EVA 指标在分析上市公司市场价值方面的能力强于会计指标，但会计指标本身依然具有很高的信息含量，EVA 指标并不能完全替代会计指标而做出评价。

第三阶段为战略评价指标阶段。在该阶段，企业绩效评价进入创新发展时期，伴随着企业发展进入现代化管理时期，80 年代后期开始，外国开始重视企业绩效的研究，也开展了评价方法的研究。信息化评价理论与方法，实际应用情况的分析也开始于 80 年代。国外对企业信息化的评价更加注重绩效评价，在 1962 年，马克卢普发表了《美国知识的生产与分配》一书，提出了一套测算信息经济规模的方法，这本书奠定了信息化与信息产业的理论基础。而波拉特则在马克卢普的基础上，进一步扩展了测度理论，出版了《信息经济：定义和测量》一书，对信息经济和信息产业的概念、方法和指标体系进行了论述，提出了被称为"波拉特法"的信息化发展测度方法。后来的 Vijay. S 和 William. R. K 提出了评价指标体系，该体系包括 7 个因素共 29 项指标，这 7 个因素是主要活动的效率、辅助活动的效率、资源管理的有效性、资源获得的有效性、谈判能力、优先权和协同效应。Rvai 等人认为企业信息化要采用多指标的综合评价，要确定各要素所对应的具体指标，构成评价指标体系，确定每项指标的权数。Nagalingam 和 Lin 和采用专家系统进行评价，该系统建立了战略属性库，提供各信息系统对各战略属性贡献的参考值。要求企业从战略属性库中选择所期望的属性，采用 AHP 法确定各属性的权数，估计各信息系统对属性的贡献分值，取加权和作为其评价值。

经过以上三个阶段的发展，发达国家的企业信息化水平、企业管理绩效研究水平已经到了一个相当高的水平。提高企业信息化的绩效已经成为一个企业管理者管理企业的一种必要手段。同时，国外学者已经对信息化的绩效贡献、隐性收益等各方面有了一定的研究，从过去单纯的评价显性收益上升到一个新的高度，对企业的评价也更加全面。

（二）国内信息化绩效评价的发展

随着我国社会主义市场经济的发展，信息技术也越来越受到社会各界的关注，关于企业信息化绩效的评价的研究也越来越多。企业信息化作为一种"投入—产出"的行为，关系到各种信息资源如资金、人力、管理成本等方面的投入，企业信息化的目标实现与否、对企业绩效的贡献程度，需要建立科学的绩效指标及评价体系。

国家信息中心于 2002 年 10 月在北京推出第一个面向效益的信息化指标体系，即中国企业信息化指标体系。这套指标体系包括"中国企业信息化指标体系构成方案"和"中国企业信息化标杆企业推选方案"两部分内容，该体系的推出使得我国企业信息化水平第一次有了度量的标准，该指标体系将企业信息化评价分为程度评价和效能评价两个主要方面。

1）程度评价方面。主要用于衡量企业信息化水平，通过这些一级指标和相对应的二级指标，政府和企业可以给企业信息化水平进行量化。通过体系中的指标评估，得出企业信息化建设状况的基本情况，企业根据结果，结合自身实际，分析企业信息化程度，为企业信息化下一步计划和战略布局提供依据。

2）效能评价方面。该指标体系建立了"适宜度"和"灵敏度"两大类共计 17 项指标。其中适宜度指标，从"是否合理"作为评判方式，测评信息化系统各指标的有机化程度。国内的信息化建设经历了 20 余年的发展历程，政府和企业在信息化建设中投入了大量的人力、物力和资金，取得了不少的成绩，但是，我国的信息化建设的绩效还远没有达到所希望的效果。尽管企业管理者意识到信息化绩效评估对于企业的重要性，但在部分企业信息化建设过程中出现用户困惑、厂商避谈、咨询商等问题，大多是从企业信息化投入的角度来分析企业目前的状况，指导当时企业的生产和进一步的战略规划，过多地关注了眼前的利益。对于上述问题的解决，需要对企业信息化绩效水平给出一套完善的评价指标体系，从而为企业信息化投入绩效评判提供数据化的支撑依据。

（三）绩效评价分析体系

绩效评价问题是任何一个经济体系中的核心问题，一个设计得很好的绩效评价系统可以使管理者判断现有的经营活动的获利性，发现尚未控制的领域，有效地配置公司有限的资源评价管理业绩。[1] 那么一个好的绩效评价体系应该包括哪些内容呢？

具体来说，一个完整的绩效评价体系应该包括评价主体、评价目标、评价客体、评价模型、评价指标、评价方法、评价标准和评价报告八个要素[2]，如图 4 – 7 所示。

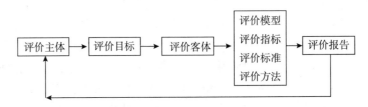

图 4 – 7　绩效评价体系构成要素

从图 4 – 7 可以看出，绩效评价系统各要素之间是相互联系的，箭头表明了各要素之间联系的方向。评价主体和评价客体的相互作用是绩效评价系统的基础，评价模型、评价指标、评价标准和评价方法是绩效评价体系的核心，它们决定了评价报告的内容与可信度。而评价报告把绩效评价的结果反馈给评价主体，为下一步绩效改进提供依据。

1. 评价主体

绩效评价的主体回答的是"谁来评价"的问题，主体包括资产所有者、经营管理者、政府部门以及其他利益相关者。

2. 评价目标

绩效评价的目标回答的是"为什么要分析评价"的问题，是整个评价体系运行的指南和目标，决定了体系中所采用的模型、方法、指标和标准等内容。从本质上讲，绩效评价的目标就是衡量战略的执行效果，为管理优化改善提供依据。

3. 评价客体

绩效评价的客体，即评价对象，回答的是"分析评价什么"的问题。由于战略执

---

❶ 弗雷德里克. DS 乔伊. 卡罗尔·安·福罗斯特，等，国际会计学［M］. 周小苏，等译. 大连：东北财经大学出版社，2000：395 – 412.

❷ 邵宏宇. 基于信息化能力的企业全面信息管理研究［D］. 天津：天津大学，2009.

行效果比较抽象，难以直接衡量，必须对其进行分解、映射，将战略的执行效果对应到具体的活动和组织，再对其进行绩效测量、分析和评价，最后得到整体绩效。

4. 评价模型

绩效评价模型回答的是"总体上怎么做"的问题，是整个体系的关键，体现了分析评价的整体思路，决定了指标体系的设计和分析评价方法的选择。绩效分析评价模型的构建过程实际上就是对管理绩效的建模过程，指出了从哪些方面和角度来衡量管理绩效，并建立了不同衡量方面和角度之间的关系。

5. 评价指标

绩效评价指标回答的是"具体怎么做"的问题，从哪些方面对评价客体进行评价。评价指标是在分析评价整体思路的指导下，选择具体的关键指标来衡量活动和任务的绩效，对评价分析模型提供支持。所有指标形成一个完整的层次结构即指标体系，是实施绩效分析评价的基础。

6. 评价方法

绩效评价方法回答的是"做的方法"的问题，是指绩效评价时所采用的具体手段。它包括数据的处理方法、指标的合成方法、结果的分析方法、结果的比较方法等。没有科学的分析评价方法对数据的处理，就得不出正确的结论，分析模型、指标体系和实际的数据也就没有意义。因此，科学合理的评价方法是取得公正评价结果的重要保障。

7. 评价标准

绩效评价标准回答的是"依据是什么"的问题，即判断分析评价客体绩效优劣的基准，一般称作"标杆"。标准的选择取决于评价的目标，是相对的、发展变化的。有了度量标准供分析评价时参考，其判断结果对于决策者来说才有可比性。

8. 评价报告

绩效评价报告回答的是"结果是什么"的问题，是绩效评价工作的结论性文件。

通过绩效数据，利用一定的方法计算、加工和处理，在一定的评价标准下得到的关于管理水平优劣和发展趋势的判断和结论，作为管理优化改善的依据，为决策者提供参考。

以上八个要素共同组成一个完整的绩效评价体系，它们之间相互联系、相互影响。

（四）信息化评价体系设计原则

指标体系是评价的基础，也是评价结果准确合理的基本保证。评价的指标体系是解决"评价什么"的问题，一套科学、系统、规范的指标体系能够全面地反映企业信息化建设的状况。有了评价指标体系，企业在实施信息化建设中就有了一定的参考依据。同时，可以比较企业间信息化建设的差异和特点，这对于政府制定经济发展战略，优化信息化建设的大环境，正确指导企业信息化的发展有十分重要的意义。

企业信息化绩效评价指标体系的建立必须遵循以下原则：

1. 目的性原则

企业信息化指标体系的建立，旨在让企业认识到自身信息化建设情况，指导企业有效地进行信息化建设。通过衡量信息化的现状，找出其中的问题并分析原因，提出改善的手段和方法，为企业的决策层提供科学的依据，从而全面高效地实现企业信息化，提高企业的经济效益和核心竞争力。

2. 系统性原则

企业信息化绩效评价指标体系必须如实而全面的反映企业信息化的投入和产出状况，能够对企业信息化建设各个方面的情况进行综合评价。其中，不仅包含物质方面的因素，如资金投入、基础设施建设等，还包含精神方面的因素，如企业文化、人员素质等。对信息化的产出既要重视信息化给企业带来的直接经济效益，也要关注管理水平的提高等间接效益。

3. 可比性原则

企业信息化绩效评价指标体系建立的目的是能够对企业不同时期以及不同企业的信息绩效进行比较，从而找出差距，提出改进的措施和建议，指导企业信息化建设。因此，指标体系既要便于企业不同时期信息化绩效的纵向对比，又要便于不同企业的横向对比，从而充分发挥指标体系在实施过程中的引导和导向作用。

4. 动态连续性原则

企业信息化是一个动态发展、不断提高的过程。因此，信息化绩效评估的结果需要既能反应企业信息化的现状，又能反映企业信息化的发展趋势和潜力。这要求在选取评价指标时静态指标与动态指标相互结合，前者反映企业信息化的现状，后者反映企业信息化的发展前景。

5. 可操作性原则

指标体系中各指标的含义要尽量清晰明确，具有可操作性，便于数据采集。此外，指标体系的指标层和指标数量并不是越多越好，指标体系设计得过于复杂、繁琐会降低评价精度。因此，要合理地构造指标层次和指标数量，在保证评价结果的客观性、全面性的条件下，减少或去掉一些对评价结果影响甚微的指标。

6. 独立性原则

评价指标体系中的各指标间该尽量具有包含关系、相关关系，减少指标间的重叠现象，力求各指标独立，从而使评价更加可信、高效。

7. 计量性原则

信息化评价指标有定性指标和定量指标两种。构建信息化指标的根本目的是在定性的基础上，用可以度量、计算和比较的数字、符号等来衡量企业信息化的绩效。因此，不管是定性指标还是定量指标都具有可计量性。

附 录

案例1 北京市级电子政务云案例

华为技术有限公司
（第一章第2节）

一、情况介绍

北京市政府从2011年开始启动市级电子政务云试点，经过4年试点已经形成大约100项政务云服务，建成近5000台虚拟机，承载约150个业务系统。为了更好地推进政务云建设，北京市政府在2015年投入建设位于六里桥政务服务中心的政务云数据中心，构筑北京市统一的电子政务云服务平台。新的云数据中心将为各个政务部门提供行政审批、政府网站和基础共性支撑等服务，更是配合统一的安全管控平台，和已有的数北政务云数据中心、在建的密云灾备中心以及规划中的众多社会机房，共同构成"一套安全体系＋两个核心机房＋N节点"的政务云布局。

二、建设之初面临的问题

北京市电子流政务云旨在构建北京市统一的电子政务云服务平台，为全市各政务部门提供政务电子化支撑服务。但是面对复杂的现网情况以及"一套安全体系＋两个核心机房＋N节点"的政务云布局目标，建设之初面临如下一些待解决的问题。

1）统一管理难度大。北京六里桥政务云数据中心和已有的数北政务云数据中心、在建的密云灾备中心以及规划中的众多社会机房，共同构成"两个核心机房＋N节点"的政务云数据中心布局，分布式的数据中心格局对政务云的运营提出了巨大的挑战。政务云需要根据委办局业务的资源需求、网络接入需求，灵活地在多数据中心之间为委办局业务提供云服务，实现多个数据中心的统一云管理。

2）安全可靠要求高。北京市政务云为全市所有政府委办局提供统一云服务，整个平台的安全可靠是政务云建设最重要的环节。平台的运营要严格杜绝信息安全事件和停机、宕机事件，并确保云平台全年99.99%的可靠性和数据99.9999%的可靠性。

3）开放兼容性强。统一的云平台面向各个委办局不同种类的业务提供云服务，因此要考虑对已有业务系统和基础平台的兼容，可提供对现有的Oracle、MySQL、SQLServer等多类型、多版本主流数据库的支撑。

三、建设思路

为解决上述问题，北京市政府选择了华为技术有限公司的华为政务云数据中心解决方案，该方案能够提供整套计算、存储、网络安全和云计算的基础架构能力，实现了北京政务云基础架构平台整体设计、整体交付、充分兼容、充分调优。

整体解决方案拓扑图如图 A-1 所示。

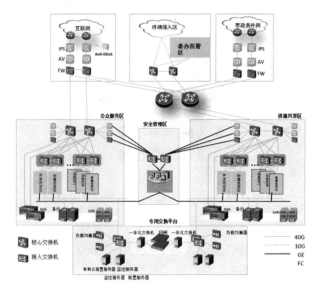

图 A-1　北京市电子政务云拓扑

1）分布式云数据中心解决方案。分布式云数据中心管理能力将多个数据中心资源统一管理，并面向每个委办局提供资源跨站点的虚拟数据中心（VDC）能力，有效匹配政务云业务组织架构。具体来说，实现：各个委办局具备独立云资源分配使用能力，可根据自身业务灵活调配使用资源；不同委办局之间的资源实现有效隔离；在申请云资源时，可以根据业务对基础架构的资源需求、网络接入需求，在合适的机房站点申请所需要的云服务。

2）信息安全。华为政务云数据中心解决方案为政务业务提供全方位的安全保护能力。首先，全自主知识产权软硬件产品，具备对全部软件代码的开发、升级和 BUG 修复能力，做到平台安全可靠。其次，政务云平台设计符合信息安全等保三级要求。在传统网络安全方面采用高性能 Anti-DDoS 设备/防火墙/IPS/VPN 接入等技术，云计算方案 Fusion Sphere 采用了无代理杀毒、OS 内核精简加固、退租数据 BIT 清零、管理分权分域等技术，全方位的安全能力确保政务云安全合规。最后，实现数据可靠性保障。充分考虑主中心的双活架构，匹配未来和密云机房的两地三中心高可靠架构。在本期建设中采用阵列双活技术 HpyerMetro，两台高端阵列 OceanStor18000 的集群确保了99.9999%的数据可靠性，有效支撑业务系统 RTO≈0/RPO=0 的容灾目标，实现平台99.99%的可靠性要求。

3）异构兼容。开放成熟的云平台，保证了最大的异构硬件兼容能力和上层业务应用的兼容能力。华为成熟的商用云解决方案 FusionSphere，具有极强的软硬件兼容能力，确保对硬件以及对上层业务应用的兼容性。不仅支持主流数据库 Oracle/SQLServer/MySQL、常用中间件，还支持兼容中标普华和中标麒麟等安全操作系统。此外，支持向 OpenStack 开放云平台的演进，为未来建设统一的计算、存储、网络资源池和 SDN 的使用打下基础，最大程度提升平台开放、异构兼容的能力。

四、项目意义

通过对分布式云数据中心的统一资源管理和跨数据中心 VDC 资源管理，有效实现了委办局在多数据中心范围内对云服务的灵活申请分配和业务的灵活部署上线，大大提升了云资源使用效率和业务服务能力。

政务云数据中心的设计以等保三级作为参考，有效支撑等保三级测评。双活容灾方案支撑业务系统 RTO≈0/RPO＝0 的容灾目标，实现平台 99.99% 的可靠性要求和数据 99.9999% 的可靠性要求，安全稳定的政务云平台有效加速了业务云化整合的进程。

开放兼容的 FusionSphere 云平台，有效应对众多委办局不同类型的业务，为类型繁多的上层业务和平台软件提供了良好的兼容支持，提升了政务业务向云平台迁移的成功率。

五、客户声音

"北京市政府决议建设'一站式'服务中心，满足未来五年服务北京 2000 万市民需求。经过多轮技术研讨、方案测试，我们最终采用华为全套 ICT 解决方案，构建超万兆互联园区以及高性能市级政务云数据中心，效率提升了 20% 以上，成本节省了 30% 以上。"——北京市经济和信息化委员会

华为技术有限公司

案例2　实验室信息管理系统建设案例

北京斑图信息科技有限公司
（第一章第 2 节）

一、背景介绍

国务院颁布的《质量发展纲要（2011—2020 年）》中明确提出质量信息化是夯实中国的质量发展重要基础之一；《质检信息化发展"十二五"专项规划》指出质检信息化是构建大质量工作机制的需要，是推进大质检文化建设的需要。伴随着检测机构的市场化及电子商务的发展，如何增强检测机构的竞争力、如何提高机构公信力、如何树立良好市场形象是一个不容忽视的问题。北京斑图信息科技有限公司自 2010 年就致力于以实验室信息管理系统（LIMS）为核心的信息化管理系统的发展。在当前形势下，建立引领商业检测新发展方向的智慧检测信息化系统成为我们的使命和目标。

二、现存问题及发展方向

目前检测机构及企业的检测部门普遍存在各个分系统相对孤立，融合联动不佳，系统固化，整合困难，基本没有以客户为中心的客户关系系统；实验室自动化数据采集程度低；资质合规性管控程度低；另外多数检测机构使用了定制化软件，该类型软件系统有其固化、单一、孤立、缺乏整体设计的缺点，难以适应业务的发展变化和客户多样性要求，软件升级维护困难，客户对开发团队的依赖性很强，投资风险加大，定制化软件已经走入了瓶颈。为了解决以上问题，未来系统的发展趋势一定是建立一套平台化、开放式的、商业化的信息化管理系统，该系统与仪器设备的无缝集成得到提升；随着物联

网技术的发展, RFID (Radio Frequency Identification, 无线射频识别) 技术和传感网络检测技术, 该系统能够自动识别物资对象, 获取相关数据, 识别过程无须人工干预, 操作快捷方便, 能够实现实验室范围内的物品、样品的实时跟踪和重点样品分析监控, 从而为实验室提供全方位、智能化管理。另外, 基于云计算的实验室信息管理系统, 用户可只为自己的需要功能付费即可, 不必在硬件、软件、专业技能、系统升级维护方面进行任何投资, 从而以更低的投入获取最大的应用价值 (图 B – 1)。

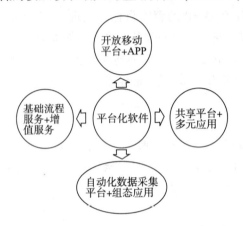

图 B – 1　开放式平台化信息化管理系统示意图

通过共享基础架构的方式, LIMS 云计算平台可以避免各个实验室价格不菲的本地计算机系统建设和维护: 由专业的 IT 人员会负责 LIMS 平台上软件的部署、安全的控制和用户数据维护; 实验室用户只需要接入互联网, 就可以通过电脑、手机等终端设备, 在任何地点方便快捷地处理数据和享受服务。

三、建设思路

为了解决上述问题, 按照 "大平台、大系统、大安全、大运维" 的建设思路, 进行整体规划、分步实施、滚动发展的理念推进以 LIMS 为核心的 "智慧检测" 信息化管理系统的建设, 如图 B – 2 所示。

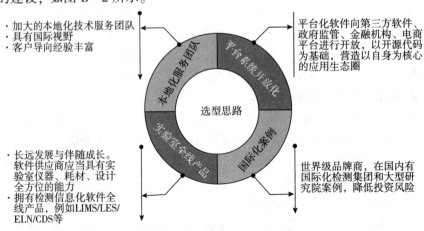

图 B – 2　建设以 LIMS 为核心的信息化管理系统的选型思路

　　具备了图 B‐2 所示的因素，一流的检测机构还需要建设四大平台，即高效协同的客户服务平台、集成共享的经营管理平台、智能互联的检测运营平台和敏捷安全的基础技术平台，同时要具有信息标准化体系和信息安全体系作为保障。图 B‐3 详细说明了四大平台两大体系的建设内容及整体规划。图 B‐4 详细说明了核心 LIMS 系统的建设内容。

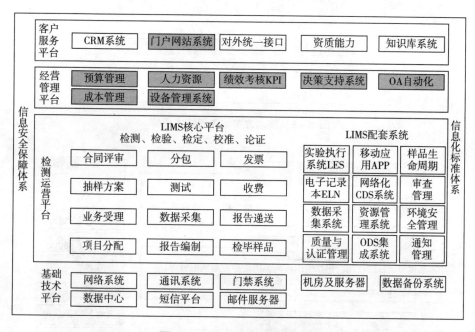

图 B‐3　建设内容及总体规划

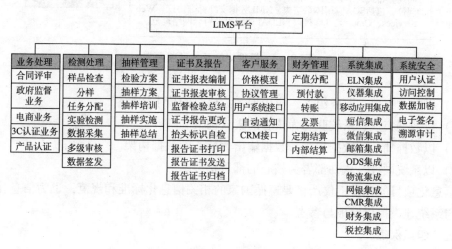

图 B‐4　核心 LIMS 系统的建设内容

四、系统方案

　　我们采用建设以下四个构架的技术系统方案，实现整个系统各个模块的互联互通，并且需要具备图 B‐5 所示的技术保障因素。标准话体系的涵盖内容如图 B‐6 所示。

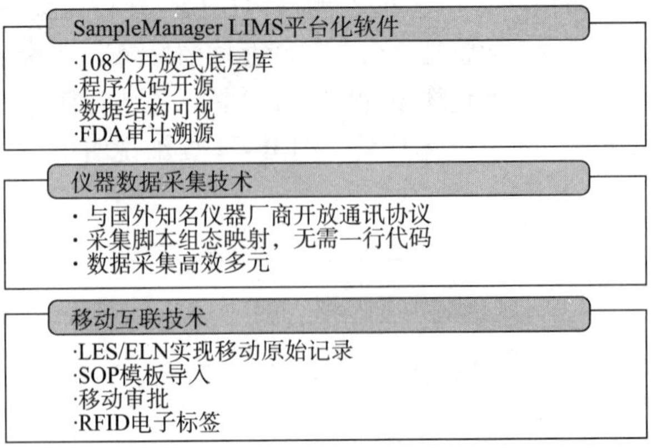

图 B-5 技术方案的关键技术保障

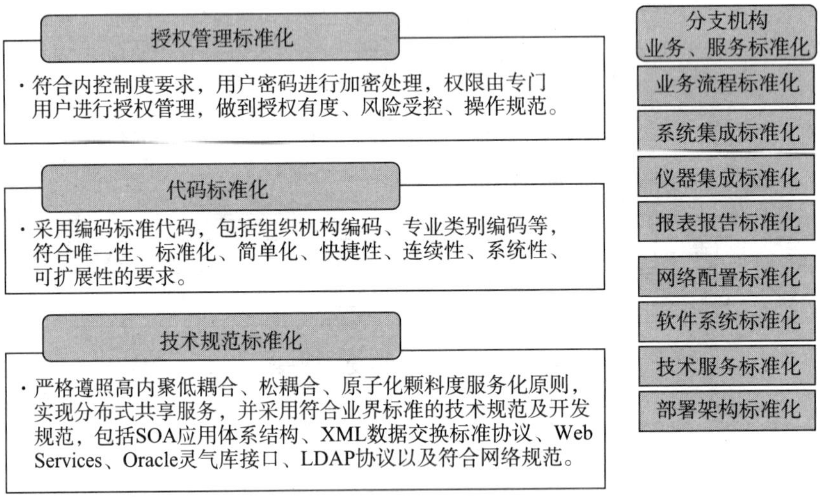

图 B-6 标准化体系的涵盖内容

1）以技术组建、业务组件、应用展示为核心的技术构架。

2）以数据集成、系统联动为核心的集成构架。

3）以数据捕获、数据加工、数据输出为核心的数据构架。

4）以系统硬件、软件部署为核心的部署构架。

信息化项目的建设不仅严格要遵循国家的相关信息化标准和规范，也为信息化项目发展与系统建设提供模板与参考。

五、组织保障

建设以上所述的信息化系统需要在项目之初建立有效的组织保障。

领导小组负责：①业务模式及重大流程的变化；②项目管理组、工作组的建立及人员变动的审批；③审核项目管理制度；④项目蓝图及总体规划的审批；⑤项目主数据标准化的审批；⑥项目上线及验收审批；⑦定期参加关键会议。

管理小组负责：①指派业务骨干参与项目实施；②负责本所（部）业务职能的设

计、优化、组织实施、运行和管理；③负责本所（部）与其他业务部门的沟通和协调；④负责本所（部）流程建模、建立主数据等工作；⑤负责本所（部）标准化策略的制定和执行；⑥负责系统运行的运维管理制度的建设和执行；⑦定期参加项目例会。

工作小组负责：①负责项目调研、设计、原型建设、系统开发及测试；②负责主数据的建立；③负责系统安装、配置和备份；④负责培训工作；⑤负责工作小组人员的管理及工作安排；⑥负责编写项目汇编；⑦组织项目周会。

另外还要建立以考勤管理制度、工作例会及汇报制度、激励考核制度、安全管理制度为核心的项目管理制度。

六、项目目标及意义

利用内置功能丰富、具有良好开放性、能够轻松实现业务流程的再造、能够适应客户需求多样化的平台化核心软件产品，结合经验丰富的实施服务团队，建设从手工采集向仪器采集发展、从固定应用向移动应用发展、从分散管控向协同管控发展、从被动响应向市场驱动发展的一体化实验室信息管理系统，全面实现信息化管理系统的感知实时化、业务数字化、数据标准化、应用集成化。

案例3　智慧办公文件输出管理解决方案

北京冬雪天地数码科技有限公司
（第二章第一节）

一、情况介绍

北方交通大学附属中学（原北京铁道学院附中，以下简称交大附中），位于著名历史遗迹大钟寺南侧，毗邻交通干线北三环路。创建于 1957 年，是一所海淀区教委直接领导的区属重点中学，并于 2004 年获得了北京市示范高中校的称号。全校有 300 余位教职工，日常办公中常用直连打印输出文件，复印机集中管理，不但审批流程烦琐，而且因电子化程度低影响效率。2015 年为响应国家节能减排的战略政策，校方需要深化改革调整办公业务流程，以做到节能减排目标清晰化，减排效果可量化，并希望因此达到降低办公成本、加强安全管理水平、提高办公效率等实效目的。

二、建设之初面临的问题

1）安全方面。日常业务中，诸如学生档案、考试试卷、教研论文等文档对输出的保密性要求很高，而以前的设备在电脑端确认后就会直接输出，存在泄密风险。

2）成本方面。学校采用为老师们单独配纸的方式供其使用，不同科室之间用纸量不等，很难做到合理分配。

3）效率方面。在此之前，学校共采购百余台单一功能的小型打印机，面对复杂印刷任务时，老师们只能到学校文印室排队等候。

4）管理方面。不同型号设备让信息管理科的 IT 管理员很头疼，整天都 忙着维护设备，为老师们解决设备使用中的各种问题，而且办公耗材成本不断增加，不易控制。

三、智慧办公系统逻辑

智慧办公系统逻辑如图 C-1 所示。说明：

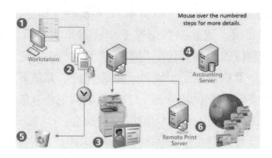

图 C-1　智慧办公系统逻辑图

1）在用户端操作简便，客户不需要为了打印不同的文档在去选择驱动，只需要一个打印驱动就搞定了；

2）文档输出后以加密形式停留在打印服务器中，需要安全认证后方可输出；

3）用户在任何一台一体机上刷卡认证便可输出文件，安全有保证；

4）在用户做完打印/复印/扫描工作后，设备自动发送日志到账单服务器上，做到统计清晰，有追溯性；

5）如果客户发现打印输出错误，可以在设备上及时取消打印任务，做到不浪费；

6）在园区内任何一台设备上验证输出都能做到一样的使用，实现 ID 卡认证输出，保证信息安全，支持随行打印，实现成本分摊，费用可控。

四、显著成效

1）安全方面。之前：日常业务中，诸如学生档案、考试试卷、教研论文等文档对输出的保密性要求很高，而以前的设备在电脑端确认后就会直接输出，存在泄密风险。之后：刷卡系统杜绝了随意输出的可能，只有打印者来到复合机前刷卡才能输出文档，确保了学校机密文件的安全性。

2）成本方面。之前：学校采用为老师们单独配纸的方式供其使用，不同科室之间用纸量不等，很难做到合理分配。之后：现在，信息管理科统一管理设备、订购耗材，用 uniFlow 的设备监控功能监控各部门 及个人打印状况，更有效地管控文印开

3）效率方面。之前：在此之前，学校共采购百余台单一功能的小型打印机，面对复杂印刷任务时，老师们只能到学校文印室排队等候。之后：多功能合一的复合机打破之前单一功能设备 的局限，用一台机器就能完成全部输出。uniFlow 随行打印让老师们不受楼层限制，随时在附近的设备上输出，办公更高效！

4）管理方面。之前：不同型号设备让信息管理科的 IT 管理员很头疼，整天都 忙着维护设备，为老师们解决设备使用中的各种问题，而且办公耗材成本不断增加，不易控制。之后：现在十几台复合机集中管理，安装一个驱动就能连接到所有设备，随时掌控设备状况，IT 管理员可以将更多精力投入到学校 数字化网络建设中去。

五、项目意义

作为海淀区重点中学、北京市示范高中，交大附中近年来积极建设数字化校园，既配备了现代化的多媒体教室、演播厅、实时录 像系统等，更将智慧办公文印系统纳入办公体系，为学校文印输出带来了崭新的面貌，有效控制文印成本，加强信息安全，提

升办公效率，降低管理难度。随着多媒体设备的持续引进和数字管理平台的建立，未来数字化的交大附中指日可待。冬雪公司将智慧办公管理软件深度嵌入，系统不仅能做到漫游打印和扫描而且可以做到分账管理，而且提高了安全管理水平，更加降低了办公成本，定制化的水晶报表使得节能减排目标成果可量化，得到了业界及教育部门的一致赞许。

六、客户反馈

来自北方交通大学附属中学校方的声音："北京冬雪天地数码科技有限公司提供的智慧办公管理解决方案，将智慧办公管理软件深度嵌入，不仅可以进行漫游打印和扫描，而且可以进行分账管理。既提高了我们的安全管理水平，也极大程度上降低了我们办公成本，提高了办公效率，我们对此表示非常的满意。"

北京冬雪天地数码科技有限公司是国内最早从事 IT 产品、OA 产品销售和售后服务、提供 IT 办公整体解决方案以及文件外包服务的公司之一，拥有十多年的行业经验，在业内处于领先地位。主要从事多媒体会议系统、视频会议系统、中央集成控制系统、大屏幕投影系统、数字会议及同声传译系统、专业监控系统、计算机网络系统、综合布线系统的设计、销售、安装调试和维护工程等。致力于为客户提供高效优质、放心可靠的全方面服务，努力打造您身边最贴心的办公解决方案专家。

北京冬雪天地数码科技有限公司

2016 年 11 月 18 日

案例 4　物联网标识 – Ecode 案例

中国物品编码中心

（第二章第三节）

一、物联网标识技术体系

（一）标识体系技术架构

中国物品编码中心经过长期系统性地研究国内外主流编码系统，对各类系统的体系架构、编码结构、解析规范、应用模式等进行总结和提炼，遵循"统一标识、自主标准、广泛兼容"三个基本原则，提出了一套科学、合理、符合我国国情并能够满足我国当前物联网发展需要的完整的编码方案和统一的数据结构，即 Ecode。它既能实现物联网环境下对"物"的唯一编码，又能针对当前物联网中多种编码方案共存的现状，兼容各种编码方案，适用于物联网各种物理实体、虚拟实体的编码。Ecode 标识体系构架如图 D – 1 所示。

（二）物联网统一编码

物联网标识体系系列标准中最为核心的标准为《物联网标识体系物品编码 Ecode》，该标准已进入报批阶段，其规定了物联网中任意实体的编码结构，该结构是经过多次的专家论证后形成的适合作为我国物联网统一标识的 Ecode 编码结构，见表 D – 1。

Ecode 是 Entity code for IOT 的缩写。Ecode 编码的一般结构为三段式："版本 + 编码体系标识 + 主码"。版本（Version，V）：用于区分不同数据结构的 Ecode。编码体系标识（Numbering System Identifier，NSI）：用于指示某一标识体系的代码。主码（Master

Datacode，MD)：用于表示某一行业或应用系统中标准化的编码。

版本 V 和编码体系标识 NSI 由 Ecode 编码管理机构（中国物品编码中心）统一分配，不同的物联网应用可以根据需要选择合适的版本 V，根据版本 V 的不同，编码体系标识 NSI 长度不同。主码 MD 的长度和数据结构由编码体系标识 NSI 决定，主码 MD 的结构及分配由某一编码体系的管理机构自行管理和维护，并需向中国物品编码中心备案。另外，用户在不能确定物联网应用方向的时候，可以申请使用 Ecode 通用编码结构。

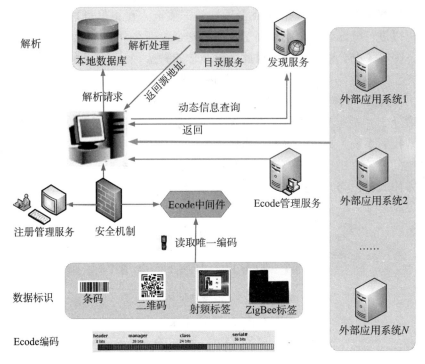

图 D-1　Ecode 标识体系架构

表 D-1　Ecode 编码结构

物联网统一编码 Ecode			备注	
V	NSI	MD	最大总长度	代码类型
$(0000)_2$	8 比特	≤244 比特	256 比特	二进制
1	4 位	≤20 位	25 位	十进制
2	4 位	≤28 位	33 位	十进制
3	5 位	≤39 位	45 位	字母数字型
4	5 位	不定长	不定长	Unicode 编码
$(0101)_2 \sim (1001)_2$	预留			
$(1010)_2 \sim (1111)_2$	禁用			

注：V 和 NSI 定义了 MD 的结构和长度；最大总长度为 V 的长度、NSI 的长度和 MD 的长度之和

Ecode 通用编码结构是一组无含义的代码，根据长度和编码字符集的不同，包括 Ecode64、Ecode96、Ecode128 和 Ecode300120。通用编码的主码 MD 由分区码（Domain Code，DC）、应用码（Application Code，AC）、标识码（Identification Code，IC）组成，

其中，分区码 DC 用于表示应用码 AC 与标识码 IC 长度范围的分隔符；应用码 AC 用于表示一级无含义编码；标识码 IC 用于表示二级无含义编码。通用编码可以用二进制或者十进制表示，以十进制为例的数据结构见表 D-2。

表 D-2　Ecode 通用编码数据结构

编码类型	数据结构					备注	
	V	NSI	MD			总长度	代码类型
			DC	AC	IC		
Ecode64	1	0064	—	6 位	6 位	17 位	十进制
Ecode96	1	0096	1 位	1~9 位	18~10 位	25 位	十进制
Ecode128	2	0128	1 位	1~9 位	26~18 位	33 位	十进制
Ecode300120	3	00120	20 位			26 位	字母数字型

Ecode 可以存储于一维码、二维码、RFID 标签、NFC 标签等多种数据载体中，标识体系系列标准中对不同载体的 Ecode 存储规则进行了规定。采用一维码、二维码、NFC 标签作为载体时，通常将"E = V + NSI + MD"整体写入标签中，其中"E ="为采用 Ecode 编码体系的标识符。采用 RFID 标签作为载体时，将根据标签空口协议和标签存储结构的不同进行具体的规定。

Ecode 一方面可以满足物联网各个行业的编码应用需求，另一方面能够对现有各应用领域已存在的编码方案进行兼容。Ecode 可通过编码层、标识层、解析层三种方式对现有编码系统进行兼容。

1. 编码层

对于已采用成熟的编码方案的产品或应用领域，Ecode 标识体系为其分配新的版本和编码体系标识，从而构成完整的 Ecode 编码。例如，某商品的 GITN 代码为6940786180203，Ecode 为 GITN 分配的版本 V 为 1，编码体系标识 NSI 为 0003，则该商品构成的 Ecode 编码为 100036940786180203，其条码表现形式如图 D-2 所示。

E=100036940786180203

图 D-2　Ecode 完整编码的表示

2. 标识层

对于在编码层无法加入 Ecode 的版本和编码体系标识的情况，可以通过 Ecode Logo将"V NSI"信息标注在标签之外。例如，某商品条码为 6940786180203，Ecode 为其分配的 VNSI = 10003，则采用 Ecode Logo 方式的表现形式如图 D-3 所示。

6　94078　80203

图 D-3　Ecode Logo 的表示方式

3. 解析层

对于已采用成熟的编码方案，并建立有该应用领域的解析系统的产品，可以在不改变物品编码和承载标签的前提下，通过 Ecode 平台中间件将物品原有编码转换成 Ecode，从而实现该物品信息的查询以及其他服务。

二、物联网标识应用

（一）Ecode 标识应用概述

Ecode 标识作为物联网的统一编码，可以满足各个行业的编码要求，做到单品级的产品追溯，可以为制造业、服装业、图书馆、农产品、物流、防伪、交通、医疗等行业提供应用服务。通过 Ecode 标识的应用，可以实现跨系统、跨领域信息的互联互通，有效防止产品伪造现象的出现，有利于企业、行业对其产品的监督管理，同时为大众消费者提供高公信度和高安全性的服务。

（二）产品追溯应用解决方案

Ecode 标识在产品追溯领域的典型应用案例包括张裕葡萄酒防伪追溯、河北众悦农产品追溯、山东盐业小包装食盐追溯等。以张裕葡萄酒为例，其以 Ecode 编码标识体系为基础，建设了葡萄酒追溯防伪应用服务平台，实现了产品的一物一码标识和生产赋码，产品在物流、终端销售等各环节的自动识别与信息统一查询等功能产品，实现涵盖原料、加工、生产、仓储、物流、分销、营销和终端消费等所有环节的产品全流程追溯。同时，追溯平台与 Ecode 国家平台进行对接，加强了追溯数据的共享度和公信力。

1. 总体建设情况

为了精细化管理葡萄酿造过程、降低人力管理成本、提高仓储物流流转效率、解决市场销售过程中发现的假冒伪劣和窜货等问题，烟台张裕葡萄酿酒股份有限公司于2011 年开始会同中国物品编码中心和烟台东方瑞创达电子科技有限公司，基于 Ecode 标识体系，结合 RFID、二维码和激光码等技术，研发完成了葡萄酒全周期动态产品追溯防伪系统，搭建了葡萄酒追溯防伪应用服务平台（下称"追溯平台"）。该追溯平台在葡萄酒生产过程中，为每瓶酒、盒或箱分配一个 Ecode 编码，通过二维码、RFID 或NFC 标签进行标识，记录产品信息和生产信息；在仓储物流过程中，依靠配置在仓库的只读设备，扫描货物进出的动态信息并记录。通过生产线、中心库、分销库、经销商信息的采集，形成了一个完整的产品全流程追溯，一方面可帮助稽查人员进行防伪防窜货的查询，另一方面为消费者提供全面的产品溯源信息和进行防伪验证。

2. 平台技术架构

追溯平台以 Ecode 编码标识体系为基础，实现了产品的一物一码、唯一标识和生产赋码，产品在物流、终端销售等各环节的自动识别与信息统一查询，与国家平台对接完成自动赋码和方位验证等功能。平台技术架构如图 D-4 所示。

1）采集层。采集层是整个系统的最底层，该层采用 RFID、NFC、条码、二维码扫描、数字码输入、标志图形识别等物联网技术实现对产品信息的自动采集，主要包括RFID 标签及读写器、NFC 标签及读写器、条码、二维码标签及扫描枪、查询机、手机等功能。

2）通信层。系统的通信层处于采集层上方，该层是将采集层获取的各种产品标识

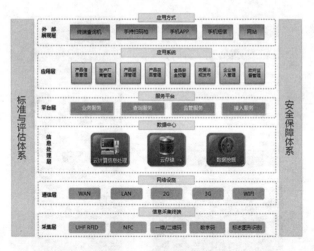

图 D－4　平台技术架构

信息传送到后台数据处理中心，并将后台服务获取到的产品信息反馈到查询终端的信息通道。该层主要包括 WAN、LAN、GPRS/CDMA 2G 移动网络或 TD－SCAMA/WCDMA/CDMA 2000 3G 移动网络、WIFI 无线网等网络设备。

3）信息处理层。采集层采集到的数据经通信层，被传输到平台数据中心，在信息处理层完成数据的过滤、处理、存储、分析等，将生数据提炼为熟数据，为信息在系统中的进一步使用做好准备。

4）平台层。平台层包括整个追溯平台的业务服务、查询服务、监管服务和接入服务。该层从信息处理层获取数据，并为应用层提供服务和接口。平台层采用 SOA 架构，提供相关的外部接口，实现与国家级平台的交互功能。

5）应用层。应用层提供产品信息管理、生产厂商管理、产品溯源管理、产品召回管理、食品安全预警、政策法规发布、企业接入管理、政府监督管理等多个模块的应用功能。

6）外部展现层。各应用系统功能最终通过终端查询机、手持扫码枪、手机 APP、手机短信、网站等进行展现，完成对各应用对象的服务。

3. 平台功能展示

葡萄酒追溯防伪应用服务平台功能包括产品信息管理、生产厂商管理、产品溯源管理、产品召回管理、食品安全预警、政策法规发布、企业接入管理、政府监督管理等多个模块的应用功能，消费者可通过二维码、RFID 和激光码等，利用手机 APP、终端查询机、短信和网站等多种途径，查询特定消费产品的原料、生产、仓储和销售基本信息。同时，追溯平台已经实现与国家物联网标识管理与公共服务平台（图 D－5）的对接，可通过国家平台查验产品标识相关信息。

1）产品赋码。根据产品环节，将产品以瓶、箱等不同包装级别进行唯一性赋码，该唯一标识采用基于 Ecode 编码规则的 RFID EPC、激光明码、激光暗码的三码合一原则。赋码之后通过扫描在后台记录产品批号、类型、生产日期等相关信息和产品多重级别的关联关系。

图 D–5　国家物联网标识管理与公共服务平台

2）产品出入库管理。产品生产出库时，平台将记录的产品信息导出出库单，仓库管理员核对出库单与实物无误后，确认出库。使用条码手持设备读取托盘标签，系统将根据托盘标签自动关联箱、瓶信息。出库完成后，仓库管理员核对信息并关闭本次出库操作。系统将保存本次出库的单号、时间、地点、产品、操作人员等信息。

3）产品追溯管理。由于在每个环节都对产品信息进行了自动采集，所以，在任一个环节对产品进行查询，都可以追溯到产品的详细信息和实际流向，从而可以了解产品信息、鉴别真伪、发现窜货，提高企业的销售管理能力，保护消费者合法权益。

4）产品防伪查询。平台提供多种产品防伪查询方式，主要包括：手机 APP、终端、网站和短信等，消费者扫描贴于该公司产品上的二维码或 RFID 标签，可直接通过 Ecode 国家平台的解析，查询产品的基本信息，同时访问该产品的行业追溯应用平台、或生产企业信息服务平台，提取生产、加工、流通、消费等供应链环节消费者关心的产品追溯信息。

4. 平台效益分析

葡萄酒追溯防伪应用服务平台的建设是实现对食品从源头到消费者的全程监管的重要基础，是保证食品安全的必要条件。从服务政府角度，监管部门可根据各自职责，在不同环节介入、跟踪、监督、整治和保障食品生产、加工和流通安全。从生产企业角度，该平台可强化葡萄酒生产企业社会责任，溯源体系能够及时发现食品安全问题，并且准确查找到风险来源、问题所在，能够及时曝光企业非法生产经营行为，促使各食品相关企业自觉加强食品安全管理，同时能够很好地推进国家企业诚信体系建设，形成优胜劣汰的调节机制。从消费者角度，该平台的建设能够保证普通大众方便快捷地查询到葡萄酒相关产品的产地、质检报告、销售流通等相关信息，增强消费者食品安全消费信心，从而促进消费增长，拉动内需。

追溯平台通过应用 Ecode 标识体系，建立标准化标识管理和数据交换机制，追溯应用可快速应用与企业各类葡萄酒产品，涵盖原料、加工、生产、仓储、物流、分销、营销和终端消费等所有环节，加强了追溯数据的共享度和公信力。同时为与食药局、质监局和国务院食品安全委员会等政府部门的外部系统交互奠定良好的数据标准基础。

（三）数字营销应用解决方案

Ecode 标识在产品追溯领域的典型应用案例为蒙牛酸酸乳超级二维码。蒙牛集团在其软包系列产品实施一物一码营销解决方案时，由于乳品产量大，对单品编码的需求量较大，同时为了防止被仿冒现象，编码规则需具备高安全性。经过多次技术验证，其采用了 Ecode300120 编码，该编码规则具有唯一性、高容量、高加密性等特性。蒙牛通过纷美包装为其提供该系列产品的纸质包装，实现了快速变码印刷，包装进入全国 47 条罐装生产线后，应用工业级高速摄像机进行二维码数据采集，通过云数据中心实现生产信息的全程管理，同时结合线上营销活动，通过二维码扫码，整合消费者信息进行大数据分析，最终实现智能化的生产制造新模式，增强企业的市场竞争力。

1. 总体建设情况

蒙牛一物一码精准营销应用，采用 Ecode 编码，通过纷美包装提供的包装智能制造生产线和 MES 系统，实现标识管理、数据采集、系统对接、产品跟踪等功能，单品包装上的二维码开展线上线下营销，实现与消费者互动，建立了市场驱动产品的新型工业生产模式。

2. 系统技术架构

包装智能制造生产线依托大数据平台，采用 Hadoop 群集对 Ecode 一物一码的印刷、在线检测、灌装等数据文件进行汇总分析，实现 Ecode 一物一码申请、出入库、发放、检测、分切、诊病、子卷二维码生成、灌装采集的时间、数量、状态的全生命周期分析。MES 系统对 Ecode 一物一码订单的生产过程进行管理，经过生产、原材料、成品出库等模块，将印刷完成的 Ecode 标识半成品发往蒙牛，完成蒙牛营销活动的数据绑定。

系统技术构架如图 D-6 所示。

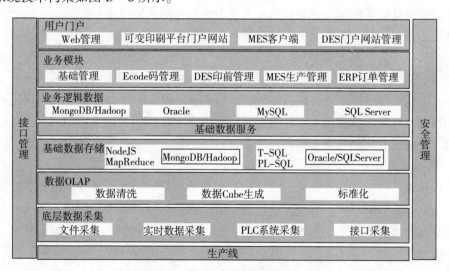

图 D-6　系统技术构架图

3. 系统功能展示

1）Ecode 编码信息传递。本系统与 Ecode 国家平台通过数据接口完成系统对接，自动完成编码的申请、下载、激活、数据回传等操作，保证数据准确无误、高效快捷。当客户销售订单进入 ERP 系统时，全局订单号作为跨系统流转的唯一标识，ERP 下单的同时，可变印刷管理平台与排产、MES、工厂印刷联动，形成一键式一物一码订单的实时生产。

2）Ecode 编码信息关联。通过 ERP 的计划信息，排产系统自动生成工单信息并触发工单进入生产就绪状态，车间班组根据 MES 工单状态，有序生产。

3）产品质量追踪。Ecode 码数据进入可变印刷管理平台与生产码进行比对，并根据 MES 系统实际长度参与计算，促进生产工艺的提升，达到质量管理的闭环。

4）生命周期管理。以单个 Ecode 码为基准进行全生命周期查询，确切知道每个码由生到消亡的过程状态变化与时间计算。

4. 平台效益分析

Ecode 技术体系与快速编码印刷技术的结合，一方面在不增加成本的前提下为蒙牛提供了行之有效的一包一码营销方案，实现了线上线下的成功结合，带动了消费者购买扫码行为，提升了该系列产品市场销售量；另一方面通过二维码扫码互动，收集了消费者信息、产品区域销量信息等，为企业产品定位提供了数据支持，同时为打造品牌效益奠定了基础。

（四）跨平台数据互联解决方案

在当前的物联网发展模式下，众多企业通过第三方机构实现产品追溯、防伪验证、市场营销、质量认证等产品服务，而第三方平台由于标识不统一，无法实现数据交换，急需标准化的方案，解决跨平台的数据互通问题。Ecode 物联网标识技术体系即根据第三方产品信息服务平台的实际应用需求，提供了编码标准化解决方案及编码应用服务。典型案例为中检集团溯源平台接入。

1. 总体建设情况

中国检验认证集团作为中国最为庞大、专业的检测认证机构，在为企业提供产品检验和认证服务时，需为所检验的产品进行单品编码的贴标。Ecode 向中检集团提供标准化统一的编码作为产品的溯源码，可实现"产品检测、编码生成、标签贴印、编码验证"安全、高效的业务模式。通过系统数据对接，由中检溯源平台负责为产品所属企业在 Ecode 国家平台进行企业信息备案，备案后 Ecode 国家平台分配相应的编码进行专业标签的打印，检验人员在完成产品检验和贴标后，将产品溯源信息批量回传至 Ecode 国家平台，平台进行编码与企业信息的关联，从而实现该标签在国家平台的查验。

2. 编码标识方案

中检集团现行的检验业务中，检验员需要根据标签编码的顺序号进行标签的贴印和批量登记。在编码管理中，通过顺序号段，进行编码的批量激活。但是，如果仅采用单纯的无含义顺序码作为中检溯源标识编码，由于编码的生成没有有效的加密算法，在实际应用过程中极易被他人复制、仿冒。因此，对于产品的唯一溯源标识编码，应采用具有加密算法的随机编码，来保证中检溯源编码的唯一性、有效性和安全性。

综合以上因素，中检集团产品溯源编码标签采用 Ecode 随机编码与无含义顺序码相结合的方式，即产品溯源标识采用国家物联网标识管理与公共服务平台成的随机编码，并结合其他信息形成二维码。同时，也采用无含义顺序码，作为管理编码，与 Ecode 随机编码——对应。该方式不仅可以保证编码的专业、安全及不易仿冒等特征，同时，又可满足中检集团实际业务中，运用无含义顺序码对编码标签进行操作和管理。

3. 编码业务流程

如图 D-7 所示，中检溯源平台与 Ecode 平台进行系统对接，通过系统接口，将企业注册信息同步至 Ecode 平台中，Ecode 平台进行各企业信息的审核，审核通过后，将审核结果企业 ID 发送至中检溯源平台。企业信息注册完成后，中检溯源平台通过可接口程序获取 Ecode 编码数据，并打印具有防伪性好、易碎等特性的专用产品标签。

标签使用后，中检溯源平台向 Ecode 平台回传 Ecode 编码、产品溯源信息、编码使用企业 ID 等信息，则该产品可在中检溯源平台、Ecode 国家平台进行扫码信息验证。

图 D-7　中检溯源平台编码业务流程

4. 效益分析

中检集团采用 Ecode 作为溯源编码，符合国家标准，为编码的权威性、科学性及标准性等方面提供强有力支撑。在产品检验及物品编码方面，双方发挥自身优势，实现中检溯源业务的"权威检验、权威编码"，打造具有高权威性、高标准性、强大公信力的中检溯源平台。采用 Ecode 编码具备三大优势：第一，Ecode 编码的加密算法和随机生成方式能够保证编码的安全性、不易破解性，避免编码被仿冒；第二，Ecode 编码统一由 Ecode 国家平台生成，确保编码生成的有效性、统一性及可验证性；第三，在中检溯源平台不仅可以查询产品溯源信息，同时也可以对编码的权威性、有效性、获取渠道和方式进行验证。

案例5　云资源平台建设案例

北京华胜天成科技股份有限公司
（第二章第四节）

一、项目介绍

某电信运营商虚拟化资源平台始建于 2010 年，经过多年的持续改进与升级，伴随数据中心云资源管理应用平台和云资源运营管理制度体系的建设，云资源平台已经从早期的服务器虚拟化系统逐步发展到能够为某电信运营商所有业务域提供虚拟化计算、虚拟化网络、虚拟化存储、虚拟化数据库、虚拟化中间件、虚拟化安全服务等多种云资源的综合性私有云平台，管理能力覆盖分布在 3 个数据中心的 1000 余台物理服务器与 6000 余台虚拟化服务器，服务产品涉及 IaaS、PaaS 和运维服务等多个领域，实现了资源使用授权、资源快速交付与资源使用效率的提升，推进数据中心实现高性能、高效率、低能耗、低成本的持续运营。华胜天成参与项目的时间为 2012—2016 年。

二、项目背景

随着云计算的兴起，数据中心相关技术也发生了较大的变化，数据中心的运营目标正从简单的物理设备的摆放，向优化整合、虚拟化、动态的基础架构和"IT 作为一种服务"方向转化。总体上看，数据中心技术发展变化包含了以下主要的技术趋势：

1）云和云计算的技术趋势。云计算有效地把 IT 优化整合和虚拟化提升到一个新的高度，使企业能够实现提高利用率，降低管理和基础架构成本以及加快部署周期，实现业务的快速部署和 IT 服务水平提升的业务目标。"云"将成为今后数据中心的发展方向。

2）IT 资源的动态提供和服务管理的技术趋势。随着数据中心整合和云计算技术的发展，对于 IT 资源的动态提供和服务管理就变得越来越重要，良好的管理服务不仅能更好地为业务部门提供 IT 服务和 IT 创新能力，而且能使业务部门从 IT 维护和操作中解脱出来，"IT 作为一种服务"的 IT 资源的动态提供和服务管理将成为未来数据中心发展的一个重要内容。

三、项目需求

面向数据中心的发展需求，传统的虚拟化应用工具已经面临挑战。虚拟化应用工具通常更关注对虚拟资源的管理与调度，而缺乏对虚拟资源与虚拟资源的使用者之间对应关系的管理。当虚拟资源规模较小时，尚可通过手工管理的方式完成，但当虚拟资源数量和资源使用者数量超过一定规模时，就需要资源管理平台帮助资源管理者完成资源容量管理、资源使用申请管理、资源交付过程自动化管理、资源使用审核与计量管理、资源运行状态监控管理等一系列管理工作。

四、解决方案

面对传统建设方式的局限性和新兴的云计算技术带来的机遇，某电信运营商于 2009 年启动了绿色企业数据中心（GEDC）的建设规划工作，将"竖井式"的 IT 信息系统架构排除在新数据中心之外，在数据中心内构建标准化的、共享的 IT 资源和服务，从而打造一个高效率、高弹性、低能耗、低成本的数据中心 IT 基础架构成为新型数据中心建设的愿景。

绿色企业数据中心建设的目标包括：

1）搭建平台，即通过虚拟化技术建立动态的 IT 资源平台，实现快速 IT 服务交付能力，将应用和业务从底层的 IT 资源中分离出来，充分利用优化的系统资源以提高效率、降低整体成本。

2）创新服务，即面向业务系统提供一种创新的服务交付模式，降低新业务推出的难度；建立模块化的服务，逐步实现 IT 硬件和软件资源的按需使用和可计量。

3）管理跟进，即通过提供可视化和自动化的管理来为业务发展提供优质服务，从而保证用户的满意度，确保成本效益和投资回报率。

针对上述建设目标，华胜天成公司借助云计算的先进理念，立足当前成熟的 IT 技术，从数据中心建设的需求出发，提出了切实可行的企业数据中心私有云解决方案，通过资源池构建、资源调度、服务封装等多种创新技术，将数据中心的 IT 资产迅速转变为可交付的 IT 服务，从而实现了数据中心的高效率、高弹性、低能耗、低成本运作。

天成云资源管理平台针对企业数据中心私有云运营管理需求，通过实现资源管理的可视化和业务开通的自动化，帮助数据中心管理团队完成云运营管理过程，为数据中心客户提供标准化、流程化的云计算服务，从而将底层资产上的 IT 能力以服务的方式交付客户并在此基础上实现资源使用的监控、计费、报表等功能。

天成云资源管理平台作为支撑数据中心云计算业务的核心系统，实现了对云中的主要对象，即资产、资源、服务和已交付的服务产品实例的生命周期管理；支持多种第三方虚拟化资源管理工具，包括 VMware vSphere、Oracle Ldom、IBM PowerVM、Openstack 等，实现 X86 及 RISC 服务器，及相关网络、存储的资源管理；实现了资源的分配、自动化部署及对资源管理流程体系的支撑。云资源管理平台如图 E-1 所示。

图 E-1　云资源管理平台展示图

天成云资源管理平台的主要功能包括：

1）资产管理。通过集中资产管理，云计算管理员可以管理云计算环境内所有设备的资产信息。资产管理中可以添加或删除虚拟化环境的设备资源，当服务器、网络、存储等硬件环境发生变化时，通过自动或手动发现进行资产信息同步。

2）资源管理。天成云资源平台可以方便地管理多种不同的虚拟化技术工具。构建异构资源池，并管理虚拟机资源、相关存储及网络资源。

天成云资源管理平台支持 VMware vSphere、Oracle Ldom、IBM PowerVM、Openstack 等虚拟化管理工具。

3）服务管理。天成云资源管理平台在资源层的基础上，可以定义由多种服务产品构成的服务目录，针对不同的服务产品标记服务参数，配置服务产品模板，基于用户需求，形成的产品＋规格参数的多种服务产品模板，最终以供用户申请使用。如 VDC 产品、VM 产品等，自定义产品中包含产品所需的资源及相关的服务、拓扑及安全设置，用户可根据需求申请相关的产品。

4）交付管理。交付管理主要实现管理员与用户之间的交互过程。用户方可提交资源使用申请，管理员需要审核用户的申请并赋予资源，管理员一旦审核通过了用户的申请之后，后台自动创建相应的虚拟机，用户得到审核通过的信息之后即可远程登录虚拟机进行操作。

天成云资源管理平台中，通过对已办/待办任务管理，申请与审核流程配置、执行与跟踪，关键流程节点消息通知等功能模块实现服务交付的管理。

5）监控管理。监控管理对云环境中的物理机、虚拟机、服务等的运行状态进行数据采集和统计分析，在策略的支持下产生报警、警告信息，满足用户对云平台日常的各类计算资源的性能监控，实时掌握资源的运行情况。

天成云资源管理平台监控对象包括主机、虚拟机、资源池、VDC、存储、网络等。

6）计费管理。天成云资源管理平台中提供计费功能，可按照虚拟化服务器 CPU、内存、存储、关联服务等计费，以统计云用户的资源使用费用及资源效益，并可根据用户需求自行定义计费计量模式。

7）报表管理。系统提供了性能统计报表、资产资源统计表、计费报表三类报表，以报表的形式展示当前天成云资源管理平台中的各个性能数据、监控数据的情况，可导出 Excel 及 PDF 格式的报表文件。

8）系统管理。系统管理的作用是维持天成云资源管理平台的正常运行，包括用户管理、密码管理、日志管理、流程配置、告警规则设置、后台任务规则设置等功能。

五、项目成果

某电信运营商资源管理平台建设自 2010 年建设开始至今，共完成 200 余套各类应用系统的虚拟化整合分析，建成了由 1000 余台服务器构成的计算资源池，在实现虚拟化服务器快速交付的同时，实现了机房设备、空间、电力、线缆、网络端口等资源的高效利用，并由此进入到企业数据中心的高速发展期。

总体上看，绿色企业数据中心建设的收益主要体现在：

1）IT 资源交付时间缩短。针对业务系统的 IT 资源交付时间将从原来的 1 个月以上缩短到 24h 以内，有力推动了业务的创新。

2）系统可靠性大幅提升。通过虚拟化平台的建设基本清除了基础架构层面的单点故障，业务恢复时间从小时级缩短至分钟级，关键业务系统可靠性普遍提升到 99.999% 水平。

3）资源利用率大幅提升。系统建成后，X86 平台 CPU 利用率从平均不到 10% 可提升到 60% 以上，存储利用率由 30% 左右提升到 70% 以上，平均虚拟化整合比达到 7:1，极大节约了投资与能源消耗，取得了显著的经济效益。

4）管理记录完整性提升。借助资源管理平台，任何一台虚拟化服务器或其他虚拟资源从资源申请到资源回收的全生命周期过程都能够被详细记录。

六、项目意义

依照企业数据中心实际需求打造的天成云资源管理平台面向企业信息中心、数据中心及互联网数据中心管理需求，将传统的数据中心转变为云服务数据中心，数据中心的客户可以便捷地为满足特定业务需求构建和使用虚拟化的 IT 环境。

对于 IT 能力的使用者而言，可以透明地管理和使用 IT 资源；对 IT 能力的提供者和管理者来说，通过天成云资源管理平台可以管理物理的 IT 资产到虚拟化的 IT 资源的转化过程，管理各种预定义的服务模板，管理 IT 资源的申请、审批、部署和交付过程。

不仅如此，伴随云计算技术的发展，出现了一系列如大二层、无状态计算、SDN 等数据中心建设的热点话题，从趋势上，企业数据中心将向资源全面池化、服务产品化、过程自动化方向演进，最终实现数据中心的标准化、规模化和动态化。

面对未来的数据中心发展趋势，借助现有的云资源管理平台的能力，将软件定义数据中心（SDDC）作为企业数据中心未来新的发展方向，将产品丰富、交付及时、质量可知、资源可见、能力可用作为未来企业数据中心的建设目标，建设以产品为中心的高度标准化和高度自动化的服务交付过程，将未来企业数据中心建设成为真正生产线模式的自动化数据中心。

七、客户反馈

云资源管理平台的建设自始至终推动着数据中心在技术与管理上的不断完善与创新。

在技术架构上，大量采用虚拟化技术，减少了物理资源的购买，节约运维和用电的成本费用，使资金的管理和分配更加合理，同时满足绿色环保的能耗需求。

在业务逻辑上，实现了应用与底层平台的解耦，各业务系统只要选择满足业务需求的虚拟设备配置和个数，而无需了解底层物理资源的具体情况，使得资源的使用方式实现了简单化和标准化。

在业务管理上，实现了资源整合共享，打破传统 IT 系统竖井式管理方式，在业务、应用、数据、网络、设备等方面逐步整合，集成到统一的云计算管理平台，实现了 IT 资源的统一管理、规划、建设以及运行维护。

八、公司简介

北京华胜天成科技股份有限公司（以下简称：华胜天成）是中国 IT 综合服务领导者，是国内第一家服务网络覆盖整个大中华区域及部分东南亚地区的本土 IT 服务商。旗下拥有两家主板上市公司：华胜天成（上海证券交易所上市公司：600410），香港 ASL 公司（香港联合交易所上市公司：00771）；三家新三板上市公司：兰德网络（新三板：834505），和润科技（新三板：837746），沃趣科技（新三板：839849）。集团总部位于北京，在中国大陆及港澳台、东南亚等地区设有 40 多个分支机构，员工人数超过 5000 名，直接或间接控股的子公司有 30 多家。

华胜天成的业务方向涉及云计算、大数据、移动互联网、物联网、信息安全等领域，业务领域涵盖 IT 产品化服务、应用软件开发、系统集成及增值分销等多种 IT 服务业务，是中国最早提出 IT 服务产品化的公司。基于"客户导向"的经营理念以及"合作共赢"的发展战略，华胜天成立足于大中华市场，以为企业及政府客户提升 IT 核心能力为使命，以卓越的解决方案、对客户业务的深刻理解以及遍布大中华及部分东南亚区域的高效密集的服务交付网络，为客户提供贯穿其 IT 建设整个生命周期的"一站式"服务。公司在电信、邮政、金融、政府、旅游、教育、制造、能源、交通、军队等领域拥有大量成功案例。

案例6 人工智能时代下的智能客服系统案例

北京中科汇联科技股份有限公司

（第二章第五节）

一、项目背景

近几年，互联网技术的发展大大加速了产业升级。在技术的驱动下，很多行业开始发生颠覆性的发展，总的来说，互联网相关技术缩短了空间和时间的距离，提升了生产效率，降低了一系列的内部成本和隐藏成本。如果说计算机科学是一个皇冠，那么人工智能技术则是皇冠上的一颗明珠。人工智能技术在重复、繁杂、高运算的相关工作中具备天然优势，在众多领域取得了非常好的应用效果，如今，人工智能技术逐步开始普及，在企业运营工具中同样可以应用来大幅提升工作效率，此处为大家介绍的是基于人工智能技术开发的智能客服系统。

二、系统介绍

爱客服智能客服系统（以下简称爱客服）是北京中科汇联科技股份有限公司开发的一款智能客服系统，爱客服运用机器人＋人工＋工单的方式，创造性引入了人工智能技术，解决客服领域中高频问题，形成闭环的工作机制，为企业提供智能客户服务。下面将从技术和应用方式两个方面对人工智能在客服系统中的应用进行介绍。可能很多人会好奇，客服系统如何应用人工智能技术？我们将根据具体案例来看一下系统实际应用情况及价值。

案例公司：南京富士通电子信息科技股份有限公司（以下简称南京富士通公司）

南京富士通公司于2015年年中使用爱客服智能系统，目前总访问量已超过几十万次，依据南京富士通公司的情况来看，智能客服系统大大降低了南京富士通公司的客服成本，提升了公司客服中心的工作效率。

通过对在南京富士通公司及其他相关客户的日常运营情况了解，我们发现在日常管理和工作中各客服中心普遍遇到以下几点问题。

1）客服中心每天面对大量用户问题，问题重复率极高，浪费大量人力反复解答同类问题。

2）客服中心人员成本不断攀升，移动互联网的发展对客服中心的排队制度提出新的挑战，而 $7 \times 24h$ 的客服中心成本极高，企业负担大。

3）客服中心人才流失严重，由于客户工作本身高强度、高重复等特点，90后等新生一代员工难以管理，团队建设差。

以上的几个问题是系统应用过程中的常见问题，很多企业均遇到了。简单梳理以上问题，总结为：效率低、重复率高、人工成本高、要求全天实时服务。

此公司在应用人工智能客服系统之前包含故障处理，售前销售等多种询问，重复性问题高达80%，在与爱客服接洽后，决定在现有知识基础上，接洽爱客服智能机器人，梳理出机器人所需的日常知识，在微信、网页、APP三个渠道上线机器人。

我们结合案例数据继续进行分析，南京富士通公司在上线系统前的情况见表 F-1。

表 F-1　南京富士通公司在上线系统前的情况统计

公司名称	客服数量/名	接待人次/人次	对话数量/次	服务模式
南京富士通	15	$200 \sim 400$	$4000 \sim 5000$	$7 \times 8h$

针对以上的问题，爱客服帮助南京富士通公司梳理业务流程，将人工智能技术引入客户服务流程，通过独特的客服机器人解决客户问题，而客服机器人具备的特点就是没有休息期，引导性强，$7 \times 24h$ 服务，无情感倾向，可控性高，成本低廉。结合客服中

心工作流程，形成的三位一体客户服务模式如图 F–1 所示。

图 F–1　三位一体客户服务模式

从图 F–1 中可以看到，客户从不同渠道提出问题，通过交互平台对问题进行解决，机器人首先对问题进行过滤，此时，机器人系统能够筛选回答 80% 左右的常见问题，机器人完成了与知识库服务器的交互后，当此类问题回答出现错误时，问题将转移至人工进行解答，后续流程为客服中心常见流程，不再赘述，此处，客服机器人成为了渠道的第一入口，为各类用户解答多层次的问题。

南京富士通公司通过业务知识的梳理，辅助人工的配合，将两名客服人员用于知识梳理的过程，大大提升了回答效率和准确率。

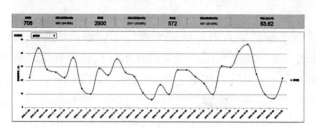

图 F–2　南京富士通现有接待数据

图 F–2 是南京富士通公司的当前接待数据，根据数据进行分析，见表 F–2。

表 F–2　南京富士通公司的当前接待数据

接待量	机器占比/%	对话数	解决量	节省人工/（人/天）
706	84.99	2900	572	63.62

对比数据可以发现，接入智能客服系统后的南京富士通公司客服中心，接待量有了明显上升，其中机器占比非常高。

爱客服的客服机器人在各个渠道的应用，大大提升了服务效率，进一步深化了服务场景，无论客户是在何时何地，用什么样的设备，都能够为客户提供满意的服务，从而较好地解决上述效率、人员等问题。

关于爱客服运用的人工智能技术，实际上爱客服的机器人回答客户问题的这一过程，也是机器人"思考"一个标准过程，那么机器人是如何思考的？这里需要引入两项关键技术：自然语言处理，深度神经网络。这两项技术是机器人能够听懂人类语言的关键，也是计算机理解自然语言的关键，自然语言处理是机器人将人类对话进行分词、理解的一个过程，深度神经网络是建立起问题与答案之间向量和数学关系的核心算法，这两项技术为爱客服的客服机器人提供了有力的支持，让机器人能够理解不同的对话，而不是单纯的搜索出答案给用户。

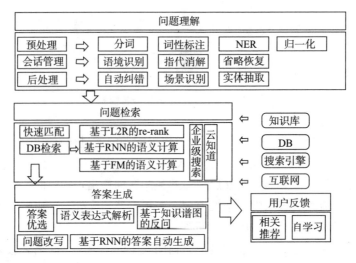

图 F－3　爱客服机器人的算法逻辑流程图

　　图 F－3 所示为爱客服机器人的算法逻辑流程图。根据流程图可以看出，机器人是如何处理一个问题的，由于篇幅有限，相关的技术算法就不在此处展开。

　　自然语言理解能够应用的领域很多，结合 ASR 和 TTS 技术，在客服电话语音应答时也能够先行识别出用户语音的内容，实现非人工的语音对话服务，大大降低客服中心的成本，这也是未来爱客服应用人工智能进一步前进和应用的方向。目前，在中国联通、中国移动等电信运营商，广发银行、招商银行等商业银行中，结合了人工智能技术的相关应用已越来越普遍，大大降低了企业的客户服务成本。

　　三、人工智能＋客服系统的实际应用价值

　　人工智能技术应用领域之广、价值之高不再在此处阐述，此处仅阐述人工智能在客服系统中实际应用的价值，依据南京富士通公司的应用案例，智能客服系统在为公司客服团队提升效率的同时，由于先进化功能和自定义界面的出现，也大大提升了企业的形象。

　　系统上线 3 个月以来，根据公司实际测算，整体客服运营数据具备了一个稳定的提升，客户服务效率上升明显，机器人解决率稳步提高，公司投入三位客服梳理出两万条知识库，解决了 90% 以上的问题。

　　四、客户反馈

　　在 2016 年客户感谢年会上，南京富士通公司以这样的话评价了爱客服智能客服系统："在人机交互方式发生巨大变化的互联网时代，客服中心已经从成本中心逐渐转变为利润中心，爱客服智能客服系统运用优秀的系统设计，融合先进的人工智能技术，大

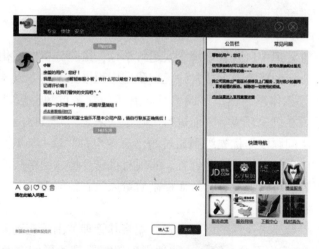

图 F-4　机器人对话界面

大降低了客服中心的运营成本，提升了服务质量，提供了非常好的服务保障，为客服中心的形式转变带来了新的生机。"

　　在客户咨询渠道、咨询方式、咨询时间均多样化分布的客户领域，人工智能的应用能够产生非常大的价值，爱客服将不断前进，将人工智能技术应用在更多方面。

案例7　信息化运维风险管控体系案例

山东省出入境检验检疫局信息处　张　萍　田建荣

（第三章第2节）

一、背景介绍

　　随着信息化的不断推进，电子应用系统及网络线路不断增多，山东检验检疫局运行了包括总局下发和省局自行研发的针对"三大平台"需求的多种信息化应用系统，系统与系统之间的数据交互机制越来越复杂，系统的软、硬件构建复杂程度高、分布范围广，日常应用维护工作变得十分繁重。所以如何尽快从人员、技术和流程三方面进行全面设计规划，建立高效的运维风险管控手段，保障出入境检验检疫局信息系统的稳定运行就变得至关重要。

　　2014年山东局希望通过建设"信息化运维风险管控体系"，把"电子业务平台""电子内务平台""电子服务平台"这三大平台涉及中山路2号及瞿塘峡路70号机房的机房环境、网络线路、电子应用系统及服务器、虚拟机全部纳入运维风险管控中，通过提供方便快捷的管理手段，即通过先进的技术手段对各种应用的使用情况实时地监控和分析、检测系统的运行状况，对故障能及时预警与报警，并能制定完善的维护管理、处理流程等；使电子应用系统、网络线路等能够在受控的状态下运行，保障检验检疫业务流畅、平稳、高效地运作，并为将来的电子应用系统优化升级提供有益的参考数据。

二、信息化运维风险管控体系的建设思路

　　信息化运维风险管控体系的建设着重从风险管控、高扩展性、实用性和高效性以及

安全性等几个方面进行建设。

（一）风险管控方面

目前信息化运维管理中风险管理理念缺乏科学性，风险分析模式化、数字化、信息化程度不高，量化指标的风险模型非常缺乏；我们应积极探索建立以风险评估为基础的质量安全风险分析管控体系，逐步形成"预防胜于治疗"的风险管理理念，我们希望据此利用信息化手段在机房环境等方面进行风险数据采集，并根据应用系统的重要性进行分级设置，在发生问题根据优先级别通过短消息、电话、E-mail 等不同手段通知相关人员采取不同的应急处置措施及时处置。实现对机房环境、网络线路、相关应用系统及软硬件设备的可控、可管、可查，从而提高质量风险管控能力。

（二）高扩展性

运维风险管控平台要求灵活的配置方式，能将其管理范围扩充到多个业务中，并逐步发展成为全面的 IT 管理平台。第一，软硬件配置需要具备可伸缩及动态平滑扩展能力，通过系统框架和相应服务单元的配置，适应业务量的变化。第二，系统架构应建立在开放的应用支撑体系结构之上，以便于扩展。通过开发或购买相应的适配器接口，即可整合其他业务系统、不断加入对新应用的管控。第三，IT 系统管理应具备开放的 API接口，应具备良好的开放性和对标准的支持能力，遵循相关标准。应采用模块化设计，确保良好的可扩展性和可伸缩性。

（三）实用性和高效性

运维风险管控平台需要直接服务于运维的一线工作人员，系统监控的实用性是建设的出发点，具体如下：第一，提供直观易用的使用界面和策略定义工具，以及各种功能操作方式的一致性，部门领导及管理人员可以很方便地获取所关心的监控对象的状态、故障及性能信息。第二，提供基于 Web 的浏览界面，以便于 IT 管理人员能够在任意地点通过 Internet 浏览器管理系统，并能够生成 HTML 格式的报表。第三，提供对机房环境、应用服务器、业务应用系统进行实时的监控，当上述系统出现故障的时候，能够及时地反应到控制台；此外，在不影响正常工作的情况下，根据运营监控和管理系统所采集的数据，进行趋势分析预测，在出现问题之前解决问题，能从被动处理向主动预防转变，以避免故障的发生。

（四）安全性

建成后的运维风险管控的综合安全体系应体现在以下方面。第一，拥有完善的身份认证和授权；第二，与应急处置措施建立一一对应关系，提升处置的有效性和及时性；第三，具备数据备份与灾难恢复等技术措施；第四，与安全软件、设备、服务和安全管理结合，形成高效、协同的信息安全服务体系。

信息化运维风险管控平台建成后，拓扑示意图如图 G-1 所示。

三、信息化运维风险管控体系建设方法及建设过程

信息化运维风险管控平台结合 ITIL 最佳实践和自动化理念，将支持跨平台、多厂商异构环境统一监测；平台将基于 J2EE 技术开发，可跨三大平台部署，系统支持多级部署模式，以满足全省运维体系大集中的需求。所有功能模块并非简单集成；系统采用B/S 和 C/S 相结合的技术架构，全中文管理界面。有完善的用户管理功能，不同角色的

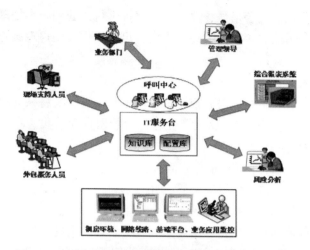

图 G-1　信息化运维风险管控平台建成后的拓扑示意图

用户拥有不同的管理监控权限及相应界面，所见即所得，支持分级权限管理。

平台主要是风险监控管理。包括：

1）机房环境监控。可实时采集 UPS 的数据；包括主输入电压、主输入线电压以及负载的电压和频率、电池的电压、电流等各种 UPS 重要参数；点击报警信息，进入报警信息界面，当有 UPS 报警时也会自动弹出该界面，显示报警装态。可实时采集空调的温湿度、显示模块的运行状态，还有报警的信息。

2）网络线路监控。对网络中第四层的流量进行分析，提供完整的统计分析功能，包括网络流量实时监控、超量警示、流量分析、告警历史记录回放，提供图形化显示、数据表格、文件输出等多种信息交互界面。

3）服务器及操作系统监控。支持 IBM、HP 小型机、主流 PC 服务器的监控和管理，包括 AIX、HP-UNIX、LINUX、Windows 操作系统的监控和管理；同时也支持虚拟化主机的监控管理，包括物理实体主机及虚机的性能指标；可基于 SNMP、syslog、ssh、tel-net 等多种采集指标方式。

4）数据库监控。支持对系统中的 ORACLE、SYBASE、SQL SERVER、DB2、MySQL 等主流数据库进行监控及管理；能够对数据库的实时性能运行状况、各种性能指标进行监控，以保证数据库的正常运作。

5）中间件及应用监控。监控中间件及 Web、HTTP、FTP 关键的运行状态和性能，涉及的产品 WEBLOGIC、TUXEDO、WEBSPHERE、MQ、TOMCAT、JBOSS、EX-CHANGE 等。

6）业务应用监控。支持目前总局下发的 CIQ2000 主业务系统、统计业务系统、出境电子监管系统、入境电子监管系统、集中审单系统、电子报检业务系统、电子转单业务系统、统计日报送系统、通关单联网核查系统、口岸内地联合执法系统、入境废物原料业务系统、报检员、报检单位系统、进出口企业诚信管理系统，同时可以对省局自主开发的应用系统进行定制开发。

7）告警模块。接收监测范围内的故障告警信息，系统能自动接收来自系统自动巡

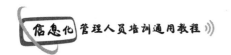

检和被管系统主动发出的告警信号，并对告警事件进行过滤和归类处理；告警触发支持文字、声音、短信等方式告警，通过短信平台，可以提供与用户现有短信网关互通，实现告警手机触发功能。

四、项目成果及意义

通过建设一套信息化运维风险管控平台，该平台可以实现将某局机房环境、网络线路、"三大平台"核心应用的运行状况及性能进行数据自动采集、数据综合分析、事件关联分析、应急决策反应；实现对 IT 系统中的各种关键主机（Windows 平台、LINUX 平台、AIX 平台等）、关键应用服务（通信机、数据库业务、中间件等）以及关键容灾备份系统等资源、性能、故障的实时监管，并分别通过不同门户，将系统资源运行状态信息通过可视化的、动态直观的方式展现给 IT 管理者，为整个 IT 系统的安全、可靠、有效运转提供技术保障和决策支持，最终达到统一管理的目的；实现完善的故障管理与报警机制，方便 IT 管理者可以在最短时间内找到问题的根源，并迅速排除故障。

案例8　银行网络及终端数据安全防护案例

北京明朝万达科技股份有限公司

（第三章第2节）

·一、项目背景

中国某银行股份有限公司是中国五大国有控股商业银行之一，总部位于上海。在境内各省、直辖市、自治区（除西藏）设有 37 家省分行，直属分行；在 202 个地级和地级以上城市，144 个县或县级市设有 2701 个网点；另设有 12 家境外分支机构，包括中国香港、纽约、东京、新加坡、首尔、法兰克福、中国澳门、胡志明市、悉尼和旧金山分行、中国台北代表处。与全球 146 个国家和地区的 1500 多家银行建立了代理行关系。全行员工 9.8 万人。

随着金融信息化建设的不断深入，银行内部产生大量的办公电子文档和报表数据文档。如何对这些文档信息进行安全防护，确保不被外部入侵违法获得，或内部违规访问外泄，是该行信息安全管理过程中面临的一项重要挑战。

二、建设之初面临的问题

该行企业级数据防泄漏项目旨在营造安全可靠的内网办公终端环境，防止非授权终端接入行内部网络、防止行内办公终端访问互联网、防止通过行内办公终端外设端口泄露敏感信息和防止通过邮箱系统泄露敏感信息的目标，建设之初面临以下几大困难：

（一）与该行现有系统的整合度很高

本项目涉及与该行现有的 EUIF 企业级用户信息管理系统、GUOP 集团统一办公平台系统、EGSP 企业级综合服务平台、ECMF 企业级内容管理系统、EADE 企业级数据交换平台、MAIL 邮件系统等系统或平台的多个接口，整合度要求很高。

（二）实施部署难度大

该行企业级数据防泄漏项目涉及整个银行总部及 42 家分行、研发中心、金融中心，分行之下又有多个支行、辖行及营业网点，安装部署的客户端预计会超过 100000 台，实施部署难度非常大。

（三）安全可靠性要求高

为防止该行内部产生的大量办公电子文档、报表数据文档以及各种开发文档、源代码等重要数据从各种途径外泄，需要从网络、邮件、终端、外设等多方面保证企业数据的安全可靠性。

三、项目设计及实施

根据产品功能要求、非功能要求、授权要求、技术服务要求以及部署要求，并且通过充分的沟通、了解和分析，明确该行在终端数据防泄漏系统、网络数据防泄漏系统和综合管理平台的使用场景、安全目标和应用要求。

2015 年 9 月，北京明朝万达科技股份有限公司采用 Chinasec（安元）可信网络安全平台——终端数据防泄漏系统和网络数据防泄漏系统现有功能模块，根据该行的需求，进行客户化系统开发工作，并且整合两套系统的管理功能成为综合管理平台，最终形成一套集数据发现、数据管理、数据追溯的数据防泄漏体系建设方案。系统拓扑图如图H-1所示。

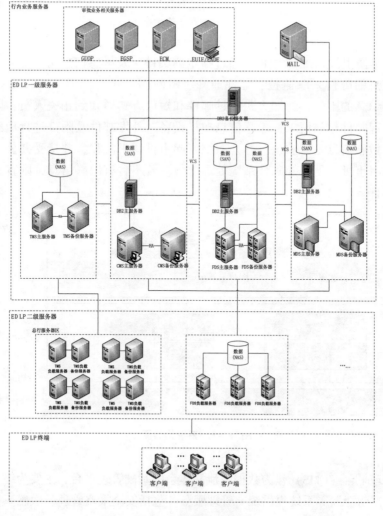

图 H-1　系统拓扑图

终端数据防泄漏系统（FDS）通过指定的关键字及敏感信息指纹扫描终端文件进行分类分级，在分级基础上有重点的对文件进行管理（图 H-2）。管理内容包括了文件加密、标注密级、权限控制、移动存储明文外传、打印水印等，同时结合行内 GUOP 系统管理流程，实现文件密级变更、权限变更、明文外传的审批流程。

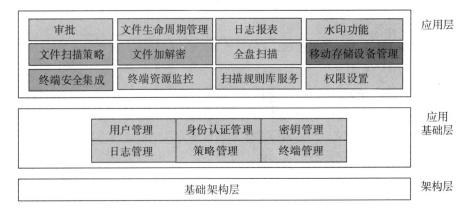

图 H-2　系统构架图1

网络数据防泄漏系统（MDS）通过指定的关键字及敏感信息指纹对包含指定分类分级敏感信息的邮件采取监控、邮件通知、阻断等方式（图 H-3）。监控方式仅记录包含敏感信息的邮件；通知方式通过邮件和短信方式通知到相关人员；阻断方式由邮件系统发起邮件扫描请求，敏感信息扫描设备对外发邮件及附件进行敏感关键字扫描，若含有敏感信息则请求该行办公系统发起审批请求流程，并接受办公系统的审批意见，最后将审批意见通知邮件系统处理邮件。若不含有敏感信息，则直接通知邮件系统处理邮件。

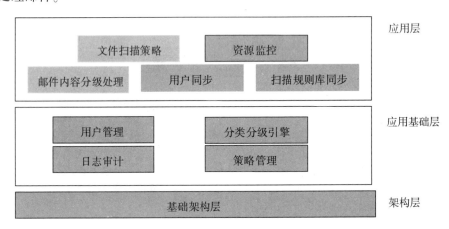

图 H-3　系统构架图2

综合管理平台（CMS）作为数据防泄漏体系的基础管理平台，主要为终端数据防泄漏、网络数据防泄漏等系统提供统一管理服务，包括安全策略管理、敏感事件查询、角色权限分配管理、用户组织机构管理、系统管理等功能（图 H-4）。

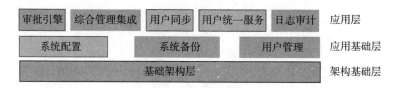

图 H - 4　系统构架图 3

终端安全管理（TMS）作为数据防泄漏系统的终端安全管理模块，主要为系统提供对终端的安全进行管控，包括终端准入、资产管理、补丁管理、健康性检查、文件分发、分级管理等（图 H - 5）。

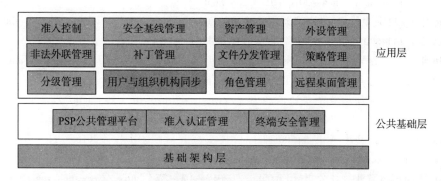

图 H - 5　系统构架图 4

四、项目意义

本项目旨在实现防止非授权终端接入该行内部网络、防止行内办公终端访问互联网、防止通过行内办公终端外设端口泄露敏感信息和防止通过邮箱系统泄露敏感信息的目标。

终端安全管理系统（TMS）：实现办公终端安全管控目标，通过部署两级服务器和办公终端客户端，提供办公终端安全接入、外联管控、外设管控、远程维护和健康性检查等功能，从而达到防止非授权终端接入内部网络、防止办公终端接入互联网、防止使用非授权外设等管控目标。

终端数据防泄漏系统（FDS）：实现办公终端文件的敏感信息防护目标，通过部署两级服务器和办公终端客户端，提供办公终端全盘扫描和移动存储文件外传扫描、文件权限管理、加解密、明文外传审批等功能，从而达到保护办公终端本地文件、防止敏感信息未经授权通过移动存储外传等管控目标。

网络防泄漏系统（MDS）：实现邮件外发的敏感信息防护目标，通过在邮件系统外发邮件出口部署分类分级服务器，实现邮件外发敏感信息扫描、敏感邮件阻断、敏感邮件外发审批和安全事件报表等功能，从而达到防止敏感信息未经授权通过电子邮件外传的管控目标。

综合管理平台（CMS）：实现 TMS、FDS、MDS 3 套子系统的管理功能集成目标，提供各子系统管理页面的集成功能，并为各子系统提供统一用户机构同步服务、统一用户身份认证服务、敏感文件外传 GUOP 审批转发、安全事件日志统一查询、安全事件统计报表等功能。

参考文献

［1］2015 年度中国电子信息产业投资情况分析［EB/OL］.［2016 – 09 – 18］http：//www. chinaidr. com/tradenews/2016 –01/87288. html.

［2］2016 年 1 –11 月电子信息制造业运行情况［EB/OL］.［2017 – 02 – 27］http：//www. miit. gov. cn/n1146312/n1146904/n1648373/c5450498/content. html.

［3］2016 年 1 – 12 月软件业经济运行快报［EB/OL］.［2017 – 02 – 28］http：//www. miit. gov. cn/n1146312/n1146904/n1648374/c5473893/content. html.

［4］2016 年第 4 季度通信业主要通信能力［Z/OL］.［2017 – 01 – 29］http：//www. miit. gov. cn/n1146285/n1146352/n3054355/n3057511/n3057518/c5471256/content. html.

［5］2016 年全球超级计算机 top500 排行榜神威登顶［EB/OL］.［2016 – 11 – 09］http：//www. chinastor. com/a/hpc/0621311192016. html.

［6］2016 年通信运营业统计公报［EB/OL］.［2017 – 02 – 27］http：//www. miit. gov. cn/n1146312/n1146904/n1648372/c5498087/content. html.

［7］2016 年通信运营业统计公报［EB/OL］.［2017 – 01 – 28］http：//www. miit. gov. cn/n1146285/n1146352/n3054355/n3057511/n3057518/c5471292/content. html.

［8］2017 年我国将部署建设 IPv6 互联网演进升级提速规模商用.［EB/OL］.［2016 – 12 – 27］http：//finance. eastmoney. com/news/1360，20170112702403079. html.

［9］Andresen J L. The framework for selecting an IT evaluation method［D］，Lyngby：Danmarks Teknisk U-niversity，2001.

［10］Brancheau J C, Wetherbe J C. Key issues in information systems management［J］. MIS Quarterly，1987，3（21）：23 –45.

［11］Brynjolfsson E. The productivity paradox of information technology［J］. Committee of the ACM，1933，12（36）：66 –77.

［12］Fredrik Weissenrieder. Value Based Management［J］. Economic Value Added，2002.

［13］GB/T 22239 –2008. 信息系统安全等级保护基本要求［S］.

［14］RemenyiD, etal. The effective measurement and management of IT costs and benefits［M］. Boston，MA，USA.

［15］Spark：一个高效的分布式计算系统［EB/OL］.［2016 – 11 – 10］http：//soft. chinabyte. com/database/431/12914931. shtml.

［16］艾瑞咨询. 2015 年中国电子支付行业研究报告［R］.

［17］敖志刚. 人工智能及专家系统［M］. 北京：机械工业出版社，2010.

［18］百万亿数据处理超级服务器通过验收［EB/OL］.［2016 – 12 – 08］http：//www. cas. cn/xw/cmsm/200303/t20030317_ 2692665. shtml.

［19］才华. 云计算在金融支付领域应用的设想［J］. 软件产业与工程，2015（2）：43 –46.

［20］财政部统计评价司. 企业效绩评价问答［M］. 北京：经济科学出版社，1999.

［21］蔡皖东，何得勇，韩蕾，等. 一种网络容灾系统的设计与实现［J］. 计算机工程，2004，30
（7）：116 - 117，138.

［22］蔡希尧. 信息系统的发展与创新［M］. 西安：西安电子科技大学出版社，2009.

［23］蔡自兴，徐光. 人工智能及其应用［M］. 北京：清华大学出版社，2004.

［24］蔡自兴，姚莉. 人工智能及其在决策系统中的应用［M］. 长沙：国防科技大学出版社，2006.

［25］曹刚. 大数据存储管理系统面临挑战的探讨［J］. 软件产业与工程，2013（6）：34 - 38.

［26］柴艳茹. 网络犯罪的打击困境与对策［J］. 人民论坛，2013（30）：65 - 67.

［27］常晋义. 管理信息系统［M］. 北京：清华大学出版社，2014.

［28］陈波. 网络管理技术及其应用［C］. 中国高校通信类院系学术研讨会. 北京，2007.

［29］陈为. 网络与网络舆情导控［J］. 江西公安专科学校学报，2010（2）：13 - 16.

［30］陈颖. 大数据发展历程综述［J］. 当代经济，2015（8）：13 - 15.

［31］陈月波，刘海. 电子支付与交易安全［M］. 北京：人民邮电出版社，2011.

［32］陈泽茂，朱婷婷，严博，等. 信息系统安全［M］. 武汉：武汉大学出版社，2014.

［33］陈兆丰，郭伟达，顾水根. 机关事务管理基础知识［M］. 上海：上海人民出版社，2005.

［34］陈振. 大学计算机基础［M］. 第2版. 北京：中国水利水电出版社，2009.

［35］陈震. 互联网安全原理与实践［M］. 北京：清华大学出版社，2014.

［36］邓世昆. 计算机网络［M］. 昆明：云南大学出版社，2015.

［37］邓裕东. 灾备系统建设及运维［J］. 电力信息化，2011（11）：44 - 46.

［38］发改委，商务部，国家标准委联合改组电子商务标准化总体组［EB/OL］.［2016 - 09 - 26］ht-
tp：//www. ce. cn/cysc/tech/07hlw/guonei/201308/27/t20130827_ 1257153. shtml.

［39］方陆明，楼雄伟，徐爱俊. 林业电子政务系统研究与实践［M］. 北京：中国水利水电出版
社，2012.

［40］弗雷德里克，DS乔伊，卡罗尔·安·福罗斯特，等. 国际会计学［M］. 周小苏，等译. 大连：
东北财经大学出版社，2000.

［41］符嵘. 高效的网络运维管理设计［J］. 电脑知识与技术，2014（10）：2199 - 2201.

［42］高淮成. 多视角下的企业管理学［M］. 北京：北京大学出版社，2014.

［43］高伟. 企业信息化绩效评价体系分析［D］. 北京交通大学，2007.

［44］公安部，国家保密局，国家密码管理局. 信息安全等级保护管理办法（公通字〔2007〕43号）
［EB/OL］.［2016 - 11 - 05］.

［45］公安部，国家保密局，国家密码管理局，国务院信息化工作办公室（已撤销）. 公安部、国家保
密局、国家密码管理委员会办公室、国务院信息化工作办公室关于印发《关于信息安全等级保护
工作的实施意见》（公通字〔2004〕66号）［EB/OL］.［2016 - 11 - 05］http：//www. pkulaw. cn/
fulltext_ form. aspx？Db = chl&Gid = 213232&keyword = &EncodingName = &Search_ Mode = accurate.

［46］公安部，国家保密局，国家密码管理局，国务院信息化工作办公室. 公安部、国家保密局、国
家密码管理局、国务院信息化工作办公室关于印发《信息安全等级保护管理办法》的通知
［EB/OL］.［2007 - 06 - 22］.

［47］顾华详. 国外保障信息安全的法治措施及启示［J］. 行政管理改革，2010（12）：30.

［48］郭平欣. 中国计算机工业概览［M］. 北京：电子工业出版社，1985.

［49］郭晓来. 公务员电子政务技术实用指南［M］. 北京：中国时代经济出版社，2004.

［50］国务院. 国务院关于促进云计算创新发展培育信息产业新业态的意见［EB/OL］.［2015 - 01 -
06］.

[51] 国务院. 国务院关于加快培育和发展战略性新兴产业的决定 [EB/OL]. [2010 – 10 – 10].

[52] 韩颖，张鉴. 互联网脆弱性分析和安全保障体系的思考 [J]. 信息网络安全. 2008 (9)：24.

[53] 郝清民. 煤炭上市公司绩效评价理论与方法及其实证研究 [D]. 天津：天津大学，2004.

[54] 郝晓玲，孙强. 信息化绩效评价框架、实施与案例分析 [M]. 北京：清华大学出版社，2005.

[55] 侯卫真，赵国俊. 公务员信息化与电子政务读本 [M]. 北京：中央文献出版社，2003.

[56] 胡金艳. 企业信息化绩效评价研究 [D]. 武汉：武汉理工大学，2012.

[57] 胡鑫娟. 我国网络信息安全事件的立法追问 [D]. 哈尔滨：黑龙江大学，2013.

[58] 胡雄伟，张宝林，李抵飞. 大数据研究与应用综述（下）[J]. 标准科学，2013 (11)：29 – 33.

[59] 胡志勇. 论财务会计报告改革背景下的企业绩效评价 [J]. 当代财经，2002.

[60] 黄德修. 信息科学导论 [M]. 北京：中国电力出版社，2001.

[61] 黄敬良，王其华. 信息网络管理模型的研究 [J]. 电脑编程技巧与维护，2012 (2)：95 – 96.

[62] 黄敏学. 我国软件业展望 [J]. 经济管理，1999 (6)：51 – 52.

[63] 黄永峰. 计算机网络教程 [M]. 北京：人民邮电出版社，2006.

[64] 纪锋，薛红燕，王迪，等. 电子商务 [M]. 哈尔滨：哈尔滨工业大学出版社，2014.

[65] 季辉，冯开红. 管理学原理 [M]. 北京：中国林业出版社，2007.

[66] 蒋东兴，等. 信息化顶层设计 [M]. 北京：清华大学出版社，2015.

[67] 金聪，郭京蕾. 人工智能原理与应用 [M]. 北京：清华大学出版社，2009.

[68] 金江军. 网络安全和信息化党政领导干部读本 [M]. 北京：中共中央党校出版社，2015.

[69] 柯江宁. 五角大楼已组建13支网络攻击部队 [N]. 科技日报，2013 – 03 – 19.

[70] 兰炜，刘贵生. 新编工业企业管理 [M]. 北京：北京理工大学出版社，2013.

[71] 李传军. 电子政务 [M]. 上海：复旦大学出版社，2011.

[72] 李冠，何明祥，徐建国. 现代企业信息化与管理 [M]. 北京：清华大学出版社，2014.03.

[73] 李梅，范东琦. 物联网科技导论 [M]. 北京：北京邮电大学出版社，2015.

[74] 李鹏伟，傅建明，李拴保，等. 弹性移动云计算的研究进展与安全性分析 [J]. 计算机研究与发展，2015，52 (6)：1362 – 1377.

[75] 李斯伟，贾璐，杨艳. 移动通信技术 [M]. 北京：清华大学出版社，2008.

[76] 李文正，赵守香. 电子商务 [M]. 北京：航空工业出版社，2007.

[77] 李旭芳，夏志杰. 现代城市公共交通智能化管理概论 [M]. 上海：同济大学出版社，2013.

[78] 李云峰，李婷. 数据库技术及应用开发学习辅导 [M]. 北京：中国水利水电出版社，2015.

[79] 连玉明，武建忠. 中国国情报行2013 – 2014 [M]. 北京：当代中国出版社，2014.

[80] 联合国经济和社会事务部. 2016年联合国电子政务调查报告 [R].

[81] 廖智博. 移动云计算的应用与挑战 [J]. 山西科技，2015 (2)：108 – 110.

[82] 林子雨. 大数据技术原理与应用、概念、存储、处理、分析与应用 [M]. 北京：人民邮电出版社，2015.

[83] 刘白林. 人工智能与专家系统 [M]. 西安：西安交通大学出版社，2012.

[84] 刘红军. 信息管理概论 [M]. 北京：科学出版社，2008.

[85] 刘洪，马力宁，黄桢. 集成化人工智能技术及其在石油工程中的应用 [M]. 北京：石油工业出版社，2008.

[86] 刘惠敏. 数据备份策略分析 [J]. 福建电脑，2007 (8)：51，70.

[87] 刘军. Hadoop 大数据处理 [M]. 北京：人民邮电出版社，2013.

[88] 刘荣坤. 基于认知的企业信息化绩效评价模型研究 [D]. 济南：山东大学，2011.

[89] 刘荣坤. 基于认知的企业信息化绩效评价模型研究 [M]. 北京：经济管理出版社，2014.

［90］刘树森．现代制造企业信息化［M］．北京：科学出版社，2005．

［91］刘伟，陈婷婷．国寿80万保单泄密引发信息安全担忧［N］．北京商报，2013－02－28007．

［92］刘洋．信息存储技术原理分析［M］．北京：经济管理出版社，2014．

［93］刘宇．管理信息系统［M］．北京：北京大学出版社，2009．

［94］娄策群，桂学文，赵云合．信息化管理理论与实践［M］．北京：清华大学出版社，2010．

［95］骆耀祖，马焕坚，许丽娟．大学计算机基础项目式教程 WINDOWS 7 + OFFICE 2010［M］．第2版．北京：北京邮电大学出版社，2015．

［96］吕本富，陈健．大数据预测研究及相关问题［J］．科技促进发展，2014（1）：60－65．

［97］屡获国家大奖背后，中兴通讯5G核心技术支持"网络强国"［EB/OL］．［2017－02－28］http：//www.c114.net/news/127/a990172.html．

［98］马建堂．大数据在政府统计中的探索与应用［M］．北京：中国统计出版社，2013．

［99］美国国家标准与技术研究所．The NIST Definition of Cloud Computing［EB/OL］．http：//csrc.nist.gov/publications/nistpubs/800－145/SP800－145.pdf．

［100］沐连顺．云计算在大型企业中的应用［M］．北京：中国电力出版社，2014．

［101］农村电商政策出台 彩电行业将再掀波澜［EB/OL］．［2017－02－28］http：//elec.it168.com/a2017/0216/3099/000003099056.shtml．

［102］庞惠，翟正利．论分布式数据库［J］．电脑知识与技术，2011，07（1X）：271－273．

［103］濮小金，司志刚，濮琼．电子政务系统建设及应用［M］．北京：机械工业出版社，2009．

［104］芮廷先，郑燕华．电子商务概论［M］．北京：清华大学出版社，2012．

［105］邵宏宇．基于信息化能力的企业全面信息管理研究［D］．天津大学，2009．

［106］施峰，胡昌振，刘炳华．信息安全保密基础教程［M］．北京：北京理工大学出版社，2008．

［107］宋明艳．移动互联网应用及其发展分析［J］．电脑与电信，2012（10）：35－37．

［108］宋言伟，马钦德，张健．信息安全等级保护政策和标准体系综述［J］．信息通信技术，2010（6）：58－63．

［109］孙风毅．网络时代国家信息安全及对策研究［D］．吉林大学，2008．

［110］孙珩．浅谈人工智能的发展趋势［J］．科技广场，2002（3）：37－39．

［111］孙建华等．网络系统管理——Linux篇［M］．北京：人民邮电出版社，2002．

［112］孙健，李栗燕，徐华伟．电子政务概论［M］．武汉：华中科技大学出版社，2013．

［113］唐敬仙，陈静，陈亮，等．计算机基础［M］．北京：中国轻工业出版社，2015．

［114］田松．网络信息安全存在的问题及对策研究［D］．燕山大学，2012．

［115］佟勇臣．电子商务概论［M］．北京：中国水利水电出版社，2014．

［116］涂新莉，刘波，林伟伟．大数据研究综述［J］．计算机应用研究，2014，31（6）：1612－1616．

［117］王海燕．企业信息化绩效评估方法研究及实例分析［D］．北京交通大学，2009．

［118］王立君，徐中宇，孙秋成．人体虹膜图像信息处理与识别技术［M］．北京：中国水利水电出版社，2014．

［119］王明会．移动互联网技术及应用热点浅析［J］．信息通信技术，2010（4）：14－19．

［120］王鸥．中国电信业的发展与产业政策的演变［J］．中国经济史研究，2000（4）：89－103．

［121］王铁男，李一军，刘娇．基于BSC的企业信息化绩效评价应用研究［J］．中国软科学，2006（4）：137－155．

［122］王小林．数据备份策略解析［J］．数字与缩微影像，2010（4）：14－16．

［123］王益民．电子政务规划与设计［M］．北京：国家行政学院出版社，2013．

［124］王益民．电子政务技术与应用［M］．北京：国家行政学院出版社，2013．

[125] 王裕. 基于云平台的大数据处理流程的关键技术研究 [J]. 信息技术, 2014 (9): 143 – 146, 151.

[126] 我国高分辨率对地观测系统进入全面建设阶段 [EB/OL]. [2016 – 11 – 18] http://tech. sina. com. cn/d/2012 – 03 – 15/11186840256. shtml.

[127] 吴爱明. 中国电子政务: 技术与应用 [M]. 北京: 人民出版社, 2004.

[128] 吴朝晖, 陈华钧, 杨建华. 空间大数据信息基础设施 [M]. 杭州: 浙江大学出版社, 2013.

[129] 吴国旸, 詹东东, 姚晓津, 等. 基于移动云计算的分析及应用探析 [J]. 信息与电脑（理论版）, 2015 (5).

[130] 吴宏. 政府信息管理与电子政务 [M]. 北京: 人民日报出版社, 2005.

[131] 吴剑扬. 浅谈网络安全与社会政治稳定 [J]. 法制与社会, 2011 (19): 150 – 151.

[132] 吴勇毅. 互联网与大数据成为新核心竞争力 [N]. 中国商报, 2014 – 04 – 11.

[133] 吴煜煜, 等. 网络与信息安全教程 [M]. 北京: 水利水电出版社, 2006.

[134] 习近平. 关于《中共中央关于全面深化改革若干重大问题的决定》的说明 [N]. 人民日报, 2013 – 11 – 16.

[135] 习近平主持召开中央网络安全和信息化领导小组第一次会议强调, 总体布局, 统筹各方, 创新发展, 努力把我国建设成为网络强国 [J]. 保密科学技术, 2014 (2): 4.

[136] 肖克辉, 倪德明. 文件系统增量备份策略的形式化描述及实现 [J]. 计算机工程与设计, 2007 (10): 2455 – 2457.

[137] 邢振祥, 彭慧卿. 大学计算机基础 [M]. 北京: 清华大学出版社, 2009.

[138] 徐振宇. 海量数据存储定义与方式 [J]. 新闻窗, 2013 (5): 93 – 94.

[139] 薛澜, 张强, 钟开斌. 危机管理——转型期中国面临的挑战 [M]. 北京: 清华大学出版社, 2003.

[140] 闫茂德, 王秋才, 罗向龙. 计算机网络与通信 [M]. 北京: 清华大学出版社, 2009.

[141] 严志业, 王榕国. 管理信息系统 [M]. 北京: 中国农业出版社, 2013.

[142] 杨茂云. 信息与网络安全使用教程 [M]. 北京: 电子工业出版社, 2007.

[143] 杨睿轩, 陈先荣. 中国构建网络强国的路径探析 [J]. 大庆师范学院学报, 2016 (4): 20 – 23.

[144] 杨宪泽. 人工智能与机器翻译 [M]. 成都: 西南交通大学出版社, 2006.

[145] 杨学军, 王磊, 蒋艳凰. 并行内存文件系统 [M]. 北京: 国防科技大学出版社, 2005.

[146] 杨埒, 罗勇, 刘昕露, 等. 物联网技术概论 [M]. 西安: 西安电子科技大学出版社, 2015.

[147] 杨焱. 人工智能技术的发展趋势研究 [J]. 信息与电脑（理论版）, 2012 (8): 151 – 152.

[148] 姚华. 网络技术基础教程 [M]. 北京: 北京理工大学出版社, 2007.

[149] 姚军, 毛昕容. 现代通信网 [M]. 北京: 人民邮电出版社, 2010.

[150] 叶常林. 电子政务 [M]. 合肥: 中国科学技术大学出版社, 2010.

[151] 佚名. 公安部公布一批网络诈骗犯罪典型案例 [J]. 中国防伪报道, 2013 (6): 8.

[152] 佚名. 云计算服务应用案例介绍和分析 [J]. 物联网技术, 2012 (2): 20 – 24.

[153] 游小明, 罗光春. 云计算原理与实践 [M]. 北京: 机械工业出版社, 2013.

[154] 于施洋, 王璟璇. 电子政务顶层设计: 信息化条件下的政府业务规划 [M]. 北京: 社会科学文献出版社, 2014.

[155] 玉航. 计算机网络管理的功能及应用之探讨 [J]. 企业科技与发展, 2011 (18): 34 – 36.

[156] 岳欣. 现代通信系统导论 [M]. 北京: 北京邮电大学出版社, 2012.

[157] 翟玲, 沈思, 张红英, 等. 基于移动云计算的高校图书馆移动阅读研究 [J]. 网络安全技术与应用, 2015 (6): 96.

[158] 张博文．电子政务云的发展与展望［J］．黑龙江国土资源，2015（9）：49．

[159] 张春江，倪健民．国家信息安全报告［M］．北京人民出版社，2000．

[160] 张骥，方晓强．网络信息时代我国文化安全面临的冲击与对策［J］．河北广播电视大学学报，2009，14（1）．

[161] 张建超，李斯伟，邓毅华．数字通信［M］．北京：清华大学出版社，2012．

[162] 张宽海．电子商务概论［M］．北京：电子工业出版社，2013．

[163] 张清华．人工智能技术及应用［M］，北京：中国石化出版社，2012．

[164] 张润彤，石声波．电子商务管理［M］．北京：首都经济贸易大学出版社，2009．

[165] 张水平，张凤琴，等．云计算原理及应用技术［M］．北京：清华大学出版社，北京交通大学出版社，2013．

[166] 张伟刚．光波学原理与技术应用［M］．北京：清华大学出版社，2013．

[167] 张伟刚．光纤光学原理及应用［M］．北京：清华大学出版社，2012．

[168] 张绪旺．微博安全成全球性问题［J］．IT互联网周刊，2011．

[169] 张岩．云计算平台：基于 Hadoop 的研究［J］．中国信息化，2014（13）：71－72．

[170] 张艳，李舟军，何德全．灾难备份和恢复技术的现状与发展［J］．计算机工程与科学，2005，27（2）：107－110．

[171] 张引，陈敏，廖小飞．大数据应用的现状与展望［J］．计算机研究与发展，2013，S2：216－233．

[172] 赵苹，陈守龙．国外企业信息化效益评价理论的述评［J］．中国管理信息化，2008，11（7）：80－82．

[173] 赵小川．MATLAB 图像处理：能力提高与应用案例［M］．北京：北京航空航天大学出版社，2014．

[174] 赵勇．大数据——时代变革的核心驱动力［J］．网络新媒体技术，2015，4（3）：1－7．

[175] 郑杰．关于将大数据上升到国家战略，构建"数据中国"的建议［J］．中国建设信息，2013（6）：40－41．

[176] 郑振楣．分布式数据库［M］．北京：科学出版社，1998．

[177] 中共宜昌市委组织部，宜昌市人事局，宜昌市信息化工作领导小组办公室．电子政务应用基础［M］．2005．

[178] 中共中央关于制定国民经济和社会发展第十三个五年规划的建议［N］．人民日报，2015－11－04．

[179] 中共中央网络安全和信息化领导小组办公室．中央网络安全和信息化领导小组第一次会议召开习近平发表重要讲话［EB/OL］．［2016－09－24］http：//www.cac.gov.cn/2014－02/27/c_133148354.htm．

[180] 中国超算挑战每秒百亿亿次运算进军 E 级超算［EB/OL］．［2016－11－28］http：//hb.qq.com/a/20160705/014251.htm．

[181] 中国电子信息产业发展研究院，工业和信息化部赛迪智库．云计算发展白皮书（2015版）［R］．2015．

[182] 中国互联网络信息中心．中国互联网络发展状况统计报告［R］．

[183] 中国互联网协会．2016 年中国互联网产业综述与 2017 年发展趋势［R］．

[184] 中国软件行业发展现状［EB/OL］．［2016－09－23］http：//bg.qianzhan.com/report/detail/459/160819－15212ac8.html．

[185] 中兴通讯亮相世界移动通信大会 发力 5G 核心技术［EB/OL］．［2017－02－28］http：//sc.stock.cnfol.com/ggzixun/20170227/24355733.shtml．

[186] 周国平. 信息化条件下的意识形态安全策略 [J]. 党建研究. 2010 (6): 36.

[187] 周宏仁. 我国应加快七大领域信息化发展 [J]. 信息系统工程, 2010 (9): 8.

[188] 周宏仁. 新中国信息化成就综述 [J]. 电子政务, 2009 (10): 7-18.

[189] 周宏仁. 中国信息化和电子政务的发展 [J]. 中国信息界, 2010, Z1: 4-8.

[190] 周宏仁. 中国信息化进程 [M]. 北京: 人民出版社, 2009.

[191] 周宏仁. 中国信息化形势分析与预测 [M]. 北京: 社会科学文献出版社, 2010.

[192] 左美云. 信息系统开发与管理教程 [M]. 第3版. 北京: 清华大学出版社, 2013.